明伦出版学研究书系

中国编辑学研究60年
(1949～2009)

Sixty Years' Redactology Research in China
(1949 - 2009)

姬建敏 著

社会科学文献出版社
SOCIAL SCIENCES ACADEMIC PRESS (CHINA)

国家社会科学基金项目"我国编辑学研究60年（1949～2009）"（项目编号：09BXW003）的结项成果

序一
编辑学研究正在稳步前进

邵益文

姬建敏同志新著《中国编辑学研究60年（1949～2009）》是一本好书。这本书从编辑学在中国诞生一直写到2009年。六十年，一甲子，难度之大，可以想见。但作者不辞辛劳，历时七年，六易其稿，终于打造成了一本好书。此书收集的材料相当丰富。作者不仅集中了大量资料，而且综核名实，条分缕析，观点鲜明，成一家之言，同时精心篇章安排，使读者看了一目了然。作为学术著作，这些是很可贵的。如果说，2009年出版的由丛林主编的《中国编辑学研究述评（1983～2003）》在中国编辑学发展史上留下了深深的脚印的话，那么，姬建敏的专著《中国编辑学研究60年（1949～2009）》同样会留下深深的脚印，历史不会忘记他们。

说到中国编辑学研究，近年来曾有一种看法，认为其趋向"冷却"。从表面看，近几年学术活动少了点，争鸣也不多。但我认为这个问题可以讨论，现在看，姬建敏的新著《中国编辑学研究60年（1949～2009）》就很好地回答了这个问题。又如，今年7月，中国建筑工业出版社还出版了中国编辑学会编的《为了编辑学的理论建设——刘杲同志编辑思想讨论会文集》，这本书不仅是对中国编辑学会第一、二、三届会长刘杲同志编辑思想的研究、阐述和弘扬，实际上也是对20世纪80年代编辑学崛起以来的阶段性总结。再说，有的权威人士说过："编辑学包括三个部分：编辑理论、编辑实务和编辑史。"[①] 而这几年编辑史出版不少，我不一一列举，只说吴平、钱荣贵主编的《中国编辑思想史》。该书由学习出版社于2014年10月出版，全书三大卷167万余字，不仅"填补了我国编辑思想研究的空白"，而且"完整地呈现了我国编辑思想发展的脉络和轨迹，深刻地揭

---

① 刘杲：《出版笔记》，河北教育出版社，2006，第329页。

示了编辑思想的内涵、构成和特征",“标志着我国编辑学研究和学科建设进入了一个新的阶段"(《中国新闻出版广电报》2015年7月21日报道)。再从总体情况来看,我对2014~2015年做一个粗略的统计:编辑学三个部分,出书50种左右,包括高等教育出版社的《网站内容编辑》、群言出版社的《数字出版项目策划和开发》、世界图书出版公司的《编辑是一门正在创新的艺术》、中国书籍出版社的《当代新闻编辑二十五讲》和《编辑视界》、故宫出版社的《人生得意做编辑》、新华出版社的《图书编校宝典》、苏州大学出版社的《中国编辑出版史》(第2版),等等。

从以上情况看,我们只能说:编辑学研究正在深入,正在稳步前进。

事物总是螺旋形发展的,动和静有它自己的发展规律,作为学术研究更是如此。目前党中央重视媒体融合,这既给编辑学研究提出了新的要求,也为编辑学提供了非常有利的条件。李克强总理在政府工作报告中提出制定"互联网+"行动计划,这是从各行各业考虑的。如今年"双十一",仅天猫交易额就突破912亿元,主要就靠互联网。有的同志主张出版业可以"编辑+互联网",这是从编辑出书需要优选优化其内容考虑的,两者并不矛盾。互联网是一种技术手段,是工具,这个性质是不变的;但出版作为文化产品,必须坚持以内容为王的原则也是不变的;同样,"优选优化"的编辑活动基本规律也是不变的,它是编辑创新和坚持产品质量所必需的;另外,文章千古事,编辑的历史史命和担当也是不变的。可见,主张"内容+互联网",应该说不是没有道理的。何况媒体融合、数字出版,虽有不少成功的经验,但对一部分从业者来说,还是处在边实践、边探索的过程中,这正是时代对编辑学提出的新课题,正是编辑学需要很好解决的。

2015年11月16日于北京

序二

宋应离

"我国编辑学研究60年（1949~2009）"是姬建敏同志主持承担的一项国家社科基金项目，历经七年精心打造，现已结项，交出版社出版。

姬建敏是《河南大学学报》编审，河南大学新闻与传播学院编辑出版专业硕士生导师，长期从事编辑学理论研究，并主持教育部高校哲学社会科学学报名栏《河南大学学报》"编辑学研究"多年。著有《编辑心理论》一书，发表有关编辑学研究论文近百篇。在编学研方面，她是一位有突出成就的编辑学人。

粗读她撰写的《中国编辑学研究60年（1949~2009）》，感到其有以下特点。

一是选题切入点好，角度新颖。新中国建立以来，特别是改革开放以来，随着新时期出版事业的繁荣发展，与之相适应的一门新兴学科——编辑学悄然兴起，对编辑学的研究顿呈活跃之势。伴随着编辑学研究的深入，一批编辑学论著纷纷出版，但反映60年来编辑学研究蓬勃兴起、发展轨迹、辉煌成就、经验总结、教育教学、人才培养、学科建设等方面的著作尚属罕见。本书作者瞄准这一领域，加以梳理开拓，其切入点好，角度也给人以新颖之感。

二是内容丰富，资料翔实。本书以研究编辑学发展历程和分析改革开放以来编辑学理论研究、实践研究、编辑史研究、编辑出版教育研究为主线，论及编辑学研究的代表性论著、编辑学研究的领军人物、编辑学研究的专业期刊等各个方面，既描述了中国内地编辑学研究的情况，又介绍了我国台湾、香港地区以及国外一些国家的研究情况，内容相当丰富。资料为学术研究的起点和基础。作者善于从尘封已久汪洋大海般的资料中细心搜索，加以鉴别梳理、提炼，在资料收集中基本上做到了全覆盖。如1949~2009年我国编辑学著作一览，列出了我国已出版的众多编辑学著作，足见作者视野开阔，在资料收集上有耐力，肯下苦功。

三是框架明晰，脉络有序。本书除了引论，列举四章，既从时序上理清了60年编辑学研究发展历程，又能横向针对编辑学研究发展中的问题，如学科建设、人才培养、编辑教育、新媒体时代编辑理论研究面临的挑战，做出深入研究与探讨；既有真实的历史厚重感，又有鲜明的时代气息。

学术研究是一个不断探索完善的过程。本书初稿写出后，作者本着严肃认真，一丝不苟，语不惊人死不休、书不出新不出手的精神，反复听取有关学科专业人员和不同学科不同专业人员的意见，做了数十次修改。这种精心"磨"炼的精神是值得提倡的。

本书的出版不仅为编辑学研究者和编辑专业师生提供了有益参考，对从事出版工作的同志也有诸多启示。

我们应为编辑学研究已取得的成果而高兴。但编辑学的研究过程还很漫长。一位著名作家曾说过：已经创造出来的东西比起有待创造的东西来说是微不足道的。我们希望有志于编辑学研究的同志，在这块园地里辛勤耕耘，培育出更多硕果。

我自认见闻有限，才识浅薄，在本书出版之际，写出一些自己的感想，不妥之处，请专家批评指正。

2014年10月　草就
2015年8月　改定

目 录

引 论 ·· 1
　第一节　历史回顾：编辑学及其研究的历史与现状 ·············· 1
　　一　编辑学的产生与编辑学研究的开始 ························· 1
　　二　编辑学的成长与编辑学研究的深入 ························· 4
　第二节　现状概述：编辑学研究的整体状况与考量 ············ 12
　　一　国内编辑学研究成果总结与现状分析 ····················· 12
　　二　国外编辑出版学研究介绍 ···································· 31
　第三节　规律探寻：编辑学研究 60 年的特征与意义 ·········· 34
　　一　特征认知：与新中国同命运曲折进步 ····················· 34
　　二　意义阐释：和学科共发展继往开来 ························ 42

第一章　原始科学阶段（1949～1978）的编辑学研究 ········ 45
　第一节　1949～1978 年我国编辑学研究的发展历程 ··········· 45
　　一　1949～1965 年的编辑学研究 ································ 46
　　二　1966～1978 年的编辑学研究 ································ 48
　第二节　1949～1978 年我国编辑学研究的重要著作 ··········· 49
　　一　我国内地编辑学研究的重要著作 ··························· 50
　　二　港台地区编辑学研究的重要著作 ··························· 61
　　三　港台地区编辑学研究的特色 ································· 97

第二章　常规科学阶段（1979～2009）的编辑学研究 ······· 101
　第一节　1979～2009 年我国编辑学研究的发展历程 ········· 101
　　一　1979～1989 年我国编辑学研究的复苏与崛起 ········· 102
　　二　1990～1999 年我国编辑学研究的深化和发展 ········· 106
　　三　2000～2009 年我国编辑学研究的转型 ·················· 110

第二节　1979~2009年我国编辑学研究的重要论著 ……… 113
一　编辑学论著的出版情况及出版特点 ……………… 113
二　编辑学研究的代表性论著 ……………………… 120
三　编辑学研究的重要论著举隅 …………………… 136

第三节　我国编辑学研究的重要学人与主要学术期刊 …… 151
一　编辑学研究的积极分子与领军人物 ………………… 151
二　编辑出版类学术期刊的发展历程与现实状况 ……… 154
三　主要编辑出版类学术期刊及其特征规律 …………… 166

第四节　我国编辑学高等教育的发展与学科建设 ……… 182
一　我国编辑学高等教育的创立与发展 ………………… 183
二　我国编辑出版学高等教育的成绩与特点 …………… 190
三　我国编辑出版学高等教育存在的问题与对策 ……… 197

第三章　我国编辑学研究的学术理路探究 ……………… 210

第一节　我国编辑学理论研究概观 ……………………… 210
一　编辑学基本理论的讨论与争锋 ……………………… 211
二　编辑学理论流派现象与重要流派研究 ……………… 230
三　"大文化、大媒体、大编辑"观的提出 …………… 240
四　媒介融合形势下编辑学理论研究的新课题 ………… 252

第二节　我国编辑实践研究回顾 ………………………… 255
一　多样化的编辑实践形态研究 ………………………… 255
二　与时俱进的编辑运营机制研究 ……………………… 265
三　飞速发展的编辑技术研究 …………………………… 271
四　现阶段编辑实践的特点与发展趋势 ………………… 274

第三节　我国编辑史研究述要 …………………………… 280
一　编辑史研究的历程 …………………………………… 281
二　编辑史研究的争鸣及焦点 …………………………… 286
三　编辑史研究的成就、问题与方向 …………………… 292

第四章　我国编辑学研究的重点案例剖析 ……………… 297

第一节　中国编辑学会的成立与贡献 …………………… 297
一　中国编辑学会的成立 ………………………………… 297
二　中国编辑学会举办的学术会议及其编辑学研究特色 … 300

  三　中国编辑学会的学术活动与研究贡献 …………………… 322
 第二节　《河南大学学报》"编辑学研究"栏目研究 ………… 329
  一　"编辑学研究"栏目的创设与发展 …………………………… 329
  二　"编辑学研究"栏目的特色与影响 …………………………… 342
  三　"编辑学研究"栏目的拓展空间与目标措施 ………………… 351

结　语 ……………………………………………………………… 355

附　录 ……………………………………………………………… 358
 一　我国出版的编辑学著作一览表（1949~2009） ……………… 358
 二　中国编辑学会活动纪事（1992~2009） ……………………… 388

主要参考文献 …………………………………………………… 406

后　记 ……………………………………………………………… 412

引 论

1949~2009年，是中华人民共和国成立、发展的60年，也是具有中国特色的编辑学学科产生、发展的60年。从1949年李次民在广州出版中国第一本命名为"编辑学"的著作起，到2009年编辑学学科初步建成，已整整60年。60年来，我国的编辑学从无到有，编辑学研究由浅入深，成果由少到多，学科由小到大，经历了从懵懂迷惘、矢志探索到高歌猛进、成就斐然的历程。研究这一历程，不仅是对我国编辑学学科发展和研究状况的学术回顾，也是对我们伟大祖国60年沧桑巨变、历史沿革的客观总结。

第一节 历史回顾：编辑学及其研究的历史与现状

一 编辑学的产生与编辑学研究的开始

（一）源远流长的编辑活动是编辑学产生的基础，传统的图书出版文化是编辑学产生的土壤

人类社会的编辑活动历史悠久、源远流长，编辑活动与人类精神传播活动共生。在人类的精神生产及其成果的传播中，始终有编辑活动参与其中。古代两河流域苏美尔人刻制的楔形文字泥版书，古埃及的纸草书，古印度的贝叶经书，以及中国夏、商时期刻在竹木、甲骨上的"典""册"，都包含着编辑活动的萌芽。随着苏美尔文明、古埃及和古印度文明的衰落，泥版书、纸草书、贝叶经书等编辑传统已不复存在，世界上只有中国用文字记载文明的传统一直没有中断。从数千年前产生的中华元典《书经》，到孔子及其弟子审选编辑的"六经"、吕不韦及其门人编辑的《吕氏

春秋》,再到《史记》《汉书》《全唐诗》……《清史稿》《清实录》,历经一代代、一朝朝,我国的编辑活动不断进步、发展。从许慎《说文解字》中称"编,次简也",到人们创造"编次""编著""编辑""编集""编修""编撰""编纂""纂辑"等,与"编""辑"相关的词汇越来越丰富,编辑活动的特点、特色也越来越凸显。统观五千年中华文明史和浩如烟海的中国古代文献典籍可以发现,从形成于夏、商、周的书契档案、甲骨卜辞,到其后两千多年中编纂出来的经、史、子、集等,不但积淀了丰富的编辑经验和优秀的编辑传统,历代编辑家在实践中形成的编辑思想、开创的编辑体例、创造的编辑方法等,也犹如璀璨的宝石在开创人类文明的历史上熠熠生辉。

编辑学研究者靳青万先生曾说,编辑学不仅有自己悠久的历史,还有绵长的学理和源远流长的技术体系。"史"的部分,从对原始符号的整理、优化到形成文字,从彝族的太阳历到夏代的夏历(天文历法),从贾湖遗址的七孔骨笛到优美的古琴音乐《高山流水》《广陵散》等,编辑活动的历史可以追溯到上万年以前;"学"的部分,从春秋孔子的"述而不作""思无邪"到西汉刘向父子的《七略》、东汉许慎的"六书说"与"偏旁部首分类法",以及南朝刘勰的《文心雕龙》、唐刘知几的《史通》、南宋郑樵的《通志》,等等,都具有编辑学理论研究的因子;"术"的部分,抛开古埃及纸草文献编辑活动中的纸草制备技术、古巴比伦的泥版制备技术不说,我国古代就有甲骨材料制备技术、青铜文献铸造技术、碑石文献雕刻技术、竹木简牍制作技术,以及造纸术、印刷术、装裱术等。[①] 虽说他的有些观点尚未形成共识,但我国编辑活动历史的悠长,编辑学基础的深厚,由此可见一斑。

再从古代文献典籍来说,"中国是世界上拥有典籍最多,图书类型最丰富的国家;中国书籍讲究装帧设计,很早就有了成形的书籍制度并不断发展演变;中国古代刻书藏书在图书保护方面做出了不朽的贡献;中国很早就建立了图书编纂机构和出版管理制度,编纂了许多部可称之为世界之最的巨帙大书;中国已有两千多年的图书发行的历史,很早就出现了书业广告、稿酬、版权意识;中国的版本、辨伪、辑佚、校勘、目录等治书之

---

① 靳青万:《编辑学应是一门独立学科——论刘杲先生的编辑学学科思想》,《河南大学学报》(社会科学版)2012年第4期,第152页。

学发达，硕果累累……"①"在世界文明史中，中国文字记录的多产、连续和普遍性最为突出。中国典籍数量的庞大、时间的久远、传播的广泛和记录的详细，在15世纪以前，都可以说是举世无双的"②。考量这累累硕果、"举世无双"，我国传统图书出版文化的沃土有多深厚，编辑学的根系扎得就有多深、多长。

（二）近现代报刊业的崛起是编辑学的滥觞，新闻学高等教育的发展是编辑学的"种子"破土而生的催化剂

如果说在中国古代，人类知识和文明的积累、传播靠的是图书的话，那么近现代报刊业的崛起则为编辑学的诞生提供了契机。19世纪下半叶到20世纪初，中国社会不仅政治动荡，风云变幻，而且在思想文化领域西风东渐，思潮云涌。社会的变革，文化的演变，也加快了媒体更迭的速度。1897年商务印书馆的成立被视为中国现代出版的开端，之后又有中华书局、开明书店、三联书店等编辑出版机构相继建立，张元济、王云五、邹韬奋、胡愈之、叶圣陶等编辑家、出版家大量涌现；特别是报纸作为当时最敏感的文字媒体的迅速崛起，一时引人注目。如何办报纸，如何编期刊，不仅备受出版界关注，而且也备受教育界"操心"。1924年，燕京大学新闻系成立。一方面是新闻系学生人数逐渐增多，另一方面是没有专门的教学用书。用什么样教材上课、教学生怎样的专业知识等被提上了议事日程。于是，在现代书、报、刊蓬勃发展的大背景下，在没有新闻学专业教科书的小背景下，1949年中国第一本名叫《编辑学》的书的出版，标志着编辑学作为一门学科"破土而生"。

作为我国第一部编辑学著作的《编辑学》，作者是广东国民大学新闻学系教授李次民。李"早年负笈京沪，曾主持沪、港、粤、桂各大报笔政多年，用力既勤，经验丰富"，"对于编辑工作、乃至于编辑有关的技术的熟悉，以及他底学识的广博、经验的丰富，是素为朋辈所称道的"。他的同事罗香林教授说他"任教国民大学新闻学系，著编辑学二十二章，不先著新闻学，而殷殷以编辑学为务者，以报章良否，其先决条件，系乎主编者学养与编辑艺术也。编辑艺术之重要，治新闻学者，多能言之，而专门

---

① 肖东发：《对中国图书出版印刷文化的总体思考》（上），《出版科学》2001年第2期，第61页。
② 钱存训：《印刷术在中国传统文化中的作用》，《文献》1991年第2期，第148页。

著作，即以次民此书为创举"。① 正是这一创举，创造了"编辑学"这个名词，开我国编辑学研究之先河。

二 编辑学的成长与编辑学研究的深入

（一）1949年到改革开放前编辑学幼小、稚嫩，编辑学研究零星、散乱，处于原始科学阶段

1949年10月1日中华人民共和国宣告成立，各条战线迅速投入到了伟大的社会主义改造和社会主义建设中来，在中国共产党的领导下，我国的编辑出版事业也掀开了崭新的一页。尤其是新中国成立之初出版的第一部编辑学专业教科书，在编辑学发展和研究中有着举足轻重的地位。

1956年8月，中国人民大学出版社根据苏联К.И.倍林斯基教授的"书刊编辑课大纲"讲稿，翻译并编辑出版了《书刊编辑学教学大纲》。虽然该书封面上明确标明"供国立大学新闻系编辑出版专业用"，明显具有教材的功能，但就其内容看，"是根据马克思列宁主义理论拟定的关于出版社内书籍和杂志的主要创造过程的一套原理"②，是讲解书刊编辑的原理、方法及各门类编辑工作特点和要求的。它不但强调书刊编辑学是一门科学，还指出"编辑是担负党和国家在思想战线上的一项重要任务的政治文化工作人员"③。邵益文先生认为："这本书的内容，虽然也涉及刊物的编辑工作，但主要是讲书籍的编辑工作。特别重视书籍的编辑指导思想和编辑人员的立场、观点、方法以及政治和文化、出版的关系方面等问题。它为社会主义书刊编辑工作指明的理论方向，对后来的编辑学研究有重要影响。"④ 所论很有见地，也很中肯。

另一部有影响的研究著作是1965年香港海天书楼出版的《杂志编辑学》。该书的作者余也鲁是一位资深编辑人，他长期从事编辑工作，"办报、编杂志、出版书籍，这三种看似不同但应该综合地加以研究的行业，我都长期地从事过。从小记者做到老编，从一栏标题做到整套丛书的设计

---

① 李次民：《编辑学》，自由出版社，1949，黄轶球、卢豫冬、罗香林《序》，第1~10页。
② 〔苏联〕К.И.倍林斯基编《书刊编辑学教学大纲》，中国人民大学新闻系译，中国人民大学出版社，1956，第1页。
③ 〔苏联〕К.И.倍林斯基编《书刊编辑学教学大纲》，中国人民大学新闻系译，中国人民大学出版社，1956，第2页。
④ 邵益文：《20世纪中国的编辑学研究》，河北教育出版社，2000，第3页。

与编辑"，不但具有丰富的实践经验，还热衷于著书立说，进行研究。在该书的《自序》中作者说："如果有一本小书来综合已有的杂志编辑的经验，除了可以帮助杂志的编辑工作外，对报纸与书籍的编辑工作都能有参考价值。而这百年来中国人自己摸出来的经验，也的确早就该有一本小书来记叙。"[①] 基于这样的思想，该书主要讲杂志编辑工作的意义、作用和方法，尤其重实践操作，具有较强的实用性。但该书毕竟是"中文出版物中第一本讲杂志编辑的书"[②]，且提出了"报纸是从杂志这个细胞中分裂出去的；而初期的杂志也可以说是自书籍的细胞中分裂出来的。研究杂志的编辑，进一步可以编辑报纸，退一步可以编辑书籍"等观点，可以说开了我国分支编辑学研究风气之先。

当然，新中国成立到改革开放前，我国的编辑学研究并非只有这两部著作。新中国的出版事业是中国共产党领导的社会主义事业的一个组成部分，编辑学研究是出版事业的一个方面。在这30年的时间里，编辑学研究随着中华人民共和国的前进步伐，顺境时（1949年至"文化"大革命前的17年）也做过一些探索，搞过一点研究；逆境时（"文革"十年）也如共和国其他的事业一样停滞不前，研究成果比较稀疏、分散。像1957年以前，就进行过"三审制"讨论，办过《新闻与出版》杂志，出版的个别图书，如张静庐辑注的《中国近代出版史料》《中国现代出版史料》等也涉及编辑学研究的内容，等等。

（二）从十一届三中全会至2009年编辑学抽枝、开花、结果，编辑学研究崛起、深入，进入常规科学阶段

作为掀开新时期历史篇章的标志性事件，1978年12月党的十一届三中全会召开，使改革开放成为我国的基本国策。解放思想，开拓进取，我国的编辑出版业进入了繁荣发展的新时期。从宏观的层面而言，时代的需要是编辑学兴起的主要原因。20世纪80年代初，不正常的社会形态开始回归正轨，改革开放的宽松社会环境使得社会积蓄、压抑已久的精神文化需求、编辑出版生产力喷涌而出，广大人民群众潜隐并日益增长的文化需求使编辑出版事业蓬勃发展、编辑出版队伍迅速壮大，尤其是中共中央、国务院对编辑出版工作政策走向、编辑主体性质的明确，给编辑出版业界生

---

① 余也鲁：《杂志编辑学》，香港海天书楼，1980，新版自序。
② 余也鲁：《杂志编辑学》，香港海天书楼，1980，新版自序。

产力松了绑，也最终导致了编辑学研究的勃兴。"而立"之年（从1949年诞生到1978年的30年）的编辑学开始"茁壮成长"，编辑学研究也逐渐深化。从微观的层面而言，可以概括为以下几点。

1. 中共中央、国务院的重视

1983年6月6日党中央和国务院发布了《中共中央、国务院关于加强出版工作的决定》（以下简称《决定》），《决定》旗帜鲜明地指出"编辑工作是整个出版工作的中心环节，是政治性、思想性、科学性、专业性很强的工作，又是艰苦、细致的创造性劳动。编辑人员的政治思想水平、知识水平和业务能力的高低，直接影响着出版物的质量"。《决定》作为新中国成立以来第一个也是唯一的一个由中共中央和国务院联合发布的重要文件，不仅突出了编辑工作的地位——"整个出版工作的中心环节"，强化了编辑工作的性质和特点——"政治性、思想性、科学性、专业性很强的工作"，"艰苦、细致的创造性劳动"，还对编辑的素质、水平、待遇等进行了详细阐述。它作为开启中国编辑学研究、编辑学科建设的纲领性文件，为编辑学科的健康发展、编辑学研究的持续深入奠定了基础，指明了方向。

2. 资深理论家、宣传家、科学家的倡导与推动

1983年，党的资深理论家、宣传家胡乔木于3月、6月和7月在和出版部门、教育部门负责人的谈话中及所复信中，连续三次指示："编辑是编辑，出版是出版，出版离不了编辑，但编辑是独立学问。""编辑之为学，非一般基础课学得好即能胜任。"① 同年，著名科学家钱学森也在一次讲话中强调："编辑工作也是一门科学……要研究它的规律……"另一名科学家裴丽生和其他资深编辑陈仲雍、倪子明、萧月生等都在报刊上发表文章。北京出版社还编辑了《编辑杂谈》第一集、第二集（北京出版社，1983年），李荣生主编了《编辑学论丛》（李荣生等编，1983年），等等。② 一大批编辑学人从编辑出版业的发展形势和自身工作实际出发，感觉到建立编辑学研究的必要和必需。他们强烈呼吁为了编辑工作和编辑素质的提高，图书、期刊、报纸等各个门类的编辑都要研究编辑学，并认为

---

① 胡乔木：《关于编辑学和在大学试办编辑学专业》，载宋应离、袁喜生、刘小敏主编《中国当代出版史料》（6），大象出版社，1990，第267页。

② 丛林主编《中国编辑学研究述评（1983~2003）》，齐鲁书社，2004，第8页。

图书、期刊、报纸、辞书、百科全书等编辑工作之间有共性，也有个性，建立编辑学学科，研究编辑学是当务之急。另外，在当时的情况下，宋原放写了《迫切需要建立社会主义出版学》；王益依据"像我们这样一个历史悠久而且在世界上影响甚大的国家，一没有出版学院，二没有出版发行研究所，三没有出版过讨论出版发行工作的学术著作，四没有公开发行的讨论出版发行工作的学术性刊物，五没有社会公认的出版发行的专家学者"①的落后现状，强调加强出版、发行的学术研究工作等，实质上也都是为编辑学的建立在呼吁和呐喊。他们作为20世纪80年代初编辑学研究的倡导者、"鼓吹"者、支持者、参与者，作为一门新学科的开路先锋和领路人，对编辑学研究在中国轰轰烈烈、势如破竹地展开，起到了积极的推动作用。

3. 学术机构和学术团体（编辑学会）的引领与组织

1985年，我国第一个专门从事出版科学研究的科研结构——中国出版发行科学研究所（后更名为中国出版科学研究所，现为新闻出版研究院）正式成立。同年，我国第一个编辑专业人员的群众组织——上海编辑学会率先在上海成立。1987年，中国科学技术期刊编辑学会在北京成立。1989年，天津书刊编辑学会成立；1990年，河北图书编辑学会成立。此后，湖北、辽宁、江苏、湖南等地也成立了图书编辑协会。与此同时，中国高校学报也行动起来了。全国自然科学学报研究会、人文社科学报研究会以及各个省、市高校学报研究会也相继成立。特别是1992年，在新闻出版部门、民政部门的关心下，在众多资深编辑、学者、领导的努力下，中国编辑学会作为全国性的、群众性的学术团体在北京宣告成立了。它的成立，标志着全国范围内的编辑学研究有了一个专门的机构，为全局性地谋划和组织编辑学研究提供了平台。作为"靠山"和"根据地"中国编辑学会，可以突出地发挥对编辑学研究规划引导和组织攻坚的作用。这些全国的、地方的学术组织的成立，使大陆各地的编辑学研究结束了散兵游勇、各自为战、"东一斧子、西一榔头"的状态，为形成有组织、有计划、有目标的"大军团"集中作战，快出成果、多出成果、出好成果提供了有力的组织保证。

---

① 《王益出版发行文集》，中国书籍出版社，1993，第94页。

4. 专业杂志的创办与公开发行

从 20 世纪 80 年代编辑学研究崛起开始，编辑学研究者就非常重视专业杂志的创办，目前来看仅杂志名字有"编辑"二字的就有：1985 年山西人民出版社创办的《编辑之友》（原名《编创之友》），1986 年上海编辑学会创办的《编辑学刊》，1989 年中国科技期刊编辑学会创办的《编辑学报》，2002 年中国编辑学会和相关单位一起创办了《中国编辑》。杂志名字有"出版"二字的则更多，它们是：1982 年中国出版工作者协会科技出版工作委员会创办的《科技与出版》，1988 年中国出版科学研究所主办的《出版发行研究》（原名《出版与发行》），1991 年国家新闻出版署主办的《中国出版》（前身为《出版工作》）；以及后来湖北编辑学会与武汉大学创办的《出版科学》、广西教育出版社创办的《出版广角》、中国大学出版社协会创办的《现代出版》（原名《大学出版》）等。这些以推动编辑学研究、指导编辑实践发展为宗旨的学术刊物的创办，使编辑学研究有了自己的"园地"，使编辑学研究者有了更多舞文弄墨的机会，为编辑学研究学术成果的传播提供了交流的平台，也为编辑学研究的进一步深入发展建立了"场站"、"阵地"和"大本营"，这些杂志也为此成为反映我国编辑学研究进程的风向标和了解编辑学发展轨迹与学术脉络的物质载体。

5. 大学学报的加盟与助阵

1985 年第 1 期《河南大学学报》（社会科学版）开辟了"学报编辑工作论坛"（1988 年第 1 期起改名为"编辑学研究"）专栏，自此，"中国乃至全世界大学的学报或其他学术刊物上，才有了编辑学研究成果的专业性发表园地"。[①] 紧接着《中国人民大学学报》《陕西师范大学学报》《河南师范大学学报》《福建师范大学学报》《河北大学学报》《山东理工大学学报》《北京大学学报》《清华大学学报》《辽宁师范大学学报》《山西大学学报》《许昌师专学报》《益阳师专学报》等一大批学报先后开设了编辑学研究专栏。尤其是 20 世纪 90 年代，全国几乎有一大半学报都发表过编辑学研究论文。即使在今天，一些高校的学报仍旧对编辑学研究情有独钟，比如，《河南大学学报》"编辑学研究"栏目从 1985 年第 1 期创办至今，不管外界形势如何变化，内部人员如何调整，编辑学研究的旗帜一直

---

① 宋应离：《漫漫之路二十年——〈河南大学学报〉"编辑学研究"专栏的回顾》，《河南大学报》2004 年 5 月 10 日。

高高飘扬，每期一篇两篇，三篇五篇，绵延不断，几乎期期都有。大学学报对编辑学研究的支持和偏爱，强有力地推进了编辑学研究的发展和编辑学学科的进步，加快了编辑学研究的学术化进程。

6. 专业教育纳入高等院校的招生目录

1983年，胡乔木提出在一些大学中试办编辑专业的建议，后来教育部与文化部出版局开会，就设置编辑专业进行研究，并向胡乔木做了汇报。1984年7月，胡乔木复文教育部："编辑学在中国确无此种书籍（编辑之为学，非一般基础课学得好即能胜任，此点故不置论）……在历史上，我国著名典籍的编辑经验，也有不少记载，不过需要收集整理而已。顺带说，我还建议编辑专业应设辞书学、目录学、校勘学……"① 在胡乔木的关怀和过问下，1984年教育部批准在北京大学、复旦大学、南开大学建立编辑专业，从1985年起这3所大学开始招收编辑学专业本科生。此后，清华大学、武汉大学、河南大学、四川大学、西北大学、东北师范大学、中国科技大学、南京大学、上海大学、北京师范大学等相继开办编辑学专业。北京大学、武汉大学、河南大学等一些院校还试招编辑专业硕士研究生或试办双学位班。20世纪90年代编辑学专业在全国高校中"疯长"。1993年，编辑学入选国家教委颁布的"普通高校本科专业目录"，1998年编辑学与出版学专业合并，统称编辑出版学，再次入选其目录。有了合法"户口"的编辑出版学专业，乘着全国高校扩招的东风，招生的学校、招生的规模依然颇为壮观。进入21世纪，招生的层次也逐渐由本科生向硕士研究生、博士研究生递进，培养的毕业生不仅人数众多，而且层次也更高、更专。编辑出版学学科体系的建立，不仅丰富了我国高等教育的学科门类，"是中国出版史和中国教育史上一件创先例的大事"②，而且也给编辑学研究队伍提供了新鲜血液和新生力量，极大地提高了编辑学研究人员的素质和水平，提升了编辑学研究的层次和质量，推进了我国编辑学研究的进程。

7. 研究阵容的扩张、研究队伍的壮大

20世纪80年代初编辑学研究在我国狂飙突起，先行者是奋斗在编辑出版战线上的资深出版人、编辑人，他们凭借对编辑学研究的热爱和热

---

① 胡乔木：《关于编辑学和在大学试办编辑学专业》，载宋应离、袁喜生、刘小敏主编《中国当代出版史料》（6），大象出版社，1999，第267页。
② 卢玉忆：《重视编辑出版专业人才的培养》，载宋应离、袁喜生、刘小敏主编《中国当代出版史料》（6），大象出版社，1990，第359页。

情,将自己多年积累的编辑经验,经过理性思考和理论升华,挑起了编辑学研究的重担。继之,随着高等院校编辑专业的开设,从事编辑学专业教学、研究和实务的教师、学者和高等院校的学报编辑,也成为编辑学研究的又一支主力军。正如邵益文先生1996年所说:"高校研究著述的力量,如果和出版界相比,基本上已经是一半对一半。"① 当然,有教师就有学生,薪火相传,一届届毕业生又加入到编辑学研究的队伍中去,滚雪球一样地加大,研究力量进一步增强。除了这两支力量,以中国出版发行科学研究所为代表的研究机构的专业研究人员,也是编辑学研究的主力之一。这三支队伍鼎足而立,共同繁荣着我国的编辑学研究。就目前来看,在编辑学研究舞台上比较活跃的依然有编辑学研究的开创者刘杲、邵益文、王振铎、宋应离、蔡学俭、刘光裕等老一辈编辑学家,也有中青年编辑学研究者张积玉、吴平、李频、靳青万、李景和、尹玉吉、于翠玲、周国清等;更有年轻有为的研究者吴赟、钱荣贵、惠萍、段乐川、全冠军等博士……既有开拓者、引路人,更有跟随者、接班人,老中青结合,师徒上阵,研究队伍一天天壮大、一天天年轻,使编辑学研究郁郁葱葱,朝气蓬勃。

8. 研究成果的丰硕、研究领域的拓宽

尽管1949年编辑学研究即已开始,但成果能用上"丰硕"这个词来形容的是后30年。在这后30年里,第一个10年,编辑学研究显露生机,"80年代,共出版以编辑学命名的著作9本(不包括内部印行、系统发行的讲义和参考资料等)……发表的编辑学方面的论文好几百篇"②。第二个10年,编辑学研究风生水起,"在90年代(迄止1997年底),已出版以编辑学命名的图书40本"③。发表的论文,仅以全国高校学报编辑发表的数量而论,"据原全国高校文科学报研究会学术委员会所编的《编辑学论著题录》统计,自1980年至1998年,仅全国高校文科学报编辑工作者所公开发表和正式出版的编辑研究方面的论著就达2539项"④,单是高校文科编辑所发的论文就有2000多篇。而未统计在内的理工科学报编辑、出版社编辑及其他研究人员的研究成果数量可想而知。第三个10年,编辑学研究进一步深化,据2003年出版的《中国编辑学研究述评(1983~2003)》统

---

① 丛林主编《中国编辑学研究述评(1983~2003)》,齐鲁书社,2004,第13页。
② 邵益文:《20世纪中国的编辑学研究》,河北教育出版社,2000,第5~6页。
③ 邵益文:《20世纪中国的编辑学研究》,河北教育出版社,2000,第12页。
④ 丛林主编《中国编辑学研究述评(1983~2003)》,齐鲁书社,2004,第12页。

计,我国出版的编辑学著作有263种,撇开八九十年代的几十种,还有200种之多。笔者也曾做过检索,1999~2009年仅书名带"编辑"二字的编辑出版学著作有214种,仅书名带"编辑"二字的新闻编辑学著作有116种。至于发表的论文每年就有成百上千篇。另外,各级各类编辑学研究项目的申报、立项也从最初的零的突破、数量稀少逐年增多,学校、科研院所、省部级直至国家社会科学基金项目,层次越来越高。30年来,不仅编辑学研究成果壮观、内容也大大拓宽,编辑理论、编辑实务、编辑史、编辑出版教育、编辑人才、编辑管理等研究,与时俱进,水涨船高。以《河南大学学报》"编辑学研究"栏目为例,从1985年到2009年仅该栏目就发表编辑学研究论文411篇。一个栏目,一份杂志,一本著作,一篇文章,一位作者,一个项目……高楼大厦起于一砖一石,从量变到质变,一定数量的积累、一定规模的研究,无疑会对编辑学学术大厦的构建起到重要的作用。

9. 各类编辑学研讨会的召开

从20世纪80年代初期有关编辑方面的群众团体和研究结构成立伊始,它们就定期召开各种类型、各种层次的理论研讨会、学术讨论会。以中国编辑学会为例,从1992年10月学会成立到2009年底,学会共召开学术年会14次,理论研讨会7次,还不包括各种形式的专题讨论会、国际学术讨论会,不包含各个分会的学术年会、学术研讨会等。比如2002年,中国编辑学会活动纪事显示:4月14日~16日,全国部分省、市编辑学会工作座谈会在上海举行;5月19~20日,学会召开全国部分出版社总编工作座谈会;9月6日~8日,学会成立十周年庆祝大会暨第七届年会在昆明召开;9月15日~20日,科技出版社总编工作研讨会在长沙召开;9月21日~25日,学会少年儿童读物编辑委员会在西安召开全国少年儿童读物编辑工作委员会;11月29日~12月13日,中国编辑代表团赴美进行学术交流。同样,还有全国高校学报研究会,各省市的编辑学研究会,编辑出版教育年会,科技编辑研讨会,等等。层次不一、内容不同的学术会议密集召开,不仅凝聚了人气,探讨了问题,而且也有力地推动了编辑学研究的深入发展。

10. 研究风气的开放,研究流派的多元

以编辑学理论研究为例,从20世纪80年代编辑学研究开始之时,编辑有学无学、编辑学的性质、编辑学的范畴、编辑学的研究对象、编辑活动的规律、"编辑"的概念与起源、孔子算不算是编辑学家、编辑学研究的范围、编辑学科与其他学科的关系、编辑学的学科体系建设、普通编辑学的构建等一系列理论问题就一直受到关注、研究、争论、交锋、切磋，有共识，也有分歧，有争鸣，也有统一。参加的人员之多，发表的见解之广，争论的时间之长，可以说是编辑学研究历史上的独特风景。比如，关于编辑学的性质就有"综合性学科"说、"边缘学科"说、"综合性边缘学科"说、"基础学科"说、"应用学科"说、"杂学"说、"理论学科与应用学科二重性学科"说7种意见；编辑学的研究对象也有"过程"说、"主体客体"说、"规律"说、"原稿"说、"关系"说5种观点。激烈的争论，既加快了编辑学学科的饱满和成熟，也活跃了编辑学理论研究的气氛，特别是"百家争鸣，百花齐放"的学术氛围，促使了编辑学研究流派的萌生，像"文化缔构派""信息传播派""中介服务派"等不同特色学术观的形成，推动了编辑学研究的步伐，使编辑学研究继续朝着健康、有序的方向深入发展。

第二节 现状概述：编辑学研究的整体状况与考量

一 国内编辑学研究成果总结与现状分析

（一）对编辑学研究60年的梳理与总结

编辑学研究从1949年开始到2009年已整整60年，60年的成绩有目共睹。针对60年的成绩，60年的发展，60年的成败得失，系统研究的不多，全面分析的则更少。目前来看，对60年编辑学的总结，王振铎的《编辑学研究60年的6大发现——编辑学的理论创新与学科发展》（《中国出版》2010年第13期）和他与龙王明的《编辑学学科体系已臻成熟——纪念中华人民共和国成立60年之编辑学研究》[《河南大学学报》（社会科学版）2009年第4期]、邵益文的《编辑学在新中国茁壮成长——为纪念新中国成立六十年而作》（宋应离、刘小敏编《亲历新中国出版六十年》，河南大学出版社，2009年）、姬建敏的《我国编辑学研究60年回眸》（《中国出版》2010年第5期）等比较有分量。但因为篇幅所限，基本上没有能够进行全方位的研究。

至于其他研究成果，或是某一时间段（30年、20年、10年、5年、2年、1年等）的全面总结，或是某一问题（理论问题、编辑学教育问题等）、某一方面（分支编辑学）的归纳分析，研究成果不少，有论著，但更多的是论文。比较有影响的论著是邵益文先生的《20世纪中国的编辑学研究》（河北教育出版社，2000年）和丛林主编的《中国编辑学研究述评（1983~2003）》（齐鲁书社，2004年）。比较有影响的论文中，按时间进行综合性研究的有：王治浩的《我国编辑学研究的历史和现状》（《编辑学刊》1988年第4期）、胡光清的《编辑学研究10年概观》（《编辑学刊》1991年第2期）、宋应离的《编辑学研究的新成果——编辑学研究十年来的回顾与展望》（《周口师专学报》1994年第1期）、张聚元的《立"编辑学"以学——80年代以来我国编辑学研究之回顾》［《河南大学学报》（社会科学版）1997年第2期］、杨焕章的《编辑学研究评析》（《中国人民大学学报》1998年第6期）、庄道鹤和江舟群的《我国编辑学研究20年回顾与评论》［《浙江海洋学院学报》（人文科学版）1999年第3期］、龚维忠的《编辑学研究综述》［《湖南大学学报》（社会科学版）2000年第1期］、孙琇的《编辑学研究二十年之回顾》（《编辑之友》2001年第1期）、邵益文的《编辑学：走向新的发展阶段》（《中国出版》2001年第3期）和《编辑学研究评述》（《出版科学》2002年第S1期）、迟玉华的《20世纪编辑学在中国的产生和发展》［《烟台师范学院学报》（哲学社会科学版）2003年第2期］、王京粤的《现代编辑奋斗的轨迹——编辑学构建综述》［《渤海大学学报》（哲学社会科学版）2005年第1期］、丛林的《路漫漫其修远兮——中国编辑学研究述评》（《中国编辑》2005年第3期）、邵益文的《关于本世纪头五年编辑学研讨中几个问题的情况简述》（《出版发行研究》2006年第7期）、吴平与向敏的《近五年来的编辑学研究述评》（《出版科学》2006年第6期）、王建平的《近五年来编辑学研究热点述要》［《山西大学学报》（哲学社会科学版）2008年第5期］、邵益文的《30年编辑学研究综述》（《编辑之友》2008年第6期）等。按时间对编辑学某一方面、某一领域进行研究的有：袁正明的《科技期刊编辑学研究综述》（《编辑之友》1992年第3期）、吴飞的《新闻编辑学研究的困境与出路——我国新闻编辑学研究二十年评析》（《编辑学刊》1999年第4期）、丛林的《理论编辑学研究现状》（《江西中医学院学报》2000年第3期）、孙世军的《关于20世纪末期编辑传播学研究》（《临沂师范学院学报》2003年第2期）、王建辉的《编辑出版学教育、研究二十年》（《出版科学》2004年第6期）、龚维忠的《我国期刊编辑学研究综述》（《湖南师范大学学报》2004年第5期）、范军的《关于编辑活动基本规律的讨论》（《出版科学》2004年第5期）、刘拥军与李宏葵的《编辑出版学专业20年发展追溯》（《出版发行研究》2005年第2期）、蒋元霖的《福建省高校学报编辑学研究20年回顾》（《中国科技期刊研究》2006年第1期）、王建平的《河南大学编辑学研究20年综述》[《河南大学学报》（社会科学版）2007年第1期]、宋应离的《编辑学研究与编辑出版专业教育二十年追忆》（《中国编辑》2007年第1期）、肖伟的《报纸编辑学研究三十年》（《中国编辑》2008年第2期）、张积玉与杨舒丹的《近20年来我国编辑规律研究的若干思考》[《宁夏大学学报》（人文社会科学版）2008年第5期]、庹继光的《新时期我国新闻编辑学研究概观》[《西南民族大学学报》（人文社科版）2009年第6期]、姬建敏的《从一个栏目的成长看我国编辑学研究30年》[《河南大学学报》（社会科学版）2009年第2期]和《近两年来我国编辑学研究特点简论》（《编辑之友》2009年第12期）等。另还有一些作者对某些年份做过年度总结性研究。

总之，对60年研究成果的关注和考察，或时间跨度长，或时间跨度短，或详细、具体，或粗略、概括，林林总总，各有千秋。下面择其主要做一介绍。

1. 对编辑学研究60年（1949～2009）成果的述评

（1）对编辑学研究60年（1949～2009）整体状况的简要概括

王振铎、龙玉明的《编辑学学科体系已臻成熟——纪念中华人民共和国成立60年之编辑学研究》从我国第一本《编辑学》著作问世写起，回顾了新中国成立60年来，我国编辑学学科体系"三十而立，六十而成"，最终形成"自有学理、自有历史、自有方术，既与新闻传播、出版产业实践系统紧密邻接而又相对独立的学科体系"的历程。[①] 文章第一部分"编辑学学科体系三十而立"，通过对20世纪整个80年代我国编辑学教育和编辑学研究高潮的追述，认为改革开放的第一个十年，我国的编辑学学科体系雏形已经显现。第二部分"编辑学概念已构成范畴体系"，通过对大量的编辑学理论著作的阐释，以及对编辑学三大研究派别的介绍，认为改革开放的第二个十年，我国的编辑学研究进一步深化，编辑学学科体系初具

[①] 王振铎、龙玉明：《编辑学学科体系已臻成熟——纪念中华人民共和国成立60年之编辑学研究》，《河南大学学报》（社会科学版）2009年第4期，第146页。

规模，高等学校的编辑学专业教育得到更大的发展。第三部分"编辑学的学科链条已经形成"，通过对编辑学与出版学、媒介学、新闻学、传播学等关系的分析，认为改革开放的第三个十年，编辑学与出版学共轭相生、耦合互动、"内圣外王"的学科链条已经形成。第四部分"与编辑出版专业教育协同改革，进一步完善编辑出版学教学体系"，是作者在60年编辑学学科体系发展基础上对编辑出版学成为一级学科的呼吁和期待。文章以时间发展为线索，以学科发展进程为主旨，追述了60年来，尤其是改革开放30年来，具有中国特色的编辑学学科体系从无到有、从稚嫩到渐趋成熟的学科发展历程，厘清了编辑学学科发展的脉络。

姬建敏的《我国编辑学研究60年回眸》[①]从原始科学阶段（1949年至改革开放前）到常规科学阶段（1978年至今），从新时期编辑学的兴起、深化到21世纪的转型，以时间为线索，回顾了我国编辑学发生、发展的历程以及取得的丰硕成就。文章抓住每一个历史阶段的主要成绩和特点进行论述。原始科学阶段（1949年至改革开放前）重点突出了在我国编辑学研究历史上具有重要作用和价值的三部著作（中国第一部编辑学研究著作——李次民的《编辑学》、新中国第一部编辑学专业课程的大学教材《书刊编辑学》、中国第一部研究期刊的编辑学学术著作——余也鲁的《杂志编辑学》）。常规科学阶段（十一届三中全会至今）分三个时期进行论述，兴起阶段（1978年至1988年）突出的是学术机构、学术团体的成立，专业期刊的创办，学术论文和研究著作的纷纷出现；发展深化阶段（1989年至1999年）突出的是编辑学研究领域拓宽、理论研究深化，研究流派凸显、研究成果蔚为壮观；转型阶段（2000年~2009年）突出的是编辑学专业教育的大发展，普通编辑学体系研究成为趋势等。60年的成绩，用6000字的文字进行表现，难能可贵。

（2）对编辑学研究60年（1949~2009）某一方面、某一内容的归纳

邵益文的《编辑学在新中国茁壮成长——为纪念新中国成立六十年而作》[②]以编辑学研究的理论问题为出发点，以编辑学的发生（萌芽）、发展、崛起为线索，重点归纳和总结了编辑学有学无学，研究的方向和重

---

① 姬建敏：《我国编辑学研究60年回眸》，《中国出版》2010年第5期。
② 邵益文：《编辑学在新中国茁壮成长——为纪念新中国成立六十年而作》，载宋应离、刘小敏编《亲历新中国出版六十年》，河南大学出版社，2009，第815页。

点，编辑学研究的范围、性质、范畴、对象、概念以及编辑活动的规律，编辑学理论纲要基本理论问题和编辑工作中的若干实际问题。比如，编辑工作是不是整个出版工作的中心环节，如何处理编辑策划和案头工作，社会主义市场经济条件下编辑究竟应该如何工作，新形势下编辑工作新的特点和要求，出版单位转制后的编辑工作，编辑人员的评价体系，新的《图书编辑工作基本规程》等。尤其是对60年编辑学研究基本经验的提炼，"加强马克思主义在编辑研究中的指导地位，推动理论创新""坚持理论与实践相结合""坚持百花齐放百家争鸣""建立有活力的研究队伍""开展国际学术交流"等，眼光宏阔，高屋建瓴。全文既有编辑学理论研究的深度，又有历史的厚度；既有对编辑学理的形而上探索，也有对编辑实际工作的形而下建议；既是60年编辑学理论研究的一部简史，也是指导未来编辑学理论研究的一部纲要。

王振铎的《编辑学研究60年的6大发现——编辑学的理论创新与学科发展》①从学理创新与学科发展的高度总结了编辑学研究60年来的6大发现：发现了编辑学的专业普遍性与媒介贯通性；发现了编辑活动的主体与主体性；发现了编辑活动的"主体间性"特征，找到了编辑科学的学理；发现了编辑活动早于出版活动，大于出版活动；发现了编辑建构的"媒介间性"特征；发现了编辑学与出版学的学科链及其与其他人文科学之间的相互关系，初步构成了一个相对独立的编辑媒介学学科体系。文章以学术理论研究为主线，突出了富有中国特色的编辑学研究60年来的学术创造与学术创新，为编辑学发展成为一门不可轻视、不可替代的社会人文科学进行了理论总结，在60年编辑学研究综述中别具特色，别有韵味。

2. 对编辑学研究后30年（从十一届三中全会至2009年）成果的述评

（1）论著

邵益文先生的《20世纪中国的编辑学研究》②是一部研究20世纪八九十年代编辑学研究的重要著作。从形式上看，它属于邵益文的个人文集，共收录了他20世纪80年代初到90年代末关于编辑学研究的文章和讲话47篇。但由于邵益文从20世纪80年代编辑学研究兴起之时就是一位积

---

① 王振铎：《编辑学研究60年的6大发现——编辑学的理论创新与学科发展》，《中国出版》2010年第13期，第16页。

② 邵益文：《20世纪中国的编辑学研究》，河北教育出版社，2000。

极分子,从1985年中国出版发行科学研究所成立起就一直担任科研副所长,1992年中国编辑学会成立起就一直担任常务副会长兼秘书长,不仅是一位研究者、参与者,还是一位组织者、领导者。"他的职务,加上他的学术修养和工作热忱,使他在编辑学研究活动中长期居于重要地位,发挥了组织和推动的作用"。"地位""作用"以及"这本文集中有《20世纪中国的编辑学研究》等几篇长文,对一个时期以来的编辑学研究,从纵的和横的两个方面进行了叙述和比较,既做了资料工作,又做了研究工作"[①],使这本文集既充分反映了邵益文自己的编辑学思想和学术见解,也集中展现了20世纪八九十年代我国编辑学研究的盛况。因此,可以说它是一部研究编辑学发展历程的、具有承上启下作用的重要著作。

比如,该书中的《20世纪中国的编辑学研究》这篇文章,作者以广阔的视野对20世纪中国的编辑学研究进行了梳理,不仅分编辑学的萌芽(20世纪70年代末以前)、编辑学的崛起(20世纪70年代末至80年代)、编辑学研究的逐步深化(20世纪90年代)三个阶段对编辑学的发展进行了概括总结,还重点对20世纪以来编辑学研究之轨迹进行了描述。即对这段时期讨论过的问题——编辑有学无学、编辑学的性质、编辑学属于哪个科学范畴、编辑学的研究对象、编辑的概念、编辑的起源、孔子是不是编辑家、编辑学研究的范围、编辑工作的导向性、编辑劳动的性质和作用、编辑主体的能动作用、编辑学与邻近学科的关系、编辑学的学科体系,提取要点,依次排列。例如,关于"编辑"的概念,文中列出了古代中国对"编辑"的两种认识,现代国内13种工具书对"编辑"一词的表述,国外12种工具书对"编辑"一词的表述,国内编辑学界近20年来对"编辑"概念的8种界定以及作者对这8种界定的评说、观点等。如此不仅客观介绍了几种观点、如何论争、争论的状况,还还原了编辑学理论研究激烈论争的场景,再现了编辑学研究中的学术分歧和学术争鸣,反映了一定时期编辑学研究中的热点问题和焦点问题,有效地促进了编辑学研究中不同观点的交流,推动了编辑学研究的进一步深入。这篇文章,具有一定的资料性和学术价值,成为后来邵益文总结编辑学研究30年、60年的基础。

再如,《编辑学的五次全国性学术研讨会》《中国编辑学会头四年的活

[①] 刘杲:《为了编辑学研究——〈20世纪中国的编辑学研究〉序》,见邵益文《20世纪中国的编辑学研究》,河北教育出版社,2000,第1~3页。

动与思考》两篇文章,都是从特定的角度出发,展现了编辑学研究的进程。前者的视角是1987年到1997年编辑学会召开的5次学术研讨会主题、内容的变化。第一次主要讨论编辑学和编辑规律,叙述了对编辑规律的几种意见;第二次主要讨论编辑概念;第三次主要讨论编辑学研究的重点;第四次主要讨论编辑学的学科定位;第五次主要讨论编辑学的理论框架,重点介绍了侧重于基本理论、基本理论与应用理论并重、强调编辑理论与编辑业务相结合三个思路。后者以总结编辑学会的工作为出发点,叙述了编辑学会所组织和开展的学术活动,特别是对当前编辑工作中重大理论问题和实践问题的研究以及对编辑学理论的探讨叙述详细,真实地记录了当时编辑学工作和研究中遇到的、迫切需要解决的问题。两篇文章,虽然是提纲挈领地介绍,但条理清晰,叙述完整,从学科发展史的角度观之,反映了特定历史时期、特定研究领域编辑学研究的脉络。还有《评我国12本编辑学著作》《评我国新出版的12本编辑学著作》《第三批新出版的编辑学著作印象》《近期见到的若干编辑学专著浅说》4篇文章,共评说了从1956年到1998年间出版的62本编辑学著作。62种著作,62种研究成果,一一展示、一一分析、一一评论,不仅推介、宣传、提升、强化了编辑学学科的形象,而且也表现了编辑学界的劲头、能力、水平和力量;既为编辑学研究提供了切实有益的帮助,也展现了编辑学学科发展的良好态势。

丛林主编的《中国编辑学研究述评(1983～2003)》[①]是这个时期编辑学研究的另一部重要著作。全书80万字,20位作者历时4年完成。其主要章目有:20年研究成果概述,对编辑学研究几个基本问题的认识,对编辑规律的探讨,围绕编辑规律的几次争鸣,编辑主体研究,编辑史研究,编辑过程和编辑实务研究,分支编辑学研究,编辑学理论的交叉研究,部分知名研究者简介等。书后还附录了1949～2003年国内出版的编辑学著作263种。全书以述为主,对1983～2003年20多年间编辑学研究中所有重大理论问题一一进行了梳理,特别是对重大理论争鸣事件和重要学术问题,或作专题述评,或在相关章节予以点评,尊重异议,尊重流派,尊重创新,兼收并蓄,既充分表现了编辑学研究中的"百花齐放、百家争鸣"之风,又帮助读者了解了编辑学研究进程中的研究状况和研究成果。

---

① 丛林主编《中国编辑学研究述评(1983～2003)》,齐鲁书社,2004。

"述而不作"，以述为主，以评为辅，是其最大的特点。

另外，中国的编辑学研究之所以能在 20 世纪七八十年代以宏大的规模、震撼的气势引人注目，与编辑学研究者对编辑学理论的大讨论、大论争不无关系。论争者骄人的姿态、睿智的思想，不仅成就了编辑学研究在 20 世纪的辉煌，也使他们的名字和编辑学研究紧紧地联系在一起。该书对 27 位编辑学研究者论著、观点的介绍，既反映了研究者个人的心路历程，也反映了编辑学研究从兴起到深化的历史。附录"中国编辑学会十年活动纪事（1992 年 6 月～2002 年 8 月）"和"国内出版的编辑学专著和论文集一览表（263 种）"，前者真实地再现了中国编辑学会成立后的 10 年里所组织、领导、经手的工作，显示了编辑学会在编辑学研究、编辑学学科建设和学术交流方面的重要作用。后者罗列了 1983～2003 年出版的编辑学著作 263 种，不仅比较全面地收录了以往研究成果的名称，便于查阅、检索，还展现了 20 年编辑学研究成果的丰硕和内容的广博，显示了编辑学研究旺盛的生命力。该书相对于邵益文的《20 世纪中国的编辑学研究》来说，是一本名副其实的学术评议性著作，它作为基于集体智慧对编辑学研究进行学术评议的皇皇巨著，在编辑学研究历史上不可多得。

（2）论文

从学术层面而言，编辑学学术论文相对于学术论著不仅数量庞大，而且论述的广度、深度都可圈可点。但限于篇幅，笔者只能就目之所及的编辑学论文做挂一漏万的点评。选择被点评论文的标准是对编辑学研究某一阶段、某一时期、某一方面进行了较为全面的观照和较为客观的审视，对以后编辑学研究能提供借鉴和启迪。

王治浩的《我国编辑学研究的历史和现状》[①] 是发表较早的对编辑学研究进行综合性考察的文章。从学术史的角度出发，该文的突出的贡献是一一列举了编辑学研究 1980～1988 年标志性人物的标志性观点以及标志性事件。比如，1980 年陈仲雍发表的《科学地编辑和编辑的科学》一文，首先提出了在我国建立编辑学、揭示编辑规律的问题；1981 年裴丽生提出了"科技期刊编辑是一种专业，一门科学，有它自己的规律性"，希望"组织有经验的编辑撰写有关自然科学方面的《编辑学》"书；1982 年尚丁发文《"编辑学"小议》，提出了编辑学的定义和在大学开设编辑学课程内容的

---

① 王治浩：《我国编辑学研究的历史和现状》，《编辑学刊》1988 年第 4 期，第 3 页。

设想；1983年钱学森指出"编辑工作也是一门科学"，希望"创造出一门马克思列宁主义的编辑科学"；同年宋原放在广西召开的首届出版学会议上提出了"建立社会主义出版学"的问题；1984年胡乔木复信教育部，促成编辑学专业在我国高校开设；同年在呼和浩特举办的"编辑学与编辑业务讲习班"上，戴文葆讲授了编辑学与编辑史方面的有关问题；1985年北大、清华、南开、复旦同时开设了编辑学专业，开创了我国编辑学专业教育的新天地；同年中国出版发行科学研究所召开了"全国第一届出版科学学术讨论会"以及《编辑之友》创刊，伍杰在创刊号上倡议"建立编辑学"；1986年《编辑学刊》问世，发刊词指出"建立科学的编辑学已迫在眉睫"；同年"第二届出版科学学术讨论会"召开，40多篇论文以《编辑学论集》名义出版；1987年"全国编辑学学术讨论会"在郑州召开，具体讨论了我国编辑学的研究现状，编辑学的性质、对象、任务等问题。如此这般，作者真实的记录和归纳，不仅保存了我国编辑学研究初期（1988年以前）的有关资料，而且还显示了编辑学研究和发展的进路，资料性和学术性都很强。此外，文章还介绍了编辑学研究初期关于编辑学的定义和性质、编辑学的体系和范畴、编辑学的对象和内容、编辑学的分类方法、编辑史的研究等领域的不同观点，这不仅对当时编辑学研究的具体内容进行了客观的总结，而且也有利于以后编辑学研究的生发和深化。特别是这种研究方法，深得后来研究者的青睐。

胡光清的《编辑学研究10年概观》[①]也是从学术发展史的角度出发对1990年以前我国编辑学研究进行综合考量的重要文献。文章抓住1980～1990年我国编辑学研究的学术成果进行整体观照，指出1983年以前的编辑学研究主要是建立编辑学和"有学""无学"的论争，1984～1986年主要是围绕编辑学是一门什么样的学问展开讨论，1987～1990年讨论的重点转向了创建编辑学的理论体系。至于具体的编辑学体系构建，文章把相关成果概括为三种思路，一是以书籍编辑工作为研究对象而建构的体系；二是以一般的编辑活动和编辑工作为研究对象而建构的体系；三是以不同专业编辑工作为主线而建构的体系。此外，文章还总结了10年间的编辑史研究，不仅列举了6篇编辑史研究的著述，还特别介绍了编辑史研究中的两种编辑史观。应该说，编辑理论和编辑史研究，是编辑学研究的重头戏，

---

① 胡光清：《编辑学研究10年概观》，《编辑学刊》1991年第2期，第22页。

是编辑学研究的主要内容。作者不但客观地评估10年来编辑学研究的成绩，总结其贡献，而且还对编辑史的研究也进行了深入分析，尤其是对两种编辑史观从逻辑起点和内容等方面概括归纳，颇有价值和意义。

宋应离的《编辑学研究的新成果——编辑学研究十年来的回顾与展望》[①]是20世纪90年代中期对编辑学研究10年历史的另一种学术总结。文章第一部分以"一个正在崛起的新兴学科"为题，回顾了编辑学从80年代初的发轫到中期形成高潮并渐趋兴盛的历程。第二部分"众说纷纭的不同见解"，从什么是编辑学及其研究对象、编辑概念及编辑工作的社会本质、编辑的作用及劳动特点出发，概述了10年来编辑学讨论的主要问题。第三部分"有益的启示 宽阔的前景"，认为10年来之所以取得可喜成绩，老编辑为核心的研究队伍是编辑学研究的推动力量；领导重视，研究队伍之间横向联合以及发挥群体优势，形成强大合力都是非常重要的原因。在作者看来，编辑学研究要想进一步深入，尚需开阔视野、拓宽领域，需要自觉地坚持马克思主义，坚持百花齐放、百家争鸣的学术方针。

另外，张聚元的《立"编辑学"以学——80年代以来我国编辑学研究之回顾》[②]既总结了编辑学兴起、发展过程中理论研究取得的成果和收获，也反思了研究中的浮躁和困惑，并进而提出了"立编辑学以为学"的有效途径。杨焕章的《编辑学研究评析》[③]主要从有没有编辑学、什么是编辑学、要不要研究编辑学、编辑学研究得怎么样、编辑学研究的前景如何五个方面进行了理论探索和学科史总结。作者认为，编辑有学，编辑学是一门独立学科，编辑学是研究编辑活动过程及其规律的科学，编辑应当研究编辑学，编辑学研究前20年形势很好、进展不小、投入尚少、有待提高，编辑学研究前景广阔，目前需要以创建科学的编辑学为中心，加强编辑实践的研究、编辑历史的研究和编辑理论的研究。这些文章有总结、有思考、有展望，属于20世纪90年代综述文章的代表。

孙琇的《编辑学研究二十年之回顾》[④]是21世纪初较早见诸媒体的有

---

① 宋应离：《编辑学研究的新成果——编辑学研究十年来的回顾与展望》，《周口师专学报》1994年第1期，第95页。
② 张聚元：《立"编辑学"以学——80年代以来我国编辑学研究之回顾》，《河南大学学报》（社会科学版）1997年第2期，第110页。
③ 杨焕章：《编辑学研究评析》，《中国人民大学学报》1998年第6期，第108页。
④ 孙琇：《编辑学研究二十年之回顾》，《编辑之友》2001年第1期，第35页。

关编辑学研究20年的综述性文章。文章是中国高校自然科学学报研究会第八次会议的发言提纲,内容分发展、成果、问题、前景四个部分。发展部分是按时间顺序对编辑学研究20年来标志性著作、事件的真实罗列,不仅客观叙述,还把20年的编辑学研究分为发动期和深化期。成果部分把编辑学研究20年的发展概括为形成了一支队伍、出版了一批著作、讨论了一些问题、培养了一批人才、带动了相关学科、得到了社会承认6大成绩。问题部分总结为力量分散、工作与学理混淆、内容泛化、理论与实践结合不紧密、研究缺乏持续力。文章认为编辑学道路曲折,前途光明。全文主题突出,言简意赅,但又不失全面、系统。

邵益文的《编辑学:走向新的发展阶段》[①]是继他的《20世纪中国的编辑学研究》之后对编辑学研究新一阶段的总结。文章在回眸过去时指出,2000年以前我国的编辑学研究成就主要表现在:一是出版了一批专著、发表了一批论文,这些论著的学术质量有了显著提高,已超越了编辑业务的原始描述,开始在理论上做系统探索;二是在编辑学起源于中国,编辑学的学科性质、学科分类、研究对象、编辑概念,编辑活动的本质等基本问题上达成了越来越多的共识;三是编辑学理论框架的研究(编辑学的学科体系包括编辑学理论、编辑业务、编辑史和编辑学方法,理论框架的基本任务是阐明编辑学的性质、任务、研究对象等)取得进展;四是多种媒体的编辑活动有个性也有共性的问题得到确认;五是建立涵盖多种媒体的普通编辑学的登山之路已经启程;六是编辑史、出版史、新闻史研究是编辑学学科体系的重要组成部分。文章不仅总结了成绩,还指出编辑学在发展的过程中自然而然出现了新的航标——建立普通编辑学,它是编辑学研究的未来目标。全文一改作者以前综述文章的风格,单刀直入,不仅理论性、学术性都比较强,而且开宗明义地指出了编辑学研究在21世纪的目标是建立普通编辑学,回眸过去,继往开来,有价值、有分量。

另外,吴平等的《近五年来的编辑学研究述评》(《出版科学》2006年第6期)、王建平的《近五年来编辑学研究热点述要》[《山西大学学报》(哲学社会科学版)2008年第5期]以及姬建敏的《近两年来我国编辑学研究特点简论》(《编辑之友》2009年第12期)等,都是对一定时期有关期刊发表的编辑学文章的概括和总结。

---

① 邵益文:《编辑学:走向新的发展阶段》,《中国出版》2001年第3期,第42页。

其实，相对于上面这些"笼统的"编辑学研究，对某一部门、某一分支编辑学的研究，二三十年来研究成果也比较兴盛。这里仅选择科技期刊编辑学、新闻编辑学、编辑传播学、编辑出版专业教育等方面综述文章的一两篇为例做一介绍。

比较早的如袁正明的《科技期刊编辑学研究综述》[①]。该文从1665年世界上第一种科技期刊问世、1792年中国最早的科技期刊《吴医汇讲》诞生开篇，第一部分主要以1981年裴丽生提出科技期刊编辑学概念，1981年11月中国自然科学学术期刊编辑筹委会成立，1984年《科技期刊编辑学》开始编写，1987年中国科学技术编辑学会成立，1989年《编辑学报》《中国科技期刊研究》以及《科技编辑》创刊等标志性事件为线索，回顾了科技期刊编辑学研究的历史；第二部分通过对科技期刊编辑学研究中关于其定义、性质、研究对象、任务、研究内容等主要观点的梳理，彰显了科技期刊编辑学研究的重要贡献；第三部分在前面总结成绩的基础上，提出科技期刊编辑学研究中亟待解决的明确研究对象、统一概念、加强研究的社会效益等问题。科技期刊编辑学作为编辑学的分支，对其研究的总结，不仅有利于科技期刊编辑学自身的发展，也有利于编辑学学科的成熟和完善。

吴飞的《新闻编辑学研究的困境与出路——我国新闻编辑学研究二十年评析》[②]和庹继光的《新时期我国新闻编辑学研究概观》[③]是对新闻编辑学研究不同阶段的不同总结。前者立足于1999年以前的20年，后者向后延伸至2009年，时间跨度是30年。前者主要指出新闻编辑学研究20年存在的研究开拓不够深入、研究视角不够开阔、研究者交流太少、研究有些"山大王"味、各个研究方向发展不平衡、重视不够六大问题，在此基础上也提出了相应的解决策略。后者把改革开放30年来我国内地新闻编辑学研究划分为三个阶段：第一阶段，创立新闻编辑学的学术研究体系，厘清研究的基本内涵时期；第二阶段，学术界与实务界对"新闻策划"展开讨论，确立"新闻策划"学术地位时期；第三阶段，学术界广泛关注编辑

---

① 袁正明：《科技期刊编辑学研究综述》，《编辑之友》1992年第3期，第3页。
② 吴飞：《新闻编辑学研究的困境与出路——我国新闻编辑学研究二十年评析》，《编辑学刊》1999年第4期，第16页。
③ 庹继光：《新时期我国新闻编辑学研究概观》，《西南民族大学学报》（人文社会科学版）2009年第6期，第221页。

形式、符号运用、版面策划等内容,研究持续走向深入时期。文章通过梳理各个时期代表性的论著、论文,剖析各个时期的主要成果,总结了我国内地新闻编辑学研究的主要成绩。其实,肖伟的《报纸编辑学研究三十年》①也属于新闻编辑学研究的总结,只是内容更加具体化,只言新闻中的报纸。该文从不同历史时期报纸编辑学的发展演进出发,细致梳理了报纸编辑学改革开放30年的研究状况,下了一定的功夫,对报纸编辑学研究得颇为系统。

关于编辑出版学专业教育与专业教育研究的综述性文章比较多,仅21世纪的第一个10年,这方面的优秀文章就不断见诸媒体。比如,王刘纯的《中国编辑出版学专业教育检视与分析》②和肖东发、许欢的《我国编辑出版学教育的回顾与展望》③以及刘拥军、李宏葵的《编辑出版学专业20年发展追溯》④,均是对我国编辑出版学专业教育的总结。前者通过总结我国编辑出版教育在曲折中前进的历程以及各高校课程设置、实习安排等同中有异的现状,指出编辑出版教育尽管发展势头良好,仍需在学科建设、理论创新、教学改革上下功夫;中者通过对20年来编辑出版教育的回望和"多专业、多层次、多渠道、多规格"特点的总结,提出了加强学科理论体系、基础理论和课程规范化建设等思路;后者仅总结了我国编辑出版学专业20多年的历史成就、基本经验以及存在的问题,在此基础上提出了努力的方向:加强领导、规划布局,提升教育理念、创新办学模式,加强教材建设、完善课程体系,加强出版研究、提高教学质量。宋应离的《编辑学研究与编辑出版专业教育二十年追忆》⑤和出版学科体系及教材建设研究课题组等的《省思与探索——我国编辑出版学专业教育研究综述》⑥侧重点是对编辑出版教育的研究总结。前者以作者的亲身经历为线索,通过

---

① 肖伟:《报纸编辑学研究三十年》,《中国编辑》2008年第2期,第14页。
② 王刘纯:《中国编辑出版学专业教育检视与分析》,《编辑之友》2002年第2期,第33页。
③ 肖东发、许欢:《我国编辑出版学教育的回顾与展望》,《河北大学学报》(哲学社会科学版)2003年第1期,第102页。
④ 刘拥军、李宏葵:《编辑出版学专业20年发展追溯》,《出版发行研究》2005年第2期,第43页。
⑤ 宋应离:《编辑学研究与编辑出版专业教育二十年追忆》,《中国编辑》2007年第1期,第62页。
⑥ 出版学科体系及教材建设研究课题组:《省思与探索——我国编辑出版学专业教育研究综述》,《出版科学》2007年第3期,第5页。

河南大学学报编辑部开展的编辑学研究活动、进行的编辑出版专业研究生教育等实践，回顾了编辑学研究与编辑出版专业教育20年的发展历程和取得的成就，以小见大，真实地再现了我国编辑学研究和编辑出版教育的发展成长史。后者是专门对编辑出版学专业教育研究情况的梳理和综述。文章以2007年为界，总结了十年来编辑出版教育研究的热点以及重要成果，特别是对四种关系（出版业与编辑出版学专业高等教育的关系、高等教育改革与编辑出版学专业教育的关系、出版学术研究与编辑出版学专业高等教育的关系、新技术和新媒体与编辑出版学专业高等教育的关系）的认识，对三个体系（学科体系、课程体系、教材体系）的构建，对两种模式（人才培养模式、办学模式）的探讨，进行了详细的回顾，对每一个重要人物的重要观点，每一篇重要文章、重要著作的重要思想都一一予以展现，认真加以省思；对于编辑出版专业高等教育研究理论水平的提高、研究方法的进步给予了重点关注，在大量的研究文章中突出了历史学方法、社会学方法、比较方法的运用。全文有回顾，有展望，颇有厚度。

如果说上面的编辑学研究综述，偏重于某一部门、某一领域的研究，突出的是编辑学研究内容的深度和广度的话，下面的编辑学研究综述则偏重于某一省份、某一高校、某一期刊的研究，突出的是编辑学研究的深入和普及。

蒋元霖的《福建省高校学报编辑学研究20年回顾》[1]是就一个省的高校学报编辑学研究的状况进行的总结。文章从1984年福建省高校学报研究会成立以来研究者的人数、发表的文章、文章的学术质量、在全国研究中所占的比例几个方面归纳了福建高校学报编辑学研究的成就，并指出了其在编辑学项目申报、出版专著等方面的不足。王建平的《河南大学编辑学研究20年综述》[2]是就河南大学编辑学研究的状况进行总结的。文章指出，河南大学的编辑学研究起始于20世纪80年代，1985~1990年是起步阶段，这一时期，《河南大学学报》首创了"编辑学研究"栏目，在全国范围内率先招收编辑学硕士研究生，发表了一大批编辑学研究文章，出版了第一批编辑学著作，亮出了牌子，建立了阵地，推出了王振铎、宋应离

---

[1] 蒋元霖：《福建省高校学报编辑学研究20年回顾》，《中国科技期刊研究》2006年第1期，第26页。
[2] 王建平：《河南大学编辑学研究20年综述》，《河南大学学报》（社会科学版）2007年第1期，第177页。

等领军人物,使河南大学的编辑学研究在国内研究界声名鹊起。1991～2005 年是发展阶段,这一时期,河南大学研究团队发表了 300 多篇编辑学研究文章,出版了 20 多部编辑学研究著作,研究人员多,研究内容广,在全国范围内颇具规模、颇有影响。姬建敏的《从一个栏目的成长看我国编辑学研究 30 年》[①] 是就河南大学学报"编辑学研究"栏目的成长来观照我国编辑学研究从十一届三中全会到 2009 年 30 年间所取得的成就的。文章认为,我国的编辑学研究真正开始起步应该是 1978 年党的十一届三中全会以后;1985 年《河南大学学报》"学报编辑工作论坛"(1988 年第 1 期起改名为"编辑学研究") 的创设和发展,真实地记录了我国编辑学从无到有、编辑学研究由浅入深的发展历程。其中,以学报编辑工作为中心的栏目生成期,是我国编辑学研究的初级阶段,此阶段的编辑学研究虽然稚嫩,但为编辑学的建立做了物质上和舆论上的准备:一是比较早地为编辑学研究提供了平台和阵地;二是刊发的编辑活动实践经验和总结的文章,为编辑学的建立提供了素材和资料;三是少量的理论探讨文章,启发了人们的思路,为编辑学理论体系的建立打下了基础;四是编辑史、作者工作、读者工作等研究内容,开拓了编辑学研究者的视野。以编辑学研究为中心的栏目发展期,是我国编辑学研究的发展、繁荣阶段,此阶段是在前一阶段基础上的新发展,是对编辑学学科建设的一次攀登,研究既重视理论,又重视实践,参与的人员多、文章质量高,研究风风火火,有声有色。30 年来,它们同步发展,取得了辉煌的成就。

以上这些编辑学研究的综述,尽管形式多样,角度、视野、定位千差万别,但总结过去的经验教训,启迪、引导以后的编辑学研究是其共同的目的。因此,这些研究一般属于现实对策性研究,现实性强,时代性鲜明。可以说,要检视编辑学研究一定时期的现状,它们是最好的样本。

(二) 编辑学研究的现实状况分析

到 2009 年中国的编辑学研究已进行了 60 年,站在 2009 年的门槛上,环顾当下的编辑学研究,可以说喜忧参半。喜的是有很多可点可赞的优势,忧的是也存在一定的问题。

1. 我国编辑学研究的优势

(1) 研究比较热烈,发展态势较好。对一个学科来说,受关注的程度

[①] 姬建敏:《从一个栏目的成长看编辑学研究 30 年》,《河南大学学报》2009 年第 2 期,第 147 页。

如何，在一定意义上决定了它的发展态势和未来前景。从这两年的研究情况来看，我国的编辑学研究取得了诸多成果，以编辑学著作的出版为例，仅名字中含有"编辑"二字的专著，2008年就有刘少华的《学报编辑理论与实务》，罗紫初的《编辑出版学导论》，王岷编著的《科技期刊编辑方法》，肖占鹏与李广欣的《唐代编辑出版史》，骆玉安的《编辑文化建设论》，赵伟编著的《中国编辑成就史论》，蔡东彩的《教育编辑研究与实务》，周浩正的《优秀编辑的四门必修课：一位资深总编辑的来信》，姜长喜主编的《期刊编辑策划文集》第2集，徐行主编的《学报编辑学研究》，朱玉的《编辑文论》，赵家璧的《文坛故旧录：编辑忆旧续集》与《书比人长寿：编辑忆旧集外集》，中国编辑学会主编的《图书编辑规程论——中国编辑学会第十二届学术年会论文集》，新闻出版总署科技发展司等编的《作者编辑常用标准及规范》以及〔美〕赛西莉亚·弗兰德等著、展江等主译的《美国当代媒体编辑操作教程》等30部。2009年有周国清的《编辑主体论》，吴波的《编看编说——一个青年编辑眼中的出版和世象》，周奇的《编辑阅读与校对阅读之比较研究》，杨牧之的《论编辑的素养》，李锦雯的《编辑的意识》，杨秦予的《图书编辑美学初论》，郝振省的《编辑的故事》，郑一奇的《编辑的悟性》，蔡鸿程主编的《编辑作者使用手册》，《中国编辑研究》编辑委员会编的《中国编辑研究（2008）》，冯志杰等主编的《中国编辑出版史研究》（第一卷），周殿富等主编的《青年编辑实用读本》，廉钢生等的《编辑修炼》，张再鸣主编的《期刊编辑论文集》，林君雄的《编辑生涯感悟》，董树荣编著的《期刊编辑十谈》，〔加〕赵鼎生的《比较报纸编辑学》以及〔美〕布雷恩·S·布鲁克斯等著、李静莹等译的《编辑的艺术》等31部。编辑学论文的数量更是数目庞大，仅题目含"编辑"二字的，2009年《编辑之友》有120篇，《编辑学刊》44篇，《中国编辑》50篇，《河南大学学报》"编辑学研究"栏目8篇……编辑学作为一个新学科、小学科，研究如此火爆，人气如此之高，说明它具有蓬勃的活力和光明的未来。

（2）研究内容丰富、多元。中国新闻出版总署原署长柳斌杰曾指出，"大媒体"时代的编辑，职业范围日益扩大，肩负各种传媒载体所传播内容的选择、加工和制作，成为传播领域的核心环节和关键岗位。为此，近两年的编辑学研究，受当前社会环境和出版媒介、出版产业多元化的影响，编辑学理论研究、编辑实务研究与编辑史研究并重，涉及面广而又有所侧重，博而又有所精深；既关注学术焦点问题，亦顾及现实需求；既重视编辑学研究中老话题、新视角的重新审视与重新发现，亦兼顾编辑实践发展中新课题、新现象的深层思考，研究范围扩大，研究对象更加多元化，像媒体改革、媒体融合过程中编辑机制的转变、编辑业务的创新、编辑素质的提高和新媒体语境下编辑出版教育的改革研究，编辑学理论的发展与创新研究，学术期刊的改制、转型与学术编辑的困境、出路等，都被普遍关注。以2009年出版的编辑学著作为例，有进行编辑学理论研究的，有探讨编辑实务的，有研究编辑出版史的；内容涉及编辑学基本理论、编辑心理学、编辑美学、科技编辑、新闻编辑、网络编辑等。编辑学新、老问题交相辉映，理论与实践、经验与现实相互衬托，原生态地再现了当今编辑学研究的丰厚内涵和多彩画面。

（3）研究方法比较多样。科学的研究方法是科学发展的武器，方法问题历来是科学研究的基本问题，也是决定科学进步的关键因素之一。编辑学作为理论和实践兼具的新兴学科，其研究方法的特点是随着编辑理论和编辑实践的发展变化而发展变化的。这两年，由于研究领域的拓宽，研究方法也呈多元化趋势。从学科类型分，有历史学的方法、社会学的方法、心理学的方法、自然学科的方法等。从具体的方法论分析，有调查研究法、分析综合法、逻辑归纳法、比较法等；根据内容的需要，既有定性研究，也有定量分析，既有理论联系实际的研究，又有纯正的学理分析，丰富多彩的内容，造就了多姿多彩的研究方法。

（4）作者构成比较合理。学术研究离不开研究者的支持，研究人员的知识结构和素质关系到一个学科的研究水平和研究高度。从这两年的研究情况来看，编辑学研究的作者基本上来自学界、业界和研究部门。学界的或是高校编辑出版学专业的教师、博士、硕士，或是学报编辑、学校期刊社编辑，或是学校相关研究机构的研究人员，他们大多精通编辑学理论知识，具有较强的学术研究能力。业界的或是出版社、报刊社的资深编辑，或是实践经验丰富、业务水平较高的一线工作骨干、精英。科研机构的研究人员，他们搞研究更专业，比较熟悉业内的学术信息、科研动态，研究比较系统、有条理，像中国新闻出版研究院以及各省市社科院的研究人员等。这些作者，除了具有较高的知识储备和文化修养、素质较高外，知识结构、年龄结构也比较合理，老一辈学者如刘杲、邵益文、王振铎、宋应离、蔡学俭、赵航等，他们有的是中国编辑学学科的开山之祖，有的是编辑学研究的发起者、领导者，有的在编辑学学科建设方面成就卓著，有的在编辑出版教育方面是行家里手，有的对编辑学研究几十年如一日。中青年学者如张积玉、范军、吴平、吴飞、李频、靳青万、周国清等，他们思想敏锐，眼界开阔，容易接受新事物，善于吸收其他学科的研究成果，借鉴其他学科的研究方法，使编辑学研究能够紧跟时代的步伐，与时俱进。

2. 编辑学研究中的"短板"与不足

（1）开拓不够深入，成果低水平重复的多，有创见的精品少。从目前来看，编辑学研究不管是著作的出版，或是学术论文的刊出，数量颇为可观，这的确令人振奋，令人欣喜。但仔细研究这些成果，内容、题目接近，选题、方法相同的研究比较多，东拼西凑、抄袭拼接的成果也不少。学术研究的不规范，导致同质化现象比较严重，学术泡沫、滥竽充数、叠床架屋者较多。不仅如此，还有一部分研究侧重于实用、侧重于技艺、侧重于工作指南等。编辑学是一门应用学科，这类研究固不可少，可编辑学研究已经开始60年了，大规模、成气候的研究也有30多年了，依然在这类研究中打转转，或者说满足于此，必然影响编辑学学科的深度，影响编辑学研究的进程。学术研究没有成果的支撑是不行的，但只有数量没有质量也是不被认可的。近两年编辑学研究缺乏有影响、有建树、有创见的成果、精品，固然与我国学术论著出版、学术研究生态恶化，社会浮躁等大环境有关，但与编辑学研究者眼界窄、开拓不够深入，再加上深居斗室，与数字化时代媒介融合的编辑出版实际脱节等不无关系。这种情况是编辑学研究中的大忌。

（2）编辑学各个研究方向发展不平衡，研究内容偏差比较大。这两年的编辑学研究内容丰富，研究比较充实，这是有目共睹的。但如果以编辑学的三大组成部分编辑学理论、编辑实务（实践）、编辑史进行分类，相比较而言，编辑实务（实践）方面的研究不论从研究的人数还是成果的数量上看都是最多的，而编辑学理论和编辑史的成果较少，尤其是编辑史的研究成果最少。研究内容的不均衡，导致编辑学研究某些方面"一枝独大"，某些地方却无人问津。比如，在编辑学理论研究内部，在宏观方面，诸如它的定义、学科性质、学科体系及其范畴、研究对象及其内容、学科分类等争论比较激烈，分歧也比较大，其他的微观研究探讨则较少；编辑史的研究更是偏重于几个编辑大家，对其他灿若群星的优秀编辑人物、几千年辉煌的编辑历史和优良传统挖掘得还很有限。编辑学作为一门还不成熟、还不完善的新学科，缺少哪一个内容、哪一个方面的积累，都将影响编辑学学科的成熟与进步，只有史、术、论三位一体，紧密结合，互为表里，才能共同构成编辑学的完备体系。

（3）研究者深度交流少，不同程度地存在着文人相轻的弊端。应该说，科学研究需要信息的交流，优秀成果是在对话、切磋、交流、碰撞中产生的。与其他成熟学科相比，编辑学研究者大多囿于"自己的一亩三分地"，各自为政，自说自话，图书、期刊、网络等各类编辑学研究人员之间，学界、业界、研究机构等作者之间，没有共同的交流平台，缺乏对话的机会，在一些核心问题上，长期不能达成共识；再加上个别研究人员"打一枪换一个地方"，蜻蜓点水，势必影响了编辑学研究的深度。即使有中国编辑学会组织的全国性学术交流活动（其实，这样的学术交流现在举办得越来越少了，编辑学会的"学味"变得越来越淡，甚至被人戏为"编辑协会"），某些研究者夜郎自大、故步自封，也很难形成理性互动、合理交流的氛围。编辑学作为一门年轻的学科，争论是推动学科理论成熟的必要手段，平心静气地对话，脚踏实地地做学问，才会有利于学科的成长与进步。

（4）编辑学研究还没有被充分重视。目前，编辑学研究不像其他成熟学科研究一样受人重视，项目申报、学科归属、招生就业、论文发表等都缺乏相应的政策支持。比如，新闻传播方面的专业大刊《新闻与传播研究》（高等院校认定的 A 类期刊）从来就不发包含在新闻学下面的编辑学研究文章；《中国社会科学文摘》从不转摘编辑学研究方面的成果；《中国编辑》《编辑之友》等没有一份期刊在高等院校被认定为 A 类、B 类。编辑学项目的申报只能居于新闻学类下面的"其他"里面，申报的数量不要说和中文、历史、哲学这些成熟学科相比了，即使和新闻学、传播学相比，也相差十万八千里……当然，编辑学在社会科学这一学科家族里是小字辈，年轻、稚嫩，不被重视也属正常。但问题是，所有学科、所有事物都是从年轻的时候过来的，这是历史发展的必然规律，况且年轻才有生气、有活力、有前途。编辑学是中国人首创的新兴学科、朝阳学科，它的发展壮大，需要更多领域、更多部门、更多政策的支持。"接地气"地讲，身为编辑，要评职称、要晋升，都需要 A 类、B 类文章和国家级、省部级项目的支撑，如此这般，编辑学研究得不到相应的"回报"，自然影响了研究者的积极性，影响了研究队伍的稳定。编辑学研究后继无人，又何谈发展，何谈学科的成熟？这不能不令人深思。

二　国外编辑出版学研究介绍

(一) 编辑学研究在国外

编辑学是中国人首创的一门科学，其西文名词是1987年我国人民出版社著名编辑家林穗芳先生提出来的。据阙道隆等的《书籍编辑学概论》所说：在20世纪90年代以前，国外出版界还没有出现"编辑学"一词。美国的部分大学为新闻专业的研究生开设编辑课程，其内容仅限于编辑实务。20世纪80年代末加拿大成立了出版研究中心，它是一个教学与研究并重的机构，也未提及编辑学。苏联出版界则把"编辑理论和实践"作为一门学科的名称，并未使用"编辑学"这一术语。20世纪60年代末期，日本在成立出版学会时，提出建立出版学的任务，也只是把"编辑学"作为出版学的一个研究课题……在日本出版的《出版事业》中，也只有出版学词条，找不到"编辑学"一词。针对以上种种情况，林穗芳先生建议采用英文Redactology和法文Redatolgie作为编辑学的国际通用语。1990年，美国《克利夫兰旗帜日报》介绍中国的编辑学研究情况时，最先接受了Redactology的英文表达形式。[①]

显然，编辑学作为一门独立的学科是中国人最早提出来的，但这并不是说国外就没有编辑学研究。王振铎先生有个著名的观点："编辑学是具有中国特色的传播学。"他认为，"中国的编辑学和美国的传播学，是同一年（1949年）诞生的学科术语，二者研究的内容基本相同，只不过一个使用中国名称，一个使用美国名称，在互有差异的历史文化背景和社会实用条件下，一个根植于悠久传统，现在正在发展中，只是发展得缓慢一些、艰难一些；另一个没有传统包袱，只求'传媒制胜'的现实应用，发展得快速一些、顺利一些、强悍一些。二者研究的路径也有很多相通之处，都是研究如何创造文化媒介，怎样又好、又多、又快、又准确、又清晰地传递多种信息，以适应越来越广大的人民群众的精神文化需求。"[②] 如果王振铎先生的话成立的话，反过来是不是可以这样说：国外传播学研究的现状，可以算作编辑学研究的现状呢？对于这一点，笔者认为，不管是国外

---

① 阙道隆、徐柏容、林穗芳：《书籍编辑学概论》，辽宁教育出版社，1995，第13~14页。
② 王振铎：《编辑学理与媒体创新》，河南大学出版社，2010，第182页。

的传播学研究，还是出版学研究，它们都与中国的编辑学研究内容有交叉，但都不属于真正意义的编辑学研究。编辑学研究是中国特有的，国外的编辑学研究如果说有，也很弱小，势单力薄。

（二）与编辑学研究有关的传播学、出版学研究

先说传播学研究，因为它兴起于西方，在西方各国也很受重视。从美国、加拿大到英、法、德、意以及20世纪60年代以后的苏联，研究队伍都比较庞大，专门刊发研究成果的刊物也比较多，研究体系、研究流派、研究协会都比较齐全。特别是北美的研究，无论是方法、理论，还是研究成果，都处于世界领先地位。再者，进入21世纪以来，传播学研究已风靡全球，中国的传播学研究也颇有市场，传播学研究团体、研究体系、研究杂志以及中国特色的传播学理论纷纷"出笼"。再加上高等院校传播学本科生、硕士和博士研究生招生的日趋火爆，传播学作为新闻学下面的二级学科，其"风头"、其研究规模和研究态势已远远超过了土生土长的编辑学。因此，用国外的传播学研究状况来考量国外的编辑学研究，显然不恰当、不明智。

至于说国外出版学的研究，算不算编辑学的研究，这需要先从国内出版学和编辑学的关系说起。一般来说，在国内，出版学和编辑学常常纠缠在一起，从20世纪80年代编辑学研究兴盛开始，学界关于编辑学与出版学谁大谁小、谁包含谁、谁早谁晚的"官司"一直在打，打官司的双方各有理由，谁说服谁都不太容易。从目前来看，编辑学不等于出版学，这是毫无疑义的；编辑学专业与出版学专业结合形成的编辑出版学专业存在于高等学校学科专业目录中，这也是不容置疑的。也就是说，出版学不是编辑学，但与编辑学关系很大，这是目前所达成的共识。因此，在国外编辑学研究状况不很明了的前提下，了解一些他们出版学研究的情况，也显然是很必要的。

在国外，日本、韩国等亚洲国家对于出版学研究得比较早。笔者查《中国编辑学会大事记》发现，中国的编辑学会1992年成立，1993年承办"第六届国际出版学研讨会"，日本、韩国、新加坡等国都派代表、学者参加了会议。1991年日本立教大学教授林伸郎曾在中国的《出版发行研究》上发表了《日本的出版学研究——历史、现状及问题的焦点》一文，比较详细地介绍了日本的出版学研究。文章指出，在日本，当一个新兴学科在未确立其科学的方法论之前，甚或每每在确立之后，不称作"某某学"，

而经常称之为"某某论""某某研究"。作为一个"某某学"的下位概念（构成这一学科的各个领域），"某某论"这一表现形式倒是被经常使用。例如，"出版学"经常被称之为"出版研究"，但作为它的分支领域有"书籍论""杂志论""出版企划论""出版产业论""出版经营论""编辑论""著作权论""书店论""读者论""读书论"，等等。① 可见，在日本"编辑学"是被包含在"出版学"之内的一个分支。

据日本出版学会会长、日本出版学校理事长、出版教育研究所所长吉田公彦②在我国《编辑学刊》上的文章所说，日本出版社的编辑人员，"从计划、编辑，到制作、校对、装帧设计，需要掌握编辑、出版的整个流程，进而还要会写广告。这是传统的做法，也是成为一名合格的编辑的证明……日本出版界还有一个历史性特征，那就是不从专业上划分图书出版社和杂志出版社……对于图书编辑、杂志编辑之类的区别没有太强烈的意识"。出版社人员的录用，"主要是通过招聘考试，从大学毕业生当中录用新职工。大、中出版社的做法大多如此。至于是否受过出版教育则无所谓。出版教育在就职以后利用社内的讲习班或社外的教育机构来进行"。教育机构指的是大学、大学以外的学校、出版团体等；机构不同，课程的设置也各不相同。吉田公彦认为，"从培养出版人的立场看日本大学的就业前教育，绝不是能令人满意的。出版团体对于新职工的就业后教育也是一样，因为用于出版业务教育的课程和课时都过少"。至于对出版教育的研究，他认为"在日本，出版研究与出版教育之间有意识的交流、联系还刚刚起步"。③

至于说出版学专业教育的情况，美国是世界上最早开展出版教育的国家。1947年，瑞迪克利夫学院（Radcliffe College）就创办了暑期出版研讨

---

① 林伸郎：《日本的出版学研究——历史、现状及问题的焦点》，《出版发行研究》1991年第1期，第62页。

② 吉田公彦，1930年生，毕业于东京大学经济系。1964年创办日本第一所施行出版业务教育的学校，30年来已培养数千名出版人才，在日本出版业界有很大影响。1990年设立出版教育研究所，与中国、韩国、英国、加拿大等国广泛地开展交流活动。他是日本出版学会发起人之一，历任理事、副会长。在2006年11月河南大学召开的"数字化传媒时代编辑出版学学科建设国际学术研讨会"上，笔者就编辑学、编辑出版教育和他进行过交流。

③ 这几段引文均出自吉田公彦《日本出版教育概况》，《编辑学刊》1994年第5期，第2页。

班，聘请出版业内人士讲授有关出版业务的知识。1980 年，爱默森学院（Emerson College）设置了写作与出版研究生专业，成为美国最早设立出版硕士点的高校。加拿大的西蒙弗雷泽大学（Simon Fraser University）设有出版硕士专业和编辑与出版证书课程。英国、德国、澳大利亚等西方发达国家，也都设置了出版学这一学科，培养相应的编辑出版人才。但他们的学科都没有以"编辑学"专业命名。

值得一提的还有苏联，在 1941 年时就成立了编辑出版系，1948 年成立了编辑学专业副博士研究生部。

总而言之，编辑学作为我国首创的具有中国特色的学科种类，从 1990 年 8 月 26 日美国《克利夫兰旗帜日报》发表的《中国有组织地从事编辑研究》的文章来看，在这之前，欧美国家还没有开始真正的编辑学研究。至于亚洲，相对于目前编辑学研究开展得比较好的日本和韩国，中国的编辑学研究依然领先。并且日、韩的研究注重出版领域里的印刷、复制和市场营销，侧重操作层面，与我国编辑学界的理论性研究、学术性研究不重合、有距离。特别是当今数字媒体时代，我国的编辑学研究已发展到传统的编辑出版理论与现代化的影视产业技术、多媒体技术互补互动、融合创新促进经济繁荣、文化进步的新阶段，其研究在全球范围内，可谓首屈一指，具有领先地位。

第三节 规律探寻：编辑学研究 60 年的特征与意义

一 特征认知：与新中国同命运曲折进步

新中国成立以来的 60 年，是艰辛备至、历尽坎坷的 60 年，同时也是成果丰饶、光辉灿烂的 60 年。而我国编辑学研究的 60 年，同样也经历了幼稚、青涩的初级阶段和枝繁叶茂、云蒸霞蔚的发展历程。从 1949 年编辑学的诞生，到改革开放前编辑学研究的肤浅、分散，十一届三中全会以后编辑学研究在我国的复苏、兴盛，再到 2009 年前后编辑学研究的繁荣、发展，如果以中长时间的历史观去回溯，不难看到以下几个关键的节点：中华人民共和国成立的 1949 年，改革开放开始的 1978 年，新中国成立 60 周年的 2009 年。新中国发展大势的时间节点线性地勾勒了新中国编辑学研究和发展的轨迹。这个轨迹与编辑学研究中的学术流派、学术团体、学术观点、学术成果以及一些有影响的主题事件交互并联，复合形成了新中国编辑学研究 60 年的整体图景。图景的再现使新中国编辑学研究的意义阐释、特征认知成为可能。

（一）从编辑学研究的动态发展过程看，具有明显的阶段性特征

编辑学研究虽然以编辑活动为研究对象，但编辑活动离不开媒介。媒介变迁与社会变迁共为一体，相辅相成。新中国 60 年，有其国家与社会发展的特有节律，国家政治、经济、文化三种力量相互博弈，推动了社会的变迁、媒介的变革。而编辑学研究 60 年，尽管亦有其自身发展的内在节律，但其内在节律在与国家、社会发展特有节律的互动中，不但悄无声息地打上国家、社会的烙印，可以折射出我们伟大祖国原生态的历史，而且编辑学研究的动态发展，具有典型的阶段性特征。

1. 政治运动的影响

从 1949 年中华人民共和国成立到 2009 年的 60 年时间里，以客观的、历史的角度进行观照，前 30 年的发展有偏差，政治运动一度成为核心，尤其是"文革"10 年，"国民收入损失人民币五千亿元，相当于建国 30 年全部基本建设投资的 80%，超过了建国 30 年全国固定资产的总和。大规模毁灭文化组织和遗存，残酷地迫害知识分子"①，不仅编辑出版业陷入萧条期，编辑学研究也几近停止。1976 年 10 月，"四人帮"被粉碎。1978 年 12 月，中国共产党十一届三中全会召开，共和国开始了改革开放的新进程，编辑学研究也如沐春风，复苏、崛起，从原始科学阶段迅速进入常规科学阶段。从十一届三中全会到 2009 年，"三十而立"的编辑学迅速抽枝、开花、结果，编辑学研究也步入快车道。兴起期，由于中央的倡导，知名人士的呼吁，出版业界和高校等多方面的努力，编辑学研究热潮在我国迅速兴起，一大批专业论文和相关著作得以涌现，编辑学理、编辑历史、编辑方术、编辑学与其他学科的关系，四个方面的学术研究均已展开，发展态势欣欣向荣；深化期，有了全国性的学术组织，形成了编辑学研究的骨干队伍，编辑学研究的学术领域得以拓宽，理论研究得以深化，学科建设迅猛发展，尤其是在一些基本问题上，学界内部达成了共识，取得了阶段性的理论创新成果；转型期，在编辑学理论研究、实践研究、差异化研究、媒介分类学研究的基础上，对编辑活动普遍性、共通性的追寻

---

① 李频主编《共和国期刊 60 年（1949~2009）》，中国大百科全书出版社，2010，第 91 页。

成为热点，从方法论到观念立场，从学术路径到研究对象，小到概念，大到理论架构，都出现了新的变化，姹紫嫣红的研究成果比比皆是。

正所谓，编辑学科学研究与国家政治密切相关，60年研究的兴盛与否、发展快慢，几与新中国60年的命运相连，政治运动少，国家兴，编辑学研究则盛；反之，国家动荡，编辑学研究则萧瑟、衰落。

2. 社会变迁的作用

如果说，媒介的发展是一条河的话，社会的变迁则决定了这条河的流量、流速和流向。借用到编辑学研究来说也是如此。1949年新中国成立，编辑学研究诞生，"文革"前17年，编辑学研究零散无序，不成系统，"文革"后30多年编辑学研究逐渐深入，从"三十而立"到"五十而知天命"再到"花甲之年"，一步一个脚印地向前推进。以中长时间的历史观去回溯，社会的变迁也影响着编辑学研究的动态发展。

1949年4月李次民的《编辑学》出版，标志着我国的编辑学研究开始；1949年10月1日，中华人民共和国诞生，标志着人民当家做主的新中国成立。尽管编辑学研究的开始与新中国的诞生同在1949年，但二者之间似乎存在着偶然的因素，使得"编辑学研究60年"不像"共和国期刊60年""新中国某某研究60年"一样开始于1949年10月1日。不过，新中国成立，思想意识形态领域里的变革，也同样左右着新中国成立后的编辑学研究。典型的例子是，1956年8月中国人民大学出版社根据苏联К.И.倍林斯基教授的"书刊编辑课大纲"讲稿翻译并编辑出版的《书刊编辑学教学大纲》就打有鲜明的时代印记。1978年，改革开放成为国策，在举国上下解放思想、建设"四个现代化"的热潮中，1982年9月党的第十二次全国代表大会召开，全面开创社会主义现代化建设新局面、建设高度的社会主义物质文明和精神文明，成为时代的最强音。为了两个文明建设的需要，1983年6月6日党中央和国务院发布了《中共中央、国务院关于加强出版工作的决定》，解放了编辑的生产力，调动了编辑学人的积极性，使编辑学研究由无组织、无纪律的"自发"散漫状态进入研究的"自觉时期"。从兴起期的"百家争鸣、百花齐放"，到深化期的横向拓展、纵向掘进，再到转型期的研究方法丰富多元、研究理念更新，不管是20世纪八九十年代社会主义市场经济条件下编辑工作特点、性质的讨论，还是进入21世纪出版转制、媒介转型条件下编辑职能、编辑活动规律的研究，不管是单一媒介编辑性质、规律的探讨，还是"大文化、大媒体、大编辑"

的时代背景下，建立涵盖多种媒体的普通编辑学成为研究趋势，为社会主义精神文明服务、为文化强国服务、为建设有中国特色的社会主义出版事业服务的时代印记，都表现得淋漓尽致。

其实，编辑学研究之所以在20世纪80年代复苏、兴起，最直接的原因是"出版事业的改革"①，而新闻出版事业的"大改革、大发展、大跨越"②，又何尝不是改革开放、社会变迁的作用呢？正是社会变迁的巨大作用，中国的编辑学研究才可能从20世纪80年代开始蒸蒸日上，这是无可辩驳的事实。

（二）从编辑学研究的内容看，具有与时俱进的特征

编辑学的产生、发展源于人类编辑实践中的矛盾，社会现实中永恒的矛盾则推动着编辑学研究观点、方法不断进步。回顾1949~2009年的编辑学研究历程，社会的变迁引发了媒介的变革，媒介的变革又带来了编辑实践活动中的新情况、新矛盾，而关注新情况、解决新矛盾的过程，就是编辑学理论研究和实践研究进步和发展的过程。反过来也就是说，不管是1949~2009年编辑学的理论研究，还是实践研究，都是随着编辑实践的变化而变化、发展而发展的。比如，1949年到1965年编辑学研究初期，研究成果几乎全是有关书、报、刊编辑工作的（1949年的《编辑学》主要探讨的是新闻编辑，1956年的《书刊编辑学教学大纲》主要探讨的是书籍编辑，1965年的《杂志编辑学》主要探讨的是杂志编辑）；2000年到2009年编辑学研究深化期，研究内容既有传统的书、报、刊编辑，又有影视编辑、网络编辑、多媒体编辑；初期的编辑学理论仅限于从出版方面进行挖掘，转型期的理论则致力于"大编辑"背景下的普通编辑学的构建等，与时俱进的特征比较明显。如果从研究内容进行考量，后30年的编辑学研究更具典型性。

一般来说，只要说起十一届三中全会后我国编辑学研究的兴起，都会提到以下几个事件：1979年12月，中国出版工作者协会成立；1983年11月，第一届出版工作者年会召开；1985年《编辑之友》的创办和中国出版发行科学研究所的挂牌……正因为新时期编辑学研究一开始是建立在出版

---

① 刘杲：《出版笔记》，河北教育出版社，2006，第341页。
② 柳斌杰：《在旗帜的引领下——党的新闻出版事业90年伟大实践与思考》，《求是》2011年第14期，第34页。

工作基础之上的，这一时期的编辑学研究不仅研究者是出版工作者，而且研究的内容也离不开出版。再加上当时"实践是检验真理的唯一标准"的讨论，大干快上、把"四人帮"耽误的时间夺回来的呼声，使改革开放之后务实之风盛行。在此背景之下产生的编辑学研究，便不可避免地具有了以实践来检验真理——编辑学理论——的先入之见。这一时期的编辑学研究大多偏重于出版、实用，像我国书刊编辑学方面的第一本专著——阙道隆主编的《实用编辑学》、我国图书编辑学著述方面的第一本个人"编著"——余润生编著的《实用编辑学概要》、我国科技读物编辑工作方面的第一本部门编辑学著作——王耀先主编的《科技编辑学概论》等仅看书名就能感受到其实用性取向。难怪邵益文先生在总结这一时期的研究时说："有一点可以肯定，作为应用编辑学的知识体系已经初步建立起来，至少在书刊编辑方面是这样。"①

到了20世纪90年代，随着社会主义市场经济的确立以及社会的转型，以出版社为代表的编辑出版部门不得不由单纯的生产型向生产经营型转变。面对这种转变，编辑出版工作遭遇了"是要市场，还是要质量""是坚持经济效益，还是坚持社会效益"等前所未有的新情况、新问题。于是，这一时期的编辑学研究重心也就随之转成对社会主义市场经济体制下的编辑出版工作及其特点、规律、理论、实践、任务等的探讨，像编辑工作要不要适应市场经济，如何适应市场经济；如何既按精神产品的生产规律办事，又按市场经济规律办事；如何既认识市场对编辑工作的重要意义，又坚持编辑工作是整个出版工作的中心环节；如何既强调出书对路、编辑工作必须大胆创新，又坚持编辑工作的基本规范和基本要求；如何既重视编辑策划的重要作用，又强调审稿、加工等在新环境下的特有价值；如何既强调编辑的主体地位、能动性发挥，又强调恪守职业道德、爱岗敬业，等等。编辑实践的变化，使编辑学研究变得新鲜、时尚，富有生机。

进入21世纪，随着中国的"入世"和新闻出版单位改制、转型，尤其是互联网的问世，编辑的实践活动发生了新的变化，如编辑活动领域由20世纪的书、报、刊、广播、电视等扩大到了光盘、磁盘、计算机软件等载体；编辑活动的频率由比较长的时间加快到了即时出版、现场转播；编辑活动由单向向多向、交互式转换，由静态转为动态等。面对这种新的经

---

① 邵益文：《20世纪中国的编辑学研究》，河北教育出版社，2000，第234~239页。

营环境、新的物质载体和传播手段，编辑学研究的内容也进一步跟进。像对出版集团组建如何推进出版改革深入的研究，对改企转制如何解决编辑实践中体制导向与政策导向不一致的研究，如何发挥编辑主观能动性和创造性的研究，以及互联网环境下如何发挥编辑思想的研究，网络平台上编辑如何把关、如何引领等的研究，都比较常见。以中国编辑学会2000年到2009年学术年会主题和期刊发表的相关学术论文标题为例，明确使用"新形势下""转制条件下""深化出版改革条件下""媒介融合条件下""数字化时代"等词语的明显增多，研究的内容既有"转制""改革""新媒体""数字化"前提下的具体编辑实务、编辑工作问题，也有这种背景下的"编辑创新""编辑文化""编辑形态"等"形而上"的实践问题。其实，又何止是实践问题，转型期媒介形式的更新，编辑活动范围的扩大，直接导致了"大编辑"概念的产生；对多种媒介形式编辑活动规律共通性的探讨，也使普通编辑学理论的构建成为编辑学理论研究新的增长点。

可见，日新月异的编辑实践丰富了编辑学研究的内容，使编辑学研究进一步深化和发展；编辑学研究的深化和发展又反过来推动了编辑实践的绚丽多彩。正所谓，编辑学研究随编辑实践的发展而与时俱进。

（三）从编辑学研究的路径看，具有理论联系实际的特征

研究路径影响着一门学科研究的科学价值，它一方面反映出这个领域研究的主要范式、主要内容和方法；另一方面决定了研究者剖析问题的角度、深度，直接影响着其对问题的阐释力、评价力和预测力。审视1949～2009年编辑学研究的历史，可以发现其路径选择既重理论又重实践，具有理论联系实际的特征。

编辑学作为一门在编辑活动基础上建立起来的新兴学科，既具有深厚的理论性，又具有全面的应用性，理论性和实践性既构成了编辑学的丰富内涵，也成为编辑学研究的重要内容。从1949年编辑学研究在中国迈开第一步起，对编辑学理论和实践的研究就揭开了序幕。[①] 随后的几十年，尽管每个阶段的研究内容不同，但对编辑过程的陈述，对编辑工作经验的总

---

① 1933年，上海商务印书馆出版有郭步陶的《编辑与评论》一书。该书名有"编辑"二字，书中也有不少新闻编辑实践与评论的内容，但因只涉及新闻编辑，又偏重新闻评论，故1949年出版的李次民的《编辑学》被认为是我国编辑学研究的第一部著作，其内容尽管新闻编辑技巧、方法等实践部分分量也不轻，但对编辑学的概念等也有所阐述，特别是其由新闻编辑、副刊编辑到杂志编辑，颇有点普通编辑学的味道。

结,以及在总结经验基础上的理论升华,都是编辑学研究的重中之重。纵观60年的编辑学研究,既重理论又重实践,理论联系实际的特征颇为明显。还以后30年编辑学研究为例,20世纪80年代,尽管编辑学研究重视实务、重视出版工作总结,但理论研究的成果依旧引人注目。且不说王振铎、司锡明主编的《编辑学通论》探讨了编辑学的普遍原理、共同规律,提出了文化缔构编辑观、信息智化编辑观,开辟了编辑学理论研究中的重要一派——文化缔构派;不说刘光裕、王华良著的《编辑学论稿》从理论的高度,对编辑的社会本质、社会作用、社会价值等进行了深入探讨,提出了编辑中介观;不说高斯、洪帆主编的《图书编辑学概论》"力图以马克思主义为指导,从理论上阐明编辑学的基本原理,建立自己的理论体系,并注意理论与实践的相结合,力求以实践经验为基础,高于实践和指导实践为目的"①。单就实用性非常突出的阙道隆的《实用编辑学》来说,其提出的图书编辑学包括总论(图书和出版的一般史论,编辑过程,编辑与作者、读者的关系等)和分论(重要门类读物的编辑原则和方法)的框架,即为编辑学研究理论框架的构成奠定了一定的理论基础。

20世纪90年代,以中国编辑学会牵头的编辑学理论研讨会就召开了3次,研讨会对编辑学学科定位、理论框架等核心理论问题进行了重点研讨。像编辑学理论框架的建构问题,就出现了三种观点:基本理论、基本理论与应用理论并重、编辑理论与编辑业务相结合。这对于编辑学学科体系的建立具有奠基之功。更为关键的是,研究非常注重理论研究和实践研究的结合,比如,关于这一时期的研究重点、主攻方向和学科定位,明确规定为"编辑学研究,要坚持以中国特色社会主义的出版编辑理论为重点和主攻方向,重视社会主义出版编辑活动的研究。坚持理论联系实际的原则,努力回答现实生活中的理论问题和实际问题,为繁荣社会主义的出版事业服务……编辑学属于应用科学,它来自编辑实践,又用于指导编辑实践活动。作为应用科学,它包括编辑的应用理论和编辑的应用技术,这两个部分都是编辑学研究的内容"②。

事实上,不光中国编辑学会是这么倡导并付诸实施进行研究的,这一时期的研究成果,在理论和实践的结合上也做得比较突出。代表性作品

---

① 邵益文:《20世纪中国的编辑学研究》,河北教育出版社,2000,第236页。
② 邵益文:《20世纪中国的编辑学研究》,河北教育出版社,2000,第188页。

如，徐柏容的《杂志编辑学》"既讲'学',又讲'术',在'学'和'术'的结合上匠心独具。可以说'学'依于'术','术'系于'学',熔两者于一炉"①;雷起荃主编的《学术编辑学研究》不仅"对学术编辑学的研究对象、基本范畴、编辑活动、编辑劳动的性质、特点、功能作了相当深入的探讨","提出了编辑学的10个基本范畴和学术编辑的基本范畴",而且还"用超过一半的篇幅,探讨了编辑过程的若干问题、学术编辑的素质和管理等问题",理论性和实践性都比较突出;向新阳的《编辑学概论》以编辑劳动作为编辑学的研究对象,"说明了编辑劳动的含义、性质、内容、作用,它的主要矛盾和基本规律,阐述了编辑劳动者的职责、地位和应有的素养……在史论结合、理论和实践的结合上,也做得比较好"②。其他还有任定华主编的《科技期刊编辑学导论》、陈景春的《文艺编辑学》、尤红斌的《编辑学概论》等,都值得肯定。

编辑学研究60年中的最后10年,"入世"带来的编辑出版业国内外竞争的加剧、以互联网为代表的传媒技术的革命性跃进,以及以出版改企转制、编辑转型为中心的编辑出版业的体制转型,使编辑工作从性质、内容、特点、任务到理论、实践,出现了一系列必须面对的新情况、一连串亟待解决的新问题。针对这些新情况、新问题,编辑学研究不仅在实践方面进行了有益的探讨,还发表了大量的对编辑学理论框架、基本概念、研究对象、学科性质、基本规律等进行论争的文章,出版了以张积玉的《编辑学新论》、靳青万的《编辑学基本原理》、姬建敏的《编辑心理论》、徐柏容的《编辑选择论》、周国清的《编辑学导论》和《编辑主体论》等一系列有影响的学术著作。特别是2006年编辑学会换届后新任会长桂晓风提出的"大文化、大媒体、大编辑"理念,很好地适应了当今时代编辑出版业改企转制、文化产业化、媒介交互融合、载体多元化、编辑职业范围拓宽、活动领域扩大的现实,赋予了文化、媒体、编辑这些既有概念新的内涵,丰富了编辑学理论研究空间的同时,也使编辑学理论研究、实践研究的视阈更开阔了。

理论来自实践,理论创新也来自实践。正是理论与实践的结合,才使编辑学研究从理论到实践均取得丰硕成果,使编辑学学科体系日臻成熟

---

① 邵益文:《20世纪中国的编辑学研究》,河北教育出版社,2000,第245页。
② 邵益文:《20世纪中国的编辑学研究》,河北教育出版社,2000,第254~260页。

完善。

二 意义阐释：和学科共发展继往开来

从1949年至2009年，新中国成立60年，也是编辑学研究的60年。虽然60年在中华民族五千年的文明历史中是短暂的一瞬，但这60年对我国和我国的编辑学研究来说非同一般。在中国共产党的领导下，国家发生了翻天覆地的变化，编辑出版业同其他行业一样得到了空前的发展，编辑学学科建设日臻成熟，编辑学研究成就斐然。编辑学研究的成绩来之不易。这中间有成功的经验，也有失败的教训。"总结经验，展示成绩，激励当今，开创未来"是编辑学研究60年的意义和目的所在。

（一）有利于传承编辑学研究的传统

1949年，中华人民共和国成立，中国编辑学研究开始起步。新中国百废待兴，编辑出版事业面临着许多困难，编辑出版研究也举步维艰。1978年，党的十一届三中全会召开，改革开放成为国策，乘着改革开放的东风，我国的编辑出版事业出现了大发展，编辑学研究在20世纪80年代一批编辑出版界领导、学者的倡导带领下，掀起了研究的高潮。这一批开路先锋，为编辑学在中国的发展、壮大，创榛辟莽，开启山林，探索了一条具有中国特色的编辑学研究之道，总结了一套编辑学研究和发展的经验。他们对编辑学执着的追求，无私的奉献，严谨的治学态度，精益求精的作风，以及奠基立业的开创之功，彪炳史册。总结编辑学研究开拓者的创业史，有利于新一代编辑学人继承老一辈研究者的经验，发扬光大他们的事业。

而目前，这些编辑学研究开拓者中的大多数年事已高，对于他们亲临、亲为几十年的编辑学研究，他们了解每一个过程，掌握第一手资料，熟悉每一个环节。如果在他们的有生之年，能历史地、客观地展现编辑学研究的这段进程，既是对编辑学研究历史的负责，也是对第一代编辑学人筚路蓝缕之功的纪念和讴歌。因此，回顾编辑学研究60年，抢救、保护编辑学研究的珍贵资料、宝贵经验，不仅可为未来的编辑学研究提供借鉴，更是新一代编辑学人创制学习的教科书，对书写编辑学研究史也会具有很好的参照作用。

（二）有利于编辑学学科地位的提升

在中国，编辑学作为一门学科和新中国一起诞生，研究之路也和新中国的发展一样，虽然历经曲折但成果丰硕。从编辑学理论看，王振铎先生曾总结为60年的6大发现；① 从出版专著看，据邵益文先生的统计、丛林主编的《中国编辑学研究述评（1983～2003）》统计以及我们对2003年以后的统计，各个阶段加起来就有600多部；从编辑出版学教育看，招收本科生、硕士研究生以及博士研究生的高校有国家直属重点高校、省部级重点高校以及地方高校，培养的编辑出版专业人才已经遍及全国各地；从研究阵地和研究状况看，既有《中国编辑》为首的专业期刊，又有高校学报等社科期刊，每年发表的学术论文有几百篇……因此，回顾和总结编辑学研究60年的成绩，不仅摸清了家底，彰显了实力，而且对提升编辑出版学为一级学科提供了研究基础和舆论保证，对暗流涌动的编辑学"式微说""衰落说"是无声的反击，更是对60年研究之功的肯定和宣扬。也就是说，总结和展现编辑学研究60年的巨大成绩，有利于宣传编辑学研究60年的进步和发展，对提高和巩固编辑学的学科地位意义非凡。

（三）有利于探寻编辑学研究和发展的规律

从1949年到2009年，由于社会、政治等多方面的影响，编辑学研究60年亦如新中国60年一样，每个阶段的发展是不平衡的，以1978年改革开放为界，前30年和后30年不同，前后30年每一个10年也各不相同。为什么从1949年到改革开放前研究低迷，成果寥寥，为什么从十一届三中全会到2009年高歌猛进，成果卓著；为什么20世纪五六十年代港台地区编辑学研究小有成就，为什么20世纪八九十年代内地编辑学研究捷报频传；为什么20世纪最后的一二十年编辑学理论论争激烈、尖锐，为什么进入21世纪编辑出版学研究生教育以及大编辑理念引人关注……如果以发展的眼光、客观的态度对编辑学每个阶段进行研究现象的描述、研究状态的展现、研究热点的审视、研究成果的省察等，不仅能明晰编辑学研究的发展脉络，预测编辑学发展的未来前景，还能够洞悉社会、时代与编辑学研究不同节律之间的关系。因此，总结和梳理编辑学研究每一阶段的代表性事件、代表性著作、代表性人物、代表性观点以及学术流派、学术现象，勾画出60年来编辑学研究的发展轨迹和编辑学学科成长历程，有利于寻找编辑学研究和发展的规律。也就是说，回顾和梳理编辑学研究60年的演进

---

① 王振铎：《编辑学研究60年的6大发现——编辑学的理论创新与学科发展》，《中国出版》2010年第13期，第16页。

路线和发展历程，有利于总结经验，找出不足，探寻规律，明晰思路，不仅能为编辑学研究的深入提供指导，还能为编辑学研究与社会的互动提供最佳的运行方略。

俗话说，前事不忘，后事之师。今天是昨天的发展，历史是今人的借鉴。1949~2009年这60年，无论从整体还是局部看，都具有不可复制性；对这60年编辑学研究进行反思与总结，从学术史意义来说，是学术研究、学术发展自我意识的凝练，蕴含着对未来编辑学研究的展望与期待；从理论和实践意义来说，对编辑学学科体系的成熟和完善、对编辑学研究的进一步向前发展，无疑提供了丰厚的积淀和素材。

第一章 原始科学阶段（1949~1978）的编辑学研究

从 1949 年编辑学研究的诞生到 2009 年编辑学研究 60 年，60 年研究的历程是不平常的，也是不均衡的。应该如何划分 60 年的发展历程，美国著名的科学哲学家、科学史家、历史主义学派的最主要代表人物托马斯·库恩（Thomas Kuhn）"范式变革"的科学发展模式——原始科学（前科学）→常规科学（形成模式）→反常→危机→科学革命（出现新模式）→新的常规科学……为我们提供了依据。

《科学革命的结构》是托马斯·库恩比较著名的著作，该书的精华部分是其"范式变革"的理论。在库恩看来，科学的发展是新范式战胜旧范式，新旧范式更替发展的过程。他认为，范式还没有形成之前的阶段是"前科学"阶段，这个阶段，各个学派互相争锋、批评、商讨、议论、争持，很难解决问题，它被称为科学发展的原始阶段。范式形成以后，就进入了科学发展的常规科学阶段，这一阶段，坚守范式成为研究集团的共同信念。常规科学阶段之后，一些新问题、新矛盾、新现象超出了范式的范围，用范式难以解释，反常现象出现，危机产生。如此这般，随着新常规科学的发展，新的反常会继续引发新的危机，从而导致新的革命……按照库恩的这种科学发展模式，笔者把我国编辑学的发展概括为两个阶段：原始科学阶段（1949~1978），常规科学阶段（1979~2009）。

本章主要论述原始科学阶段（1949~1978）的编辑学研究。

第一节 1949~1978 年我国编辑学研究的发展历程

1949 年到改革开放前的这段时光，对我们伟大中国来说，既经历了改天换地、欣欣向荣的社会主义建设初期，也饱受了颠倒黑白、动荡混乱的"文革"十年，这一时期的编辑学研究，也因此分为"文革"前和"文革"后两个阶段。前一阶段虽然没有形成气候、成果也不多，但编辑学研究崭露头角，充满生机；后一阶段却满目萧飒，一派凄凉。前后两个阶段，两个特点，共同演绎了1949年到十一届三中全会前我国编辑学研究的真实景况。

一 1949～1965年的编辑学研究

1949年10月1日，中华人民共和国成立，开辟了中国历史的新纪元，揭开了中国历史的新篇章。

编辑出版事业作为党的社会主义事业的重要组成部分，受到了党和政府的高度重视。新中国成立后，就建立了专门领导出版工作的国家机关——出版总署。1950年9月，出版总署召开第一届全国出版会议，通过了以《关于发展人民出版事业的基本方针》为主的五项决议；1950年10月，周恩来总理签署发布了《中央人民政府政务院关于改进和发展全国出版事业的指示》，这是新中国成立后中央人民政府发布的关于出版工作的第一个纲领性文件。[1] 1949年10月3日，毛泽东主席为全国新华书店出版工作会议题词"认真做好出版工作"；1955年12月，毛泽东主席在《合作社的政治工作》按语中指出，"报刊编辑要重视文法和修辞"；1957年7月，毛泽东主席在《一九五七年夏季的形势》里强调"培养出色的编辑和记者"。特别是1956年3月5日，刘少奇在《关于作家的修养等问题》中指出："应该重视编辑工作，对于编辑的待遇，各方面都要提高。编辑工作是一种高级创作。因为他要看作家的作品，鉴别作品，因此这个工作本身就是创作，只不过他不写就是了。"[2] ……在人民政府和党的最高领导人的重视下，我国的编辑出版事业出现了欣欣向荣的新局面。以期刊、图书为例，期刊1949年仅有257种，总印数2000万册。1953年到1957年，种数从295种增至634种，年均增长21.08%，总印数从1.72亿册增至3.15亿册，年均增长16.33%。"1952年全国出版图书13692种，印行7.86亿册

---

[1] 方厚枢、魏玉山：《中国出版通史》（9）（中华人民共和国卷），中国书籍出版社，2008，第1～2页。

[2] 宋应离、袁喜生、刘小敏主编《中国当代出版史料》（1），大象出版社，1999，插图1，内文第3、14、30页。

第一章 原始科学阶段（1949～1978）的编辑学研究

（张）……第一个五年计划中要求到1957年图书出版数量比1952年增长54.2%，这个目标在1956年就大大超额完成了。"① 编辑作为期刊和图书的生产者和创造者，其队伍无疑也在增大、发展。但相对于出版业的兴盛，编辑学的研究才仅仅迈出了第一步，"小荷才露尖尖角"。

1949年4月李次民在广州出版了《编辑学》，虽然它的出现早于中华人民共和国成立的1949年10月1日，但从历史的长河看，同在1949年，就可谓同新中国一起诞生。《编辑学》的出版，揭开了新中国编辑学研究的序幕，开始了1949～2009年编辑学研究60年的行程。

从1949年到"文化大革命"前，我国的编辑学研究处于萌芽阶段，编辑学研究的内容不多，且不系统，不深入，研究零星、散乱，处于自发研究状态。比如，1952年伴随着《关于公营出版社编辑结构及工作制度的规定》正式公布，对编辑"三审制"偶有讨论，1960年明确规定必须严格执行书稿的"三审制"；1955年4月，为培养出版编辑干部，在中国人民大学新闻系内开设出版专业，学制3年，不仅邀请有关出版社领导讲编辑出版工作经验；还在1956年8月根据苏联 К. И. 倍林斯基教授的"书刊编辑课大纲"讲稿，翻译并编辑出版了《书刊编辑学教学大纲》作为教材使用。1953～1957年中国人民大学新闻系创办的《新闻与出版》、人民出版社内部编印的《出版周报》除刊登苏联新闻出版经验和理论外，也夹杂有零星的编辑学探讨。特别是张静庐辑注的《中国近代出版史料》《中国现代出版史料》7编8册和中国人民大学新闻系编的《中国新民主主义时期新闻事业史》《中国现代报刊史讲义》，方汉奇著的《中国近代报刊简史》等著作也有个别章节涉及编辑学研究的内容。

另外，据国家图书馆和数字图书馆所存书目显示，1949年至1965出版的图书有：苏联葛烈勃涅夫等著、徐滨等译的《报纸编辑部的群众工作》（1950年），苏联葛烈勃涅夫等著、李龙牧译的《怎样组织报纸编辑部的工作》（1954年），苏联洛金诺夫著、李龙牧译的《报纸编辑部处理劳动人民来信的工作》（1955年），中国人民大学新闻系新闻学教研室编的《报纸编辑 学习参考资料》（1958年）。虽然从书名看，大多偏重报纸，偏重报纸编辑工作，但对苏联出版著述的翻译，使"编辑学"这个名

---

① 方厚枢、魏玉山：《中国出版通史》（9）（中华人民共和国卷），中国书籍出版社，2008，第3页。

词开始在我国广为流传，可惜的是当时并没有人提倡过编辑学研究。"尤其是1957年以后，新闻学成了荆棘丛生的园地，社会学、心理学等许多社会科学都被判为资产阶级伪科学，编辑学研究自然不可能被提到议事日程上来。"①

在这一时期，香港、澳门、台湾地区的编辑学研究也揭开了序幕。笔者收集到的代表性研究成果有1954年台湾学者陈石安出版的《新闻编辑学》，1965年香港教会学者余也鲁出版的《杂志编辑学》。它们作为继李次民《编辑学》之后的第二本、第三本个人专著，影响深远。

能代表编辑学研究在这一阶段最大成就的有三部奠基之作：一是开创我国"编辑学"研究的第一部著作——李次民的《编辑学》；二是针对中国编辑学专业课程的第一部大学教材——《书刊编辑学教学大纲》；三是中国第一本研究期刊编辑的学术著作——余也鲁的《杂志编辑学》。

二 1966~1978年的编辑学研究

"文革"十年，是我国社会主义事业遭受严重挫折和巨大损失的十年，也是中华民族遭遇空前大劫难的十年，从政治、经济到文化、传播，从社会、心理到教育、科研，受害最深的是知识分子，冲击最大的是文化战线。编辑出版业作为文化领域的重要部门，出版社属于"砸烂单位"，是"革命"的重点部门，编辑属于"臭老九"，是"革命"的重点对象。"文化大革命"前，全国有出版社87家，编辑4750人，到1970年底，全国出版社仅剩53家，编辑1355人。② 1966年底，全国期刊从1965年的790种骤降到191种，后一年又猛降到27种。③ "文化大革命"前的1965年，我国有大学学报40多种。从1966年下半年到1970年下半年，在中国大学学报史上出现了长达7年的"空白"阶段。④ 编辑或被下放，或被批判，编辑出版学的研究也被扼杀，即使是"文革"前已经开始撰写，或者撰写好的著作，也没法出版。比如，1959年，为庆祝中华人民共和国成立10周

---

① 王华良：《我国的编辑学理论研究》，载宋应离等主编《中国当代出版史料》（6），大象出版社，1999，第328页。
② 方厚枢、魏玉山：《中国出版通史》（9）（中华人民共和国卷），中国书籍出版社，2008，第123页。
③ 李频主编《共和国期刊60年（1949~2009）》，中国大百科全书出版社，2010，第91页。
④ 宋应离编著《中国大学学报简史》，中州古籍出版社，1988，第248页。

年，文化部出版局组织编写的《出版工作十年》，编写、修改工作未能继续；1961年初编写的《图书发行概论》《中国图书发行事业简史》《书籍学》三本教材，初稿已完成，"文革"开始后，写成的书稿均散佚。[①]

不过，这中间在周恩来总理的积极努力下，1971年召开了"文革"后第一个"全国出版工作座谈会"，恢复了商务印书馆、荣宝斋、人民教育出版社等的出版业务，解放和重新使用了王益、许力以、王仿子、韦君宜、秦兆阳等一批老干部、老编辑。邓小平主持工作后，1975年授意创办《思想战线》，使《人民文学》《诗刊》以及大学学报《文史哲》等相继复刊。扭曲的文化暴力和残存的文化理性，交汇形成了"文革"后期奇特的景观。1973年，刘光裕主持《文史哲》复刊时，适逢中共十大召开，《文史哲》复刊号没有转载中共十大文件和《人民日报》《解放军报》《红旗》社论，为当时期刊界罕见。

但总的来说，"文革"十年，编辑出版业损失严重，编辑学研究处于荒芜状态，不但没有相应的研究成果出版，就连一般的研究性文章也没有见到，编辑学研究可以说是一派萧条景象。

当然，由于社会政治、经济、文化多方面因素的影响，这一时期港台地区的编辑学研究则是另一番景象。从目前来看，台湾出版的著作能见到全书的有荆溪人的《新闻编辑学》、胡传厚主编的《编辑理论与实务》、张觉明的《现代杂志编辑学》等；能查到出版信息的有陈世琪的《英文书刊编辑学》、宋仰高的《主动的编辑室》、郑贞铭的《新闻采访与编辑》等。

第二节　1949~1978年我国编辑学研究的重要著作

在我国编辑学研究的原始科学阶段，尽管编辑学研究刚刚迈开步伐，但也不乏一些有影响的代表之作，尤其是从历史的、发展的眼光来看，在编辑学研究的历程中，不管是具有开创意义的第一部，还是研究某一领域、某一部门、某一方面的第一部，只要是"第一"，都注定要"名垂青

[①] 方厚枢、魏玉山：《中国出版通史》（9）（中华人民共和国卷），中国书籍出版社，2008，第95页。

史",这是毫无疑义的。但我们所说的这个"第一",不仅包括新中国内地出版的编辑学论著,也包括台港地区出版的编辑学论著。

一 我国内地编辑学研究的重要著作

(一) 开创我国编辑学研究的第一部著作——李次民的《编辑学》

1. 《编辑学》及其作者李次民

人类在社会文化的建设和文化传播中,虽然已有几千年的编辑活动历史,积累了丰富的编辑实践经验,但与编辑活动悠久历史不相对称的是,"编辑学"名词的首次提出却是在中华人民共和国成立的1949年。1949年4月,广州自由出版社出版了一本名叫《编辑学》的书,它标志着中国乃至世界上第一部编辑学著作问世。当然,在此之前的1933年,上海商务印书馆曾出版过郭步陶的《编辑与评论》一书。该书虽有相当的篇幅涉及新闻编辑方面的内容,但被称为是我国第一部新闻评论学方面的专著。

作为我国第一部编辑学著作,该书为32开本,繁体字、竖版编排,共214页,约20万字。作者是广东国民大学新闻学系教授李次民。该书共22章,主要从新闻学、新闻编辑入手探讨编辑学的有关问题,不但开我国编辑学研究之先河,而且已具有普通编辑学的意味,为构建普通编辑学体系开了一个好头。

关于李次民的生平,本书没有单列。但在本书正文前的《序》中,几位作序者多有提及。比如,黄轶球作序说:"早年负笈京沪,曾主持沪、港、粤、桂各大报笔政多年,用力既勤,经验丰富。民卅六年来校(广东国民大学)担任新闻系教席。"罗香林作序说:"兴宁李次民先生,少与余同学兴民学校。其后余赴北平,次民独留京沪,从马君武胡适之诸先生游,尤于新闻学及国际政治诸学,治之独勤。越数年,余返粤,任教中山大学,次民赴桂,掌广西大学图书馆事,浸淫群籍,造诣益深。迄抗战胜利,余参与粤政,次民亦自桂归……盖此二十年间,次民遂已为新闻学及国际政治诸学权威矣。"张景燿作序说:"本校文学院教授李次民先生,为研究新闻学专家。"卢豫冬作序说:"李次民教授对于编辑工作、乃至于编辑有关的出版技术的熟悉,以及他底学识的广博、经验的丰富,是素为朋辈所称道的。"如此等等,用今天的话说,李次民既是一位具有编辑实践经验的行家里手,又是一位具有高深编辑学理论知识的大家。难怪他的同事罗香林教授在《序》中说他"任教国民大学新闻学系,著编辑学二十二章,不先著新闻学,而殷殷以编辑学为务者,以报章良否,其先决条件,系乎主编者学养与编辑艺术也。编辑艺术之重要,治新闻学者,多能言之,而专门著作,即以次民此书为创举"。

实事求是地说,《编辑学》首开学科创新之先,作者最初也未必料得到。他在"初版自序"中写道,1947年的秋天,他曾承广东国民大学新闻学系陈教授锡馀及卢教授豫冬二位先生之约,"讲授该系'编辑学'一科,因感到有关编辑技术研究的专书尚付缺如,故从这时起,即将历年从事新闻工作的经验,参照诸家学说,编成是书"。无心插柳柳成荫。60年后的今天,编辑学不仅在我国已经形成自有学理、自有方术、比较完整的学科体系,编辑学教育已经遍布全国200多所高校,而且影响到日本、韩国、新加坡、美国、德国等世界各国,这是作者不可能想到的。

但不管怎么说,李次民在1949年首创"编辑学"这一术语,开我国编辑学研究之先河,功莫大焉。

2.《编辑学》的基本内容

作为广东国民大学新闻学系丛书之一,打开《编辑学》,最先映入眼帘的是系主任陈锡馀教授的"广东国民大学新闻系丛书缘起"和国民大学校长吴鼎新、副校长张景燿、文学院院长黄轶球、特约教授罗香林、教授卢豫冬先生为该书所写的5篇"序"以及作者的"初版自序"。这些序言,或言新闻学在中国发展之初,人才奇缺,尤其是报刊的发展,亟须新闻专才;或言培养新闻专才所需教材的匮乏,尤其是专门性的新闻学理论和技术书籍;或言编辑工作的重要以及李次民《编辑学》的贡献等。这些内容,虽说比较琐碎,但作为《编辑学》出版背景的介绍,是对全书内容的补充,与全书融为一体,不可分割。

接下来的正文共22章,第1~7章主要谈新闻与新闻学的有关问题(新闻、新闻学和新闻纸;研究新闻学应注意之点;新闻的写法;报纸的功能;报纸的五"化";新闻的新、真、切;新闻的分类及其来源)。看似与"编辑学"关系不大,但实际上在作者对新闻、新闻学、新闻纸的阐述中,已蕴含了对编辑工作、编辑学的初步认识。比如,"所谓新闻,就是世界一切新发生的事件,经过天才的新闻记者,和新闻编辑的识别、纪录、编制报道或刊载以后,才能构成新闻。"[①] "新闻学一科,到底是文化

---

① 李次民:《编辑学》,自由出版社,1949,第1页。

进步，科学昌明时代的新兴科学，从事新闻事业，工作技术，非常烦琐，它一方是一种公众事业，也是一种企业经营，它的组织是合文化、商业、工业三种而成的事业；它的设置要靠人力、事力、物力的充分才能举办的事业；它的工作效率要能做到新、迅、实和与日新，日日新，又日新才能满足社会人士的要求。故这一种工作，分工要极精细，合作要极纯熟，不是单靠个人有学问就能做到的……编辑新闻，决不是任何知识分子，都能胜任的。"① 显而易见，作者已经意识到纯粹的新闻学已经包含不了编辑学的有关内容，编辑之为学，也决非一般的新闻学所能够代替。

第8～12章主要是从新闻编辑的角度对编辑理论进行探讨（编辑人员的先决条件；对编辑部编辑人员地位的认识；编辑人员应备之参考资料；编辑政策与编者的责任；编辑工作的意义及其过程）。在作者看来，编辑不仅应该具有刻苦耐劳的体魄、丰富的学识和学习精神，以及对新闻事业的坚定志向，最重要的还应该了解编辑的责任、编辑的地位、编辑工作的过程和意义。如果说，对编辑主体的研究是编辑学重要内容的话，以上探讨足可以表明，《编辑学》已经在关注其自身的理论，关注编辑学的性质、特点和规律。虽然作者是以报纸编辑为例进行论述的，但他显然已经不再把编辑学等同于新闻学了，它所探讨的内容也是新闻学无法包含和代替的。

第13～19章是新闻编辑的有关技巧和方法（处理稿件及新闻识别；新闻的融化与删改；标题制作的实际问题；分栏新闻编辑法；发排后的技术处理）。在这里，作者结合自己的报刊编辑工作经验不厌其烦地阐述编辑如何选择、如何判断、如何删修稿子，以及用大量的例子讲述标题的制作、字体字号的识别、版面处理的技术、发排校对等问题，不仅对新闻专业的学生大有裨益，而且也带动了新闻教育与编辑研究的务实之风，"新闻教育，不仅研究学理，且应注重应用"。② 正是这种思想的导引，编辑学研究从开始至今，一直致力于对编辑技术、编辑实践的研究。尽管有人认为这种研究范式影响了编辑学研究的深入，③ 但笔者认为，丰富多彩、一日千里的编辑实践是编辑学研究最活跃的对象，编辑实践的需要是推动编

---

① 李次民：《编辑学》，自由出版社，1949，（初版自序）第11页。
② 李次民：《编辑学》，自由出版社，1949，黄轶球《序》，第6页。
③ 王鹏飞：《编辑学研究的范式危机"出版思维"与"实践思维"之批判》，《河南大学学报》（社会科学版）2009年第1期，第147页。

辑学理论不断创新的根本力量。编辑实践和编辑理论永远是编辑学研究的两翼，缺一不可。

第20、21章是副刊编辑法（副刊的地位；副刊史话；副刊的种类；从约稿看副刊的选材；副刊版头之选用；副刊与正版配合问题；编者应有的学养；副刊取材的原则、编辑的技术、编余漫话）。在这里，作者通过对报纸副刊从刊登才子佳人吟风弄月的"报屁股"到刊载小说、诗话、笔记、图画木刻以及其他小品文的报纸"香料"，论及对副刊的认识和副刊编辑方法等问题，显然已经突破了新闻学乃至新闻编辑学研究的范畴。

第22章是杂志编辑法（杂志概说；版式与版面；编排的设计；标题的制作）。研究的重心是"刊载专门和综合文学，艺术，科学"[①] 的杂志的概念和编辑技术问题。这部分内容篇幅不多，论述也比较简单，但对杂志编辑法的探讨和对副刊编辑法的探讨一样，使该书研究领域拓宽了，研究对象扩大了，研究视线跳出了新闻编辑学的领域，向普通编辑学延伸了。

总之，这本《编辑学》著作，不仅在当时受到好评（"在中国新闻界中，向来所缺乏的，正是这种较专门性的新闻学理论及技术的书籍的出版——尤其是编辑学，能够像李先生这本书那样，广泛的从新闻学、新闻纸、一直论到杂志，精细地包括了全般的编辑理论和技术，并加以透澈的阐释的，据我所知，这似乎还是第一本"[②]），而且，在今天来看，也确实具有开创意义。

3.《编辑学》的特点和意义

（1）从新闻学入手，以新闻编辑学为重心，开创一门新学科——编辑学

任何一门学科的开创都不是轻而易举的。正如国民大学吴鼎新校长所说，新闻纸在我国风行之初，"鲜专门之学，仅由文士主笔政，迨至近年，报业范围，与时俱广，分科日繁；于是各大学，开设专系，以栽培此项人材。由采访、编辑、排印、发行以至营业管理，莫不精别讲究"[③]。即新闻业的发展，推动了新闻教育的产生，新闻教育的发展，又推动了编辑、发行、营业管理等的研究。《编辑学》出版的1949年，我国的新闻学教育

---

① 李次民：《编辑学》，自由出版社，1949，第210页。
② 李次民：《编辑学》，自由出版社，1949，卢豫冬《序》，第9页。
③ 李次民：《编辑学》，自由出版社，1949，吴鼎新《序》，第3页。

才开始20多个年头,当时虽没有编辑学这个学科,但对新闻编辑有关问题的研究已趋向深入。比如,李次民在《自序》中论新闻工作"不是单靠个人有学问就能做到的……新闻编辑,决不是任何知识分子,都能胜任的";李次民在第一章中论新闻纸"今日的新闻纸,是生活的指导者,是思想的钥匙,是时代的镜子,是世界的缩影……是二十世纪人类的必需品";论报纸文体,报道记事体文字、抒写体文字、议论体文字应该是编辑报纸媒介特需的文体,"任编辑工作的人,既然有整理教改和决定一切新闻稿件的职责,那么对于各种新闻稿应具何种体裁,也必须先有充分的认识";如此等等,不但拓宽了新闻学的研究范围,表现出了鲜明的媒体意识和文体意识,而且依据编辑学"一定的媒体都是借助一定的文体来缔构的"原则,在新闻学的母体里编辑学的概念体系已悄悄地诞生了,且越来越明晰。

不过,实事求是地说,1949年"编辑学"一词产生了,《编辑学》出版了,但编辑学的学科体系还很不完善。从学科建设的角度来说,我国自1924年北京燕京大学成立新闻学系以来,新闻学教育发展比较迅速,尤其是改革开放以来,新闻学在我国高等教育学科体系中经历了爆发式发展,不仅研究内容深化、研究领域拓宽,而且还衍生出了传播学、编辑学、出版学、广告学、广播电视学等新学科。编辑学作为一门新兴的学科,到2009年,不管是招生的院校、培养的人才,还是出版的著作、师资队伍、研究水平等,都表明学科体系的初步建成。正如河南大学王振铎教授所说,自1949年李次民创立编辑学开始,到改革开放才"三十而立",如今编辑学学科体系已臻成熟,可谓"六十而成"。

(2)从新闻编辑,到副刊编辑、杂志编辑,编辑学一诞生就具有普通编辑学的味道

有人说,"编辑"的范畴体系,就像"编辑学"的胚胎,经过大量的差异化研究与媒介分类学研究,最终导致了对编辑活动的普遍性、共通性或同一性的追寻和探讨。[①] 其实不然,李次民的《编辑学》,作为我国第一部编辑学研究专著,它最初的登场就彰显了普通编辑学的思想。

尽管,作者当时是"因感到副刊编辑方法及杂志编辑方法也是当前急

[①] 王振铎、龙玉明:《编辑学学科体系已臻成熟》,《河南大学学报》(社会科学版)2009年第4期,第146页。

切的要务，故一并列入讨论"①，但讨论内容由新闻编辑到副刊编辑、杂志编辑的变化，已经是编辑学的研究对象扩展到刊载小说、诗话、笔记、图画木刻以及其他小品文的报纸副刊和"刊载专门和综合文学、艺术、科学"的杂志了。我们知道，刊载新闻的报纸和报纸副刊、杂志分属不同的媒体，这些媒体的编辑活动也是有区别的，作者把它们一并拿来探讨，是否认同了三者的编辑活动具有共性的一面？尚不可知。但不管怎么说，这种把新闻编辑、副刊编辑、杂志编辑都引领在"编辑学"的大旗下分别进行探讨，不但使《编辑学》实实在在地脱离了新闻学乃至新闻编辑学研究的范畴，富有历史洞见；而且它也为建立涵盖多种媒体的普通编辑学开了一个好头。

（二）新中国第一部编辑学专业大学教材——《书刊编辑学教学大纲》

1.《书刊编辑学教学大纲》简论

《书刊编辑学教学大纲》1956年8月由中国人民大学出版社根据苏联 К. И. 倍林斯基教授的"书刊编辑课大纲"讲稿翻译并编辑出版的。1954年，苏联莫斯科大学出版社出版了倍林斯基的《ПРОГРАММА ПО КУРСУ РЕДАКТИРОВАНИЯ》，刚成立的中国人民大学新闻系1955年邀请倍林斯基教授来讲授"书刊编辑课程"，并将他的这个教学大纲翻译成中文。从"编辑课"到"编辑学"，一些学者认为是误译，"从俄文原文看，没有'学'的意思，是'编辑工作'"②，"'大纲'名称 КУРСУ РЕДАКТИРОВАНИЯ，本意是编辑教程或学程，这里直接翻译为'编辑学'，成了一个学科术语，带有专门的学问、学术、学理等含义"③。但歪打正着，它的翻译出版，可以说对我国编辑出版专业教学以及编辑学研究都有极大的推动作用。

2.《书刊编辑学教学大纲》的主要内容

《书刊编辑学教学大纲》有多少版本尚不知道，本书依据的是"根据苏联国立莫斯科大学出版社1954年10月11日付印本译出、中国人民大学出版社出版、1956年8月第1版"的版本。

---

① 李次民：《编辑学》，自由出版社，1949，第12页。
② 孙琇：《编辑学研究二十年之回顾》，《编辑之友》2001年第1期，第35页。
③ 王振铎：《编辑学研究60年的6大发现——编辑学的理论创新与学科发展》，《中国出版》2010年第13期，第16页。

《书刊编辑学教学大纲》既然以"大纲"命名,提纲挈领,字数不多,共39页。封面除书名外,还有"供国立大学新闻系编辑出版专业用""苏联高等教育部综合大学、高等经济和法律学校管理总局批准"以及"中国人民大学出版社"字样。全书包括"本课程的对象和任务""第一部分书刊编辑原理""第二部分书刊编辑总论""第三部分书刊编辑分论"和"参考书目"五部分。

"本课程的对象和任务"指出:"书刊编辑学是以全面研究共产主义伟大导师马克思、恩格斯、列宁、斯大林的政治科学和政论活动的经典范例,掌握俄罗斯先进社会思想、科学和文学、文艺批评和政论、新闻学和编辑事业等方面的成就,总结苏联书刊出版社的经验为基础的一门科学。"该科学"是根据马克思列宁主义理论拟订的关于出版社内书籍和杂志的主要创作过程的一套原理"。其基本任务是"培养编辑政治书刊、通俗生产书刊、通俗农业书刊、教科书、通俗科学书刊、文艺、儿童和少年文学书刊的十分熟练的苏联编辑人员"。显然,不但明确了书刊编辑学是以总结"书刊出版社的经验为基础的一门科学",是关于"书籍和杂志的主要创作过程的一套原理";还指出其基本任务是培养各种门类的编辑。前者是对书刊编辑学学科性质的总结,后者是对培养目标的概括,言简意赅,清楚明白。

"第一部分书刊编辑原理"由四个方面组成。一是"苏联的书籍是世界文化史上的新现象,是争取共产主义胜利的强有力的斗争武器"。内容包括列宁论文化,列宁、斯大林论出版社和杂志社的作用、任务,党和政府关于出版工作的指示,苏维埃书籍的基本特征等。二是"从苏共第十九次代表大会及其后各次中央全会的决议看书籍出版社的任务"。三是"马克思列宁主义经典作家进行编辑和书刊评介工作的方法"。马克思列宁主义经典作家指的是马克思、恩格斯、列宁、斯大林。四是"俄罗斯古典文学作家的编辑活动经验及其对苏联编辑人员的意义"。俄罗斯古典文学作家指的是普希金、涅克拉索夫、车尔尼雪夫斯基、萨尔蒂柯夫－谢德林、柯洛连科、高尔基等。

"第二部分书刊编辑总论"由八个方面组成。一是"编辑这种职业的产生及其主要发展阶段"。除了简单介绍俄国编辑职业的产生与发展史外,还指出了编辑的阶级属性——"社会统治阶级的传导者"。二是"苏维埃编辑及其在书籍创造中的作用"。开篇直言"编辑这种职业是出版社中主要的、主导的职业"①，无疑是对编辑在出版事业中地位和作用的肯定；接下来列举了以马雅科夫斯基、阿·托尔斯泰等为代表的苏联杰出文学家、编辑家的编辑工作技巧和范例；最后是对苏维埃新型编辑人员编辑素养的要求。三是"预约稿件，编辑对大纲进行的工作，出版社处理稿件的程序"。是就出版社编辑工作的编辑实务而言的，挑选作者、约稿合同、写作大纲、审阅发排等，是编辑工作的程序，也是编辑工作的基本功。四是"书刊评介的方法"。除了介绍苏维埃书刊评介的基本特征、写书刊评介的方法外，还对书刊评介的种类以及出版社内部的评阅、对已出版书籍的评介等进行了罗列。五是"书刊编辑方法"。从编辑对原稿如何修改到工具书的运用、引文的检查、公式的编辑以及语言、文风、标点符号等具体的工作，都提出了比较详细的要求。六是"编辑对书籍的说明注解进行的工作"。即编辑要重视注释、索引等辅助性内容。七是"稿件发排前的准备"。借对原稿的检查，强调编辑对原稿质量所负的责任。八是"校对及编辑人员参加校对"。从校对的重要性到校对方法、目的、权力、义务等方面提出了基本要求。毫无疑问，这一部分是论编辑工作的作用、工作的方法、程序以及应该掌握和知道的知识、技能等，非常全面。

"第三部分书刊编辑分论"由政治书籍的编辑、通俗科学书籍的编辑、生产技术书籍的编辑、大众丛书书籍的编辑、教材的编辑、工具书的编辑、科学书籍的编辑、文艺书籍的编辑八个方面组成。显然，相对于上面的"总论"，这部分是分门别类地介绍，介绍各种书籍编辑的意义、种类、要求等，名为"分论"，货真价实，详细、具体。特别是"文艺书籍的编辑"又细分为"编辑现代作家手稿的原则""编辑诗歌的特点""编辑剧本的特点""儿童文学和少年文学的编辑""古典文艺作品的编辑""编辑翻译文学""文学研究和文艺批评作品的编辑"，不仅文艺书籍的门类俱全，而且编辑的"功课"也做得极为详尽，像"编辑对结构和题材的加工""对作者进行工作的方法""编辑干预作家的文艺作品手稿的限度"等，务实、管用。

最后的参考书目部分，非常详细、具体，从23页到最后（39页），几乎占全书的1/2。全面而详尽的注释和前面言简意赅的"大纲"相互参照，

---

① 〔苏联〕К. И. 倍林斯基：《书刊编辑学教学大纲》，中国人民大学新闻系译，中国人民大学出版社，1956，第8页。

不但使全书完整、齐备，而且还对培养编辑认真细致的作风以及学术规范意识非常有用。

3. 《书刊编辑学教学大纲》的特点和意义

（1）直接翻译苏联的教科书为我所用，实用色彩浓厚

"新中国成立后，由于社会大环境的影响，借鉴、学习苏联建设社会主义出版事业的经验是当时唯一的选择。"① 为了政治的需要，也为了现实的需要，三联出版社、商务印书馆、中国人民大学出版社等翻译出版苏联编辑出版方面的专著，《人民日报》《光明日报》、中国人民大学新闻系创办的《新闻与出版》等报刊登载列宁、斯大林以及苏联新闻出版工作经验的文章，确实对当时的编辑出版人业务和理论水平的提高起了很大的作用。1955年4月中国人民大学新闻系成立，为了提高编辑出版人的整体素质，使他们学习到编辑出版专业系统的知识，1956年6月中央宣传部就决定在中国人民大学新闻系内开设出版专业。专业一开设，1956年8月就把苏联倍林斯基的"书刊编辑课大纲"翻译为《书刊编辑学教学大纲》（1958年12月再版），作为教材使用。作为专业教材，《大纲》先讲书刊编辑课程的研究对象和任务，再讲编辑原理，接下来是总论和分论，具体讲述了书刊编辑应该知道和掌握的知识、技能以及各种类型编辑工作的程序、方法、要求、原则等。比如"书刊编辑方法"部分，有"对原稿的几种主要的修改方法：校读、删改、修改加工、改写"，"对事实材料的选择和使用的检查""对论据的检查""数字的处理""缩写字和名称的规则""引文的检查""附表的编辑""公式的编辑""图画、图样、图表的编辑""文字编辑""编辑人员干预所编稿件的限度""编辑实践中的字法和标点符号用法的问题"等编辑必须知道的知识和技巧；有"遵守在一本书中统一的原则""必须使用最新的工具书""不许以编者的风格代替作者的风格"等编辑工作时必须注意并坚持的原则……如此这般，系统、详细、规范、科学，对编辑出版专业的本科生来说，不仅可以初步了解苏联书刊编辑的理论和实践，还可以基本明了各种类型的编辑应该怎么工作、编辑工作中应该注意的事项、工作的具体内容等实用之术。再如，其对各种类型书籍如何编辑，应该注意什么，怎样加工等分门别类进行了讲解，政治

---

① 方厚枢、魏玉山：《中国出版通史》（9）（中华人民共和国卷），中国书籍出版社，2008，第93页。

书、通俗书、科技书、大众丛书、教材、文艺等，可以说一应俱全，应有尽有。

编辑学是一门实践性比较强的学科，对实用技术、具体操作的要求也比较严格，尤其是在新中国成立初期亟须编辑出版人才的状况下，《大纲》重实用，重基本知识、技能的传授，不仅实用特色明显，而且也确实是现实的需要。

（2）突出了书刊编辑学的学术性，在编辑学发展的历程上，具有举足轻重的作用

毫无疑问，《书刊编辑学教学大纲》是教材，这不仅是因为它封面上明确表明"供国立大学新闻系编辑出版专业用"，而且它也确实被中国人民大学培养编辑出版专业学生所用。但细究其内容，《大纲》开篇就开宗明义指出，书刊编辑学既有"一套原理"，又为"一门科学"，且所属是在中国刚刚露出苗头的"编辑学"，自然其科学性和学术性就显得意义不凡。

前文说过，中国的编辑学起步于1949年李次民的《编辑学》，而《编辑学》的一大特点是把新闻编辑、副刊编辑、杂志编辑都引领在"编辑学"的大旗下分别进行探讨，这表明编辑学研究一开始就把报纸、期刊等传统的纸质印刷媒体贯通起来，显示出编辑学普遍性的特征。《书刊编辑学教学大纲》探讨的是书籍这种传统媒体形式的编辑工作、编辑原理，一方面它区别于《编辑学》研究新闻、杂志的内容，另一方面它与中国古代图书的编辑出版历史连接了起来，使新兴的编辑学表现出多种媒体的空间延展特性和时间传承特性。可以说，正是人们在几千年的历史长河中不断地从事编辑活动，逐渐积累起创造各种传播媒介的实践经验，才孕育成了被称之为"编辑学"的科学理论雏形。因此，从编辑学研究和发展的历史看，《书刊编辑学教学大纲》作为编辑学研究拓荒期的重要著作，不仅推进了编辑学研究的步伐，也使编辑学普遍性、共通性的特征更加明显。

（3）重视编辑学教育和研究的政治色彩，为编辑学以后的发展带了个好头

《书刊编辑学教学大纲》还有一个明显的特征，那就是对马克思列宁主义编辑出版理论的重视，以及强调编辑学研究和教育的马克思列宁主义党性原则。在开篇"本课程的对象和任务"里，它旗帜鲜明地表明，"列宁的党性原则是编辑所有各种书刊的政治基础和方法基础"，书刊编辑学研究的是"共产主义伟大导师马克思、恩格斯、列宁、斯大林的政治科学

和政论活动的经典范例",依据是"马克思列宁主义理论";"编辑是担负党和国家在思想战线上的一项重要任务的政治文化工作人员"①。在第一部分"书刊编辑原理"里,它不仅肯定马克思、恩格斯、列宁在编辑出版工作方面的贡献——"马克思和恩格斯是共产主义出版物的创始人",马克思和恩格斯是国际工人协会(共产国际)一切主要文件的作者和编辑②,"编辑部工作的集体主义——列宁的伟大传统",而且还对马克思、恩格斯、列宁等马克思主义者的编辑思想和编辑原理进行介绍——"马克思和恩格斯编辑工作的原则和方法","列宁的编辑工作的原则和方法"。在第二部分"书刊编辑总论"里,除指出编辑的阶级性是"社会统治阶级的思想的传导者",要求编辑"深刻领会马克思列宁主义并善于在编辑实践中加以应用",还介绍了"党对书刊的语言和风格提出的基本要求","列宁论校对"等重要内容……如此这般,重视书籍编辑的指导思想和编辑人员的立场、观点、方法以及政治和文化、出版的关系,讲求编辑的马克思主义党性原则和编辑风格等,不但为苏联社会主义书刊编辑工作指明了方向,也为新中国编辑学研究和编辑出版工作指明了方向,为以后编辑学研究和编辑学教育定了基调,开了好头。毕竟编辑工作是政治性很强的工作,它在一定程度上引领了一个时代的方向。

(4) 重视注释和参考文献,有利于编辑学术素养的形成和编辑工作的规范化

在标志着"编辑学"诞生的著作《编辑学》里,其作者李次民曾指出"新闻编辑,决不是任何知识分子,都能胜任的"。其实,岂止是新闻编辑,编辑作为一种文化产品的创造者、生产者、传播者,没有一定的文化知识和专业素养是万万不行的。《书刊编辑学教学大纲》不仅对书刊编辑的政治素养、业务素养进行了论述,而且在业务素养里,还专门论述了"编辑对书籍的说明注解进行的工作",如"根据不同用途编制参考书目的规则""编写关于书报的脚注和引文注的规则"等。尤其是《大纲》最后有接近17页的"参考书目",从理论和实践两方面显示了注释和参考文献在编辑工作规范和编辑修养方面的重要性。应该说,作为编辑,工作的规

---

① 〔苏联〕К. И. 倍林斯基:《书刊编辑学教学大纲》,中国人民大学新闻系译,中国人民大学出版社,1956,第1~2页。
② 〔苏联〕К. И. 倍林斯基:《书刊编辑学教学大纲》,中国人民大学新闻系译,中国人民大学出版社,1956,第3~4页。

范、需要具有的修养，多得不能再多，为什么单单指出这一点呢？因为相对于国外长期以来对注释和参考文献的重视、对编辑规范化的强调，今天国内的编辑依旧对"书刊注释和参考文献"从内容到形式都没有引起足够的重视，更没有纳入编辑修养的范畴，出版的书刊没有注释、参考文献，或者注释不规范、不全面、不真实的现象比比皆是，这不但影响中国书刊走向世界，也不符合学术道德和学术规范。因此，从这一视角出发，20世纪50年代出版的《书刊编辑学教学大纲》，尚能专门讲解注释和参考文献的编辑要求及其重要性，尚能专列数目众多的"参考书目"，确实难能可贵，值得作为特色肯定，值得今天的编辑学习。

二　港台地区编辑学研究的重要著作

20世纪六七十年代由于社会体制和政治、经济、文化等大政方针的不同，港台地区出版的编辑学著作比较多，影响也比较大。特别是台湾地区，就有：陈石安的《新闻编辑学》（1954）、陈世琪的《英文书刊编辑学》（1968）、胡传厚的《新闻编辑》（1968）、宋仰高的《主动的编辑室》（1971）、胡传厚主编的《编辑理论与实务》（1977）、郑贞铭的《新闻采访与编辑》（1984）、荆溪人著的《新闻编辑学》（1979）、张觉明著的《现代杂志编辑学》（1980）以及文化学院出版、文化学院夜间部新闻系编的《编辑经纬》等。这里先香港、后台湾（以出版时间早晚为序），重点介绍几部有影响的编辑学著作。

（一）香港余也鲁的《杂志编辑学》——我国第一部研究杂志编辑的学术著作

1. 余也鲁及其《杂志编辑学》

余也鲁，江西奉新人，生于1921年，于2012年逝世于香港。青年时代获美国斯坦福大学人文科学院传播学博士学位，师从传播学创始人施拉姆教授。1965年，毕业回港，从事编辑出版工作之余，也在香港中文大学刚成立的新闻系兼教杂志编辑学课程。20世纪60年代末开始，先后首创基督教香港浸会大学传理系、香港中文大学新闻传播系及广告与公众关系学科。1983年应厦门大学之邀协助创立中国第一个以传播为名的厦门大学新闻传播系，开启中国广告教育的先端。晚年亲手创办香港海天书楼及海天资讯企业、海天基金会，受到华人学界的普遍尊崇。曾被澳门东亚大学、香港基督教岭南大学及厦门大学、中国人民大学、浙江大学、江西师范大学先后授予荣誉教授头衔。

余也鲁作为传播学大师施拉姆的东方弟子，他的学术贡献一是1968年在香港浸会学院创办传理学系，被誉为香港"传理系之父"。二是1983年帮助厦门大学开设新闻传播系广告专业，开启中国广告教育的先河。三是亲手翻译多本施拉姆传播学著作，陪同施拉姆访问中山大学、复旦大学、人民日报社、中国社科院并演讲、宣传，致力于传播学研究的中国化和中国传播学研究的国际化。四是用传播学理论来阐述解释《圣经》（中文和合译本），开启了华人教会学者的时代。五是亲手创办海天书楼，出版了许多神学、家庭、生活、新闻传播、儿童、历史、传记等类书。六是曾主编英文《传播季报》，出版《杂志编辑学》《门内门外——与现代青年谈现代传播》《中国传播资料摘萃》等学术专著，在香港中文大学新闻系讲授《杂志编辑学》课程，是自1949年李次民广州出版《编辑学》、教授编辑学课程以来，中国较早从事编辑学研究和编辑学教育的专家学者。

《杂志编辑学》是余也鲁教授出版较早的著作，这本书有"编辑圣经"之称。1965年原著出版之后不久"便成为每个做编辑的人的手册，一再重版"，这是作者始料未及的。作者在1980年版《杂志编辑学》"新版自序"里回忆《初版自序》里的一段话说："办报、编杂志、出版书籍，这三种看似不同但应该综合地加以研究的行业，我都长期从事过。从小记者做到老编，从一栏标题做到整套丛书的设计与编辑，所遇到的困难，可说屈指难数。要解决只有靠摸索、靠观摩、靠实验……在没有专书可读、没有专师可问的情况下，我只有不断付出高昂的'学费'，向经验学习。"正是因为作者深谙"没有专书可读、没有专师可问"的痛苦，才期盼"如果有一本小书来综合已有的杂志编辑的经验，除了可以帮助杂志的编辑工作外，对报纸与书籍的编辑工作都能有参考的价值。而这百年来中国人自己摸出来的经验，也的确早就应有一本小书来记叙"了。作者正是懂得编辑这一行当，熟悉编辑工作，知道编辑的辛苦，且有丰富的编辑实践经验，有过得去的编辑本领，是编辑方面的行家里手，《杂志编辑学》才实用，才"一再重版"（内地一般见到的是1994年第5版）。《杂志编辑学》"是中文出版物中第一本讲杂志编辑的书；但没有想到，十五年后的今天仍然是唯一的一本"①。足见它在中国编辑学研究和建设中的地位，以及对杂志

---

① 余也鲁：《杂志编辑学》，香港海天书楼，1965，初版自序。

编辑理论和实务发展的重要的推动作用。

2.《杂志编辑学》的内容

由于笔者费尽心力也没能找到1965年的初版本,只能以海天书楼1980年12月初版"最新修订本"为依据介绍《杂志编辑学》的基本内容。

打开该书,作者最先向读者展示的是一句醒世座右铭:"只见读者,不见自己;只见大众福利,不见个人私利,是经得住时代与历史考验的编辑人应该常铭于心的座右铭。"如果说,为人作嫁、默默无闻是编辑工作的特点的话,那么,甘愿为人作嫁、甘当无名英雄就应该是编辑高尚品格的写照。作者以此作为开篇之言,足见其对编辑的性质、编辑工作的特点认识深刻。

接下来是目录和《新版自序》。在《新版自序》里作者首先阐述了他在1965年《初版自序》中对杂志编辑的观点:"中国有杂志,若自《察世俗每月统计传》算起,已有足足一个半世纪的历史。报纸是杂志这个细胞中分裂出去的;而初期的杂志也可以说是自书籍的细胞中分裂出来的。研究杂志的编辑,进一步可以编辑报纸,退一步可以编辑书籍。"然后,他又详细介绍了自1965年《杂志编辑学》问世之后到1980年15年间传播世界发生的巨大变化。像杂志功能的演变、杂志媒介的发展等,如今"杂志不只成了供应现代人生活所需的各种知识的仓库,也成了推动现代经济生活的一股主要力量,至于提供意见、交流学术思想、丰富当代文化生活,更不用说了。它也是市民休闲生活的低廉消遣品"。特别是1974年,海天书楼询问作者《杂志编辑学》可否三版,他考虑到杂志世界的巨大变化,决定要修订原著,在修订过程中,他发现:"十五年中变化最大的是工艺,是'硬件'。原来的第八、九、十章几乎要全部重写。十五年来变化最少的是原则、是理论……十五年中,当然有若干新的理论上的发现,新的问题的出现,我把这些综合起来写了一章。叫做'广告、发行与专门化'……全书只比初版多了这一章,列为第十六章。"① 可见,1980年版相对于1965年初版,内容更加全面,且与时俱进了不少。其实,关于这15年的变化,作者还不知道的是,1980年中国内地的编辑学研究已经慢慢复苏。杂志编辑学作为编辑学的分支,已开始受到关注。

---

① 余也鲁:《杂志编辑学》,香港海天书楼,1980,新版自序。

全书共 17 章。第 1 章导论，主要是借传播观念和传播工具为杂志编辑理论做铺垫。作者身为传播学大师，开篇娓娓道来，通过生动的故事，讲述了人与人之间的传播需求和传播方式。在作者看来，作为传播工具的杂志，若要办得好，办得有效，必须先认识这个工具的性能和它活动的过程。能够认识一位传播者所能做到和所不能做到的，对我们从事编辑一本杂志的工作，当然有极大的帮助。尤其是"传播工具的比较"和"传播与社会"这两部分，不仅比较了杂志与报纸、书籍、广播、电影、电视的不同，而且还阐明了杂志传播的特点和规律。

第 2 章主要讲述了杂志、杂志史和杂志的功能。关于杂志，作者首先试图下一个定义："杂志是定期印刷出版物里的一种，是大众需要各种生活资料供阅读，需要智据作决定，和社会需要知多识广的公民之后的产物。它是廉宜的传递观念的利器，也是大众取得新观念又低廉又便利的工具。"[1] 在这个定义的基础上，阐述了杂志名字的由来、"为什么要读杂志""杂志史三百年"、杂志在现代社会中的功能及其读者对杂志、杂志编辑的期待。在作者看来，今天一般杂志的趋势是：内容力求切合需要、文字力求精简、售价必须低廉、发行力谋普遍、形式务须便利、言论客观公正、编印设计精美。这一观点，即使在 21 世纪的今天也不过时，很实用。

第 3~17 章主要探讨的是具体的杂志编辑工作流程和编辑出版知识。从标题看，依次是：编辑政策的制订；编辑的设计；稿件的征集与管理；稿件的整理；标题做法研究；纸张与油墨的研究；中西活字研究与展望；检字、植字、电脑排版；图片与空白；封面与目录的设计；版面设计的原理与原则；版面设计的实物；校对、校对术、印刷方法；广告、发行与专门化；编者与读者。毫无疑问，这是全书的中心、重心、核心，作者所要阐述的主要内容——杂志编辑应该如何从宏观上制定总体的编辑政策和方针，从微观上如何整理修改稿子、制作标题、识别字体字号、设计封面与目录、处理版面；如何了解和懂得纸张与油墨的研究、活字研究、检字植字与电脑排版、印刷方法等有关出版、印刷知识；如何参与广告、发行；如何与读者进行交往、传播等；几乎全部集中在这里。像作者结合自己的杂志编辑工作经验对编辑工作的流程、工作的方法、工作的注意事项等的讲解："一本杂志的编辑政策至少应包括下列几项：宗旨、对象、性质、

---

[1] 余也鲁：《杂志编辑学》，香港海天书楼，1980，第 26 页。

言论立场、内容、开本、容量与页数、刊期、名称、版权、封面、广告。包括这几项在内的编辑政策,是编辑之前设计的规范,是编辑进行时的规律,是杂志出版后检讨的标准";"编辑将一期或几期的题材选定,并将内容计划妥当以后,他得去把稿件找来。这是他跨出设计的阶段进到实际编辑工作的第一也是最困难的一步";"负责整理文稿的编辑光靠一支红笔来工作是不够的。他需要:一批工具、一大堆图书、一个细心而又读得多的头脑、一颗热爱工作的心";"做标题不必凭空着手,而是有公式可以凭的"……结合自己的编辑出版知识对纸张、油墨、活字、检字植字与电脑排版、校对、印刷方法、广告、发行以及编辑与读者关系等问题的介绍和阐释:"我们研究检字与排版,正像我们研究活字一样,不是想做一个排字工人,而是希望充分认识编辑过程中每一种工具的性能与潜能,现状与展望,让我们在运用时,能充分把握它们,尽量发挥它们的优点";"我们若希望提高一本杂志的质量,彻底消除版面上可能出现的各种错误和毛病,一定要重视校对工作";"今天办杂志,必须有周详与深入的读者和市场研究"。如此等等,作者的倾囊阐述不但对正在从事或学习杂志、报纸、书籍编辑的人提供了极大的帮助,具有很大的实际操作性,而且也推动了编辑技术和编辑实践研究的发展和进步。

特别是作者在原著的基础上根据时代变化增加的一些新内容颇有新意,最引人注目的要数"电脑编辑"。虽然当时电脑排版技术在美国等发达国家已得到大面积普及,但在华文出版界还处于萌芽阶段,他认为,"新的工艺要求编辑的是更精确的计划,与更充分的训练"。编辑出版学作为一门对实践性要求很强的学科,如果不进行"充分的训练",不懂得编辑工作之"术",也就不可能称其为编辑。中国是个编辑大国,也是个编辑古国,对编辑"实用技术"教育与传承的重视由来已久。余也鲁不但深懂此道,而且最初《杂志编辑学》也是他在香港中文大学上课时用的教材,于是,他从政策设计到选题论证,从字形、字号到排版、编辑,从校对、审核到印刷、出版,从广告、宣传到发行、营销,不厌其烦地讲,苦口婆心地教,知无不言,言无不尽,只要是编辑应该知道的知识,编辑应该掌握的技能,即使是电脑编辑这样的新生事物,他也依然钟情,依然看重。30 年后的今天,电脑排版技术早已成为高校编辑出版专业的基础课,足见其渊博的学识和超人的眼光。

书的最后是附录两则,一是"出版法",二是"英国法律中的文字诽谤法"。前者作为编辑出版法规,不仅杂志编辑应该牢记、遵守,而且所有出版工作者都应该遵照执行;后者作为与编辑有关的国外法律文献,了解这些内容,对编辑工作的开展不无益处。

3.《杂志编辑学》的特点与意义

(1) 运用传播学理论,阐述有关杂志编辑的编辑原理和原则

如果说,传播学起源于西方的话,那么,编辑学则是我国土生土长的一门学科,吸收和学习其他学科的理论、经验是编辑学学科成长和进步的表现。《杂志编辑学》最突出的特色就是它从传播学理论出发,探讨杂志编辑的编辑原理和原则。

从学科研究的角度来说,20世纪初我国全面引入西学,西学长于学科分工、短于综合研究,西学东渐打破了我国传统国学长于综合研究的局面,并基本取代了我国现代的学术体系,随着时代的发展,学科交叉研究的呼声越来越高。学科间的交叉研究常能产生新的学术生长点,取得富于创新性的科研成果,而交叉研究也通常比单学科研究更有难度。编辑学作为一门新兴的学科,自1949年诞生到现在也不过60多年。《杂志编辑学》是在我国编辑学创立之始,学科体系还很不完善的时期的著作,缺乏坚实的理论基础,他山之石,可以攻玉。传播学出身的余也鲁巧妙地借用传播学的理论,来阐释杂志编辑以及杂志编辑学。比如,他利用传播学关于传播功能的理论,阐释"报纸、广播、电视、杂志、书籍都在'守望'、'报警'、'交流意见'、'促成行动'以及'教导'等方面发挥文化的功能"[①];他利用传播学关于"受众"的理论,论述读者——杂志的读者是一群"看不见的人",认清读者是杂志编辑必须遵守的第一个信条;"任何读者都想扩大他的安全边际",在制订杂志编辑方针时,只有针对读者的安全边际、识字能力、获得所得信息的途径、财力、阅读习惯等进行策划,才能达到预期的目的;"读者对期刊的内容有最起码的满足点",研究读者的"满足点",不是一个单纯的技术问题,而是一个复杂的运筹策略问题,它体现在杂志内容的配料上,创新与争取新的次要读者是杂志编辑考虑内容配料的重要点……传播学最终形成于20世纪初至40年代的美国,作为"舶来品",20世纪70年代才被正式引入我国。论及编辑传播学,孙世军在《关于20世纪末期编辑传播学研究》一文中指出:"20世纪90年代以前的编

---

① 余也鲁:《杂志编辑学》,香港海天书楼,1980,第24页。

辑传播学研究还处于编辑学、传播学并行发展、偶有交流阶段,此后10年的研究就转入了学科交融、衍化阶段。"① 由此看来,出版于1965年的《杂志编辑学》可谓开编辑传播学研究的先河,余也鲁也是我国编辑传播学研究的先驱人物了。

台湾燕京大学学者曾撰文指出,施拉姆和余也鲁"他们师徒两代都极富才情,对传播学的建立和弘扬起到了中流砥柱的作用……余老的学说中最有特色的当属传播学研究本土化,这一命题实际包括了'传播学研究的中国化'和'传播学研究的中国特色'两种说法"②。《杂志编辑学》作为运用传播学理论,阐述有关杂志编辑知识和技术的编辑学著作,其实就是传播学研究的中国化,编辑学也就是中国人首创的具有中国特色的传播学。从这一命题出发,《杂志编辑学》的研究,无疑推动了编辑学研究的深化。

(2) 以杂志编辑的具体工作实务为主,全方位地、多角度地阐述杂志编辑的编辑原理和原则

《杂志编辑学》共17章,其中15章讲的是技术,是工艺,是编辑流程,是编辑方法,但在具体的、形象的、工艺的、方法的描述中,作者所要阐述的编辑原理、编辑原则看似不经意间都得到了表达,一些精彩的编辑理论建树和观点融入其间,几乎每一章、每一部分都有新论。比如,在第1章里,他把读者比作"一群看不见的人",把包括杂志在内的传播结构看作是"社会的耳目""社会的喉舌";第2章里,他精辟地说:"杂志在许多方面很像建筑物,不只反映着每个时代的社会、政治与经济状况,也是时代动向的最好测量器"③;在第3到17章里,他认为,销数是发行的主要目标,但杂志"不能无限度发行",靠广告与零售收入支持的报刊,都有"最低销数""最适中销数"和"最大销数"几个概念,一旦发行量超出最大销数,就会出现经济方面的危险;"新的传播学理论,认为大众虽然大,决非乌合之众,也不是'黑压压的一群',而是有个别需要、能

---

① 孙世军:《关于20世纪末期编辑传播学研究》,《临沂师范学院学报》2003年第2期,第142页。
② 林观福、郭鹏飞、周志俊:《花香满径——著名教会学者、传播学宗师余也鲁教授学术贡献概览》,http://blog.sina.com.cn/s/blog_64aaf93301015nb0.html。
③ 余也鲁:《杂志编辑学》,香港海天书楼,1980,第34页。

作独立决定的个人"①，在工业高度发展的国家，杂志传播有从一般走向专门的趋势。如此等等，运用经济学、传播学理论，阐述杂志的经营之道、发展之道，颇有新意，颇有思想。从当今国内外著名杂志的成功之道看，没有不研究其读者、广告、销售以及走专门化道路的。

至于杂志编辑的修养，作者认为，编辑杂志必须要有高度的道德基础，才能不将这个社会公器误用、滥用，编辑杂志应有高度的责任感，才能让这现代传播利器成为造福社会的工具。"认真、严肃而负责任的杂志编辑人的首要责任，就是勇敢而公正地刊登消息、意见与知识。其次，但同样重要的，是为公众的利益服务，勇往直前，充当社会的尖兵。第三，永葆独立，决不向邪恶妥协，而这正是他能负起前面两大责任的基本条件。唯有忠诚而负责任地让一本杂志成为服务公众的公器，才能让它走上真正成功之途。"② 显然，在作者看来，杂志的社会效益如何，关键在编辑，在编辑的道德水平、社会责任。不仅如此，作者还认为，"伟大的杂志都是它主编身影的伸长"③，强调了主编在杂志中的重要性。确确实实，主编的思想、主编的见解、主编的办刊风格、办刊思路都蕴含在杂志中，表现在杂志上，正因为如此，杂志主编的选择更重要。

我们知道，编辑学是研究编辑理论与编辑实践的科学，《杂志编辑学》研究杂志编辑的自律、修养，杂志编辑的活动、活动规律、编辑原则、编辑方法以及杂志编辑与读者的关系等，无疑是编辑学理论与实践研究的重要内容。其对杂志编辑规律、编辑原则的论述，有从工艺出发的，有从现象描述出发的，有从实际操作出发的，有从读者需求出发的，理论与实践相互交融，相映成趣，颇具特色，颇有价值，即使在21世纪的今天仍值得我们学习。

（3）散文化的语言，讲故事的手法，寓教于乐，别具特色

全书最大的特色是一个个寓意深刻的标题、一个个生动有趣的小故事贯穿全书，像标题"南北美味"讲的是"稿件的征集与管理"，"橱窗陈列术"讲的是"标题制作研究"，"白纸黑字"讲的是"纸张与油墨的研究"，"眉目传情"讲的是"中西活字研究与展望"，"无声合唱"讲的是

---

① 余也鲁：《杂志编辑学》，香港海天书楼，1980，第387页。
② 余也鲁：《杂志编辑学》，香港海天书楼，1980，第410页。
③ 余也鲁：《杂志编辑学》，香港海天书楼，1980，第51页。

"检字、植字、电脑排版","美容师"讲的是"封面目录的设计","空白上的创造"讲的是"版面设计的原理与原则","观念的增殖"讲的是"校对、校对术、印刷方法","伸长的身影"讲的是"编者与读者"等:既寓意深刻,又形象生动,既紧扣主题,又通俗易懂。而把"一群看不见的人"比作读者,把"交响乐的指挥"喻为编辑,把"清茶代价,王者享受"看作编者,把"第四种人"拟为"校对"等,在编辑学研究还默默无闻的1965年,可谓新颖、独特、生动、传神。特别是书名命作《杂志编辑学》,书中却有以"一杯黑咖啡""这朵花是黄的""杂志与花生米""缝衣机不能煮鸡蛋""昨日黄花""一见钟情""秀外慧中""百万元的美腿""女人世界""寻宝图""伦敦的雾""假若读者有一块钱"等命名的精彩小故事,不要说对杂志编辑的吸引力,即使是不从事编辑的人,又何尝不被吸引呢?抓住你的眼球,就抓住了你的钱袋。难怪《杂志编辑学》截止到1994年已经再版5次了,这也可谓是注意力经济了。

说到注意力经济,中国大陆是在1978年改革开放以后,才有了社会主义市场经济;有了社会主义市场经济,编辑出版业才有了市场意识;有了市场意识,也才有了注意力经济。现在注意力经济早已成为书报刊编辑的必修课了,但在20世纪60年代,不能不说是创新之举。

(4)《杂志编辑学》开杂志研究之先河

首先,从出版时间上看,这本《杂志编辑学》出版于1965年,13年后的1978年台湾才有了张觉明的《现代杂志编辑学》,26年后的1991年中国大陆才有了徐柏容的《杂志编辑学》,至于陈仁风的《现代杂志编辑学》(1995年)等则更晚。其次,从研究内容看,标志着中国编辑学的诞生的《编辑学》,书名谓"编辑学",内容虽涉猎新闻编辑的较多,但它作为我国第一部编辑学研究专著,最初的登场就彰显了普通编辑学的思想。而《杂志编辑学》则是从传播学的视角出发,研究杂志编辑的编辑原理与编辑原则,开辟了编辑学研究的新领域——编辑学研究的分支学科——杂志编辑学。应该说,从它开始,编辑学研究的家族中才有了"杂志编辑学"的名分。当然,余也鲁用传播学的方法研究杂志编辑学,说它开辟了传播编辑学研究的新天地也未尝不可,只不过二者的视角不同罢了。

(5)作为编辑学创立以来的第二本研究编辑学的个人专著,它推进了编辑学研究前进的步伐

编辑学起源于中国本土,具有很深的民族文化渊源,但它作为一门学

科，诞生的时间是1949年，它是现代社会文化产业发展的必然结果。从1949到1965年，我国得到认可的编辑学著作只有李次民的《编辑学》，"编辑学"算不算"学"、它能不能"立起来"还前途未卜。《杂志编辑学》通过研究杂志编辑的工作流程、编辑实践、编辑技艺，探讨的是杂志编辑的编辑原理、原则、方法、理论，在具有很强的实践性的同时，也具有较强的学理性。"原来只为抛砖引玉出版的这本《杂志编辑学》居然成了一本编刊物的人的重要参考书；连教科书与报纸的出版人，也用它来训练新手。"[①] 从历史的、发展的眼光看，它的出版、再版，在一定程度上改写了编辑行业传统的"传帮带"方式，推动了编辑学前进的步伐。因此，在编辑学研究和发展的历程中，尤其是开辟处女地的早期，《杂志编辑学》功不可没。

（二）陈石安的《新闻编辑学》

1. 陈石安及其《新闻编辑学》

台湾学者陈石安著的《新闻编辑学》初版于1954年3月（1981年第7次增订本，其版权页显示"'中华民国'四十三年三月初版，'中华民国'七十年十二月增订七版，总经销三民书局，印刷者长腾排字印刷有限公司"）。丛林主编的《中国编辑学研究述评（1983～2003）》"国内出版的编辑学专著和论文集一览表"里，标注的出版时间是1965年，出版方为台湾台北长风出版社，该书可能是把1965年再版的时间当成初版的时间了。

关于陈石安的生平，《新闻编辑学》没有交代。本书依据的《新闻编辑学》的版本是1981年三民书局出版的第7次增订本。该本大16开，四号繁体字竖排，洋洋洒洒880页，约60万字。

《新闻编辑学》作为第一本有目的的"以新闻编辑为内容"，探讨"新闻编辑的学理与方法"的学术性著作，和李次民的《编辑学》相比，《编辑学》是漫不经心、"无心插柳"，而本书则是"有意而为"、有目的而发；特别是它对新闻编辑学所下的定义、对新闻编辑责任、义务、工作、学理的探讨，在凸显了该书学术性强的特性以外，大大提高了编辑学是一门新兴学科的属性，对1949年刚刚亮出牌子的编辑学来说，无疑是一次大的推进、大的跨越。尤其是它直截了当地以"新闻编辑学"为书名，

[①] 余也鲁：《杂志编辑学》，香港海天书楼，1980，初版自序。

可以说是开我国分支编辑学研究之先河。但由于本书和李次民的《编辑学》都是从新闻学、新闻编辑入手探讨编辑学问题的，所以后人对它开新闻编辑学研究先河之说提的不多。

2. 陈石安《新闻编辑学》的内容

《新闻编辑学》共13章。第一章绪论（新闻编辑的重要性；新闻编辑学的定义；新闻编辑的任务；新闻编辑的责任；编辑权），主要讲的是新闻编辑以及新闻编辑学的基本理论问题。比如，开篇第一句就指出新闻编辑的重要性："一份报纸，不论是从内容方面（刊登的新闻与其他文字），以及从形式方面（版面）来说，新闻的编辑，都可以说是最基本，最重要，也最具表现性的工作。"开篇第一章就给新闻编辑学下定义为："新闻编辑学是以新闻学与报学的学理原则，报纸的需要，实际工作的经验，读者阅读心理，作为依据，研讨新闻编辑的学理和方法。"不仅如此，还旗帜鲜明地指出新闻编辑的任务：一是从众多的新闻来源中，做适当的选择；二是用适当的方法，来处理新闻；三是用最容易为读者接受的方式，报道新闻。特别是对"编辑权"的论述，引经据典，美国、日本，国外、国内，使新闻编辑明确了"编辑权的内容""编辑权的行使""编辑权的确保"等基本问题，很实用，也很有学理性。

第二至第三章（风格；基本观念），是在第一章的基础上，对报纸编辑的风格、编辑方针以及编辑观念、编辑的社会责任、文化责任、新闻编辑自由权限、历史价值、独立精神等问题的深度探讨。比如，作者认为，"形成报纸风格的，有四个元素：时代的背景、报纸的立场、编辑方针、营业方针"。而编辑方针最重要，"它把报纸的立场与态度，从版面上，内容上，言论上表现出来……编辑是编辑方针的实际执行，维护者。他们一切的工作，都是遵循编辑方针而进行的"，因此，编辑方针的制订要遵循一定的原则。再如，作者强调"新闻编辑，除了具有新闻学的学识和技巧之外，还必须观念正确，才能使工作臻于完美"；"新闻自由，有它相对的责任，它的基本观念是：一、不违反新闻报道的学理与基本原则。二、不违反法律已有规定者。三、不违背公众的利益。四、不违背道德道义的原则。五、不危害任何无辜的人"。如此等等，作者对新闻编辑的责、权、利分辨清楚，论述深刻。尤其是对新闻编辑专业化的见解，颇具超前性——"唯有新闻人员专业化，才能促成新闻事业的合理化与进步……新闻工作人员专业化，一方面是要求新闻工作人员以新闻工作为专门职业，而不是文人玩票，或是进身仕途的踏脚石。一方面是要求在工作上有专门的学识与技能……当新闻编辑负责某一部分的编辑工作，除应有专门的学识，经验之外，还要继续不断的研究进修，才能在工作上胜任"。在20世纪50年代，编辑学刚刚冒出"小芽"之时，有如此高论，怎能不让人佩服其眼光与学识？即使在21世纪多种媒体并存的今天，其观点也不过时。

第四章新闻报道原则，主要从新闻编辑工作出发，论述了新闻报道真实正确、迅速、完整、客观、公正等原则和新闻报道与评论、宣传等体裁的不同。作者认为，"新闻报道……它有基本的原则，可供采访记者和新闻编辑在工作时作为依据"："真实、正确，是新闻报道的最基本要求"；"新闻报道贵在迅速"；"新闻报道必须完整"；"新闻报道要求客观，其主要原因在于，惟有报道客观，才能维持报纸的公正立场"。不仅如此，作者还指出，各种新闻报道要平衡，要注意法律与道德的问题，注意区分新闻与评论、新闻与宣传、新闻与广告的不同。可以说，本章承上启下，为接下来新闻编辑具体工作的研究做了铺垫。

第五至第十二章（内容设计；新闻的选择；版面；处理；标题；发稿；组版；更正）是对新闻编辑具体工作流程的研究。它既包括策划、选择等中心环节的编辑工作，也包括组稿、编排等基本的编辑工作。以第七章版面为例，研究的内容既有版面的意义、版面与视觉心理等形而上的知识，也有栏的变化、字的大小、字的形态、花边与加框、特栏、图版、版面规则、空白的运用等形而下的技术。编辑工作是一门实践性、技术性很强的工作，全书不仅用2/3的页面探讨编辑大大小小的工作内容，而且还把编辑作为研究的主体，提出了一系列在当时看来非常有建树的观点，非常难能可贵。比如，"简单的'编'和'辑'的工作，已不足以应付环境的需要了"，"内容的设计，应是新闻编辑一项重要的准备工作"，"在报纸与其他传播工具竞争剧烈的情形之下，报纸要以报道内容深入广阔，作为取胜的条件"，"了解读者的阅读心理，是内容设计的一项重要的工作"；"编辑对新闻的选择是否适当，直接影响他的工作成绩，而且影响整个报纸的品质"；"版面问题，可以分为两部分，一是版面的技术，一是版面的艺术"，"编辑一切工作的成果，全部都在版面上表现出来，版面对于编辑，有如演员的舞台，音乐家的乐器"；"新闻报道在未经过编辑处理以前，只是报纸内容的原始材料，经过处理以后，才成为可以发表的文字报道……处理工作是新闻编辑的核心工作"，"新闻价值的衡量，是编辑工

第一章　原始科学阶段（1949～1978）的编辑学研究

作，依靠经验最多的一项"；"对于编辑来说，标题是用来介绍新闻的媒介，它的产生，是经过编辑对新闻内容的研究、把握、与推断所得的。因此，标题的表现，也糅合着编辑的见解和看法"，"标题上的文句，是根据新闻内容而产生的，它的用字，在原则上，要做到无一字无根据"；"新闻稿件发排的先后次序，数量，时间的分配与控制，都是编辑的一种工作技巧"；"组版是编辑工作中，最具艺术性的一种，次序是否合于理想，怎样从版面上的美来吸引读者注意，使读者的感觉快适，印象深刻，都要从版面的组合来达成"；"更正错误，这是每一个编辑应有的道德"。如此等等，不但比较深入细致地探讨了编辑工作的具体原则和方针，而且还实实在在地解决了新闻编辑如何做、怎么做的问题，学理性和实用性兼具。

第十三章权责，主要讲述了著作权以及编辑与作者的责任归属问题。最后是附录，列举了"世界中文报业协会共同信条""中国新闻记者信条""美国报纸编辑人协会道德信条""美国新闻记者公会道德规律""日本报业信条""国际报业道德规约""新闻评议会有关新闻编辑事项的决议与裁决书""世界中文报业协会三千个新闻基本常用字汇表""标题字体的变化"及中国台湾地区报业道德规范等内容。

全书内容全面，既有新闻编辑学基本理论问题研究，也有新闻编辑工作的战略战术，"学""术"兼具，交相辉映，既有厚度，也有深度。

3. 陈石安《新闻编辑学》的特点与意义

（1）强调新闻编辑学的学科属性，开我国分支编辑学研究之先河

我国的编辑学研究诞生于1949年李次民的《编辑学》，但正如李在《编辑学》"初版自序"中所说："因感到有关编辑技术研究的专书尚付缺如，故从这时起，即将历年从事新闻工作的经验，参照诸家学说，编成是书。"[1] 正因为李的出发点是"有关编辑技术研究的专书尚付缺如"，所以，《编辑学》偏重于编辑技术的探讨，对编辑学的定义、学科属性等缺乏清晰、准确的表达。而《新闻编辑学》开篇就给新闻编辑学下定义，强调它是"研讨新闻编辑的学理和方法"[2]的学科，"新闻编辑学只是新闻学中的一部分。过去讨论到新闻编辑这一门时，多只把它视为实业技术的部门。事实上，新闻编辑的工作，虽然必须具有熟练的经验和技巧，一切也都要

---

[1] 李次民：《编辑学》，自由出版社，1949，《初版自序》，第11页。
[2] 陈石安：《新闻编辑学》，台湾三民书局，1981，第3页。

以新闻学理为根据"①。显然，相对于《编辑学》的"编辑技术研究"，该书特别强调"研讨新闻编辑的学理和方法"。如果说，《编辑学》"无意"开创新学科而开创了编辑学的话，那么，《新闻编辑学》则是"有意"对编辑学的开拓，它对新闻编辑学学科性质的认知，学科理论的探讨，从实质上推进了编辑学学科成长的速度，开辟了编辑学研究的新篇章；如果说，《编辑学》研究的是新闻编辑、副刊编辑、杂志编辑，蕴含普通编辑学思想的话，那么，《新闻编辑学》专门以新闻编辑为研究主体，系统研讨新闻编辑的学理和方法，则实实在在地开创了分支编辑学的研究。因此，也可以说，《新闻编辑学》开我国分支编辑学研究风气之先。

(2) 重视学理性论述，引经据典，颇见深度

《新闻编辑学》不仅开宗明义提出其是"研讨新闻编辑的学理和方法"的，而且全书也确实注重学理性。比如，第三章"基本观念"之第一节"向公众负责"，作者开始先提出自己的观点，"新闻编辑所担负的工作责任，不单是就职业的立场，就报纸当局负责而已，更重要的，是要向社会、读者负责"②；接下来，又以美国编辑人协会、美国记者协会所订的道德条约进行佐证，再用美国密苏里新闻学院创办人威廉博士、国内著名学者戴季陶在《祝晨报过岁》中的言论加以阐释，最后得出"报纸新闻编辑的工作，须向公众负责，为社会服务，理由至为明显"③ 的结论，并由此结论进一步提出新闻编辑工作的六个目标。环环相扣，步步衔接，逻辑性强、学理性明显。其实，又何止是这一章、这一节，翻开全书，美国学者怎么说、日本学者怎么说、国内学者怎么说，美国报业协会信条、编辑人协会规约、世界报业协会公约等，比比皆是。这一方面说明本书占有资料丰富，作者知识面广博；另一方面以此作为论据进行论述，比空洞的说教更有说服力，彰显了编辑学的学理性以及编辑学研究的厚度。

(3) 注重理论和实践的结合，"学""术"兼具

理论和实践相结合，不仅在今天是编辑学研究的不二法门，在编辑学研究初期，也备受重视。《新闻编辑学》作为第一部系统研究新闻编辑学理和方法的学术专著，对编辑学理和编辑方法的重视都颇为明显。比如，

---

① 陈石安：《新闻编辑学》，台湾三民书局，1981，第2页。
② 陈石安：《新闻编辑学》，台湾三民书局，1981，第34页。
③ 陈石安：《新闻编辑学》，台湾三民书局，1981，第36页。

第五章"内容设计"之第一节"设计的重要",先从社会和形势发展需要出发,提出设计的重要,"现在各种传播事业竞争激烈,读者所要求于报纸的,已较前为多,简单的'编'和'辑'的工作,已不足以应付环境的需要了"①,接着引用贺恩柏"报人必须使读者明了一则新闻的意义",《主动编辑室》书中所说"没有优秀主动的新闻编辑人员,就不可能有一份优良的报纸"来加以论证,在理论论证的基础上,进一步综合专家建议,指出内容设计的八个要点以及为增进阅读效果建立中心单元、为版面的趣味适当地进行调剂等。既有学理的探讨,又有具体的方法,理论和实践交相辉映,互为结合。再如第七章"版面",先是"版面的意义""版面与视觉心理"等理论阐述,接下来具体到"栏"如何分,"行"如何排,"字"用多大为好,"字体"怎样才能好看,"特栏"如何开辟,"图片"如何摆放,"空白"如何运用,等等。"学""术"兼具,相得益彰,既使读者明了编辑学的学理知识,又掌握了编辑工作的技术要领。

(三)荆溪人的《新闻编辑学》

1. 荆溪人及其《新闻编辑学》

荆溪人的《新闻编辑学》初版于1979年10月问世。本书所用的版本版权页显示:"'中华民国'六十八年十月初版,'中华民国'六十八年十二月二版",发行者是"台湾商务印书馆股份有限公司",封面有"大学业书""新闻编辑学""荆溪人著"字样。

《新闻编辑学》的作者荆溪人,亦称荆人,是笔名还是真名?不好考证。《新闻编辑学》"自序"的落款为荆溪渔父。至于其生平,据《新闻编辑学》"自序"所说,1945年间,作者在青年军服役,服役时主编过一些壁报和刊物,开始对新闻工作发生兴趣。1946年,复原还乡,进入南京中央政治学校("国立"中央政治大学)读书,修学新闻。"我读新闻学,正如旧式的婚姻一样,感情是'婚后'慢慢培养起来的。"1949年到台湾,被聘用于台湾《新生报》,做地方通讯版助理编辑,四个月后升任编辑,独自主编"文教体育"版。用作者自己的话说:"以一个大学尚未真正毕业,到报社只有四个月的青年,就要主编一个版,这可以说是我的机遇,也是注定我从事编辑工作的生命历程的开始。"《新闻编辑学》诞生之前,作者曾在《新生报》《新闻报》工作18年,在其他民营报也担任过几

---

① 陈石安:《新闻编辑学》,台湾三民书局,1981,第113页。

年的总编辑，长期的编辑工作实践，任何版（包括副刊）都编过，积累了丰富的报纸编辑实践经验。其间，作者在"国立"中央政治大学新闻研究所攻读硕士学位，"对编采学术的研发，虽不说到醉心的程度，确也的确颇有心得了"。从1965年起，作者一面在报社编辑部工作，一面到世界新专教新闻编辑学课程。长期的新闻编辑实践和教学、研究经验，让作者"更感编辑学术，决非雕虫小技，乃以教育与经验相互印证，撰《新闻编辑学》一书，初版于1975年1月问世，①作为世新（台湾世新大学——笔者注）《编辑学》课程的教材"②。可见，《新闻编辑学》是集理论、实践、教材于一身的学术著作。

荆溪人的《新闻编辑学》大16开，五号繁体字竖排，325页，约25万字。它和陈石安的《新闻编辑学》相比，最大的亮点是突出了对编辑学的研究，它肯定"编辑学是一门新兴的社会科学"③，相较于李次民的《编辑学》、陈石安的《新闻编辑学》等早期的编辑学研究著作，它对编辑学的认知更清晰、明确，对编辑学学科属性的探讨更符合学理。因此，从编辑学的发展和编辑学研究的进程看，该书的价值和意义不容低估。

2. 荆溪人《新闻编辑学》的内容

荆溪人的《新闻编辑学》分自序、正文、附录三部分。"自序"部分，作者向读者介绍了自己如何与新闻结缘，进入台湾后又如何从事编辑工作，如何进行新闻编辑的研究，如何教新闻编辑学课程等经历。丰富的编辑实践经验加上研究、教学的经历，促成了《新闻编辑学》的最终问世。它们作为《新闻编辑学》的出版背景，不仅让读者了解了作者，而且也用作者的亲身经历证明了"编辑学术，并非雕虫小技"之道理。

正文共18章，分上、中、下三编。上编（第1～4章）是编辑学概述，中编（第5～15章）是新闻编辑实务，下编（第16～18章）是新闻编辑的新趋向。

上编第1～4章（编辑学与新闻编辑、报纸的风格、新闻编辑与报道、新闻编辑的任务）主要论述的是编辑学的学科性质、新闻编辑学研究的范围、新闻编辑的任务等编辑学、新闻编辑学的基本理论问题。开篇第一

---

① 此处"初版于六十四年十月问世"与第二版版权页"'中华民国'六十八年十月初版"不一致，是否"六十四年十月问世"的为非正式出版物，不详。
② 荆溪人：《新闻编辑学》，台湾商务印书馆，1979，自序，第2页。
③ 荆溪人：《新闻编辑学》，台湾商务印书馆，1979，第5页。

第一章 原始科学阶段（1949～1978）的编辑学研究

句，作者明确提出，"在人类的历史上，编辑学是一门很古老的学问。只要有记载的史实，便需要编辑"。不仅强调了编辑学是一门"学问"，而且还把编辑的历史延伸到"有记载"开始。作者认为，我国的编辑学之所以滞留不前，其原因就是对编辑学学术价值的否定。因此，该书强调"编辑学是一种社会科学"，它是"为增进人类文化的一种学术"。"编辑学既为社会科学的一种，它和其他社会科学，必然有密切的关连，相互的影响。"在编辑学研究的历史上，应该说，该书第一次明确编辑学是"一种学术"，"是一门新兴的社会科学"，其开拓性、创新性，不言而喻。不仅如此，在明确了编辑学学科属性的基础上，作者还进一步指出：新闻编辑学是"编辑学的一部分，它研究有关新闻的处理，标题的制作，图片与新闻的关系，校对的方法和拼版、印刷的技术，是出版报纸过程中的一种重要的学术"。既明确了编辑学和新闻编辑学的关系，也表明了新闻编辑学研究的内容以及它的学术性。

此外，作者还特别强调，"新闻编辑是一件繁重而复杂的工作，除了编辑学理论外，更需要各种特殊的技术，互相配合，才能将一张新闻报纸，处理得妥妥帖帖、头头是道，这就是我们要研究新闻编辑学的最大目的"；"新闻编辑必先明了新闻报道的本质，及其涉及的有关事物，否则，在处理新闻的时候，难免乖误百出"；"新闻编辑的责任，简言之，要编好一份报纸，使读者喜于阅读，减少错误，以提高报纸的品质"；等等。显然，这部分除了阐述编辑学的性质、特点和意义外，还以报纸为例对编辑主体（新闻编辑）做了基本的理论概说，不仅使编辑学的学科体系越来越明晰，而且也使新闻编辑学的理论趋于丰满。

中编第5～15章（报纸的版面、字体的鉴别、栏与框、编辑符号与字的辩证、原稿的整理、标题制作、新闻的处理、新闻图片的处理、发稿、版面的处理、校对），主要探讨的是新闻编辑的实务，即新闻编辑的具体工作研究。书中指出，"研究编辑学，除了理论之外，最重要的还是技术……固然，编辑的技术要以学理做基础，但编辑的学理如没有技术来实证，便未免流于空谈，而无补于实际……今天从事编辑工作的人，不但要有水准以上的中西文学基础，而且要有丰富的时事常识，广博的社会科学知识。而最重要的，他必须知道中国字体的变化，标题的制作，版面的美观等，而这些，就是……编辑实务"。因此，作者结合自己长期的实践经验向读者详细介绍了新闻编辑工作的各种知识与技能，并通过大量的实例阐述编辑如何进行版面设计处理、鉴别字体字号，如何整理、修改稿件，如何制作标题、处理新闻图片、发稿校对等。比如，第九章"原稿的整理"，作者先以自己的工作经验为依据，提出"编辑的实际工作，第一步就是原稿的整理……整理原稿有两大目的：第一，发现原稿里的错误，加以改正；第二，撷取原稿包含的主要意义，以作标题"。接下来再逐一介绍稿源如何鉴别、阅稿的注意事项、改稿的原则、标题怎样制作、定稿的时候都检查什么内容、哪种情况下需要改编稿件等，具体、详细、操作性强。再如，第十五章"校对"，先讲编辑与校对的关系，强调编辑要主动校稿，再讲什么是"小样""大样"，怎么校"小样""大样"，校"小样""大样"的时候要"校"什么；看"清样"与签印前最后阶段审查什么，最容易出现错误的地方在哪里……每一个环节、每一个阶段、每一个步骤都细致入微地讲，知无不言，言无不尽，对于编辑学专业的大学生和初做编辑者来说，无疑是最好的老师。

下编第16~18章（新闻编辑的道德观、新闻编辑与印刷术、新闻编辑的展望）主要论述的是新闻编辑的责任和新闻编辑发展的新趋向。作者认为，"作为一位新闻编辑人员，不但要有卓越的新闻编辑技巧，还要有强烈的责任感，而新闻编辑的责任，并不是对本身的工作有所交代，而要对社会、国家、民族、人类、历史有所交代。因为报纸是社会大众传播的工具，它的一字一句，莫不与社会的进退汲汲相关……"在此思想观念指导下，书中强调在编辑工作中，编辑需要对新闻来源守密、需要懂得隐私权，需要对原稿的删改有节有度，有错的地方要及时更正，切实负起社会责任。同时，作者还对未来的印刷技术、编采制度、编辑人制度进行了展望，并认为，"印刷术的进步，新闻编辑的原理和技术，也必须随着改进……新闻编辑必须走在时代的前端，要能洞烛先机，成为社会进化的推动者"；编辑人必须具有"忠爱国家""公正不阿""知识广泛""文笔犀利""反应灵敏"的品格和学养。其对编辑、新闻编辑的期望之高、要求之严，可见一斑。即使在今天，这仍然是编辑工作人员的立身标准。尤其是为了"我国的新闻编辑学有更新的创建"，希望各个方面"予以重视、注视和珍视，要予以革新，培养人才，建立制度"。非常有远见，有思想。

附录部分列举了"中国新闻记者信条""世界中文报业协会共同信条""联合国国际报业道德规约草案""现行出版法"及台湾地区报业道德规范等内容。书的最后是参考书目。

总之，荆溪人的《新闻编辑学》重在借新闻编辑工作研究而探讨新闻编辑学的方法和原理，但在探讨新闻编辑学学术的同时，也对编辑学的定义、性质、意义等进行了较为突出的研讨。虽然作者的研究重心是新闻编辑业务（仅限于报纸），并没有将广播、电视等新闻编辑业务包含在内，但在30年前的台湾，于政府实行报禁的高压政策下，能向新闻业界和学界呈现这样一本著作已属不易；能在20世纪70年代末，中国内地的编辑学研究还没有大规模开始之前，对编辑学下了定义、对编辑学研究寄予厚望，更难能可贵。

3. 荆溪人《新闻编辑学》的特点和意义

（1）在编辑学研究历史上，第一次为编辑学下了定义，彰显了编辑学的学科属性

荆溪人的《新闻编辑学》最突出的贡献是给编辑学下了一个定义："编辑学是一种社会科学，它有系统的整理文字，制作标题，表达思想，引起美感，进而为增进人类文化的一种学术。"[①] 此定义把编辑学定性为"社会科学"，并把它归结为一种"学术"，充分强调了编辑学的学科属性，这应该算是一种创举。1949年标志编辑学诞生的《编辑学》尽管研究新闻编辑、副刊编辑、杂志编辑，对编辑学有开创之功，但它没有从学理上给编辑学下定义；其后的几部重要著作，大多囿于自己的研究范围，或探讨新闻编辑，或探讨杂志编辑，或探讨书籍编辑，对编辑学的学科属性缺乏明确的认知。孙琇在《编辑学研究二十年之回顾》中认为，我国把编辑学作为一门科学提出是在20世纪80年代。[②] 显然，他没有看到20世纪70年代末台湾出版的这本《新闻编辑学》。因此，本书对编辑学学科性质的开拓和探讨，在编辑学研究历史上，具有重要的创新价值和意义。

其实，关于编辑学的探讨，作者不仅指出它是"一门新兴的社会科学"，还指出"今日的编辑学，有很多原则和原理，这些原则和原理，是不容破坏的，一旦否定了这些原则，虽然依然可以出版一本书，一份报纸，但在版面上，书版上会留下不可弥补的错误，甚至读者会看不明白你所编书报的内容；一旦忽略了这些原则和原理，出版物的价值便失去依

---

① 荆溪人：《新闻编辑学》，台湾商务印书馆，1979，第4页。
② 孙琇：《编辑学研究二十年之回顾》，《编辑之友》2001年第1期，第35页。

据……否定了编辑的学术价值，便使我国的编辑学滞留不前"①。可见，在20世纪70年代的台湾，"编辑有学"已经得到论证，只不过当时两岸交流极少，"编辑有学"的观点并未在内地得以传播。

（2）图文并茂，重案例，重实践

荆溪人的《新闻编辑学》不仅注重编辑学、新闻编辑学理论的探讨，也特别重视编辑实践的研究，对于编辑应该掌握的技巧、方法，应该知道的原则、原理，往往不厌其烦地讲，认真细致地分析。"中编"编辑实务部分，内容翔实，从报纸版面的设计，字体字号的鉴别，栏和框的变化，到标点符号、编辑符号的正确运用，原稿的整理，标题的制作，各种类型新闻的处理，再到新闻图片的排放，发稿，版面的美观，校对的细则等，每一个环节、每一个工序都注重实用性和可操作性。对于特殊的环节，特殊的要求，不惜花大量的篇幅，运用大量的图片、大量的实践案例进行实证研究、个案分析。比如，第十章"标题的制作"部分，行文中穿插了各种报纸上的新闻标题将近50种，目的是说明中文标题的特色、种类、功能等。尤其是关于"标题的比较研究"一节，用42页的版面，列举了各报新闻标题数百种，让读者对比、分析，区分优劣。如此图文并茂，不仅让编辑专业大学生和初为编辑者在轻松阅读中明了编辑工作的原则，掌握编辑工作的要诀，而且使枯燥的编辑工序、编辑技术简单化、醒目化，达到了寓教于乐的目的。

（3）关注最新的新闻编辑趋向，注重与时俱进的研究

科学技术的发展最直接的影响便是媒介技术的不断革新，进而推动着编辑原理和技术的改进。30年前，电动排字机排版印刷和电脑排印对活字排版的冲击，正如今天数字出版对传统出版的冲击一样，很多人对我国的活字排版表示悲观。作者洞察秋毫，详细分析了技术发展对新闻编辑的影响，指出"如果编辑技术落后，双方配合便不免发生困难"，"中文排印的技术，必须要求进步，不能永远停留在一千年前毕昇发明的活字排版印刷术中，而如何革除它的缺点，新闻编辑也要贡献智慧，才能有更妥善的解决方法"②。不仅如此，他还依据现代社会的发展，提出"新闻编辑的工作，近三十年来已发展成完全属于专业的工作，他们不但要有本身工作的

---

① 荆溪人：《新闻编辑学》，台湾商务印书馆，1979，第3~4页。
② 荆溪人：《新闻编辑学》，台湾商务印书馆，1979，第294~299页。

技能，还要具备专门知识的培养，和一个现代人的基本要求。新闻编辑必须走在时代的前端，要能洞烛先机，成为社会进化的推动者……过去，新闻编辑是一种技术上的工作，而今天，新闻编辑是学者、专家，也是一种极具社会权威的工作"①。不俗的见解，与时俱进的研究，不仅在当时颇具领先意义，即使在30多年后的今天，编辑学者化，编辑家办刊、办报，仍然备受推崇。

需要说明的是，作者对新闻编辑改革的思考和研究，是针对1949年国民党当局迁台，隔年实施《战时节约用纸办法》，报纸限张发行，高压的报禁政策使报纸缺乏竞争与挑战而言的（直到1988年报禁解除以前，台湾只有31家日报）。虽然针对性比较强，但书中对中文报业的编采制度、传统形式、编辑人制度进行的深刻认知和探讨，对新闻编辑工作革新的呼吁，却具有较强的普遍性。因此，只要社会在发展，技术在进步，编辑出版业的改革也就要与时俱进，编辑学的研究更应该跟上变革的步伐。如今，社会的快速发展促成新的媒体形式不断涌现，编辑学不再只是研究报刊、图书的编辑共性，新闻编辑的业务也不再仅限于报纸，广播、电视、网络、手机等多种多样的新闻载体逐渐丰富着新闻编辑学的内涵，也推动着编辑学研究的发展。

（4）借对编辑学、新闻编辑学的阐述，推进了普通编辑学研究的进程

荆溪人的《新闻编辑学》尽管大部分篇幅探讨的是新闻编辑的实践，但在探讨编辑学理时，书中认为，"编辑学是社会学科的一种"，"新闻编辑学是编辑学的一部分"；"编辑学是一门新兴的社会学科，它更将借重其他已具科学基础的社会科学的原则、原理和方法"；② 它与逻辑学、心理学、社会学、修辞学、美学关系密切。实事求是地说，编辑学在中国的发展，最早是从新闻编辑学开始的。追溯新闻编辑的历史，自1815年《察世俗每月统记传》的创办开始，近代意义的新闻编辑就已经诞生，1919年徐宝璜为北大新闻学研究会学员开设"报纸编辑"课以来，新闻编辑学已有约90年的学科史。但在学科建立的最初几十年间却鲜有专门的新闻编辑著作问世，1949年，李次民的《编辑学》作为我国第一本编辑学著作问世，里面大量的篇幅讲到新闻编辑学，说明当时的报纸很重视编辑工作。

---

① 荆溪人：《新闻编辑学》，台湾商务印书馆，1979，第300页。
② 荆溪人：《新闻编辑学》，台湾商务印书馆，1979，第5页。

1954年陈石安的《新闻编辑学》出版，书中明确提出"新闻编辑学是以新闻学与报学的学理原则……研讨新闻编辑的学理和方法"①，编辑学的学理性进一步凸显。1979年荆溪人的《新闻编辑学》印行时，书中特别指出"新闻编辑学是编辑学的一部分"，足见由新闻编辑学到普通编辑学，研究进一步发展，对普通编辑学学理的揭示进一步深入。该书相较于李次民的《编辑学》、陈石安的《新闻编辑学》，无疑使编辑学研究上升了一个高度，向普通编辑学前进的步伐迈出了更大的一步。

（四）胡传厚主编的《编辑理论与实务》

1. 胡传厚及其《编辑理论与实务》

《编辑理论与实务》与台湾、香港其他编辑学个人专著不同，它是"报学丛书编辑委员会"从以前《报学》所发文章中选编出版的一本论文集。该论文集作为"报学丛书第五种"，全称是"编辑理论与实务全一册"，其版权页显示："主编者：胡传厚"，"编印者：'中华民国新闻编辑人协会'"，"出版者：台湾学生书局"，出版时间是"'中华民国'六十六年一月初版"。

据《〈报学〉丛书总序》所说，《报学》是"台湾新闻编辑人协会"于1951年1月创办的半年刊，到1973年的6月，大约发文1100多篇，1000多万字。"《报学》记述和译介了中外新闻学术理论和大众传播事业进展的实况。"《编辑理论与实务》是报学丛书预定的书目之一。它是大16开，五号繁体字竖排，324页，约28万字。所选31篇文章，主要偏重于报纸编辑的理论与实务。主编胡传厚，书中没有详细交代其个人情况。据该书版权页显示，胡是报学丛书发行人；书内文章《编辑业务座谈会》文前介绍文字显示胡是"中央通讯社"编辑。

2.《编辑理论与实务》的内容

《编辑理论与实务》选文31篇，书前刊有《〈报学〉丛书总序》《〈编辑理论与实务〉序》。前者主要介绍了《报学》杂志廿年的贡献以及报学丛书原计划编辑的十种书；后者主要介绍了《编辑理论与实务》的主要内容，"这本文集的内容，应该涵盖报纸、通讯社、新闻杂志、无线电广播与电视等所有新闻传播媒介的新闻编辑工作，而不应以报纸为限。可是，也许是报纸的编辑工作，较之其他新闻媒介的编辑，更为重要、复杂，或

---

① 陈石安：《新闻编辑学》，台湾三民书局，1981，第3页。

者是由于新闻工作者囿于传统的习惯,重视报纸编辑;以致《报学》所载有关编辑理论与实务的文章,都是属于报纸的范围,没有一篇讨论其他新闻媒介的编辑工作。因此,本书的内容,实际上是报纸编辑的理论与实务"。诚如斯言,本书所选正文31篇,不管这些论文题目含不含"编辑"二字,但其研究的内容都是报纸编辑的业务范围。统览这31篇文章,研究新闻编辑理论的不多,仅有胡传厚的《报纸的编辑方针》、程晓华的《编辑艺术论》等少数几篇文章或多或少地谈及编辑理论问题。其他文章或重技术,或重操作,或研究报纸编辑工作中的某一具体问题,或研究报纸版面、国际版、地方版、副刊、新闻照片的编排等。值得肯定的是还有几篇文章是对日本、美国等先进国家编辑技术、编辑手段等的介绍和比较研究,这对于我们了解20世纪70年代国外的编辑技术、编辑成就有很大的帮助。

具体来说,编辑理论研究方面,胡传厚初发于1967年6月的《报纸的编辑方针》对"编辑"一词的解释,在当时颇有洞见。"'编辑'一词,是由'编'、'辑'二字所组成,说明编辑业务,包括'编'和'辑'两项工作。'编'、'辑'二字的意义是:'编':1.'排列'、'编排'……2.'编织'……'辑':集也、聚也,聚合之意。综上所述,可为编辑业务下一定义:'搜集材料,汇集在一起,加以选择、整理、排列和组织'","我国新闻事业中所称的'编辑',可分广义和狭义的两种解释;广义的解释,是包括新闻的采访、搜集和编排、组织……狭义的解释,则仅指新闻的编列工作"[①]。我国内地对编辑学的大规模研究起始于20世纪80年代,对"编辑"一词含义的阐释,也多见于20世纪80年代初编辑学研究开始之时,该文对编辑业务所下定义,既符合事实,也比较早,值得肯定。此外,该文还对报纸的编辑方针进行了详细探讨,他认为:"报纸的编辑方针,美国新闻学术语称为'编辑政策'(Editorial Policy),是决定报纸特性和风格的基本准则……编辑方针则主要是属于技术性的,是报纸与其他报纸从事业务竞争所采取的策略……故其制订,主要是决定于报社主办人的办报理想及其所选择的读者对象;申言之,即是与报纸的营业方针相匹合。……编辑方针的范围,包括:新闻报道的范围,新闻报道的含量,新闻处理的态度,新闻内容选择的标准,新闻写作的文字水准,标题措词,

---

[①] 胡传厚:《编辑理论与实务》,台湾学生书局,1977,第12页。

特稿，副刊的内容，标题形式及版面风格等等。"① 虽然说的是新闻编辑的方针，其他媒体的编辑也完全可以借鉴。

程晓华的《编辑艺术论》，虽然论述的重心是编辑工作的艺术，但有些观点也颇为精彩。像"一位理想的编者，应有移花接木的手腕，化腐朽为神奇的才能。所谓编辑者也，不仅要'编'，而且要'辑'"；"编辑工作是为公众利益而服务的，既不必过于主观，也不必模棱两可，是则是，非则非……报纸所需要的编辑，应该有机敏、果断、聪慧、审慎、热情、诚恳的因素，学识之丰富，人格之完善，亦同等重要"等。尤其是"作为一个编辑，他的知识与技术，必须包括有工厂在内。一个不懂得工厂的，这等于纸上谈兵"。表面上看，说得是铅印排版时代工厂（排版、拼版、印刷、纸张等知识和技术）对编辑工作的重要性，似乎有点过时，其实，在电脑排版的今天，它仍然适用。因为电脑排版人员、印刷厂的工人听命的是编辑，编辑不懂得这些知识和技术，只能任这些工作人员牵着鼻子走，编辑的想法、设计再美好，也只能是"纸上谈兵"。

编辑实务方面。这方面的研究文章数量比较多，但高水平的不多。从内容来看，可分为以下几种。

第一，关注编辑操作等具体问题的。如冷枫的《编辑事务上的几个小问题》，研究的是标题的用字大小问题、标题的行数多少问题、版面处理是"花"好，还是"平平稳稳"好等。具体工作的探讨，突出的是实用性和可操作性。

第二，研究新闻标题的理论与编排技术的。如郑贞铭的《新闻标题的功能与其发挥》、钮抚民的《社会新闻标题制作研究》等，都颇见功夫。尤其是后者，从标题的功用、要求到艺术化处理、如何制作等论述得比较详尽，"要想使自己的标题个个都经得起考验，必须以丰富的理论，配合长期的经验始得见诸功效"②，比较有见地。

第三，研究报纸版面的。如姚朋的《论版面实务》、朱信的《报纸版面研究》等。前者副标题为"并检讨日本报纸版面的特点"，不仅论述了版面与内容的关系，时间、篇幅对版面制作的影响等，还重点比较了中日报纸版面处理上的一些不同，像日文报纸对"空白"的重视，社论位置固

---

① 胡传厚：《编辑理论与实务》，台湾学生书局，1977，第13页。
② 胡传厚：《编辑理论与实务》，台湾学生书局，1977，第105页。

定等，对我国报纸版面的优化有较强的借鉴作用；后者先介绍了世界报纸的两大传统——英国传统、美国传统的区别：当你看一份英文报，在封面有报名那一张的版面刊载的是广告时，就是英国的传统；如果是新闻，就是美国的传统了。此外，在编辑方法方面：英国式采取分版制度，某一类新闻在某一版，就永远在某一版。美国报纸则采取综合编辑制度，不一定是哪一类新闻作头条……后对版面和编排、我国报纸编排的演进、版面的影响做了进一步的论述，最后得出的结论是："现阶段我国的报纸版面，确没有什么大进步。主要的原因是，我们的报纸还没有专业化，企业化……'版面'虽然是一种艺术，但终究是建筑在技术的基础上。"[1] 虽是一家之言，但和21世纪第一个十年我们所进行的改企转制、走专业化发展之路相比，就显得很有洞见。

第四，研究第一版、国际版、地方版、副刊编辑的。如姚朋的《第一版编辑工作报告》、牟力非的《国际版的几个问题》等。前者先从第一版新闻的特质说起，继而论述了编辑的基本态度及其作者编辑第一版时的几个守则；后者主要谈了国际版编辑中要不要精编、采取什么样的态度等具体问题。其针对性的分析，对编辑具体业务具有较强的指导作用。

第五，介绍国外新闻制作技术、报纸编辑业务及其他先进经验的。如安养寺敏郎作、程家骅译的《新闻制作技术之革新与新闻编辑》、台北市编辑人协会座谈会记录《中美两国报纸处理新闻的异同》、江德成的《美国报纸编辑业务概述》以及汤德臣的《漫谈美国政治漫画》、洪珊的《英国的新闻漫画》等。安养寺敏郎的《新闻制作技术之革新与新闻编辑》原载日本《新闻研究》月刊，主要介绍20世纪70年代日本新闻制作技术的三大变化：一是排印工厂非铅化；二是制作工程电脑化；三是新闻色彩化。以及上述变化给编辑带来的影响。《中美两国报纸处理新闻的异同》是台北市编辑人协会与孔慕思教授互相提出问题并答复问题的记录，台北市编辑人协会回答孔慕思教授提出的问题：台湾地区选择新闻的标准、通讯社社稿的重写、本埠新闻正确性与公正性的审核、版面设计问题——新闻记者之衡量与显示；孔慕思教授回答台北市编辑人协会提出的问题：美国新闻教育对新闻事业的影响、广播及电视发达后对报业的影响、新闻处理与对敌心理，作战应否配合及如何配合、战时新闻自由应否加以限制及

---

[1] 胡传厚：《编辑理论与实务》，台湾学生书局，1977，第163页。

限制的程度如何。在双方的回答中凸显中美因历史传统、现实环境的不同,处理新闻的方法、结果也不相同。江德成的《美国报纸编辑业务概述》是对美国报纸编辑相关问题的说明和介绍,开篇直言"编辑部门为报社的主体,在美国,这一原则并不因报社之重视赢利而有所动摇"[①],美国编辑部的组织是按照工作的领域而分成比较多的单位,全国性新闻、地方新闻等,与我国分成编辑、资料、采访等不一样;美国"并不把政治新闻的重要性,置于其他新闻之上",对体育新闻、新闻特写、新闻照片等非常重视,技术方面也较台湾地区先进。该文初发于《报学》1955年12月,说明20世纪50年代初美国从理念(编辑部门为报社的主体)到编辑管理、业务措施等都非常有特色,值得我国(包括大陆和台湾地区)学习和效法。

另外,漫画工作作为报纸编辑的一项重要内容,应该受到足够的重视,《漫谈美国政治漫画》《英国的新闻漫画》两篇文章,对了解国外这方面的动态,借鉴、学习美、英这方面的先进经验等不无益处。

当然,其他方面的研究也还有一些,像荆溪人的《标题与阅读心理》、王德馨的《编报之尺》、之行的《新闻照片的编辑》等,或感悟,或经验等,也颇有特色。

3.《编辑理论与实务》的特色与意义

(1) 注意美、日等先进国家的编辑理念、编辑技术的介绍,对我们了解国外这一时期编辑理论与实践的研究,有重要的参考价值

《编辑理论与实务》作为20世纪70年代末台湾出版的编辑学研究文集,其文章大部分初发于20世纪五六十年代。当此之时,由于国家政策以及国际环境、国内政治运动,我国内地几乎看不到任何国外的学术研究信息。编辑学虽然被称为中国人首创的具有中国特色的一门学科,但编辑学的研究在国外一直存在(国外的叫法不同),并有一些有影响的成果出现。因此,该书介绍的美、英、日对新闻编辑的研究,为我们收集、整理这一时期国外编辑学的研究状况,学习、借鉴国外编辑学研究的经验,提供了比较翔实的资料。如安养寺敏郎作、程家骅译的《新闻制作技术之革新与新闻编辑》为我们提供了20世纪70年代日本新闻制作技术的三大变化及这种变化对编辑工作的影响;江德成的《美国报纸编辑业务概述》给我们

---

① 胡传厚:《编辑理论与实务》,台湾学生书局,1977,第214页。

带来了20世纪50年代初美国编辑理念、编辑管理方式、业务方法等方面的先进经验；朱信翻译的《图片与新闻》则是"摘译"（文前译者按）美国勃朗氏（Charles H. Brown）1952年出版的《新闻编辑与表现》（News Editing and Display）中的内容，它为我们提供了美国新闻编辑在图片与新闻关系问题上的新思维和新举措；至于汤德臣的《漫谈美国政治漫画》、洪珊的《英国的新闻漫画》则给我们传递了美、英国家新闻编辑对漫画看重的信息。如此等等，不仅反映了国外一个时期编辑学研究的真实状况，也反映了台湾编辑学人在20世纪六七十年代的开放心态和气度，而这二者都是我国内地编辑学研究者应该了解和学习的，并且，上述研究成果对我国编辑学研究具有的弥足珍贵的资料价值和方法论的指导意义，认真学习会令我们获益匪浅的。

（2）在重视编辑学理的基础上，重点突出的是编辑具体工作的探讨，个人经验的总结，这不仅对于提高和培养编辑的实战技能、动手能力有一定的指导意义，而且还为我们了解台湾20世纪六七十年代的编辑实践研究，提供了帮助

编辑作为一个古老的职业，从古至今，不管它是一个群体还是独立个体，它的存在都是和编辑活动、编辑工作相联系的，如果没有编辑的汇集、编排、排列、组合、加工、操作，就不可能有汗牛充栋的文化典籍，琳琅满目的古典文化留存于世，中国历史上孔子、司马迁、刘歆、刘向等大家，也个个是编辑匠人、编辑高手，因此，"编辑匠"的称呼在一定程度上来说，也是一种尊称，毕竟不是谁都可以称"匠"的。而为"匠"，就必定有一套自己的"独门绝技"，有积存多年的经验和技巧，而这些经验和技巧的传授除了手把手地教之外，就是形成文字、指导他人。该书在探讨编辑理论的基础上，对编辑技艺、经验的传授非常之多，31篇文章不能说每篇都有这方面的内容，但绝大多数文章都包含着这方面的内容，仅从题目看，《编辑事务上的几个小问题》《社会新闻标题制作研究》《论版面实务》《报纸版面应该怎样变》《报纸版面研究》《编报之尺》《怎样办一份通俗报纸》《第一版编辑工作报告》《国际版的几个问题》《我没有编好省市版》《地方通讯的十大难题》《怎样编副刊》，等等，就比较有典型性。它们或是具体问题的切磋，或是编辑技艺的传授，或是编辑经验教训的省思，或是具体工作的方法，或是某一工作程序的要领，真实、真切、具体、管用，针对性强，操作性强。不要说对20世纪70年代的台湾编辑

有指导价值，即使在数字化出版、无纸化办公的今天也未必不能派上用场。该书大部分论文的作者都是资深编辑，在台湾编辑出版界有一定的影响和地位，他们的切身体会，工作的"独门绝技"，对编辑实战能力、业务素质的提高具有重要的指导价值，甚至影响至今。

当然，随着科学技术的进步和发展，像铅字排版、人工画版等工序已经被计算机所取代，但即使再先进的计算机也需要人工操作，编辑面对新的工作环境和新的工作程序，摸索出新的经验来取代旧的经验，这符合事物发展的自然规律。因此，该书的价值不仅在于对编辑具体工作的指导，而且还在于记录和保存了20世纪六七十年代台湾资深编辑对编辑工作、编辑技术探讨和研究的真实情况，为我们今天了解台湾编辑的工作和研究有一定的帮助。前事不忘，后事之师，台湾编辑学研究的经验教训，都是我们的财富。

（3）通过该书的介绍，还让我们对台湾的新闻编辑学人协会的工作有所了解，这对于大陆编辑学会的工作也起到一定的借鉴作用

行业组织的活动，在一定程度上代表了行业的发展，反映了该行业学术研究的轨迹。该书对台湾新闻编辑学人协会的相关介绍，也对内地编辑学会的成立和学术活动的开展，起了积极的引领作用。比如，成立于1951年1月的台湾新闻编辑学人协会，一成立就创办了作为机关刊物的《报学》半年刊。《报学》从1951年创刊到1973年《编辑理论与实务》出版止，发文1100多篇，1000多万字，"记述和译介了中外新闻学术理论和大众传播事业进展的实况"[①]。而中国编辑学会成立于1992年，其会刊《中国编辑》也记录了2003年至今中国内地编辑学研究的状况。再如，台湾新闻编辑学人协会还编辑出版《报学丛书》10种，《编辑理论与实务》就是报学丛书预定书目之第五种；中国编辑学会成立后，坚持编辑出版《中国编辑研究》年刊（图书，论文集），真实记录了我国编辑学研究的盛况。另外，台湾新闻编辑学人协会组织编辑业务座谈会，中美两国报纸处理新闻的异同座谈会；中国编辑学会组织召开学术年会、理论研讨会、各级各类座谈会……当然，中国编辑学会的活动绝对没有效仿台湾新闻编辑学人协会活动的意思，且中国内地20世纪80年代以后编辑学研究开展得如火如荼，编辑学会围绕编辑学研究而进行的项目和"协会"围绕新闻编辑研

---

① 胡传厚：《编辑理论与实务》，台湾学生书局，1977，第1页。

究而进行的项目也没有可比性，但在编辑学研究的历史上，毕竟"协会"的活动在前，"学会"的活动在后，这也是客观事实。

（五）张觉明的《现代杂志编辑学》

1. 张觉明及其《现代杂志编辑学》

张觉明的《现代杂志编辑学》初版于 1980 年 8 月（1980 年虽然是改革开放之后，但内地的编辑学研究还处于酝酿阶段。该书对改革开放后我国编辑学研究的复苏和崛起有一定的引领、指导作用，故放在这一阶段介绍），由台湾商务印书馆印行。关于作者，在书前的商务印书馆发行人林建山的《弁言》里，曾指出作者张觉明是"环球经济社"编辑；"中华日报社"社长《颜序》说张是"一位优秀的青年朋友，他的人品、才华以及对上帝真理虔敬的信奉，都是我所欣赏与佩慰的"。

关于《现代杂志编辑学》一书，林建山的《弁言》认为，"体充形完，兼备理论实务，是为大专院校相关科学生援为课程教材，亦是为现有从业人士砺精图进之典范"；"台湾杂志事业协会"理事长任卓宣《任序》写道："相信本书出版，对杂志发生激励作用，使已有的杂志编辑得为参考，使编辑工作做得更好，足以强化杂志的功能，发生更大的效果。"《颜序》说"本书不仅可作为大众传播教育的教材，也可供有志从事杂志编辑事业青年朋友的参考。甚至对从事其他大众传播事业的朋友，亦具他山之石的价值"。之所以几位作序者都如此看好本书，实事求是地说，是因为它能依据编辑出版业发展的形势，对编辑学的理论、杂志编辑的具体业务以及中外有关杂志演进的历史均有所阐述，并且全书条目清楚，"共分十七章，前面七章侧重杂志的内容，强调以内容争取读者；后十章侧重编辑技术。从标题制作与版面的设计，直到封面目录与印刷装订，几乎应有尽有，且都是经验之谈"（《颜序》），有一定的实用价值。不仅如此，20 世纪的 70 年代以后，新闻出版事业日渐繁荣，传播媒介日益增多，"编辑已成专业化，它已成了一门学问，而不光是一种技术，当编者负责编辑工作，除应有的学识经验之外，还要继续不断地研究进修，才能在工作上胜任。但国内大众传播教育，素来只注重新闻（报纸），对杂志事业过度忽视，研究杂志者少，师资和有关杂志的参考书、资料，更如凤毛麟角"[①]。本书作为研究杂志编辑理论与实务的专著，是继 1965 年香港余也鲁的

---

① 张觉明：《现代杂志编辑学》，中国书籍出版社，1987，自序。

《杂志编辑学》之后对杂志编辑研究的又一次开拓和创新，是一本具有时代精神和编辑理论价值、实用价值兼具的学术力作。

张觉明的《现代杂志编辑学》相较于以前的台湾、香港地区的编辑学著作而言，采用32开繁体横排，从形式上来说，已比较易于内地读者阅读了。全书482页，30多万字，内容丰富，与时俱进，不仅给编辑学下定义，论述了编辑学的责任、意义、研究对象等基本的学术问题，而且还对大众传播学做了比较系统的介绍和阐释。因此，当20世纪80年代初我国编辑学研究崛起之时，面对"我国书刊出版兴旺，特别是杂志林立"的现状，中国出版科学研究所在1987年9月就出版了这本《现代杂志编辑学》，把它作为"参考资料，内部发行，供大家研究和借鉴"①。可以这样说，张觉明的这本《现代杂志编辑学》对我国大陆编辑学研究的影响较大，而大陆编辑学研究者对它的介绍也相对较多。这一方面是因为《现代杂志编辑学》出版时间距今稍近，内容也更具现代性、科学性，另一方面是因为作者对编辑学的认知也更明晰，所以，它在我国编辑学研究和发展中的地位也较台湾、香港地区的其他编辑学著作更突出。

2. 张觉明《现代杂志编辑学》的内容

《现代杂志编辑学》初版包括序言和正文、附录3部分。序言是商务印书馆发行人林建山的《弁言》、台湾杂志事业协会理事长任卓宣《任序》、"中华日报社"社长的《颜序》以及作者张觉明的《自序》，这部分主要介绍了当时编辑学出版业的发展状况，杂志、杂志编辑的重要性以及《现代杂志编辑学》的作者情况、出版情况、未来用途等。

正文共17章，前面几章是理论研究，后面大部分章节是杂志编辑的技术探讨。第1章大众传播学理（大众传播概念、大众传播与社会、大众传播的功能），主要讲述的是传播学的基本知识。作者认为"杂志出版为大众传播事业之一种，凡研究杂志者，均先求了解大众传播理论做基础"，此作为该书的开篇之语，既给杂志出版定位为"大众传播事业之一种"，凸显了杂志与传播学的关系，又强调了传播理论的重要。正因为杂志出版是传播，所以，在这一章里，作者比较系统地论述了大众传播的四级传播形式、传播的工具、内容、技巧，传播的社会化过程、传播对社会的影响，传播的一般功能、比较功能等。最后作者得出的结论是"对于传播媒

---

① 张觉明：《现代杂志编辑学》，中国书籍出版社，1987，出版前言。

第一章 原始科学阶段（1949~1978）的编辑学研究

介的了解，以及传播原理的应用，对一个从事编辑的人来说，非常重要"，进而顺理成章地引出下文的编辑学研究。

第二章编辑学概述（编辑的意义、编辑学的定义、编辑的责任、编辑学的研究对象、编辑学的相关学术、编辑的素养），主要论述的是编辑学的基本原理。在作者看来，编辑的工作，虽然必须具有熟练的经验和技巧，一切也都要以学理为依归；编辑的本质不仅是技术，且是艺术的、科学的；编辑的角色就和工程师一样，必须具备专门学问。作者给编辑学下的定义是"编辑学是一种社会科学，它以出版的需要，读者的阅读心理为依据，搜集资料，有系统地加以鉴别、选择、分类、整理、排列、组织，制作标题，表达思想，引起美感，进而为增进人类文化的一种学术"。显然，作者对于编辑工作、编辑学基本概念的认知，吸收了荆溪人在1979年出版的《新闻编辑学》里面的"编辑学是一种社会科学"，是"一种学术"的观点。所不同的是，"它以出版的需要，读者的阅读心理为依据，搜集资料……"的看法，使出版与编辑拉上了关系。虽然把编辑学局限在了"出版"的范围之内，缩小了编辑学的内涵和外延，但在以纸质出版为中心的年代，此观点具有一定的科学性，也有一定的"市场"，可以说在一定时期内有它的价值和意义。

关于编辑的责任，作者认为，"编辑所担负的工作责任，不单是就职业的立场，对出版发行人负责，更重要的，是要向社会负责，向读者负责"。他以杂志编辑为例，指出"出版最好的杂志，促进社会文化的进步，是编辑的一种责任"，非常有见地。至于编辑学的研究对象和研究范围，作者指出"编辑学研究的范围很广，举凡书籍、年报、期刊、报纸、副刊、广播、电视，以及各公私机关团体的公报、会刊，都需要有专精的人材做编辑。杂志编辑研究的范围，可概括为：1. 编辑的原理原则，2. 编辑的技术与实务，3. 编辑业务的发展，4. 编辑应有的认识和修养"。相对于以往研究者对编辑学研究对象的概括，本书更明确、更具体，涵盖的面也更宽，书报刊、广播、电视，实际上已经超出了纸质出版的范畴。不仅如此，书中还对编辑学与理则学、心理学、社会学、修辞学、美学、大众传播学的关系进行了详细探讨，对编辑的素养提出了几点要求，比如应具有敏锐的感觉、敬业的精神、丰富的常识、专门的知识、优秀的文笔、熟练的技术、完善的管理等，即使在数字化的今天也不过时，难能可贵。

第三至第四章（杂志演进史、杂志的风格），主要阐述的是杂志名称的由来、西洋杂志演进史、中国杂志演进史及其杂志的分类、编辑政策、风格的建立、风格与权威等内容。比如，对杂志的名称的解释是："杂志是有一定的编辑方针，把各种文章搜罗在一起，做定期性发行的出版物，并且它的形态，原则上是册子形，由于它的机能，有异于报纸，又由于它的定期性，与一般纯宣传用的册子大异其趣，促成了它的发展。"对编辑政策的理解是："编辑政策是理想的原则化，编辑计划是政策的具现化……一本杂志的编辑政策包括：发行宗旨、阅读对象、刊物性质、言论立场、内容、开本、容量和页数、刊期、名称、版权、封面、广告、印刷方式、发行、出刊日期及售价等。"对编辑风格的阐释是："杂志的风格流露在内容的选择、开本的大小、言论的方向、写作的规范上。但也表现在文章层次的安排、标题的处理、插图或铅字的选择、空白的利用、色彩的强调等方面……杂志有了独特的高尚的风格，便会稳定而长久的吸引着它的读者。"对杂志分类的看法是：把杂志分类为一般性杂志、新闻性杂志、高级杂志、妇女杂志、男性杂志、特别兴趣的杂志、星期增刊杂志、公司刊物8类。如此等等，虽然有些观点未必正确，可能有商榷之处，但作为一家之言，值得肯定。特别是对中国杂志演进史的介绍，既回顾了近代中国杂志的兴起与发展，又观照了当代台湾杂志的现状，这不仅为了解20世纪70年代台湾杂志的出版状况提供了史料，也为宏观把握我国杂志的发展历史提供了借鉴。

第五章资料储存与运用（资料的重要性、资料的搜集、资料的管理、资料的运用），主要讨论的是作为杂志编辑，应该知道资料的重要并会搜集和运用各种资料。

第六章至第十四章（稿件的征集、稿件的处理、文字编辑、标题设计、图片编辑、版面设计、广告的设计与经营、封面与目录、校对），主要论述的是杂志编辑工作的流程，或称编辑实务、编辑技术。编辑工作是一种技术性很强的工作，从古至今都有人认为编辑只是一种技术，"编辑匠"的叫法到现在还没有绝迹，这一方面说明对编辑学理论的认知还需要普及，另一方面也说明编辑技术研究确实是编辑学研究中的重要内容。该书对编辑技术的探讨，非常深入、细致，从集稿、征稿、约稿到给作者复函、审理、修订；从考虑读者阅读习惯、字体字号编排到标题的设计；从图片的选择、处理到版面的设计、美化；从广告的撰写、推选到封面与目录的布局、优化，再到校对的内容、方法；每一个环节、每一个工序都具体、细化,有板有眼。比如,对于稿件的征集,作者指出,"稿件的征集和处理,在编辑的作业过程中,实在非常重要"。在集稿之前,必须先开辟稿源,使稿件源源不断而来。稿源通常为征稿、约稿、拉稿、自由来稿、译稿、专访特写、座谈会、资料室等。对于约稿,作者认为,"编辑可利用约稿信或电话进行约稿,或把约稿须知刊登在杂志上。约稿时至少应说明以下几点:1. 文稿内容 2. 文章长度 3. 所用文体 4. 读者性质 5. 截稿时间 6. 稿酬办法 7. 资料来源 8. 图片问题 9. 发表时姓名 10. 交稿方式"。显然,这既是自身经验的传授,也是对编辑实践的正确认知。再如,广告的设计与经营,这是工业化进程加快、商业文化流行以及大众传媒发展迅速给编辑工作带来的新业务,相对于以往的编辑实践过程,这是一个全新的工作内容。面对这一新的工作内容,作者不仅介绍了广告的作用、杂志广告的特征,而且重点突出了杂志广告如何经营,如何写作,如何编排等实践性环节,像"最主要的广告版位,是在封底、封面里和封底里……封底的广告,大多数都用彩色印刷,封底里和封面里的广告,大多数都可采印两色,所以这三页的广告价格,可定得较高。其他的广告版页,可统称为内页,定价的方式,不宜依照版位的大小面而比例计算……广告的编排就是:如何将构成广告的商标、文字、插图、商品图、商品名、轮廓等造型要素,以及主标题、副标题、内文、公司名、地址、价格等内容要素,适当安排于指定范围内,使它发挥最大的广告效果……编排设计以构图的问题为最重要",等等。重实用,重操作,基本上达到作者《自序》所说的效果:"对于那些有志于编辑杂志而未得门径的读者,希望本书能成为一道桥梁;而对于那些已经置身于杂志编辑工作的读者,希望本书能成为他们手中的备忘录。"

第十五至第十七章(纸张的认识;印刷的认识;装订),主要介绍的是杂志编辑应该知道和掌握的编辑出版知识。20世纪70年代,"纸是文化宣传最重要的工具,印刷被印物以纸张为最大宗,约占百分之九十六……若编辑了解造纸的过程,及各种纸张的适性,知道如何选用合适的纸,使杂志的编印能达最大效果,是最好不过的";"编辑如果不明白印刷过程,就会在工作上发生许多困扰……一个不懂得印刷的编辑,绝不能成为一个好编辑";"在一系列的出版工作过程中,排版和印刷工作即使做得好,若纸的工作出了毛病,仍将造成严重的损失,不能不加以注意"。在此思想指导下,作者不但认真地介绍了纸的发明、制造与传播过程,纸的分类、重量与大小换算、凸版印刷、平版印刷、彩色印刷的不同，装订的意义、目的、分类与装订史等知识；而且还详细讲解了如何选择纸张，如何区别各种印刷的优劣，如何进行装订等工序，这不仅给在职编辑普及了知识，也给未来的编辑从业者提供了学习的教材，实用性、专业性都比较强。

附录部分列举了"中国新闻记者信条""世界中文报业协会共同信条""美国报纸编辑人协会道德信条""出版法""出版法施行细则"以及"妇女杂志编辑作业流程图""现代管理月刊、综合月刊编印作业流程图""快乐家庭、消费时代编印作业流程图"及台湾地区报业道德规范和新闻编辑学人协会章程等内容。这些内容有法规法则，有行业营业申请书、证明书，更有杂志编辑的流程，尤其是后者以杂志编辑流程图的形式出现，简洁、直观地把杂志编辑工作的流程展现了出来，给读者得以学习，给编辑以借鉴，颇有价值。

3. 张觉明《现代杂志编辑学》的特点和意义

（1）第一次对编辑学的定义、研究对象、与其他学科的关系等基本理论问题进行了较为系统的论述，对编辑学的成长和进步做出了重要的贡献，为20世纪80年代大陆编辑学研究的崛起开了先声。

回顾编辑学诞生的历史，李次民的《编辑学》虽对编辑学有开创之功，但对编辑学的认知懵懵懂懂；陈石安的《新闻编辑学》虽给新闻编辑学下了定义，但缺乏对编辑学的整体认知；余也鲁的《杂志编辑学》虽以传播学理论为基础，借杂志编辑的具体工作阐述编辑学的原理、原则，但对什么是编辑学、编辑学的基本理论没有概括出来；荆溪人的《新闻编辑学》虽对编辑学下了定义，指出它有许多原理、原则，但没有对这些原理、原则做明晰的、具体的探讨；张觉明的《现代杂志编辑学》不仅对编辑的意义、责任、素养等进行了深入研究，而且还对什么是编辑学、编辑学的研究对象、编辑学与其他学科的关系等基本理论问题进行了较为系统的论述。书中认为，"在人类文化史上，编辑学是一门很古老的学问，只要有记载的史实，便需要编辑"①；"编辑的工作，虽然必须具有熟练的经验和技巧，一切也都要以学理为依归"②；"编辑学是一种社会科学"，它是以出版的需要、读者的阅读心理为依据，进行系统的鉴别、选择、分类、

---

① 张觉明：《现代杂志编辑学》，中国书籍出版社，1987，第36页。
② 张觉明：《现代杂志编辑学》，中国书籍出版社，1987，第34页。

整理、排列、组织等的"一种学术"①;"编辑学为研究编辑原理原则及实务的学问,不仅是技术问题而已,编辑学研究的范围很广"②;"编辑学既为社会科学的一种,它和其他社会科学,必须有密切的问题,相互的影响。同时,编辑学是一门新兴的社会科学,它的发展依赖于社会学、心理学与大众传播学的基础,是一门整合的学科,它更将借重其他已有学科基础的社会科学原理、原则和方法"③。显然,相较于以往的编辑学研究,该书对编辑学的认知越来越深入、越来越系统,这不仅彰显了编辑学的成长与进步、编辑学研究的深入与发展,而且该书出版于1980年,当时"大陆"改革开放的政策已全面展开,大规模的编辑学研究也正处于酝酿阶段,特别是中国出版发行科学研究所在北京出版了这本书以后,书中关于编辑学概念、编辑学研究对象等的看法,在一定程度上给内地的研究者以启迪和借鉴。因此,该书不仅是港台地区这一时期编辑学研究的集大成者,也开启了大陆编辑学研究的先声;不仅是我国编辑学诞生30年来,编辑学研究成果中的佼佼者,也是我国编辑学研究发展史上不可多得的一本著作。

(2) 从"现代社会大众传播对人们的影响"出发,第一次在编辑学的论著中系统介绍了大众传播的概念、原理、功能等,既阐释了传播学和编辑学的关系,也彰显了本书鲜明的"现代性",即时代特征明显。

传播学作为起源于西方的一门学科,港台读者并不陌生,把传播学理论用于编辑学的研究,也并非起源于该书。1965年,香港传播学大师余也鲁在《杂志编辑学》里曾运用传播学知识从不同视角对杂志编辑的工作进行过探讨,但什么是传播学、传播学有什么功能、它与编辑学有什么关系等,书中没有介绍。该书的贡献在于,开篇第一章就比较系统地论述了大众传播的有关概念和理论,像大众传播的四级传播形式,传播的社会化过程及其对社会的影响,传播的报道、解释、忠告、娱乐、广告功能,报纸、杂志、广播、电视、电影等不同媒介形态表现出来的不同功能等。对传播学理论的系统介绍,在编辑学著述中这还是第一次,而这第一次又主要是建立在"现代"的基础之上,"随着科技的进步,大众传播与人类社

---

① 张觉明:《现代杂志编辑学》,中国书籍出版社,1987,第39页。
② 张觉明:《现代杂志编辑学》,中国书籍出版社,1987,第44页。
③ 张觉明:《现代杂志编辑学》,中国书籍出版社,1987,第46页。

会的关系日益密切……大众传播事业由于影响深远，几已控制人们的生活、思想与行为"①；"近年来，由于新闻事业的领域日渐扩大，新闻学的内涵也不断地扩展……新闻学的研究，渐渐转变成为大众传播学理论的探讨"②；"编辑已成专业化，它已成了一门学问，而不光是一种技术"③；"杂志出版为大众传播事业之一种，凡研究杂志者，均先求了解大众传播理论做基础"④。如此这般，不仅阐明了传播学与编辑学的关系，还彰显出本书的"现代性"特征。其实，又何止是传播学研究这一部分，书中对杂志、印刷、广告等的研究，也处处离不开时代环境。比如，对20世纪70年代台湾地区杂志业所呈现特色的分析，作者将其概括为"年轻人崛起、广告泛滥、大众传播的涉足、企业家的支持、政论杂志兴起"⑤；对20世纪70年代台湾地区四大媒体（报纸、杂志、广播、电视）广告业务收入的分析及对广告收入的认识，"广告收入，是支持大众传播媒体，改进设备，加强内容，保持评论公正，提倡公益活动等等的重要梁柱"⑥，等等，时代特色明显，尤其是书名《现代杂志编辑学》直言"现代"，更突出其现代性特点。

（3）内容丰富，兼及理论、实践、编辑知识，且理论研究比较系统，实践和知识注重实用，是一本理论、实践、知识互为一体的编辑学个人专著，它在编辑学研究历史上具有一定的价值。

同其他的港台编辑学研究著作一样，张觉明的《现代杂志编辑学》也比较重视理论和实务，但该书不同于其他著述的地方较多。一是理论研究颇为系统。除前面介绍的编辑学、传播学基本理论研究以外，书中对杂志名称、杂志风格、杂志政策等现代杂志理论的研究，也比较深入，自成体系，学理性强。二是实践性研究在重实用的基础上，开拓创新，与时俱进。除讲解传统的征稿、审稿、设计、编辑、编排、校对的技术和方法外，还讲解广告与经营的技巧。比如，如何调查分析杂志的发行量，杂志广告的价格如何制定等；讲解现代各种"流行性"杂志的编辑流程与工作

---

① 张觉明：《现代杂志编辑学》，中国书籍出版社，1987，自序，第1页。
② 张觉明：《现代杂志编辑学》，中国书籍出版社，1987，第33页。
③ 张觉明：《现代杂志编辑学》，中国书籍出版社，1987，自序，第6页。
④ 张觉明：《现代杂志编辑学》，中国书籍出版社，1987，第1页。
⑤ 张觉明：《现代杂志编辑学》，中国书籍出版社，1987，第88~89页。
⑥ 张觉明：《现代杂志编辑学》，中国书籍出版社，1987，第253页。

要点,比如,"妇女杂志编辑作业流程""快乐家庭、消费时代编印作业流程"等,突出当今编辑工作环节和特点的变化,重视学以致用。三是强调编辑应该掌握的基本知识、基本能力,重视编辑基本功的培养和相关知识的学习。比如,如何搜集资料、运用工具书;如何选择纸张、懂得印刷;知道什么是传播、什么是杂志,编辑的内涵,版面及装订的意义;了解西洋杂志、中国杂志的演变史及造纸史、装订史;编辑应该具有哪些素质,加强哪些方面的锻炼等,内容丰富,行业特色明显。

全书理论、实践、知识互为一体,注重理论性、学术性、实用性的结合,且紧跟社会、时代、媒介发展的形势,因此,较以往港台地区的编辑学研究更具时代性、创新性。

三 港台地区编辑学研究的特色

俗话说,有比较才有鉴别。如果拿这一时期内地、香港地区、台湾地区出版的编辑学著作进行对比的话,可以发现,港台地区,尤其是台湾地区编辑学著作的出版独领风骚,而且与之相关的编辑学研究也别具风采、别有洞天,特色更鲜明,成绩更突出。

(一)港台地区编辑学研究整体上比较活跃

首先,从这一时期编辑学著作出版的数量看,港台地区明显高于内地。1949~1978年30年间,我国内地仅出版有影响的编辑学著作1本,而台湾、香港地区至少出版5到10本。当然,也可能有些著作探讨的是编辑学的内容,而书名没有"编辑"二字,这里我们暂且不计。

其次,从著作形式和研究内容看,内地的编辑学著作是译著,不是原创,而台湾、香港地区的著作大部分是学术专著,也有很大一部分是发表的研究论文,内容既包含新闻编辑学、杂志编辑学,也包含英文书刊编辑学、编辑学的理论与实务等,研究内容丰富,涉及编辑学理,分支编辑学和报纸编辑、杂志编辑的各种实务,以及对国外尤其是美、日等国编辑理论和编辑技术的先进经验介绍,很实用,也很新锐。

再次,从学术行业组织来说,在台湾地区至少有"'中华民国新闻编辑人协会'""'中华民国杂志事业协会'""台湾著作权人协会"等社团组织,他们研究编辑学,出版编辑学著作,创办专业的杂志,像"中华民国新闻编辑人协会"创办的《报学》、出版的《报学丛书》等,就非常有代表性。

最后,从出版编辑学著作的目的看,至少余也鲁、荆溪人、张觉明的著作都有指导编辑学专业学生学习的任务,"出版事业与社会发展成正比,同样的也和教育事业成正比"①。台湾、香港地区编辑学专业教育的普及,教师、学生尤其是青年学生的加入,也是这一地区编辑学研究充满活力的一个重要原因。

(二) 编辑学理论研究进一步深化

首先,从对编辑学基本理论的认知看,有几部编辑学著作就比较具有典型性。从 1954 年陈石安的《新闻编辑学》到 1965 年余也鲁的《杂志编辑学》,再到 1979 年荆溪人的《新闻编辑学》、1980 年张觉明的《现代杂志编辑学》,它们从最初的给新闻编辑学下定义,到借杂志编辑的具体工作阐述编辑学的原理、原则,再到对编辑学下定义、比较系统地阐述编辑学的概念、性质、研究对象等,从具体某一学科编辑学的学理研究,深化到对编辑学基本理论的研究,呈现出从个别到一般、从具象到普遍一步步深化的特征。

其次,从开创分支编辑学研究看,这一时期台湾、香港地区不仅出版有我国第一部研究新闻编辑的《新闻编辑学》、研究杂志编辑的《杂志编辑学》著作,而且《新闻编辑学》实开分支编辑学研究之先河。今天,随着媒体形式的嬗变、增多,除了研究传统的书、报、刊编辑的编辑学著作出版以外,影视编辑学,网络编辑学,数字媒体编辑学以及编辑心理学,编辑社会学,编辑伦理学等方面的书,不胜枚举。《新闻编辑学》作为这些研究的滥觞,其出版引领了一个编辑学研究的范式和类型,具有标志性意义。

再次,从研究方法看,不仅每一部著作都强调理论与实践的结合,"学""术"兼具,而且余也鲁的《杂志编辑学》、张觉明的《现代杂志编辑学》都从传播学入手研究编辑学,陈石安的《新闻编辑学》、荆溪人的《新闻编辑学》都从新闻学入手研究编辑学,借鉴和学习了传播学、新闻学的理论和方法,在一定程度上推进了编辑学研究的深化和发展。

(三) 重视实务,强调技术,突出编辑学研究中的实践环节

首先,从这一时期出版的几部编辑学著作看,几乎每一部著作占绝大部分版面的内容是编辑实务。实务的内容包括编辑工作的程序、方法、操作要领等,不仅有集稿、审稿、编稿、校对的业务,也有设计、策划、营销、发行的内容;不仅有字形、字号、封面、标题等版面处理的知识和技

---

① 张觉明:《现代杂志编辑学》,台湾商务印书馆,1980,自序,第 4 页。

巧，还有纸张、油墨、印刷、装订等相关的学问和工艺技术。内容全面而具体，既有形而上的"动脑"环节，也有形而下的"动手"程序，实用性、操作性比较强。

其次，从作者自身看，从事编辑学研究的作者大多为报纸、期刊社编辑，有的还担任新闻学、编辑学的教学工作，他们既知道编辑工作的苦辣酸甜，又会使用"十八般武艺"；既了解每个环节的轻重缓急，又练就了过硬的基本功；既有成功的经验，又有失误的体会；既懂得编辑实战之必需技艺，又明白未来编辑之最缺素养，因此，他们的著述在阐述编辑学理论的基础上，着重在教知识、传技术、说经验，谈方略，或深入浅出，或循循善诱，每道工序、每个环节都认真讲，仔细教，结果正如余也鲁所说："原来只为抛砖引玉出版的这本《杂志编辑学》居然成了一本编刊物的人的重要参考书；连教科书与报纸的出版人，也用它来训练新手。"[①] 可见其实用价值之高。

（四）注重介绍和引用国外尤其是美、日等国的先进技术、先进理念，时代感比较强

首先，从这一时期出版的编辑学专著和论文集看，大多数著述不仅在书后列出了世界各国关于新闻编辑的有关法律、法规以供参考，而且在论述中还引用国外的先进理念以阐述编辑学理论，还借用其传播学、新闻学最新的研究成果和研究方法探讨编辑学实践，有的学术论文还直接翻译美国、日本等国的先进经验、先进技术，观念和方法与世界同步。

其次，从一部分编辑学研究者的学术背景看，他们有的留过洋（比如余也鲁是美国斯坦福大学的传播学博士）；有的有国外学习的经历，对国外的先进技术和理念感同身受，因此，其介绍比较真实、客观。

显然，这一时期港台地区的编辑学研究，不管从研究规模、研究特色，还是出版论著的数量、质量看，明显好于内地，这一方面说明社会政治、经济、文化等对编辑学学术研究确实有影响，比如，"1950年以后，随着香港人口、经济高速增长及中文教育的普及，中文出版社迅猛发展"[②]

---

① 余也鲁：《杂志编辑学》，香港海天书楼，1980，初版自序。
② 方厚枢、魏玉山：《中国出版通史》（9）（中华人民共和国卷），中国书籍出版社，2008，第377页。

"50年代……在台湾开办出版社还是比较容易的"①，出版社数量的增多，无疑也有利于编辑学学术著作的出版；另一方面也表明我国的编辑学研究60年来一直是循序渐进、逐步发展的。

从1949年编辑学诞生到1980年以前的30多年，尽管内地的编辑学研究不成气候，不成规模，单薄分散、成果寥寥，但同受我国优秀民族文化滋润和侵染的港台地区的编辑学研究，却成就不凡。他们对普通编辑学理论研究的拓展、对编辑学实务的探讨、对新闻编辑学、杂志编辑学等分支科学的探索，以及对国外相关理论、技术的介绍和翻译，都在一定程度上推进了我国编辑学研究的进程，在编辑学研究60多年的发展历史上，留下了浓墨重彩的一笔，值得肯定。特别是其中的几部重要著作，在20世纪80年代我国内地编辑学研究崛起之时起着引领作用，即使在20世纪90年代初也不落伍。比如，他们对国外先进理念、先进技术、先进方法的介绍，一方面为我们了解世界各国新闻学、编辑学、传播学的现状提供了机会和素材，另一方面也给我们的研究提供了方法论的指导和借鉴。实事求是地说，台湾、香港学界这种创新的思维、国际化的眼光，在改革开放之前的内地是不可能有的。改革开放后的今天，尽管我们具备了"看世界"的条件，但依然没有深度参与进去，集中力量"走出去"的战略还需要进一步加强。因此，不光这些著述中的这段历史记录弥足珍贵，其作者开阔的视野、积极参与国际学术交流的意识和心态，也同样值得我们借鉴、学习。

另外，港台地区代表性著作对编辑学理论的探索，对编辑实践的全方位研究，对编辑个人经验的总结，对编辑素质、能力的深入思考，不仅给我们的编辑学研究增添了色彩，提供了经验，而且还为我们全面了解台湾、香港地区这一时期的学术研究提供了路径，提供了范式。其经验，我们可以学习，其教训，我们应引以为戒。

需要说明的是，我国编辑学研究60年，针对的是内地的编辑学研究，对"编辑学研究60年"特征的分析也基本上不包含港台地区的研究，故说我国编辑学研究前30年研究状态散乱、成果稀寥，与本部分并不矛盾。另外，自此而后，如非刻意强调，所研究范围均指中国内地。

---

① 方厚枢、魏玉山：《中国出版通史》（9）（中华人民共和国卷），中国书籍出版社，2008，第383页。

第二章 常规科学阶段（1979～2009）的编辑学研究

时间行至1978年，编辑学研究已经收获了一段长达30年的历史，但这30年的研究规模、研究深度以及取得的研究成果如若与十一届三中全会之后的30年相比，差距可谓巨大，这也正是我们所以将十一届三中全会之前的编辑学研究视作学科之原始科学阶段，将其后的编辑学研究视作常规科学阶段的依据所在。

伴随着改革开放拉开的又一个30年的帷幕使编辑学这门学科日渐具备了"常规"的特点。首先，研究的广度涵括了一门完整成熟的学科所应具备的所有门类，从基础理论到实务操作，从学科历史到专业教育，各部分之间研究的着力程度，取得成果的多寡是基本平衡合理的。其次，研究的水平达到了概念规范、范畴明晰、架构科学、脉络完整的层次，学科本身在规范性的层面上具备了独有性和自我规定性。再次，一支由编辑出版业界人员、高等院校教师、研究机构工作人员、民间组织成员等构成的研究队伍不仅在规模上蔚为大观，而且来源各异、层次多样，使整个研究队伍的构成相对比较合理。最后，这30年里所取得的研究成果完全可以用前所未有来形容，这些成果的取得不仅是对前面30年研究成就的总结和深化，也为编辑学学科自身的进一步发展壮大奠定了牢固的基础。

本章主要分析"常规科学阶段"我国编辑学研究的"前所未有"。

第一节 1979～2009年我国编辑学研究的发展历程

1978年党的十一届三中全会以后，我国的编辑学研究才真正开始起步。从十一届三中全会到2009年作为我国编辑学研究的"黄金"30年，经历了20世纪七八十年代的复苏与崛起，90年代的深化与发展，21世纪十年的转型与变革。虽说各个阶段"风景"不同、特点不一,但十年一个台阶,十年一大进步,三大台阶,三大进步,使我国的编辑学研究实现了从原始科学阶段到常规科学阶段的"质"的跨越。

一 1979~1989年我国编辑学研究的复苏与崛起

(一) 20世纪70年代末、80年代初我国编辑学研究的酝酿与复苏

粉碎"四人帮",科学得到解放。尤其是1978年12月党的十一届三中全会召开,标志着我国进入了改革开放、思想解放的新时期。1979年,叶剑英在国庆三十周年纪念大会上正式提出"建设社会主义精神文明",1982年9月中共十二大报告指出:"物质文明的建设是社会主义精神文明的建设不可缺少的基础。社会主义精神文明对物质文明的建设不但起巨大的推动作用,而且保证它的正确的发展方向。"[1] 形势和任务向肩负社会主义精神文明建设重要使命的编辑出版业提出了尽快结束"文化大革命"造成的"书荒"局面,满足广大人民群众压抑已久的对精神文化的强烈需求。

编辑作为出版工作的中心环节,承担着为改革开放大业、思想解放运动和社会主义精神文明建设提供理论和舆论上支持的重任。1983年6月6日,党中央和国务院发布了《中共中央、国务院关于加强出版工作的决定》。党和国家就出版工作发布决定,新中国成立以来这还是第一次。《中共中央、国务院关于加强出版工作的决定》作为新时期党对编辑出版工作的纲领性文件,其对编辑工作的重视和对编辑活动性质的论述,直接引发了我国编辑学研究的热潮。

据袁亮撰文回忆,早在1979年二三月间,在国家出版局召开的编辑出版工作座谈会上,一些编辑出版工作者就提出要通过总结经验,找出规律,写出《编辑学》《出版学》,以"提高编辑工作质量,促进出版事业繁荣"。[2] 80年代初,一些资深编辑如陈仲雍、倪子明、萧月生等在报刊上发表了《科学地编辑与编辑的科学》《需要一部〈编辑学〉》等文章,提出数万名编辑人员"很需要一套切合实际的编辑学",研究编辑学已是

---

[1] 当代中国研究所:《中华人民共和国史稿》(4)(1976~1984),人民出版社、当代中国出版社,2012,第259页。

[2] 丛林主编《中国编辑学研究述评(1983~2003)》,齐鲁书社,2004,第4页。

"当务之急",并且提出要建立图书编辑学、报纸编辑学、杂志编辑学。①1981年北京出版社首先收集报刊上发表的有关文章,结集出版了由茅盾题写书名的《编辑杂谈》第一集(1983年、1985年、1987年又出版了第二、第三、第四集)。1982年6月郑兴东等的《报纸编辑学》由中国人民大学出版社出版。

1983年,党的资深理论家、宣传家胡乔木连续三次发出指示:"编辑是编辑,出版是出版,出版离不了编辑,但编辑是独立学问";"编辑之为学,非一般基础课学得好即能胜任";要在大学设立编辑专业,要研究编辑学。同年,著名科学家钱学森在国际工业出版社的一次讲话中强调"编辑工作也是一门科学",要研究它的规律,"创造出一门马克思列宁主义的编辑科学"②。也许是"蓄之愈久,其发必速"吧,这一时期,为建立编辑学、出版学而奋斗的呼声越来越高,办编辑学讲习班、开编辑学研讨会在出版界也蔚然成风。

至于这一时期的研究成果,除了前面介绍的台湾出版的几部编辑学著作外,内地出版的就有:1977年广州日报资料组编辑出版了《编辑工作手册》,1978年新华日报资料组编辑出版了《编辑参考日历》,1979年新疆日报社出版了顾行编的《灯下拾零:编辑、记者工作手记》等"编辑手册"类著作4部。1985年之前,出版了包括茅盾题写书名的《编辑杂谈》第一集、第二集和郑兴东的《报纸编辑学》在内的编辑学著作(书名含"编辑"二字)超过了15部。除了几部"编辑工作手册""编辑札记"外,比较有影响的著作如李荣生主编的《编辑学论丛》(齐齐哈尔师范学院学报编辑部编印),罗见龙、王耀先主编的《科技编辑工作概论》(科学出版社),蒋元椿等著的《编辑与评论》(人民日报出版社),林慧文选编的《编辑应用文选》(山西人民出版社)等。其中,最有影响的著作是郑兴东的《报纸编辑学》(中国人民大学出版社),该书作为新时期我国内地地区第一部以"编辑学"命名的著作,分为九章,不仅比较系统完整地论述了报纸编辑工作的规律和原理,而且也提出了部门编辑学研究的重大课题,显示了我国编辑学研究的理论自觉。

(二)20世纪80年代中后期我国编辑学研究的崛起

20世纪80年代是一个富有理想与激情的时代。改革开放、振兴中华、

---

① 邵益文:《20世纪中国的编辑学研究》,河北教育出版社,2000,第4页。
② 丛林主编《中国编辑学研究述评(1983~2003)》,齐鲁书社,2004,第5页。

建设社会主义"四个现代化"是全国各族人民的共同心声。在这大好的形势下,编辑出版业也迎来了它爆发式的发展,图书、期刊、报纸等以几何级数增长,与之相适应的是编辑队伍的急剧扩大。为了提高新上岗的编辑人员的素质,不仅高等院校编辑出版学专业招生了,而且在前一阶段编辑学研究慢慢复苏的基础上,一些以研究编辑出版学为基本任务的学术研究机构和学术团体相继成立。这些机构为编辑学在中国的顺利发展提供了凝聚力、向心力,使编辑学研究从零散的各自为战走向了群体合力的科学研究阶段,最具代表性的是1985年3月,中国出版发行科学研究所的成立。"这个研究所十分重视编辑学的研究,一经成立便着手组织图书编辑学、期刊编辑学和科技书籍编辑学的研究和编写工作。仅在建所后的第一个10年就出版了编辑工作和编辑学方面的书近10本。"[①] 不仅如此,据邵益文先生回忆,研究所还聘用、培养了一批研究人员,定期召开国内外学术交流会(共召开相关会议12届,1994年以前的几届会议主要讨论的是编辑学研究的问题),组织出版内部简报等。在中国编辑学会没有成立以前,研究所关于编辑学的研究引领了国内编辑学研究的方向,在一定程度上发挥着领导者和组织者的作用。

1986年到1987年间,国家图书出版局正式批准了中国出版发行科学研究所下辖的中国书籍出版社和山西省的书海出版社出版编辑学专业书籍;上海编辑学会和中国科技期刊编辑学会也先后成立。这些学术组织、学术团体的成立,通过组织学术研讨会、结集出版编辑学文集、策划撰写出版编辑学论著等活动方式,为编辑学研究做了大量的开创性工作。

此外,在这一时期,编辑出版类专业杂志的创办,也为编辑学的建立作了物质上和舆论上的准备。比如,山西人民出版社创办的《编创之友》(后改名为《编辑之友》)、上海市编辑学会创办的《编辑学刊》,中国出版科学研究所创办的《出版与发行》(后改名为《出版发行研究》)、中国科技期刊编辑学会创办的《编辑学报》,国家新闻出版署主办的《出版工作》(后改名为《中国出版》)和《新闻出版报》以及《河南大学学报》创设的"编辑学研究"栏目、各省市创办的编辑出版类内刊等。截止到1988年底,据有关学者的不完全统计,各省市出版的内部出版业务刊物及

---

① 邵益文:《20世纪中国的编辑学研究》,河北教育出版社,2000,第5页。

信息报刊有 153 种。① 这些学术刊物的创办，不仅加快了编辑学学术理论的传播，而且也促进了编辑学研究的发展。

这个阶段的研究成果，我们查询到的论著就有 60 多部，如阙道隆主编的《实用编辑学》（中国书籍出版社）、俞润生编著的《实用编辑学概要》（天津人民出版社）、章道义等主编的《科普编辑概论》（上海科学技术出版社）、安塞的《编辑应用文写作》（书海出版社）、刘文峰主编的《编辑学》（安徽人民出版社）、孙秉文与符晓波的《现代编辑论》（甘肃人民出版社）、伍杰编著的《中国古代编辑家小传》（中国展望出版社）、林穗芳编著的《列宁和编辑出版工作》（中国书籍出版社）、徐庆凯的《编辑与逻辑》（书海出版社）、张玟和林克勤著的《书籍编辑学简论》（中国书籍出版社）、叶再生的《编辑出版学概论》（湖北人民出版社）、朱文显和邓星盈编著的《编辑学概论》（四川社会科学院出版社）、李学昆主编的《社会科学期刊编辑学》（江西人民出版社）、任定华主编的《新学科与编辑学》（成都科技大学出版社）、刘光裕和王华良的《编辑学论稿》（山东教育出版社）、王振铎和司锡明主编的《编辑学通论》（河南大学出版社）、萧汉森和戴志松等主编的《编辑学概论》（华中师范大学出版社）、赵航编著的《编辑应用写作》（黑龙江教育出版社）等。特别是阙道隆主编的《实用编辑学》，这本书是我国第一本研究书刊编辑学的专著，是十一届三中全会以后我国开展编辑学研究最早取得的具有代表性的成果；刘光裕和王华良合著的《编辑学论稿》已经孕育了他们编辑活动源于出版的观点，是后来被称为"中介服务派"的发轫之作；王振铎和司锡明主编的《编辑学通论》是探讨编辑学普遍原理的开山之作，也是后来被称为编辑学理论重大流派——文化缔构派（亦称中原学派）的代表性成果之一；任定华、曹振中、周光达主编的《科技期刊编辑学导论》是研究科技期刊编辑学的第一本专著，其意义不限于科技期刊编辑学的研究，还昭示了科学技术类出版物编辑活动与社会科学类出版物编辑活动的区别，后以此为契机形成了信息智化编辑流派。

实事求是地说，20 世纪 80 年代中后期，编辑学研究的气候已经形成，研究者的热情也在积极分子的带动下高涨起来。积极分子如筹建中国出版发行科学研究所的边春光、邵益文，在大学学报首创"编辑学研究"栏目

---

① 伍杰、许力以、边春光等：《编辑理论与实践》，黑龙江教育出版社，1988，第 610 页。

的宋应离、王振铎,组织成立中国高校人文社会科学学报研究会的杨焕章以及成立各省市编辑学会的王华良、蔡学俭等,他们不仅自己积极进行编辑学研究,而且还搭建平台、建立组织、鼓吹呐喊。特别是胡乔木对编辑学出版教育的倡导,使编辑出版学教育在大学开始招生,高校编辑出版学专业的师生也加入编辑学研究的行列中去,成为一支不可忽视的有生力量。正是因为有这些编辑学研究积极分子的带动、有生力量的加入,这一时期的编辑学研究才取得了开创性的成果。这些成果虽说理论建树不多,工作总结、经验介绍、编辑实务等占据一定的分量,但它在一定程度上驳斥了长久存在的"编辑无学"的观点,为20世纪90年代研究的深化奠定了基础,而且在国际上也有影响,像日本、韩国的出版学家就多次撰文介绍中国的编辑学研究等。

二 1990~1999年我国编辑学研究的深化和发展

20世纪90年代,中国的改革开放和现代化建设随着邓小平的南方谈话而进入了市场经济的新时期,市场经济不仅解放了计划经济体制下编辑出版人的巨大潜能,而且也使方兴未艾的编辑学研究不得不面对更多、更需要探讨的新问题。首先,就编辑学理论研究来说,一方面,虽说改革开放给编辑出版业界生产力松了绑,并促成了编辑学研究的崛起,但20世纪80年代的编辑学研究,具有创新性和一定理论深度的著作并不很多;另一方面,虽然学界明了一门学科之所以成为科学,必须要有自身的研究范式、理论框架、理论体系和概念范畴,但20世纪80年代关于编辑有学无学、学科性质及归属、研究对象、研究范围、"编辑"概念、编辑活动起源等基本问题的讨论还没有深入,也没有形成一致的主流意见。因此,进入20世纪90年代,对学科基本理论如概念、性质、规律、框架等问题的研究自然就上升为热门话题。其次,就编辑实践状况来看,虽然改革开放的宽松社会环境使得社会积蓄已久的精神文化需求、编辑出版生产力喷涌而出,但社会大众潜隐的并日益增长的文化需求与落后的编辑出版体制、有限的文化媒介生产力量、普遍偏低的编辑出版业界人员素质之间的矛盾依然存在。虽然20世纪80年代编辑学研究已经勃兴,但1990年前后出现的社会主义市场经济理念,又给编辑出版业的发展提出了新的挑战。特别是随着市场化步伐的加快,编辑出版业社会效益与经济效益的矛盾凸显,在物质文明和精神文明建设两手都要抓、两手都要硬的前提下,关注出业改革的社会现实，关注编辑工作的改革动态和发展方向，关注编辑思想和编辑行为的新变化和趋向等，成为编辑学研究的重大课题。再次，从传媒技术的发展来看，在世界范围内，机械印刷技术、单一的纸媒介形态作为主流统治编辑出版业界直至20世纪中期；到了20世纪70年代，电脑排版技术开始崭露头角，到1975年，数字化的版面设计系统正式出现，激光印刷技术投入实际应用；及至80年代，以数字技术为核心的新型媒介广泛出现，并与纸质出版物形态形成并存→竞争→超出的局面，这种革命性的变化对编辑出版业界的影响之大不言而喻。而这一过程在国内的上演时间迟滞于国际进程，它是在改革开放之后的一二十年时间内集中呈现的。尤其是20世纪90年代，一方面是市场经济，另一方面是媒介变革，如此"内忧外患"所激起的业界困惑之多、学界骚动之烈，可想而知。新的媒介技术、新的编辑出版理念、新的人才培养机制、新的编辑专业教育导向，凡此种种，都赋予了编辑学理论研究以新的内涵，圈定了其不同以往的理论走向。因此，可以说编辑学理论和实践的需要，是20世纪90年代中国编辑学研究深入开展的主要动力。

在这个时期，编辑学研究记入史册的重大事件是1992年中国编辑学会的成立。首任会长刘杲的《在中国编辑学会成立大会上的讲话》明确指出："它的任务是以马克思主义为指导，遵照党的基本路线和出版方针，开展编辑工作、编辑理论、编辑学和编辑史的研究，探讨出版工作中的重大问题，逐步建立编辑学学科的理论体系，促进出版事业的繁荣，更好地为我国社会主义现代化建设事业服务。""学会工作的总的要求是要通过理论和业务的研究，探索编辑工作规律和科学原理，建立编辑学的理论体系，为发展中国特色社会主义出版事业服务。"① 以研究编辑学、开展学术活动为己任的中国编辑学会从成立之日起，就一直致力于推动编辑学理论研究和建设，通过制订研究计划，举行学术讨论会、报告会，组织编写、出版编辑理论、编辑业务、编辑史及编辑管理方面的著作等形式，突出地发挥了规划引导和组织攻坚的作用，极大地推动了编辑学研究的开展。

这一时期新气象的表现之一是研究气氛活跃，理论研究得以深化。在编辑学研究的历史上，不管是编辑概念，编辑学的性质、规律，还是编辑

---

① 刘杲：《刘杲出版论集》，湖北人民出版社，1998，第478~483页。

史的一些基本问题，研究界的争鸣，一直颇为有名，争论的时间之长，争论的人数之多，是其他学科研究中所少见的。但回观这种争论，"吵"得最火、影响最大、"争"得最激烈的时候还是20世纪90年代。比如，关于编辑的概念，有人从"编辑"词义的起源与历史演进进行考察，有人从工具书的释义进行考证，有人从古今社会存在的编辑现象、编辑活动方面进行探索，有人从编辑工作实践出发进行认识。据统计，研究者们对编辑概念的界定达数十种之多。仅《编辑学刊》从1990年11月到1997年12月，就发表争鸣文章20余万言，涉及的作者分布于全国11个省、市的高校、出版社及其他编辑出版和科研单位。① 再比如，关于编辑学的性质。有人认为是综合性学科，有人认为是边缘学科，有人认为是基础理论学科，有人认为是应用学科。据邵益文先生统计，至少有7种观点在当时比较流行。② 其他如编辑学的研究对象，比较突出的观点就有过程说、原稿说、编辑关系说、主体客体说、编辑规律说等；编辑学的学科界定，有认为属于社会科学范畴、文化工程科学范畴，有认为属于文化学、传播学等领域。如此等等，研究者各持己见，见仁见智，或争鸣，或讨论，不仅营造了百花齐放、百家争鸣的学术氛围和研究局面，也使年轻的编辑学迅速衍生出根须，长出枝叶，开花结果，为编辑学长成参天大树和编辑学科的体系完善奠定了理论基础。

表现之二是编辑学研究的学术领域得以拓宽，研究流派凸显，研究成果蔚为大观。如果说20世纪80年代以前的编辑学研究属于拓荒之作的话，那么80年代的编辑学研究受当时"实践是检验真理的唯一标准"的影响，偏重经验总结、实践描述、技艺传授；90年代，实践和理论建设的需要，使编辑学研究进一步深化。其研究有注重学理的，有注重实践活动的，有注重方法、方术的，有注重新问题、新技术的，有注重与其他学科关系的……大量的差异化研究与媒介分类学研究，涌现了大批的、有影响的编辑学著作，像徐柏容的《杂志编辑学》（1991）、《期刊编辑学概论》（1995），任定华的《科技期刊编辑学导论》（1991），张如法的《编辑社会学》（1993），阙道隆等的《书籍编辑学概论》（1995），刘光裕等的《编辑学理论研究》（1995），向新阳的《编辑学概论》（1995），庞家驹的《科技

---

① 丛林主编《中国编辑学研究述评（1983~2003）》，齐鲁书社，2004，第13~14页。
② 邵益文：《30年编辑学研究综述》，《编辑之友》2008年第6期，第95页。

书籍编辑学教程》（1996），司有和的《科技编辑学通论》（1996），王振铎等的《编辑学原理论》（1997），钱文霖的《科技编辑方法论研究》（1998），王瑞棠主编的《广播编辑学》（1992），陈景春的《文艺编辑学》（1992），李建臣主编的《图书编辑学》（1993），张晓菲的《影视编辑学》（1994），刘志筠等的《电子新闻媒介栏目编辑学》（1997），刘爱清等的《广播电视概论》（1997），钟立群的《新闻编辑学研究》（1997），北京高教学会社会科学学报研究会编的《学报编辑学引论》（1998），等等，不仅形成了各有特色的编辑学术观，凸现了以王振铎等为首的"文化缔构"派、以任定华等为首的"信息传播"派、以刘光裕等为首的"中介服务"派、以钱文霖等为首的"流程方法"派等，还最终导致了对编辑活动的普遍性、共通性或同一性的追寻和探讨。

表现之三是研究队伍从业界扩展至学界，形成了相对稳定的研究群体。编辑学作为一门实践性很强的学科，从学科初创开始，研究人员大多是从事编辑出版的业界精英。20世纪80年代，编辑学研究在我国风生水起，其主力也是一些业界的资深编辑、资深出版人，像边春光、刘杲、邵益文、戴文葆、林穗芳、阙道隆、袁亮、吴道弘、蔡学俭、陈仲雍等，他们作为我国新时期编辑学研究的开山鼻祖，为编辑学研究的早期繁荣奠定了基础。进入90年代，除了这些既懂编辑又懂出版的老编辑、老领导带头进行编辑学研究以外，随着高等院校编辑出版专业招生规模、层次的扩大，高校编辑出版专业的教师为了科研和教学的需要，积极进行编辑学研究，不仅涌现出了像王振铎、向新阳、庞家驹、赵航、刘光裕、司有和等一大批资深编辑学研究者，而且也涌现出了像尤红斌、蔡雯、范军、吴飞、潘树广、李频等一大批中青年研究者。另外，在高校还有一支十分活跃的队伍不容忽视，那就是高校学报编辑。自20世纪80年代编辑学研究兴起之时，高校学报编辑就是积极响应者和踊跃参加者，且不说杨焕章、潘国琪、宋应离、任定华、卜庆华、钱文霖、蒋广学、龙协涛、张积玉、靳青万等20世纪80年代就非常出名的编辑学研究者，单在20世纪90年代出版编辑学研究论著的就有雷起荃、姚远、奚尧生、张如法、李明山、阎现章、张晓菲等。特别是卜庆华、温绍堃、周晓燕、孙景峰等对"学报编辑学"的研究，不仅极大地推动了高校学报从内容到形式不断地向高质量、高层次迅速发展，而且也丰富、完善了编辑学的学科门类。高校教师和高校学报编辑作为编辑学研究的学界力量，"如果和出版界相比，基本上已经是一半对一半"①。

应该说，20世纪90年代的编辑学研究可谓风风火火、一派繁盛。不管是研究内容、研究形式，还是研究方法都有拓展，有创新，有改善，有进步。有人称之为编辑学研究的深化期，有人称之为编辑学研究的高涨期，但不管是深化还是高涨，它都像一面光彩夺目的旗帜飘扬在编辑学研究的道路上。

三 2000~2009年我国编辑学研究的转型

进入21世纪，以加入WTO为标志，中国进入了全球化时代。2000~2009年，从计算机普及和应用到网络化、数字化，从平面纸媒体到多媒体、全媒体，从事业编制、"旱涝保收"到出版转制、编辑转型，编辑实践的内容、对象、范围进一步增容、扩大，编辑主体的身份、编辑工作的手段以及业外资本、境外资本进入编辑出版业等变革，都使得这一时期的编辑学研究出现了转型现象。也就是说，一方面是技术改变媒介，媒介使编辑实践发生变化，编辑实践变化促使编辑学研究转型；另一方面是互联网加快了全球化、国际化进程，国际化引起编辑体制改革，改革使编辑实践发生变化，变化促使编辑学研究转型。

转型的表现之一是中国社会的转型，深刻地影响了中国出版的转型，中国出版的转型，带来了编辑实践内容的变化，编辑实践内容的变化，促使编辑学研究内容进一步丰富、多元、"新鲜""时尚"，研究成果进一步开放、创新、绚丽多彩。20世纪八九十年代的编辑学研究，尽管研究的内容很丰富，但重心偏重于书、报、刊三大媒介。进入21世纪头十年，随着互联网的发展，编辑学研究的重心逐渐从纸质媒体开始向电子媒体、数字媒体转变，研究成果既包括书报刊编辑、电视广播编辑、网络编辑，也包括手机媒体编辑、博客、微博等社交新媒体编辑。以出版的编辑学代表性著作为例，龚维忠的《现代编辑学理论与实践》（2000）、姚德全的《编辑创新研究》（2001）、王华生的《编辑选择的理论与实践》（2002）、张积玉等的《编辑学新论》（2003）、姬建敏的《编辑心理论》（2004）、吴平的《编辑本论》（2005）、陈雪奇的《现代媒体编辑》（2006）、张西山的

---

① 邵益文：《20世纪中国的编辑学研究》，河北教育出版社，2000，第205页。

《编辑的文化视界》(2007)、罗紫初的《编辑出版学导论》(2008)、周国清的《编辑主体论》(2009)等,都是对编辑学研究中传统问题的重新审视与深层思考;而夏周青等的《网络时代编辑出版学动态评析及相关链接》(2003)、蒋晓丽的《网络新闻编辑学》(2004)、邓炘炘的《网络新闻编辑》(2005)、吴晓明的《数字化传播与编辑》(2006)、许正林等的《平面媒体电子编辑》(2006)、韩隽等的《网络编辑》(2007)、严励的《网络新闻编辑学》(2007)等,则是对全球化背景下编辑学理论和实践发展中出现的新问题,尤其是对新媒体编辑的探索。

表现之二是中国社会的转型深刻地影响了中国出版的转型,中国出版的转型又自然而然地要求培养高层次编辑出版人才的编辑出版教育进行转型,编辑出版教育的转型,引发了编辑学学科建设的大讨论。我国的编辑学教育肇始于20世纪20年代的新闻学教育,走入正轨得力于1984年胡乔木同志的倡导。1984年,国家教育部决定在北京大学、南开大学、复旦大学创办编辑学专业,1985年这三所大学的招生标志着我国编辑学专业教育大发展的开始。1985~1989年,我国先后有15所高校创办了编辑学专业,1993年编辑学入选国家教育委公布的高校本科招生目录,1998年,教育部又将编辑学与出版学合并,合并后的编辑出版学再次入选教育部公布的高校本科招生目录,促进了编辑学本科教育的发展。此后,河南大学、北京印刷学院被批准招收硕士,武汉大学、北京大学、北京广播学院等开始招收博士,编辑学的三级培养模式形成。进入21世纪,一方面是20世纪末中国高等教育从精英教育转向大众化、普及化教育,编辑出版专业教育迎来了大发展;另一方面是出版转型所带来的编辑出版专业高层次人才极缺的情况。为了应对转型后的这种新形势,提高办学层次,把编辑出版学列为一级学科的呼声也越来越高,学科建设和理论创新的讨论也越来越激烈、越来越深入。仅以《河南大学学报》"编辑学研究"栏目为例,该栏目就发表了刘杲的《编辑实践需要编辑理论》、王振铎的《以自主创新精神修订"博硕学科专业目录"》、李建伟的《谈编辑出版学的学科地位》、张志强的《关于将编辑出版学列入研究生专业目录的几点思考》、李宏葵的《对编辑出版学学科建设的三点建议》、田胜立的《略论编辑出版类专业学科定位》等多篇有影响的文章,昭示了一个相对完整、系统、特色鲜明的编辑学学科链条和学科体系的形成。

表现之三是构建涵盖多种媒体的普通编辑学学科体系成为研究趋势。

世纪之交，社会转型，书、报、刊传统媒体与电视、网络、手机等新兴媒体交相辉映，各种编辑思想相互激荡，各类编辑学研究成果异彩纷呈，特别是2001年阙道隆的《编辑学理论纲要》的发表，标志着编辑学理论研究趋向成熟。建立涵盖多种媒体的普通编辑学体系，揭示多种媒体活动的普遍规律，已成为编辑学研究的头等大事。2007年，《中国编辑》杂志社组织邵益文、阙道隆、王振铎、吴飞几位专家学者对此进行专题讨论，他们认为普通编辑学的建立是媒介发展的客观要求，是培养新闻出版和多种媒体编辑人才的实际需要，是历史发展的必然。2008年以新一届编辑学会会长桂晓风为首的编辑学会提出了"大文化、大媒体、大编辑"的研讨课题，并组织图书编辑、报纸编辑、期刊编辑、网络编辑、电子编辑等多种媒体的编辑专家进行深谈细论，发表了大批的研究文章，把编辑学从学理层面提升到了新的高度——大编辑创构大媒介—大媒介传播大文化—大文化铸就大编辑，同时，整合理论编辑学、各媒体分支编辑学的学术成果，积极编纂定名为"普通编辑学"的基础理论著作（2011年《普通编辑学》一书面世），并以此引领编辑学研究的方向，以通用于各种媒介创新的学理，支撑起编辑学的历史研究、实践研究、专业教育研究以及各种媒体的分支编辑学研究。

需要说明的是，进入21世纪后，尽管研究成果数量不少，个别研究的内容也有创新和突破，但有一种声音一直存在：相对于大家云集、新见迭出的20世纪八九十年代我国编辑学研究的光彩照人、魅力四射，有人认为我国21世纪的编辑学研究有点"疲软"，进入了沉寂期。实事求是地说，2000~2009年，伴随着出版介质的深刻变革，数字出版以迅雷不及掩耳之势深刻地冲击着传统出版实践，不仅让工作在实践一线的编辑人感到措手不及，更让编辑学研究者无所适从，一方面是以技术为发展动力的数字变革将传统的编辑实践模式推倒、掀翻；另一方面是理论研究严重滞后于编辑实践。在令人眼花缭乱的编辑实践变革面前，包括业界人士在内的编辑学研究者还没有来得及弄清一个编辑媒介变革的因由、本质、趋向以及它对编辑实践的影响，又一个新的出版介质就扑面而来，以新的形态和影响力呈现在广大受众面前。有这样的状况，这样的现实，21世纪的编辑学研究与20世纪八九十年代编辑学研究热潮相比，显得平静和黯淡亦属正常。更何况编辑学学科建设才仅仅60年，其研究与传统老学科相比，有坦途、有迂回，有高潮、有反复也符合事物发展的规律。所以，面对全球化和数字化的压力，我们称编辑学研究的这一时期为转型期。转型是机遇，也是挑战，正如"会当凌绝顶"的半山攀爬，虽然步伐放慢，步履放缓，但离目标、离终点无疑是更近了。

第二节 1979~2009年我国编辑学研究的重要论著

愚公移山非一代人之功，高楼大厦非一日建成。从十一届三中全会到2009年的30年，我国出版了几百部编辑学研究论著，这既是编辑学研究者辛勤劳动的结晶，也从一个侧面反映了我国编辑学研究的繁荣。

一 编辑学论著的出版情况及出版特点

（一）编辑学论著统计

资料是研究的基础。统计1979~2009年出版的编辑学著作，是研究的第一步。本书采用的统计方法是在中国国家图书馆、中国国家数字图书馆、"学术独秀"等网站上进行"编辑出版"图书搜索，结果显示1979~2009年我国共出版（翻译加原创）编辑出版类图书六七百部（加上1949~1978年出版的16部），删除互相重复和没有学术含量的书籍，有效论著有630多部，具体书名、作者、出版年、出版社等列表见于书后附录一——"我国出版的编辑学著作一览表（1949~2009）"。各个时间段的出版情况具体见表1。

表1 1949~2009年各个时间段编辑学论著出版情况

时间（年）	编辑理论（普通编辑学、分支编辑学、交叉学科）（部）	编辑实践（经验、漫谈）（部）	编辑史（编辑家、出版家）（部）	教材、工具书（部）	译著（部）	论文集、其他（部）	总出版数量（部）	代表性论著
1949~1978	5	2	0	4	4	1	16	《编辑学》《书刊编辑学教学大纲》《杂志编辑学》《新闻编辑学》

续表

时间（年）	编辑理论（普通编辑学、分支编辑学、交叉学科）（部）	编辑实践（经验、漫谈）（部）	编辑史（编辑家、出版家）（部）	教材、工具书（部）	译著（部）	论文集、其他（部）	总出版数量（部）	代表性论著
1979~1989	23	31	13	15	3	8	93	《现代杂志编辑学》《报纸编辑学》《实用编辑学》《编辑学》《编辑出版学概论》《编辑工作基础知识》《编辑学概论》《编辑学通论》
1990~1999	81	39	25	29	4	59	237	《中国编辑史》《科技期刊编辑学导论》《杂志编辑学》《编辑社会学》《编辑学理论研究》《书籍编辑学概论》《编辑学概论》《中国编辑出版史》《选题论》《科技编辑方法论研究》《编辑原论》《编辑学原理论》
2000~2009	67	74	19	45	7	73	285	《编辑学导论》《编辑学理论研究》《中国期刊发展史》《20世纪的中国编辑学研究》《编辑学基本原理》《编辑学新论》《编辑心理论》《编辑本论》《编辑选择论》《编辑主体论》

注：1. 因为把编辑学研究60年划分为原始科学阶段（1949年到十一届三中全会）、常规科学阶段（十一届三中全会到2009年），1979年属于常规科学阶段的头一年，故第一个十年没有从1980年开始，特说明。

2. 资料来源：中国国家图书馆、中国国家数字图书馆、"学术独秀"网等。

可见，1949~1978年我国共出版编辑学论著16部，1979~1989年出版93部，1990~1999年出版237部，2000~2009年出版285部。

(二) 我国编辑学论著的出版特点分析

1. 数量的递增性

由表1可知，1949~1978年我国共出版编辑学论著16部，1979~

1989年是93部，1990~1999年是237部，2000~2009年是285部，不仅前后30年相比论著的出版数量具有明显的递增性，而且从1979~2009年的后30年，我国编辑学论著的出版数量也具有明显的递增性。从数量本身看，后30年以10年为一个节点，从93部到237部，再到285部，数量飞速增长，这本身不仅说明递增的速度之惊人，更说明编辑学研究的进步之快，繁荣之盛。

其实，从典型个案看更能说明这一问题。以河南大学出版社为例，该社作为一个地方高校的出版社，1985年建社，从1987年出版宋应离的《中国大学学报研究》，1989年出版王振铎、司锡明的《编辑学通论》，张如法的《编辑社会学》开始，于20世纪90年代出版了靳青万的《中国古代编辑史论稿》（1992）、李频的《龙世辉的编辑生涯——从〈林海雪原〉到〈芙蓉镇〉的编审历程》（1992）、李明山的《中国近代编辑家评传》（1993）、张晓菲的《影视编辑学》（1994）、李频的《编辑家茅盾评传》（1995）、阎现章的《中国古代编辑家评传》（1996）、杨玉厚等主编的《报刊编辑论丛》（1997）、张如法等编的《编辑的选择与组构》（1998）等编辑学著作15部。进入21世纪，又接连出版了宋应离主编的《中国期刊发展史》（2000）、张天定等主编的《编辑出版学》（2003）、李普涛的《选题策划的理论与实践》（2004）、王卫的《编辑出版三思集》（2004）、姬建敏的《编辑心理论》（2004）、邵东华的《实用学报管理学》（2006）、路振光编著的《数字编辑技术》（2006）、伍杰的《书评理念与实践》（2006）、严励的《网络新闻编辑学》（2007）、骆玉安的《编辑文化建设论》（2008）、杨秦予的《图书编辑美学初论》（2009）、宋应离等编的《亲历新中国出版六十年》（2009）等编辑学著作28部。具体情况参见表2。

表2　1979~2009年河南大学出版社出版编辑学论著情况

时间（年）	数量（部）	代表作
1985~1989	3	《中国大学学报研究》《编辑学通论》《编辑社会学》
1990~1999	15	《中国古代编辑史论稿》《龙世辉的编辑生涯——从〈林海雪原〉到〈芙蓉镇〉的编审历程》《影视编辑学》《中国古代编辑家评传》
2000~2009	28	《编辑出版学》《编辑心理论》《网络新闻编辑学》《数字编辑技术》《编辑文化建设论》《图书编辑美学初论》

由表可见，1985～1989年河南大学出版社出版编辑学论著3部，1990～1999年是15部，2000～2009年是28部。从3部到15部，再到28部，递增速度之快，与全国同步。不仅如此，从1985年到2009年，区区20多年时间，共出版编辑学论著46部。一个小社，不到30年，46部书（其实，截止到2014年已经出版编辑学著作61部），又何尝不能反映编辑学研究论著的出版增速之快呢？

应该说，不管是从崛起期的88部到深化期的237部，再到转型期的287部看，还是从河南大学出版社20多年时间46部书的出版情况看，1979～2009年的30年，我国编辑学论著出版的增速都是值得称赞的。从历史的发展的角度出发，可以说，这些急剧膨胀的数字不仅与我国编辑学研究历程的渐趋繁荣、稳步发展相一致，而且这蒸蒸日上的成果更预示了我国编辑学研究的良好发展态势。

2. 内容的丰富性

除了数量，这些论著的研究内容也是丰富多彩的。"一花一世界，一树一菩提"，600多部著作，600多个精彩。首先由表1、表2代表性论著《实用编辑学》《编辑学》《编辑工作基础知识》《编辑学概论》《编辑学通论》《中国编辑史》《科技期刊编辑学导论》《杂志编辑学》《编辑社会学》《编辑学理论研究》《书籍编辑学概论》《中国编辑出版史》《选题论》《编辑学原理论》《20世纪中国的编辑学研究》《编辑学基本原理》《编辑心理论》《编辑主体论》可以看出，这些论著的内容，可以说涵盖编辑学研究的各个方面。大而言之，既有编辑学理论著述，包括普通编辑学研究、分支编辑学研究、编辑学与其他学科的交叉研究等，也有编辑实务的探讨，包括编辑工作经验的交流、编辑工作方法的切磋、编辑技艺的学习等；既有编辑史方面的研究，包括编辑出版史、编辑家、出版家、编辑忆旧等，也有编辑学专业教育教材、工具书、论文集、译著等内容，琳琅满目。以编辑学理论研究为例，既有研究编辑学基本理论问题的，代表性论著如《编辑学理论研究》（刘光裕、王华良著），《编辑学原理论》（王振铎、赵运通著），《编辑学概论》（向新阳著），《编辑学基本原理》（靳青万著），《编辑主体论》（周国清著）等；也有研究不同媒体编辑学的，如《图书编辑学概论》（高斯、洪帆主编），《杂志编辑学》（徐柏容著），《书籍编辑学概论》（阙道隆等著），《科技书籍编辑学教程》（庞家驹主编），《科技编辑学通论》（司有和编著），《学术编辑学研究》（雷起荃主编），《现代杂志编辑学》（陈仁风著），《科技编辑方法论研究导扬》（钱文霖主编），《科技期刊编辑学导论》（任定华等主编），《广播编辑学》（王瑞棠主编），《文艺编辑学》（陈景春著），《影视编辑学》（张晓菲著），《电子新闻媒介栏目编辑学》（刘志筠等著），《广播电视概论》（刘爱清等主编），《新闻编辑学研究》（钟立群著），《学报编辑学引论》（北京高教学会社会科学学报研究会编），《网络新闻编辑学》（严励著），等等。从纸质媒体到电子媒体，再到网络媒体；从书报刊到影视、广播，再到网络；从科技、学术到文艺、新闻，再到学报、影视等，无所不包，应有尽有。

以编辑史为例，有系统研究我国编辑史的，如《中国编辑史》（姚福申著）、《中国编辑出版史》（肖东发主编）、《中国编辑出版史》（黄镇伟编著）等；有分阶段、分时期进行研究的，如《中国古代编辑史论》（靳青万著）、《唐代编辑出版史》（肖占鹏、李广欣著）；有研究学报史、期刊史的，如《中国大学学报简史》（宋应离著）、《中国期刊发展史》（宋应离等著）、《中国大学科技期刊史》（姚远著）等；有研究古代编辑家、近现代编辑家的，如《中国古代编辑家评传》（阎现章主编）、《中国近代编辑家评传》（李明山著）、《龙世辉的编辑生涯——从〈林海雪原〉到〈芙蓉镇〉的编审历程》（李频著）、《编辑家茅盾评传》（李频著）等。

再以2009年出版的编辑学著作为例，内容涉及编辑学基本理论的有《编辑主体论》（周国清著）、涉及编辑心理学的有《编辑的意识》（李锦雯编著）、涉及编辑美学的有《图书编辑美学初论》（杨秦予著）、涉及新闻编辑的有《新闻编辑》（许正林著）、涉及期刊编辑的有《期刊编辑十谈》（董树荣编著）、涉及电子编辑的有《报刊新闻电子编辑》（罗昕等编著）等。编辑学新、老问题交相辉映，理论与实践、经验与现实相互衬托，原生态地再现了当今编辑学研究的丰厚内涵和多彩画面。

3. 作者的广泛性

学术研究离不开研究者的支持，研究人员的知识结构和素质关系到一个学科的研究水平和研究高度。从这些论著的作者看，不仅有众多的专职编辑人员，还有编辑出版科研部门、新闻出版部门的研究人员和领导，有高校从事编辑出版专业的教师、教授，也有编辑专业的博士生、硕士生；有编辑学研究的老前辈、老专家，如林穗芳、戴文葆、阙道隆、邵益文、高斯、任定华、刘光裕、徐柏容等，也有中青年骨干，如张积玉、靳青万、李频、吴飞、周国清等。以河南大学出版编辑学论著的作者为例，20

世纪 30 年代出生的有王振铎、宋应离、司锡明、张如法等,"50 后"有李建伟、张天定、李明山、张晓菲等,"60 后"有李频、姬建敏、阎现章、严励、邵东华等,"70 后"有王志刚、王鹏飞等。年龄结构、知识结构合理,有教授、副教授、博士、硕士等,"长江后浪推前浪",新人迭出的编辑学研究队伍显示了编辑学研究充足的后劲。

中国编辑学会第一任会长刘杲曾说,编辑学研究是集体的事业,编辑学研究的进展归功于集体。从目前看,我国编辑学研究的这个集体(作者群),可谓是以编辑专业人员、高校教学人员为主,与编辑出版研究机构的研究者和新生代年轻作者相结合的一个群体,并出现了以老带新、老中青结合的可喜局面。

4. 研究方法的多样性

从这些论著的研究方法看,不仅有以马克思主义的立场、方法、观点来解析编辑行为,探讨编辑规律的传统研究方法,还有借鉴新的科学理论如信息论、系统论、控制论来研究编辑基本理论的;不仅有理论与实践相结合、微观与宏观相结合的研究,也有历史分析、抽象演绎、分类对比、逻辑推理的综合方法;不仅有心理学的实证分析、社会学的调查取证、数理学的归纳统计,还有专题研究、个案研究等。依据研究内容的不同,每部著作的研究方法也各有千秋。如任定华等主编的《科技期刊编辑学导论》着力运用信息论、系统论、控制论和耗散结构理论、协同论、突变论的成果,探讨了科技期刊的编辑行为;王振铎等的《编辑学原理论》则借用现代哲学、历史学、社会学、文学以及信息论、系统论的理论来阐释编辑活动的规律。虽然每部著作的研究方法不同,但都自成一家,各成体系。

(三)编辑学论著出版中存在的问题及相关建议

显然,1979~2009 年我国编辑学论著的出版取得了很大的成绩,但不可否认的是,论著出版中也存在着一定的问题。特别是从编辑出版业的实际出发,从编辑学研究的未来前景出发进行整体观照,有些问题还确实不能回避。

1. 编辑学理论的研究和编辑学理论论著的出版,还不能适应当前编辑出版业形势发展的需要

从已出版的编辑学论著看,研究纸质媒体的编辑行为、编辑特点、工作内容的占有较大的比例,研究新媒体编辑实践的不仅少,而且质量不

高。可当今编辑出版业的发展形势是，随着计算机、电子网络、数字媒体等的强势介入，传统单一的纸介质形式已转向声、光、电、磁等多种介质、多种媒体以及多种媒体的融合，与此同时，编辑工作的手段、特点、内容、方法等都发生了深刻的变化。编辑学研究密切注意这种变化，对编辑工作中出现的新情况、新问题，加以研究、科学总结，给编辑实践提供强大的理论指导，一方面是研究者的责任，另一方面也是编辑实践发展对编辑学理论论著出版的迫切要求。从目前来看，尽管21世纪的第一个10年出版编辑学论著的数量和20世纪80年代相比数倍递增，和20世纪90年代相比稳步增长，但是从质量观之，高水平论著的出版仍屈指可数；优秀编辑学成果的取得不仅集中在20世纪90年代，而且也都相对偏重于对纸质媒体编辑工作的研究。当然，最近这十几年，以技术为发展动力的网络出版、数字期刊、移动出版、网络游戏出版、App出版等一个个新的出版方式苟日新、日日新、又日新，编辑学研究者还没有来得及弄清一个编辑媒介变革的因由、本质、趋向，又一个新的出版介质就迎面而来。这样的状况，这样的现实，也使关注现实、指导实践的编辑学论著的出版显得不那么容易。但实践对理论的迫切需要，就是编辑学研究的动力，也是编辑学论著出版的方向。今后，进一步加快针对新的编辑实践的研究论著的出版势在必行。

2. 对国外编辑学的研究和相关成果的出版，还不能适应编辑出版业的国际竞争

已出版的编辑学论著，译著不多，介绍和翻译国外编辑学研究最新成果的几乎没有，即使是港台地区，编辑学研究、中外编辑出版业的比较性研究成果也都寥寥无几。而目前的形势是，作为文化软实力表征的编辑出版业面临着激烈的国际竞争。我国编辑出版业与国际接轨的口号虽然一直喊得很响，但不了解国外编辑出版业发展的最新状况，不知道他们研究的最新成果，又何谈吸收国外的先进经验，何谈为党和政府管理部门提供决策参考，又怎么能够使我国编辑出版业在国际竞争中处于主动地位？为此，放眼世界，拓宽视野，在重视对本国编辑学研究的同时，加快对国外编辑出版学研究的步伐，加快这方面研究论著的出版很有必要。

3. 一部分编辑学论著内容同质化，缺乏创新性

从已出版的编辑学论著看，有一部分还停留在对编辑工作具体流程的感性描述阶段，研究缺乏学术深度和理论性；有一部分热衷于纸质出版编

辑工作、编辑行为的探讨，研究不能与时俱进；有一部分选题雷同，甚至论著的名字都一字不差。这不仅影响了编辑学专业的学科建设，也失去了对编辑实践发展的推动指导作用。因此，努力提高编辑学论著的学术质量和整体水平，在当前显得刻不容缓。编辑学作为一门具有中国特色的新学科、小学科，要创造辉煌，多出精品，一方面需要领导重视，加大投入；另一方面还需要广大编辑学研究者集中精力，重点突破，撰写出高质量、高水平的研究论著。

二 编辑学研究的代表性论著

学术研究没有成果的支撑是不行的，但只有数量没有质量也是不被认可的。综观已出版的600多部编辑学研究论著，"横看成岭，侧看成峰"，有相当一部分具有较高的学术性、科学性和理论水平。编辑学理论研究方面的如《编辑学原理论》（王振铎、赵运通著）、《编辑学导论》（任定华等著）、《编辑学基本原理》（靳青万著）、《编辑主体论》（周国清著）等，有的从宏观角度对编辑工作的普遍规律、基本原理进行揭示与阐释，自身有科学的研究体系，有的从不同学科、不同视域对编辑学进行深入研究，以新的思想、新的方法扩大编辑学研究的范围。编辑实践研究方面的如《报纸编辑学》（郑兴东等编著）、《书籍编辑学概论》（阙道隆、徐柏容、林穗芳著）、《杂志编辑学》（徐柏容著）、《影视编辑学》（张晓菲著）、《学报编辑工程论》（孙景峰著）等，有的从作者自身的编辑经验、工作实践出发，把具体的感性认识升华到一定的理论高度，有的从分支编辑学研究的角度对不同媒体形态的编辑活动进行了理论和实践的探索。编辑史研究方面的如《中国编辑史》（姚福申著）、《中国编辑出版史》（肖东发主编）、《中国大学学报简史》（宋应离编著）、《中国古代编辑家评传》（阎现章主编）、《中国近代编辑家评传》（李明山著）等，有宏观综论历代编辑史实的，也有专门致力于某一编辑家的编辑行为与编辑思想的，有论从史出、史论结合的编辑理论总结，也有编辑史料、编辑经验的汇集。编辑学与其他学科交叉研究方面的如《编辑社会学》（张如法著）、《编辑心理论》（姬建敏著）等，它们借鉴、糅合相关学科与编辑学的理论，开拓了编辑学研究的疆域。另外，一些个人论集如邵益文的《20世纪中国的编辑学研究》，教科书如被列入国家教委高等专业教材"八五"规划的、1995年开始由辽宁教育出版社陆续出版发行的一套教材，译著如《编者与作者之间——萨克斯·康明斯的编辑艺术》《编辑人的世界》，工具书如边春光主编的《编辑实用百科全书》等都颇有影响。特别是有些重要论著还代表了编辑学研究某一阶段、某一领域的最高水平，在编辑学研究历史上具有里程碑的作用，所以，介绍和研究这些代表性论著就显得很有必要。

（一）编辑学理论研究的代表性论著——王振铎等的《编辑学原理论》

1. 《编辑学原理论》及其作者

《编辑学原理论》（中国书籍出版社，1997年）作为一部探讨编辑学普遍原理的开山之作，在编辑学研究的历史上具有举足轻重的意义，尤其是它对普通编辑学基本概念和理论内容的探讨，勾勒了一个比较完整的理论体系。其中提出的编辑学三条基本原理，把所有媒体的编辑活动都囊括了进去，作者认为一切编辑活动，都是编辑主体遵循这三条原理而进行的社会文化创构。其观点、其体系，开辟了编辑学理论研究的新视域，对我国普通编辑学理论体系的构建具有开拓性、创新性作用。《编辑学原理论》对编辑概念、编辑活动的发展历程、本质属性、基本规律以及编辑管理和编辑专业教育都进行了周详而严密的论述，研究内容深入到了编辑活动的本质层面，逻辑紧密，自成一体，既是作者本人的扛鼎之作，又是编辑学理论研究领域的奠基之作。

《编辑学原理论》的作者是王振铎、赵运通。王振铎为河南大学教授，是国内最早从事编辑学研究的少数几个人之一，也是研究成果多、在学界影响力大的领军人物之一，是编辑学研究领域"中原学派"或曰"文化缔构学派"的开创者和重要奠基人。

王振铎，1936年生，河南偃师人，早年主要从事文艺学方面的教学和研究工作，有很多重要研究成果见诸《红旗》《文学评论》等一流刊物。与此同时，他还担任《河南大学学报》的编辑工作，曾任河南大学学报编辑部主任、主编，实践经验非常丰富。到20世纪80年代初，他结合自己在多年编辑实践中积累的经验，整合长期以来的学理性思考，主攻编辑学研究。在近30年的时间里，他笔耕不辍，佳绩斐然，共发表高质量研究论文百余篇，其中的《文化缔构编辑观》《编辑、出版与编辑学、出版学》分别荣获全国第一、二届出版科学优秀论文奖，《质疑"核心期刊"论》《以自主创新精神修订"博硕学科专业目录"》被《新华文摘》全文转载。20世纪末，其研究从对编辑活动的哲理性观照转为学理性思考，由"文化缔构编辑观"到"编辑学三原理""编辑六元论"，再到编辑活动的"媒介间性""主体间性"特征、"编辑创构媒介"说,形成了主题脉络清晰的编辑学理论体系,契合了时代趋势、实践需要和学术研究的国际化方向。其代表性著作包括1989年出版的《编辑学通论》、1997年出版的《编辑学原理论》以及2009年以后出版的《编辑学理与媒体创新》。

2.《编辑学原理论》的基本内容

《编辑学原理论》有1997年初版和2004年修订版两个版本。初版中包括绪论、编辑概念发展论、编辑概念辩证论、文化缔构编辑论、符号建模编辑论、讯息传播编辑论、编辑管理论、编辑教育论8章和4个附录(《编辑学研究重在建设》《编辑学学科建设与编辑概念的发展》《编辑、出版与编辑学、出版学》《世界文化结构应当优化》)。其后的修订版"主要修改了头版中错误的字句和个别表述'文不逮意'的地方,基本内容和观点保持头版原貌。四个附录归并为一章:'编辑学研究专题论'。另外,补了一章'中国编辑出版活动的历史渊源',表明作者关于编辑活动的历史观"。[①]

全书的重点内容基本上可以划分为四个部分:编辑概念、编辑原理、编辑管理和编辑教育。

(1)编辑概念。第一章绪论是对全书内容的一个领起,对编辑学的缘起、基本内涵、学科性质和三条基本原理进行了大致表述。

编辑概念部分是一个重点,占据了两个完整章节,分别从历史发展角度和辩证关系角度予以剖析,可以说,前者因循的是纵的时间维度,后者因循的是横的逻辑思路。从时间角度上对编辑活动的发展脉络加以梳理,按照不同阶段的表现形态划分为收藏编辑、著述编辑、出版编辑以及现实发展中的编辑,实际上是对编辑活动的外延从时间维度上进行了一个廓定和归纳;对编辑概念的辩证展开则着重从编辑活动的性质、构成元素以及编辑心理角度分析编辑概念,无论是对编辑活动性质的表述,还是将构成编辑活动的"六元"(文本、稿本、编定本、作者、编者、读者)引出,都是其后进行理论阐述必不可少的一个基础性铺垫,是展开编辑原理的前期话语准备。

(2)基本原理。《编辑学原理论》的重中之重便是三个基本原理——

---

① 王振铎、赵运通:《编辑学原理论》(修订版),中国书籍出版社,2004,《修订版自序》第7页。

文化缔构编辑论、符号建模编辑论、讯息传播编辑论，其中的文化缔构编辑论是三个原理中最基本的原理，具有核心和统领作用。它是"从社会精神文化的整体运动方面研究编辑活动而得出的一个规律性的结论，它也是编辑学的一个基本观点和基本方法"[①]。概而言之，该原理是将作为编辑活动对象的各种文化媒介视作整个社会文化大厦的预制构件，编辑的角色作用即在于遵循一定的方针原则，运用相关的技术手段，对这些素材性质的文化媒介进行优选、鉴审、加工、优化，使之规范化、媒体化，从而获得进入社会传播渠道的资质，通过传播活动，实现其自身的文化价值，并通过这一系列有意识的编辑流程将建构社会文化总系统的特定理念贯彻实施。基于此，作者认为，编辑活动是连接物质世界与精神世界的过渡区间，是实现物质世界与精神世界相互作用的必要中介。而符号建模编辑论和讯息传播编辑论是借用符号学、系统论、控制论、信息论和传播学等学科的理论，并以之为方法论审视编辑活动得出的理论化总结。在符号建模理论中，作者从符号学的视角将人类各种文化创造活动看成是借助符号系统表征思想意义等的能动过程，编辑活动即作为文化活动中的一环，通过符号建模和媒体建模，既实现文化符号的规范化传达，又赋予文化符号赖以传播的、适宜其自身特性的硬性物质外壳，并通过选择、规范的过程择优汰劣、优化升华，"发挥符号自身的特性和功能，借以建立丰富多彩的文化模式和媒体模式，尽量满足人类社会日新月异的文化交流需要"。讯息传播编辑论在信息论基础上，将编辑活动的具体对象界定为讯息。讯息不同于信息，它是对原生信息的人为智化，由某种规范性的符号模式来承载，可以被缔构到特定的媒介载体中加以复制、传播。编辑通过对讯息的审核、选择、规范等工作，实现讯息有序化、规范化和确定性，进而实现其信息价值，并在这种有意识的讯息处理过程中发挥编辑主体的能动主导作用，引导社会文化朝着特定的方向不断前进，实现不同社会历史条件下不同编辑群体所肩负的不同文化使命。

以上三种编辑原理其实是在不同方法论下对编辑活动本质的三种解说，是从三个维度对编辑活动实质的三种观照，是在探索编辑活动本质过程中形成的三种话语体系，它们之间是互为补充、互作解释、形异而质同的关系。三者结合，自成一体，可以全面涵括和科学解释古今中外不同时

[①] 王振铎、赵运通：《编辑学原理论》，中国书籍出版社，2004，第19页。

期、各种形态的编辑实践活动。

（3）编辑管理与教育。在对编辑概念和基本原理进行了详细的剖析之后，《编辑学原理论》还辟了两章分别探讨"编辑管理"和"编辑教育"问题。在"编辑管理论"中，首先论述了编辑与社会经济基础和其他上层建筑的关系，即对编辑活动的外部规律进行描述。在此基础上，结合编辑活动的内外规律，针对编辑组织的机构机制、编辑业务的操作流程等方面解析管理工作的实质和必要性，同时还辩证地提出了编辑管理与编辑个性的命题。即编辑管理与编辑个性都是提高编辑工作效率，提升编辑出版生产力的有效手段，二者有矛盾的一面，但在科学的调控配比下，是可以在目的上实现最终统一的；编辑管理不应以抹杀编辑个性为代价，而应该积极鼓励编辑个性的养成，倡导优良编辑风格的塑造，使之成为编辑出版资源中的软性力量。此外，"文化缔构编辑观"强调编辑工作是社会整个文化体系构造、整合、优化、积累、传承中的重要一环、关键一环，编辑主体的文化素养、胸襟眼界、审美能力等直接影响到编辑鉴审、组织、选择、加工等项工作的质量，影响到编辑导引性如何发挥等问题，所以，编辑队伍素质的整体提升、编辑人才的继续培养势在必行。

"编辑教育论"一章着重强调了编辑专业教育的实施现状、重大意义和可行举措，同时，也没有将眼光囿于一隅，综合辩证地指出了编辑教育的内涵不仅仅针对编辑主体，也包括对作者、受众群体素质的不断提升，因为编辑"六元"彼此间通过联动共生、互施影响，结成一个有机整体，只有每一个元素都获得提升，才能全面激发出整个文化系统创生、缔构的活力。

"编辑学研究专题论"中的4篇论文是作者在成书之前即已发表过的文章，与全书前8章所构建的理论系统并没有严格的逻辑关系，编入书中，是为了让大家对作者所进行的编辑学理论研究进程有所了解。

3.《编辑学原理论》的特点及影响

《编辑学原理论》面世之前，虽然也有不少编辑学方面的著作出现，但多数都集中于分支编辑学领域，如《书籍编辑学》《杂志编辑学》《科技期刊编辑学》《报纸编辑学》等，林林总总，不一而足。这些著作是仅就某一领域内的编辑活动进行研究，即便有理论描述，由于受外延所限，抽象性、普适性不强，还介于编辑实务与编辑理论混杂交叉的状态。《编辑学原理论》却打破了这种局面，相较于以往的研究著述，其特点主要表现在以下三个方面。

其一，作为研究对象的编辑活动的外延之广。一门学科中概念的界定方法，一种是内涵界定法，一种是外延界定法，从根本上说这二者又是统一的，因为要抽取事物或活动的内涵必定要先划定一个外延，而外延划定的依据往往就是共同的内涵。《编辑学原理论》态度明确、立场鲜明地界定了编辑学的研究对象、编辑活动的外延，在对"横断编辑群和纵贯编辑史的编辑活动"进行研究的基础上，提出内涵抽象度极高的编辑概念，并在此概念前提下，进行足以覆盖古今中外一切编辑活动特质的理论表述。

其二，理论之深。《编辑学原理论》将编辑活动的外延界定为"通过稿本、编本和文本，与作者、读者广泛交流的社会文化活动"，概念的外延越大，其内涵的抽象程度往往越高。该书以编辑概念为基础衍生建构起来的几种编辑原理，以及将一切编辑活动概述为文化缔构行为，并在此语境下阐述编辑活动的内在本质和运作规律等，都是对编辑活动的哲学观照；符号学、控制论、系统论方法的引入更给提炼编辑活动本质的努力提供了一种全新视角，凡此种种，其所探掘的理论深度前所未有。

其三，体系之完备。《编辑学原理论》先明确学科性质、划定研究对象范围，继而给出内涵明确、外延清晰的概念，于此基础之上从文化缔构、符号建模、讯息传播三个维度上进行基本原理解析，最后又从编辑活动的外部规律着眼提出管理问题和教育问题，全书各部分内容间层层递进，环环相扣，逻辑严谨，浑然一体。作为一门学科的基础理论体系，其对学科性质、学科归属、学科地位、研究对象、对象范围、起源发展历史，基础概念群的建立，内外部规律等内容均有所涉及，提供了基础理论体系所应具备的各种要件，初步形成了一个相对完整的理论体系。

《编辑学原理论》的面世，引起了学界极大关注，有赞誉，也有质疑。时任新闻出版署署长的于友先为该书作序，认为"这部《编辑学原理论》对编辑活动的整体论述，勾勒了一个比较完整的体系"[①]。山东大学的甘险峰也认为，该书"最大的贡献，就在于提出了一种大编辑学，或曰普通编辑学，并初步建立起一个普通编辑学的理论框架"[②]。可以说，《编辑学原

[①] 王振铎、赵运通：《编辑学原理论》，中国书籍出版社，2004，第3页。
[②] 甘险峰：《普通编辑学的滥觞——读〈编辑学原理论〉》，《编辑学刊》1998年第6期，第58页。

理论》的出版，最终奠定了"中原学派"的"文化缔构原理说"。同时，其对基础理论的研究取向也将学界的研究热点和视线引向了向更深理论开掘的路径，这种导向符合编辑学自身发展的客观规律，是编辑学继续前进，能够早日达到完善、成熟境界的正确选择。此外，《编辑学原理论》的特殊贡献还在于它提出了许多研究方面的待解命题，"如编辑活动的'六元'图式中各个阶段的双向互动关系，三圆重叠、两圆相交、一元独有的不同区间，及其整个动态过程中的种种变化……编辑活动的产生与发展问题，编辑活动与社会、经济、政治、宗教、科学技术等的关系问题，编辑活动种种内在的特殊矛盾及其运行模式问题"①，为更多学界后进确定有潜力的研究领域，锁定有前景的研究方向提供了参考。

至于质疑，则主要集中在书中对"文化"的界定上。清华大学的李经就认为，《编辑学原理论》文化缔构原理中对"文化"的使用不够贴切，其实质上指的应该是"出版物"。她还指出，作者对"编辑活动""缔造着记载人类精神发展历程的整个文化结构及其历史"所发挥作用的重要程度被夸大了，"编辑活动在整个社会文化的生产和传播过程中处于中心地位，起着枢纽作用"的情形只是编辑活动的理想状态，"在人类历史上和现实社会中，情况往往并非如此"，②为此，她还详细列举了非"编辑活动"的其他元素在社会文化缔构中发挥更大作用的情况。华中师范大学的曹淑慧也在《浅谈对文化缔构原理的理解》一文中表达了类似看法，即认为编辑活动在文化缔构过程中的地位和作用有被夸大之嫌，同时，"在文化活动的背景下分析研究编辑活动的规律是正确的，但把编辑活动归结为文化活动就有失公允了"。但不管是赞誉，还是质疑，都说明该书的出版在编辑学界反响不小，尤其是书中提出的编辑活动"三原理"，编辑活动"六元"论，以及对编辑活动理论体系的整体构建，标志着我国的编辑学研究进入到了建构能涵括多种门类编辑活动、纵贯古今编辑活动共同本质的普通编辑学理论体系阶段。

（二）编辑实践研究的代表性论著——阙道隆等的《书籍编辑学概论》

1．《书籍编辑学概论》及其作者

《书籍编辑学概论》（辽宁教育出版社，1995年）不仅是国家教委"八

---

① 王振铎、赵运通：《编辑学原理论》，中国书籍出版社，2004，第6页。
② 李经：《编辑学原理初探》，《编辑学报》2002年第6期，第394页。

五"规划教材，是新闻出版署教材建设重点项目之一，也是一部研究书籍编辑的分支编辑学重要著作。书籍编辑虽然是我国最古老的编辑形式，但研究书籍编辑活动的书籍编辑学在此之前仅有张玟、林克勤的《书籍编辑学简论》和徐柏容、杨钟贤的《书籍编辑学》两部书。相对于这两部书而言，该书坚持理论与实际相结合的原则，充分吸收了20世纪八九十年代编辑学研究的研究成果，不仅实用，而且理论性、学术性强。邵益文先生曾说："这本书的出版，标志着编辑学研究正在趋向成熟。"[1]

该书的作者阙道隆、徐柏容、林穗芳，个个都是我国编辑学研究的"重量级"人物，在编辑学研究方面都做出了非常大的贡献。第一作者阙道隆（1928～2009），是湖南省桃源县人，编审。曾任中国青年出版社总编辑，中国编辑学会第一、二、三届副会长，是享受政府特殊津贴的专家。在长达40年的编辑工作中，阙道隆先后参与主持或编辑、策划、审读的重要出版物有《红岩》、《李自成》（第一卷）、《朝阳花》、《焦裕禄在兰考》、《王若飞在狱中》、《诗词例话》、《青年文库》、《历代文选》、《青年共产主义者丛刊》、《青年文摘》、《青年文学》等。从20世纪80年代中期开始，阙道隆利用业余时间，潜心于编辑学的研究，发表了一大批编辑学研究文章，主编的《实用编辑学》被认为是我国第一部书籍编辑学专著，获全国首届编辑出版理论图书奖；和徐柏荣、林穗芳合著的《书籍编辑学概论》是我国较早的探讨书籍编辑学的理论性和实践性兼具的著作；特别是他潜心研究编辑学理论的力作《编辑学理论纲要》，被公认为中国编辑学开始走向成熟的一个标志。

2.《书籍编辑学概论》的主要内容

《书籍编辑学概论》共18章，从内容上分，可分为上、下两编，上编为书籍编辑的原理和范畴，内容包括总论、书籍、编辑工作、编辑人员、编者和读者、编者和作者、编辑方针和原则、编辑构思、编辑艺术和风格9章；下编为书籍编辑学的实践和方法，内容包括编辑过程、选题与集稿、审稿与选择、编辑加工、发稿校对和样书检查、装帧艺术、新书介绍与书评、书籍重印与再版8章，具体深入地阐述了书籍编辑过程中各环节工作的原理和要求。第18章"书籍编辑工作现代化展望"介绍了国内外书籍编辑工作现代化的内容与发展趋势。

---

[1] 邵益文：《20世纪中国的编辑学研究》，河北教育出版社，2000，第265页。

第一章"总论",主要从书籍编辑活动的历史经验和我国书籍编辑的传统出发,阐述了编辑活动的发展和我国编辑学学科的诞生以及编辑学研究,在此基础上提出了书籍编辑学的研究对象、性质、范畴、内容和学科体系。作者认为,"不同文化领域的编辑工作有共同规律,也有不同的特点和要求。研究不同文化领域的编辑工作,便形成编辑学的各个分支学科……书籍编辑学……其任务是具体研究书籍编辑工作的性质、特征和发展规律,为书籍编辑工作和书籍编辑队伍建设提供理论指导和科学方法。"[1] 由编辑学到书籍编辑学,由书籍编辑学的学科性质、学科定位到研究内容、方法,简明扼要地交代了书籍编辑学的基本理论问题。

第二章"书籍",研究的是书籍的概念、特点、社会功能及书籍的基本知识。第三章"编辑工作"通过对编辑概念和编辑作为一种独立职业的形成历史的分析,揭示了书籍编辑工作的性质和社会功能。尤其是"在社会主义市场经济条件下,编辑工作仍然是整个出版工作的中心环节","编辑要清楚认识图书商品的特殊性,处理好社会效益和经济效益的关系"[2],理论和实践相得益彰。第四章"编辑人员"探讨的是书籍编辑的职业意识、心理素质、职业道德、知识结构等,客观、全面,是老一代编辑对青年编辑、年轻学生的经验之谈。概而言之,这三章研究的是书籍编辑学的基本范畴。

第五章"编者和读者"、第六章"编者和作者"主要研究的是书籍编辑和社会的联系。作者认为,"作者—编者—读者"是古代编辑活动模式,"读者—编者—作者"是现代编辑活动模式。市场需要就是读者需要。满足读者需要是编辑工作的目的和动机。[3] 第七章"编辑方针和原则"、第八章"编辑构思"、第九章"编辑艺术和风格",主要从编辑工作具有创造性、中介性、思想性、政治性出发,论述了书籍编辑的编辑方针、工作原则,编辑构思的意义和作用、内容和方法,什么是宏观编辑艺术、微观编辑艺术,编辑风格的形成和个人品性的关系等。

第十章"编辑过程"是个过渡,由此转入对书籍编辑工作的微观研究。也就是说,从第十一章"选题与集稿"开始,依次是"审稿和选择"

---

[1] 阙道隆、徐柏容、林穗芳:《书籍编辑学概论》,辽宁教育出版社,1995,第1页。
[2] 阙道隆、徐柏容、林穗芳:《书籍编辑学概论》,辽宁教育出版社,1995,第92页。
[3] 阙道隆、徐柏容、林穗芳:《书籍编辑学概论》,辽宁教育出版社,1995,第135页。

"编辑加工""发稿校对和样书检查""装帧艺术""新书介绍与书评",直到第十七章"书籍重印与再版",具体研究的是一本书的编辑工作的实践过程。每一章研究的都是编辑工作过程中的一个环节或两个环节的操作问题。以"选题"为例,先介绍什么是选题、选题计划,再讲解选题工作的要求和原则,接着是制订选题计划的程序及制订选题计划要正确处理的几种关系——市场需要与精神文明建设、社会效益与经济效益、数量和质量、重点和一般、当前需要与长远需要、普及和提高、新书与旧书、计划性与随机性、严肃性与灵活性、时效性与生命力等,全面而细致,实用性、操作性比较强。

第十八章"书籍编辑工作现代化展望",通过对国内外书籍产量增长情况的对比以及新技术、新媒介的分析,探讨了加速书籍编辑现代化的必要性,展望了未来编辑的新变化、新特点。

3.《书籍编辑学概论》的特点及意义

第一,重理论研究,重学科体系的建设。一般来说,作为编辑学的分支学科,大多比较重视不同工作对象、不同工作特点的编辑工作内容研究,即编辑实务的探讨分量比较重,比较具体。相对于其他的分支编辑学教材或者专著,该书在书籍编辑学理论体系的构建、书籍编辑学基本原理的阐述上着力较多,使全书学术性、理论性比较突出。

第二,理论和实践、宏观和微观结合紧密,逻辑性强。全书共18章,前9章讲原理和范畴,后8章讲实践和方法,以第十章"编辑过程"过渡,第十八章是对编辑现代化的思考,有理论,有实务,且理论、实践结合紧密,宏观和微观视域灵活切换,内容丰富,结构严谨,章与章、节与节之间衔接自然,逻辑性强。

第三,理论联系实际,具有较强的可操作性。该书的三位作者既是德高望重的老编辑,也是编辑学研究的专家学者,他们对编辑流程中每一个环节的理解和把握不仅有经验之谈,而且还糅合了最新的研究成果,既传统,又现代,既操作性强,又不乏学术高度。比如,对审稿主要任务、意义、三审制的研究,学理性比较强,而审读报告的写法、出版合同的签订等可操作性明显,作为培养编辑新人的教材,比较实用。

第四,关注现实,关注未来,时代性强。20世纪90年代是社会主义市场经济萌生、发展的年代,改革是那个时代的最强音,关于编辑面对改革的大潮,如何编稿、审稿,如何处理经济效益和社会效益等,该书都进行了比较详细的阐述。不仅如此,电脑、网络等新技术、新媒体的出现及其对编辑工作的影响在该书中也有专章描述,时代特征明显。

另外,该书占有材料丰富,古今中外交融,颇具可读性。

(三) 编辑史研究的代表性论著——姚福申的《中国编辑史》

1. 《中国编辑史》及其作者

《中国编辑史》(复旦大学出版社,1990年)是我国改革开放新时期最早的一部通史型编辑史著作,曾获第二届吴玉章奖,在编辑史研究领域有着不可忽视的重要地位和重大影响。

该书的作者姚福申,1936年生,浙江鄞州区人,复旦大学教授,历任编辑专业副主任、《新闻大学》杂志主编等。主要编辑学成就在于对中国编辑史研究的贡献。

2. 《中国编辑史》的主要内容

《中国编辑史》包括"绪论"、上编"古代部分"、下编"近现代部分"三部分,共分19章。"绪论"围绕编辑史研究对象、编辑活动起源、影响编辑活动的各种因素等一系列具有领起和导引性质的问题进行了简明阐述。

上编"古代部分"第一章"世界古代文明与中国编辑工作"主要从文字的出现、上古文献的形成、两河流域的泥版文献、埃及的纸草书、古印度的经文、中国春秋时代以孔子为代表的对"六经"的编辑,论述了世界范围内编辑工作的出现与经济发展的关系及中国编辑工作在世界的领先地位。第二章"中国文献的出现和编辑的产生",主要通过论述我国文字、文献的起源以及甲骨文的发现,指出"殷代已有原始的档案编辑工作","中国的档案编辑工作至少可追溯到三千三百多年之前"。[①] 第三章"周代——书籍编订的草创阶段",重点就孔子在编辑史上的贡献、《吕氏春秋》的编辑特点等加以论述,肯定了周代书籍编订的草创之功。第四章是"中国古籍在秦世的两次浩劫"、第五章是"编辑业务的奠基时期——两汉"。在第五章里,不仅介绍了刘向父子在编辑工作上的贡献,还介绍了中国最早的辞书《尔雅》以及辞书的发展过程;不仅介绍了《史记》及《汉书》的编撰特点,还介绍了纸的发明、科技书的发展等。作者认为,"书肆的普遍出现,表明两汉时代书籍已经像日用必需品那样,成为社会

---

① 姚福申:《中国编辑史》,复旦大学出版社,1990,第20页。

生活中不可缺少的东西……《七略》和《汉书·艺文志》正是这种整理工作的成果,它标志着汉代书籍的编辑水平已经达到了一定的高度。"① 第六章是"中国文化在魏晋南北朝时期的进展",第七章是"隋唐——编纂活动的发皇时期",第八章是"飞跃发展的五代两宋编辑出版事业"。尤其是第八章,全方位地论述了我国宋代编纂活动、出版活动、雕版印刷、活字印刷、目录学等的大发展。第九章"元明两代编辑与出版工作的进展",主要通过《永乐大典》的纂辑,西欧书籍的翻译,地方志、科技书的出版等,对明代的编辑出版工作进行了总结。第十章"清代编纂工作及其经验教训",除了客观总结清代大的编辑活动及其贡献以外,特别指出清代文字狱、禁书运动对我国编辑出版的阻碍。

下编"近现代部分"第一章是"鸦片战争前后的编译出版工作",第二章是"维新运动与书刊编辑",第三章是"辛亥革命前夜的编辑出版情况",第四章是"民国初年的出版事业"。尤其是第三章中商务印书馆的创立、第四章里中华书局的成立等,在作者看来,它们作为标志性事件,在中国编辑发展史上应占有一席之地。第五章是"五四前后的书刊编辑活动",第六章是"中国共产党早期的出版工作",前者主要介绍了《新青年》的诞生及其影响、商务印书馆的改革等;后者重点推出了《共产党》月刊、人民出版社、上海书店、长江书店、《向导》杂志、《中国青年》杂志等有影响的出版物和出版经营实体。第七章是"十年内战时期的编辑出版事业",第八章是"抗日战争时期的出版界",第十章是"解放前夕的编辑与出版活动"。最后三章论述社会环境不同,时代特点不同,编辑出版的活动也各有千秋。作者之所以强调邹韬奋、张元济的编辑贡献以及"生活·读书·新知"三联书店的编辑特色等内容,是因为其在编辑史上具有重要的价值。

3.《中国编辑史》的特点及意义

《中国编辑史》包括"绪论"和19章,上编10章是古代编辑活动,上起文字初创、文献始定,历经汉初与唐宋之兴,下迄晚清;下编9章则从鸦片战争时期起,历数近代出版、现代出版直至新中国成立前的编辑出版活动。全书具有贯通、唯物、辩证、创新等几个特点。

一是贯通。这部书是第一部系统的、完备的、通史性质的编辑史著

---

① 姚福申:《中国编辑史》,复旦大学出版社,1990,第94页。

作，可谓首创。它之前虽然有戴文葆的《历代编辑列传》和韩仲民的《中国书籍编纂史稿》，但这两部书都不是以全部的编辑活动为研究对象进行的通史研究，《历代编辑列传》是人物纪传体的形式，《中国书籍编纂史稿》也仅限于书籍这一有限的介质。《中国编辑史》则"研究人类知识收集和整理工作的历史"，纵贯古今，触类旁通，以一个内涵明确的"编辑"概念为选材依据，爬梳辨析，取舍剪裁，既关涉宏阔，又一以贯之。

二是唯物。该书的指导思想和研究方法是唯物的、历史的，这体现在两个层面上。一是方法论层面，或曰技术层面，作者遵循着言必有据，论有实证的严谨态度，既不主观臆测，也不轻下结论。二是历史主义的审视眼光，作者并不孤立地去研究具体的编辑模式演进、载体介质变化、技术方法革新，而是将其统统置于社会的经济、政治、文化的大视野下加以考察。无论是孔子的编纂"六经"，还是刘向的古籍校定，唐、宋两朝国家规模的大型编纂活动，晚清洋务运动中的集中译介，都是一定时期社会经济、政治作用下的结果，作为文化事业之组成部分的编辑出版活动势必与社会其他要素紧密相连，共成一体。

三是辩证。该书对一些历史编辑活动的定性，代表性编辑人物的评价是较为公允客观的，既未受意识形态的制约，也没有囿于眼光，能够站在历史的角度，以发展的思路、全局的视域客观公正地加以评判。清代《四库全书》的编纂，规模庞大，卷帙浩繁，但清朝统治者以惯有的文化钳制等狭隘思维对很多既有古籍进行了许多主观篡改，故意曲解和遮掩一些作品中的正面思想，其行为恶劣，影响消极，也给编辑传统注入了许多负面的元素，但作者还是充分肯定了这部丛书的正面意义，认为它"为我们保存了很多珍贵的文化遗产……就中国文化建设而言，《四库全书》的编辑还是功大于过的"。即使对于胡适提出的"整理国故"，作者也公允地认为"不能简单地扣上'对抗马列主义传播、对抗革命运动'的帽子"，"除了脱离现实斗争这一消极因素外，在学术研究上还是有一定价值的"。这种良莠分明，辩证分析的态度在编辑史研究中是非常可贵和值得提倡的。

四是创新。从总体上说，《中国编辑史》作为编辑史研究领域的第一部通史型著作，本身就是一种创新，在很多方面都确立了新的模式、结构、典范和方向。作者开宗明义地将编辑史的研究对象限定为"人类知识收集和整理工作的历史"，并明确地将这里的"人类知识"解释为"文字资料"，进而将中国编辑活动的上限追溯至商朝的盘庚与小辛时代，即距今3300多年前。确定了历史起点后，作者将整个编辑活动的历史按照物质载体和媒介技术特征划分为三个阶段：殷商与西周时期（公元前17世纪至公元前8世纪）、春秋到西晋时期（简帛时代，公元前8世纪到公元3世纪）、西晋至今。第三个阶段又可以划分为手抄时期（公元3世纪到10世纪）、手工印刷时期（公元10世纪到19世纪）和机器印刷时期（始于19世纪）。从横向上来看，全书涵括广泛，条块明晰，既有对体例范式的溯本追源，又有对编辑代表人物的评述纪传；既有对重大编辑活动的铺陈演说，又有对前因后果的条分缕析。宏观上有分期架构、提纲挈领，细节上则涉猎广泛，林林总总，从类书、丛书到家刻、坊刻，从发凡体例、奠基模式到载体演变、技术更新，从金木竹石到纸张缣帛，从简册图书到报纸杂志，既有对历时性发展规律的总结归纳，又有对细节知识的发掘普及。

《中国编辑史》作为新时期第一部通史性著作，在编辑史研究方面开了个好头，在编辑史研究历程中不可忘却。

（四）编辑史研究的代表性论著——肖东发的《中国编辑出版史》

1. 《中国编辑出版史》及其主编者

《中国编辑出版史》（辽宁教育出版社，1996年）是北京大学新闻传播学院教授、著名编辑出版史、图书学专家肖东发主编的是国家教委"八五"规划教材、新闻出版总署重点项目"普通高等教育编辑出版类规划教材"之一，也是继姚福申的《中国编辑史》之后我国编辑出版史研究的又一部力作。

肖东发是资深编辑学研究者，1949年生，天津市人，现任北京大学新闻与传播学院教授，博士生导师。出版有《中国书史》（书目文献出版社，1987年）、《中国图书出版印刷史论》（北京大学出版社，2001年）、《中外出版史》（中国人民大学出版社，2010年）等著作，发表有《中国出版史研究的回顾与展望》（《出版科学》2002年第3期）、《中华文明的起源与早期传播活动》（《出版发行研究》2009年第4期）、《活字印刷术的发明及其在宋元时代的发展与传播》[《北京大学学报》（哲学社会科学版）2000年第11期]等论文。其研究领域广泛，研究方向偏重于编辑、出版、文化、编辑出版教育等。

2. 《中国编辑出版史》的主要内容

《中国编辑出版史》共有10个部分。"绪论"主要探讨了中国编辑出版史的学科体系、研究历史和现状、历史分期和总体特点。作者认为，编辑出版史研究应该从社会文化背景入手，重点研究历朝编纂机构，编辑活动，著名编辑家，重要出版物，图书的生产过程、形成制度、贸易流通等问题。在全面总结我国编辑出版史研究现状的基础上，该书将我国编辑出版史分为编辑出版萌芽时期（上古至西周）、草创时期（春秋战国）、奠基时期（秦汉）、初兴时期（魏晋南北朝）、发展时期（隋唐五代）、壮大时期（宋辽金元）、兴盛时期（明和清前期）、变革时期（清代后期）、斗争时期（"民国"时期）。

第一章是"编辑出版的萌芽时期（上古至西周）"。该章主要探讨了文字的产生、图书的起源、早期的文字载体、原始的编辑活动四个方面的内容。作者认为，我国图书起源于夏朝，我国早期的编辑活动起源于商代，以史官的典籍整理为主要标志。第二章是"编辑出版的草创时期（春秋战国）"。该章主要探讨了春秋战国时期的图书编辑活动。作者认为，春秋战国时期是我国编辑活动的草创时期。重点以孔子为例探讨了大编辑家孔子的编辑活动及其特点，以及战国时期的文献编辑活动。在此基础上，还对战国时期的图书形制——竹帛简牍制度——进行了详尽分析。第三章是"编辑出版的奠基时期（秦汉）"。该章主要探讨了秦汉时期的图书编辑活动。作者重点分析了两汉时期的图书机构、编校活动、图书贸易、图书形制，并认为，两汉时期刘向等人的编校活动最为引人注目，是中国历史上第一次大规模的图书编校活动，不仅对我国后来的图书编辑活动产生了重大影响，还奠定了我国图书分类的方法。第四章是"编辑出版的初兴时期（魏晋南北朝）"。该章主要论述了魏晋南北朝的图书编辑机构、编辑活动、图书收藏与复制、图书发行和图书形制。作者认为，在秦汉时期书籍编辑活动发展的基础上，魏晋南北朝时期图书编辑活动更加活跃，不仅规模剧增，而且编著形式不断创新，出现了类书、别集、总集、韵书、姓氏谱、佛经文献等诸多新的出版物。第五章是"图书编辑出版的发展时期（隋唐五代）"。作者认为，隋唐五代是我国图书编辑出版的大发展时期。该章重点论述了隋唐五代的图书编纂机构、编辑活动、雕版印刷术的发明、图书贸易和图书形制，尤其对雕版印刷术的发明进行了深入论述，指出了雕版印刷术发明的条件、时间和意义。"印刷术的发明是中国编辑出版史上的一件大事，也是人类社会发展的一个里程碑，它极大地促进了人类文化和整个社会的进步。""有了印刷术，图书才可以说得上'上版'，从此开始了不断发展的印刷出版事业,知识才得以广为传播,珍贵的典籍方可千载流传。"① 第六章是"编辑出版的壮大时期(宋、辽、金、元)"。该章重点论述了宋代图书的编辑机构、编辑活动、出版事业、图书形制、图书发行,同时还对辽金元时期的图书事业进行了论述。第七章是"编辑出版的兴盛时期(明及清前期)"。该章重点论述了明清时期的编辑活动、图书出版、印刷技术、图书形制和图书发行。作者认为,"从明初至 19 世纪中叶为前期,这一时期从政治、经济到文化方面都出现了兴盛一时、盛极而衰的景象,中国传统的编辑出版事业也随之进入加速发展阶段。"② 在谈到这一时期的编辑活动时,作者认为,类书的编纂、丛书的编纂都显示着这一时代图书编辑活动走向兴盛。第八章是"图书编辑出版的变革时期(清后期)"。该章重点论述了近代编辑活动、出版活动和图书发行。作者认为,近代是我国社会大变革时期,也是图书编辑出版的大变革时期。一是出版技术变革深化,二是出版生产方式变革显现,三是出版文化呈现出新的景观。第九章是"图书编辑出版的斗争时期('中华民国')"。该章重点论述了现代图书编辑活动、现代私营出版业、现代印刷技术发展和中国共产党领导的出版发行事业。在谈到这一时期编辑活动时,作者对这一时期的教科书编辑、书刊编辑、古籍整理、新文学编辑等进行了深入分析。同时,还对这一时期以商务印书馆、中华书局等为代表的现代出版机构进行了详尽论述。

3. 《中国编辑出版史》特征与意义

第一,通史特色,史论结合。《中国编辑出版史》是编辑史研究的通史之作,是对中国编辑出版史总体概括和宏观描述。它以编辑出版发展的历史演进为线索,全面客观地呈现了中国编辑出版事业发展上千年的历程。这部书在写作的过程中重视史论结合,既强调史的叙述,又重视论的展开,呈现出史论结合的编写特色。比如,在谈到中国图书文献的起源问题时,作者都是以学界研究的客观现状为依据,较为审慎地提出自己的观点。在谈到雕版印刷术的起源时,作者也是论述充分,有理有据,逻辑严谨。

第二,编辑出版研究并重。与此前的《中国编辑史》《中国古代编辑史论稿》等著作不同,该书强调编辑出版史研究并重。在谈到一个时期编

---

① 肖东发主编《中国编辑出版史》,辽宁教育出版社,1996,第 212~213 页。
② 肖东发主编《中国编辑出版史》,辽宁教育出版社,1996,第 297 页。

辑活动的同时，还对其出版活动进行了深入论述，呈现出编辑出版史研究一体化的特色。作为编辑出版史研究的一部力作，该书在深化我国编辑学研究中占有重要地位。它提出的编辑出版史分期、通史写作体例，编辑、出版研究融合的特色，都对其后的编辑出版史研究起着重要的引领作用。

三 编辑学研究的重要论著举隅

鉴于1979~2009年编辑学论著数量的众多，内容的丰富，作者构成的广泛，研究方法的多样，除了上面介绍的4部编辑学研究的代表性著作以外，有影响的重要论著还有很多，限于篇幅，这里再简要介绍几部编辑学理论研究的重要论著。

（一）任定华等的《编辑学导论》

1. 《编辑学导论》及其作者

《编辑学导论》（北京经济出版社，2001年）是任定华在其于20世纪90年代初主编的《科技期刊编辑学导论》基础上对编辑学研究的更深入思考。该书对编辑学基本原理、编辑学研究方法和编辑学学科建设等问题进行了系统深入的研究，是编辑理论流派——信息智化派的重要代表性著作，在编辑学研究历程中具有重要的地位。

该书由任定华、胡爱玲和郭西山撰写。任定华（1930~2005），陕西商州区人，是我国早期编辑学研究的重要研究者之一，是编辑学理论流派"信息传播派"的重要代表人物。曾任《西安矿学院学报》主编、陕西教委《情报·科研·学报》和《科技·人才·市场》主编，曾任中国高校自然科学学报研究会秘书长常委兼学术委员会主任、陕西省科技期刊学会副理事长、陕西省高校学报研究会理事长等职。早在1986年，任定华就致力于科技期刊编辑研究，完成了《我国科技期刊发展现状及分类标准》的研究报告。他先后主持编订了《中国高校自然科学学报编排规范》、主编了《新学科与编辑学》《科技期刊编辑学导论》等著作，撰写了近百篇编辑学研究论文。

2. 《编辑学导论》的基本内容

《编辑学导论》共有四个篇章。

第一篇是"编辑学总论"，它从两个层面论述了编辑学作为一门学科的总体概貌。第一个层面包括1~4个部分，主要论述了编辑系统演化的历史和发展、编辑学的研究对象、学科性质和学科结构等问题。在作者看来，对编辑系统进化的研究是认识编辑活动发展历程的重要切入点。因此，这一层面分别从文字语言符号的演化，编辑进化与科学技术进步的关系，编辑进化与各种信息、知识传播媒体的产生与发展等几个方面论述了编辑系统演化的历史过程和决定因素。第二个层面包括第 5~12 个部分，主要论述了编辑学学科的发展历史、态势、性质、对象等问题。首先，作者提出了编辑学研究的几大转变，即从经验总结向理论研究的转变、从理论框架设想向编辑学知识体系构建转变、从编辑外在联系向内在联系研究转变、研究方法从定性研究向定量研究转变、研究机制从个体向群体转变。在此基础上，作者提出了编辑学学科构建的客观标准，并认为只有在编辑学界解决好确立科学的编辑观，有确定的编辑对象和编辑概念，明确编辑学学科性质与范畴，建立起编辑学学科理论体系，构建起编辑与编辑方法论以及建立起编辑学的概念体系和知识体系这六大问题时，编辑学学科体系的建构才能称之为完善。继而作者对目前学界流行的几种编辑概念进行了深入辨识，提出了编辑概念的科学特征和界定编辑概念的科学原则。

第二篇是"编辑学基本原理"（包含 13~18 六个部分）。作者重点论述了编辑学活动的五大原理，即编辑信息原理、编辑语言原理、编辑美学原理、编辑再创性原理、编辑传播原理。作者认为："编辑信息是反映客观世界的主观创造的精神信息，它是信息形态的主观领域内的高层次的信息，不仅记录与储存、传播与交流一般社会信息的内容，而且更主要的是记录与储存、传播与交流属于科学形态理论化的精神内容。"[①] 编辑语言就是研究、考察编辑实践过程中信息、知识的有序化的语言符号体系；编辑语言具有独立的特征和系统的层级结构。编辑美学规律就是要遵循继承的创造律、真实功利律、内容形式结合律、系统和谐律、多变统一律。编辑再创性原理是编辑活动的开拓性原理，编辑活动之所有具有再创性原理，主要是因为编辑主体思维具有创造性；编辑思维具有求异性、突发性、新颖性、综合性和严谨性的特征，这就决定了编辑活动必然是一种求新求变的创造性活动。编辑活动具有传播的基本特性和基本特征，并有着独特的传播模式和传播功能。

第三篇是"编辑与编辑学方法论"（包含 19~23 五个部分）。作者在分析现有编辑学研究方法的基础上，指出全息统一论是编辑学研究方法变

---

① 任定华、胡爱玲、郭西山：《编辑学导论》，中国经济出版社，2001，第 205 页。

革的一个重要方向；全息统一论对编辑学研究有着重要指导意义，它是解决我国目前编辑学研究存在的经验性缩小和主观性扩大两种偏向的主要方法。

第四篇是"编辑系统工程"（包含 24~31 八个部分）。作者重点分析了编导策划与设计、学术编辑与艺术编辑、技术电子音乐编辑、编辑系统的印制、编辑系统的传播、编辑质量控制、编辑系统科学管理等一系列问题，并在此基础上分析了知识经济时代的编辑系统发展态势。

3. 《编辑学导论》的特点和意义

第一，构建了编辑历史、理论、研究方法和业务四位一体的学科体系。《编辑学导论》是任定华编辑学研究集大成之作。从全书的篇章结构可以看出，编辑史、理论、研究方法和业务构成了全书的主要结构框架，同时也显示着作者对编辑学科构成体系的认识。在作者看来，编辑学作为一门学科，不仅包括编辑基本理论研究和编辑史论研究，还包括编辑方法研究和编辑实践研究。全书第一篇是从编辑史研究的角度提出编辑系统进化问题的；第二篇主要关涉编辑基本理论；第三篇主要是编辑方法研究；第四篇实际上是在分门别类地研究编辑具体业务。由此可见，该书是一部融史、论、法和术为一体的编辑学研究之作。

第二，提出了别具特色的编辑学基本原理论。《编辑学导论》最有创新的地方在于其提出的编辑活动基本原理，即编辑信息原理、编辑美学原理、编辑语言原理、编辑再创性原理和编辑传播原理。这一编辑活动原理论是建立在作者对编辑概念的独特认识基础之上的。作者认为，编辑是信息、知识的有序化、媒体化和社会化的业务活动，书中对编辑活动基本原理的论述正是围绕这一编辑概念展开的。无论是信息原理、美学原理、语言原理，还是再创性、传播原理，都是基于作者对编辑活动的"有序化、媒体化和社会化"这三个概念的认知展开的。应该说，这一系列论述自成一家，独成一统，在编辑学界有着很大影响。尤其是作者对信息论和控制论等学科知识在编辑学研究中的借鉴和应用，对于学界拓展编辑理论认识的视野很有启发。

（二）靳青万的《编辑学基本原理》

1. 《编辑学基本原理》及其作者

《编辑学基本原理》（东北师范大学出版社，2003 年）是 21 世纪以来我国编辑学理论研究的一部重要创新性成果。

该书的作者靳青万，1955年生，河南省内乡县人。长期从事高校学报编辑、编辑出版教育教学工作，曾先后担任河南省《许昌师范专科学校学报》主编、闽南师范大学新闻传播学院副院长、教授、编辑学与文化产业研究所所长等职。早在20世纪80年代末，靳青万就出版了《中国古代编辑史论稿》，以编辑史论的独特见解闻名编辑学界。《编辑学基本原理》以及2009年以后出版的《编辑五体研究》，是他对编辑学理论建设的重要贡献。除此之外，他还发表编辑学研究论文70多篇，参与创办了福建省高校第一家编辑出版学本科专业、第一家编辑出版学研究所，是活跃在当今编辑学研究领域里的中青年学者。

2.《编辑学基本原理》的主要内容

《编辑学基本原理》分为13章。第一章"绪论"，主要论述了编辑学的概念、研究对象、研究任务等问题。作者认为："编辑学，是以编辑和编辑活动为主要研究对象，以探索编辑的基本原理、揭示编辑运行和发展的客观规律、总结编辑历史经验、研究和创新编辑技术为根本宗旨的社会科学类学科。"[①] 编辑学的研究领域主要包括编辑理论、编辑技术和编辑史三个方面，并具有科学性、社会性、博涉性、前沿性和实践性五个基本特性。编辑与编辑活动，以及由此而发生的一切关系都是编辑学研究的对象。编辑学研究的范围非常广阔，既包括理论编辑学研究，还包括编辑史学研究，以及编辑技术学、工艺学、法学、未来学和预测学研究。"结合编辑活动实践，探索编辑的产生、发展和运行的基本规律，对与编辑学有关的一切问题进行理性思考并给予理论描述，构建编辑学的科学理论体系并使之不断地发展和完善，这是编辑学研究的最根本任务。"[②] 概括而全面。

第二章"编辑的概念与定义"、第三章"编辑学的基本原理与核心原理"、第四章"编辑学的基本问题"这三部分重点界定了编辑概念，阐述了编辑学研究的基本原理与基本问题。作者认为，编辑概念具有阶段稳定性、发展变动性与本质一贯性的特征，对编辑定义的界定是一个复杂命题。基于此，书中对编辑学界有关编辑概念的19种定义进行了逐一评析后，旗帜鲜明地提出了自己的编辑定义："编辑是人类精神文化创造与传

---

① 靳青万：《编辑学基本原理》，东北师范大学出版社，2003，第12页。
② 靳青万：《编辑学基本原理》，东北师范大学出版社，2003，第26页。

播活动中的关键环节。即人类在其先进文化的创造中,对其精神文化方面的原创型产品,加以收集鉴别、择优汰劣、加工改造、整理提高、组合编次、规范定型等再创造,使之优化成为适宜人们共同使用或传播的完善型产品的实践活动。"① 从编辑概念出发,指出编辑学理论体系是有层次的,即理论、原理、基本原理、核心原理四个层次。在这个四个层次中,核心原理最为重要,它是编辑学理论体系的灵魂所在,是编辑活动的最本质的核心,是所有编辑活动的原始动机,是整个编辑学理论的种子和生发点,所有正确的编辑学理论都应当由此生长发育。尤其是编辑主体、编辑源体、编辑客体、编辑用体"四体论"的提出,非常具有创新性。

第五章"编辑学的基本矛盾"、第六章"编辑学的基本规律"、第七章"编辑学的基本原则"这三章探讨的都是编辑学理论研究的核心问题。在作者看来,编辑学的基本矛盾是编辑主体与编辑用体的矛盾;编辑规律包括普遍规律、特殊规律、主要规律和基本规律四个层次;源体推进律、用体拉动律、主体创新律、客体变革律是编辑活动的主要规律;"推拉创变律"是编辑活动和编辑学唯一的基本规律。编辑活动有四个基本原则,它们是道义性原则、责任性原则、精益性原则、效益性原则。道义性原则就是人民性、政治性要求;责任性原则就是编辑行为必须对人民、历史、现实、读者和自己负责;精益性原则就是编辑工作必须精益求精,一丝不苟;效益性原则就是以社会效益为首的双效原则。

第八章"编辑思想",重点分析了编辑思想的概念、来源与形成,以及编辑思想与编辑理论体系的关系。在作者看来,编辑思想就是人们在对编辑活动的客观事实的认识上所具有的独创性见解。编辑思想来源于编辑活动实践,同时也来源于对前人思想成果的继承。编辑思想往往是编辑理论体系的生发点,甚至成为编辑理论体系的重要的有机组成部分。因此,无论是从编辑理论建设,还是编辑工作现实的角度来看,都应该继承和弘扬传统编辑思想。

第九章"编辑学的基本关系"、第十章"编辑活动与编辑学发展的两个基本点"、第十一章"编辑活动的调节与控制"、第十二章"编辑的基本方法",以上各章主要论述了涉及编辑学及编辑学研究的一系列问题。比

---

① 靳青万:《编辑学基本原理》,东北师范大学出版社,2003,第51~52页。

如，编辑学与其他学科尤其是哲学、新闻传播学、自然科学和社会科学等的关系。再比如，编辑学发展的两个基本点，其一为"居前沿"，其二为"利社会"。"居前沿"就是编辑学科的内部存在着一个争居前沿的科研现象和局面；"利社会"就是编辑活动必须有利于社会生产力的健康发展、必须有利于生产关系对生产力的适应与变革、必须体现广大人民群众的根本利益、必须有利于人们精神文化境界的升华。在作者看来，不管是编辑活动的调节还是控制，主要目的是确保编辑活动的健康有益，包括编辑法的制定和实施，也是出于同样的目的。至于编辑的基本方法，作者主要论述了包括收集鉴别、择优汰劣、加工改造、整理提高、纠正讹误、结集编次、装帧美化、规范定型在内的主要方法。环环相扣的问题，有条不紊的论述，思路清晰，彰显了作者浑厚的学养。

第十三章"余论"，主要对编辑活动的构成要素进行了补论。在编辑"四体"之外，又提出了"编辑辅体"的概念，即从事编辑产品或编辑客体的制作和传播的人。由编辑主体、编辑源体、编辑客体、编辑辅体和编辑用体所组成的"五体"，完整地构成了整个编辑活动领域。"五体说"从此提出，后经作者进一步完善，2010年《编辑五体研究》正式出版，标志着作者对编辑学理论研究又做出了创新性贡献。

3.《编辑学基本原理》的特征与影响

第一，提出了一个自成体系、独成一格的广义编辑学理论体系。该书最大的特征就是具有理论的系统性、完整性，从编辑概念到编辑学基本问题，再到编辑活动的基本原理、基本规律，从编辑思想到编辑学基本关系、基本方法，体系完整，包含了编辑学理论研究的主干问题、核心问题、基本问题，不仅观点新颖，立论严谨，论述有理有据，而且第一次提出并构建了以"编辑五体说"为基本框架的广义编辑学基本理论体系，令人耳目一新。

第二，提出了很多有创见的观念和认识，极有学术创新性和创造性。比如，该书对编辑概念的认识，对编辑学基本规律的认识等，都与学界的很多认识不同。"编辑五体"说的提出，是对编辑主客体构成的全新解读，其概念、阐释都具有开拓性、创造性。再如，从"编辑四体"的作用关系出发得出的源体推进律、用体拉动律、主体创新律、客体变革律等编辑活动的规律，其认识就很有见地，很有创新性。对编辑立法的思考及对编辑权利的确认，都具有相当的创新性。

(三) 周国清的《编辑主体论》

1. 《编辑主体论》及其作者

《编辑主体论》（岳麓书社，2009年）是湖南师范大学新闻与传播学院的教授周国清继《编辑学导论》之后的又一部力作，它是编辑学界为数不多的有关编辑主体的专题研究。

该书的作者周国清，1964年生，湖南桃江人。现为湖南师范大学新闻与传播学院教授，编辑出版学系系主任，硕士生导师。著有《编辑创新与现代传播》《编辑学导论》《编辑主体论》等著作6部，发表编辑学研究论文170多篇。多次获省、市、学校等的教学、科研成果奖励，曾获湖南省新闻出版行业领军人才、全国新闻出版行业领军人才称号。

周国清既研究编辑学基本理论，又研究期刊、编辑出版教育等，在当今编辑学研究领域比较活跃。《编辑主体论》是其对编辑主体研究的集大成之作。

2. 《编辑主体论》的主要内容

《编辑主体论》共分为八章。第一章是"主体与编辑主体"。作者认为，主体是一个哲学概念，是一个历史性的发生性概念。它不是静止不动的封闭概念，而是一个运动、开放的体系。编辑主体是指从事编辑活动的人，包括个体主体、群体主体和社会主体三个层次。"编辑主体论"的"主体"，"指的是社会主体，即最一般意义上的、具有共性特征和普遍概括性的社会化的编辑集合体"[①]。这一主体论界定，一方面显示了作者着眼于普通编辑学的角度来认识编辑主体的宏大视野，另一面也纠正了此前编辑主体概念相对不清的现实问题，使得人们认识到编辑主体不是一个简单称谓，而是具有确定内涵和群体特征的编辑活动构成要素。

第二章是"客体与编辑客体"。作者认为，客体自身具有可塑性和自己的存在形态，同时作为主体的人以强大的力量作用于客体。客体的进化与演变本身具有社会历史性，其依赖的力量就是人的主体性实践活动。不仅如此，作为主体作用的对象并不一定是客体。"尽管对象是从客体中分离出来的，但毕竟不同于客体，客体是一个上位概念，具有普遍的属性和特征。"[②] 显然，作者对客体也是从哲学层面来认识其内涵的。正是从哲学

[①] 周国清：《编辑主体论》，岳麓书社，2009，第31页。
[②] 周国清：《编辑主体论》，岳麓书社，2009，第48页。

层面出发，作者提出了对编辑客体的独特认识："编辑客体就是指在编辑活动中与编辑主体相对的一切客观事物，即编辑主体可能的作用物。"[①] 这一认识较之此前学界有关编辑客体的认识，概念的范围、内涵更大了，社会文化环境、制度安排、法律法规等社会性的因素也成为编辑客体的重要组成部分。可以说，既拓展了编辑客体的外延，为编辑学开辟了广阔的研究空间，又为编辑学基础理论研究注入新的活力。

不仅如此，作者还重点从两个角度分析了编辑客体。一是作为编辑客体的作者；二是作为编辑客体的读者。立论结合，颇有深度。

第三章是"编辑主体与相关范畴"。作者认为，编辑概念是编辑学理论体系的逻辑起点。从编辑主体的视野出发弄清编辑主体与编辑学理论体系这些范畴的关系，不仅是认识编辑主体的客观要求，也是编辑理论体系建构的必要条件。为此，他重点分析了编辑主体与编辑概念、编辑主体与编辑功用、编辑主体与编辑规律几大关系，深入浅出，言简意赅。

第四章是"编辑主体思维论"。作者认为，编辑主体思维的创造性，不仅是社会精神文化发展的动力，而且渗透于整个编辑活动系统，同时还对推进社会文化发展具有重要的创新作用。这种创造性主要表现在依附性、相关性、隐匿性这三种特征上。至于编辑主体的思维，作者主要论述了创造思维、定式思维、审美思维、导向思维四大思维形式。应该说，作者对编辑主体创造性特征的意义和表现认识得十分深刻。但是，关于编辑活动的本质特征是编辑主体思维创造性的论断有点突兀，一是没有对这一论断进行科学的逻辑推导，即没有说明为什么编辑活动的本质特征是编辑主体创造性；二是从编辑活动本质特征的角度来讲，单单从主体思维方面来界定编辑活动特征无疑有着以偏概全的倾向。

第五章是"编辑主体决策论"。作者认为，编辑决策研究至少要包括三个方面内容：一是出版产业化环境下编辑决策的一般过程与普遍原理，二是编辑决策的特殊规律及其实际应用，三是编辑活动史上编辑决策的现实启示。论述的重点是编辑的价值决策问题，具体论述了编辑价值决策的复杂性、编辑价值决策的目标、编辑价值决策的原则和编辑决策矛盾及其调适。应该说，该认识进一步深化了学界对编辑决策论的思考，尤其是作者提出的编辑决策研究的三个方面有着明确的实践针对性。但是，书中将

[①] 周国清：《编辑主体论》，岳麓书社，2009，第57页。

编辑决策等同于编辑价值决策的认识逻辑显得有些混乱。作为一个科学概念的编辑决策，应该不仅仅是价值决策的问题。除了审稿决策，编辑决策还应该包括管理、营销等方方面面的社会内容。从这个角度上来讲，作者对编辑决策概念的认识稍显粗浅，编辑决策研究还应该有很大的认识空间。

第六章"编辑主体改稿论"、第七章"编辑主体退稿论"、第八章"编辑主体策划论"，这三章主要探讨的是编辑主体的工作问题。作者认为，编辑改稿对于编辑活动来说有着不可忽视的重要价值。它是编辑主体的一个独立劳动的过程，是编辑主体创造性思维活动的表现，是确保出版物质量的基础性工作，是编辑主体职业精神的现实表现。尊重作者、改而有效、整体思维、信息优化、主客协和这几个方面是编辑主体改稿的基本原则。编辑退稿必须遵循科学公正的原则。科学的用稿标准是退稿公正的前提，充分的退稿理由是说服作者的基础，合理的评价体系是退稿工作有序进行的保障，规范先进的退稿机制是退稿高效的条件，认真负责的态度是退稿顺利的主体性要求。至于"编辑主体策划论"，则重点论述了期刊、畅销图书和农村图书三个不同类型媒介的策划方法。这些论述，既有作者观、质量观、系统价值观、信息传播观和主体互动观的全面展现，又有宏观的理论总结与具体入微的个案剖析，理论联系实际，全面而深入。

3. 《编辑主体论》的特征与意义

第一，系统。《编辑主体论》是编辑学界第一部以编辑主体为研究对象的专著，围绕编辑主体形成了一个编辑主体研究的系统。编辑主体是编辑活动的重要构成，用作者的话说，是编辑活动的原点和编辑学体系的核心点。正是在对编辑主体重要性的认识基础上，作者从编辑主体的概念入手，深入阐述了编辑主体思维、决策、改稿、退稿和策划这样一个具有系统性的认识体系，既包括了编辑主体的精神思维，又涵盖了编辑主体的活动行为，并将两者有机融合，由此构成了一个较为全面的编辑主体论。因此，该书可称得上是深化编辑主体研究的一部力作。

第二，辩证。《编辑主体论》重视对基本概念的辩证界定，提出了具有方法论意义的概念范围。在编辑学研究中，主体和客体历来是争议不断的话题。争议的中心表现在，不同的研究者对编辑主体概念认识不尽一致，对编辑主体的内涵概括各有不同，该书在对编辑主体进行分析时，非常重视对概念的辩证分析，既有历史的分析，又有辩证的推理，还有现实的考量，在此基础上提出了对编辑主体的独特认识。这一认识逻辑，充分体现了编辑学研究应该遵循的历史辩证的科学方法，对于编辑学研究的深化很有借鉴意义。

第三，科学。《编辑主体论》富有学科意识，强调学科观念，立足学科现实，致力学科完善，强调学科规范。无论是在论述编辑主体的重要性，还是在探讨编辑主体概念，或是在认识编辑主体思维时，作者都具有极强的编辑学学科概念，特别强调从学科的角度来审视编辑主体问题。这样就使得全书具有理论研究的严谨性和学科构建的专业性。同时，这也是作者在论述中特别强调概念界定须科学严谨的原因所在。

（四）姬建敏的《编辑心理论》

1. 《编辑心理论》及其作者

《编辑心理论》（河南大学出版社，2004年）是编辑学研究历程中无法回避的编辑心理研究的代表性著作。由于编辑学研究的起步时间相对晚近，所以，编辑学研究的具体方法和研究角度呈现出非常明显的借鉴和交叉色彩，比如从传播学、符号学、社会学角度切入的研究，还有运用系统论、控制论、信息论展开的阐述等。在这众多的交叉性理论借鉴中，从心理学角度研究编辑活动的尝试是很突出和成功的。但由于相较于其他领域的借鉴，这方面的研究难度更高，所以其出现的时间更晚，取得的成果也非常有限。姬建敏2004年出版的《编辑心理论》是这方面的代表作，开系统研究编辑心理的先河。

《编辑心理论》的作者姬建敏女士，现为河南大学学报编辑部编审，"教育部高校哲学社会科学学报名栏""编辑学研究"栏目主编，河南大学传媒研究所研究员，编辑出版学专业硕士生导师。主持有"编辑学研究"的国家社科基金项目、河南省社科项目、河南省教育厅社科项目，出版有专著《编辑心理论》，发表了近百篇编辑学研究论文。尤其在编辑心理学研究方面颇有建树。

2. 《编辑心理论》的主要内容

《编辑心理论》全书除绪论部分外，共分3编8章。绪论中"编辑心理学概述"部分主要界定了什么是编辑心理学，阐述了编辑心理学研究的对象、内容、研究特点、原则、方法、任务、意义以及在高等院校开设编辑心理学的必要性等。绪论中"编辑心理论与编辑心理学的区别与联系"部分，不仅分析了人的心理现象，厘清了编辑、编辑心理等概念，还特别交代本书的重点是"论"编辑心理，不面面俱到，编辑、作者、读者处处开花，突出重点，主题鲜明。

第一编"编辑的心理过程"分3章，严格依据"人的心理过程包括认识、情感、意志"谋篇布局。第一章"编辑注意与感知论"，主要从"注意—注意的品质—编辑工作中的'注意力经济'策略，知觉—知觉特点—知觉与编校工作—编辑观察力的形成，社会认知—印象管理效应—整体认知—格式塔心理学"进行阐述，环环相扣、互为表里地构建起了心理学理论与编辑活动的高度契合关系。第二章"编辑思维论"，在论述现代编辑思维具有多维性、发散性、灵活性、严密性特点的基础之上，重点论述了直觉、灵感与编辑的创造性思维。在作者看来，"编辑的劳动是创造性劳动。创造性劳动的过程，离不开创造性思维的参与"①。"编辑是出版活动的关键和起决定作用的因素。正是他们的创造性思维的参与以及具体的创造性劳动过程，才使我们的出版物具有了'百花齐放、百家争鸣'的特质，具有了独特、新鲜、不落俗套的特质……"② 正是因为此，作者非常详细地分析了影响创造性思维的因素，强调了编辑创造性思维能力的培养问题。第三章"编辑情感意志论"，情感方面，主要论述了编辑的情感、情绪，情绪对编辑工作的影响，如何调控编辑的情绪等；意志方面，主要论述了编辑的意志、意志的品质及意志品质的培养等。

第二编"编辑的个性心理"包括第四、五、六章。第四章"编辑动机需要论"，主要借鉴马斯洛的需要层次模式，通过对编辑需要的特殊性、影响编辑行为的动力因素、影响编辑行为的几种心理效应的深度分析，重点探讨了编辑工作积极性的调动问题。在作者看来，"就像动机和需要在推动人们进行一切活动中的作用一样，编辑的动机和需要是推动编辑进行编辑活动的内部动力，是完成编辑出版任务的支持性条件。因此，要最大限度地调动编辑工作的积极性，保证编辑多出成果，多出精品，满足编辑的需要，培养和激发编辑的动机就比较关键"③。第五章"编辑个性心理特征论"，主要论述了编辑的气质和气质培养、性格和性格塑造、能力和现代编辑必备的能力等。尤其是结合现代编辑所处的社会环境、工作特点、

---

① 姬建敏：《编辑心理论》，河南大学出版社，2004，第72页。
② 姬建敏：《编辑心理论》，河南大学出版社，2004，第73页。
③ 姬建敏：《编辑心理论》，河南大学出版社，2004，第149页。

国际国内状况，指出现代编辑必须具备的鉴别能力、创造能力、开拓能力、判断能力等基本能力。第六章"编辑人格论"，首先对人格、编辑人格的概念进行了一般意义和心理学意义上的阐释，然后借助"卡特尔16种人格因素测验"的心理检测量表，通过问卷调查的形式对高校学报编辑、编辑专业大学生进行了人格特征的实证研究，并在此基础上进行编辑和编辑专业大学生、男编辑和女编辑的对比研究，最后根据研究结果，分析问题并提出应对性方案。

第三编"编辑的心理修养"包括第七章、第八章。第七章"编辑情商修养论"，通过对20世纪90年代刚刚流行的"情商"理念的解读，第一次把情商理论引入编辑学研究领域，并在此基础上，重点分析了编辑的情商和提高编辑情商的途径。作者认为："对于编辑工作来说，仅有高智商是不够的，还需要有较好的心理素质，有一定的工作能力，也即有较高的情商。"[①] "人才就像一朵美丽的花，智商可以使其娇艳，情商则能使其结出硕果。"[②] 第八章"编辑心理健康论"，通过界定心理健康的含义、心理健康的标准，重点分析了影响现代编辑心理健康的因素以及如何用"SCL-90心理卫生自评量表"诊断、维护和促进编辑的心理健康。理论、实证、定性、定量互为结合，全方位探讨了现代编辑的心理健康问题。

3.《编辑心理论》的特征和意义

第一，理论的深入性与研究的系统性。《编辑心理论》虽然是从心理学角度研究编辑活动的，但它并不是全景式研究，像此前的编辑心理学类著作那样，从作者、编辑直到受众，面面俱到，从创作、校对、编辑直到出版发行和阅读，无所不包。该书将研究对象仅仅框定到"编辑"这一维度，以编辑主体的心理现象和规律为对象，运用普通心理学、现代认知心理学和管理心理学理论，综合运用调查研究、心理测验、案例分析等多种方法，"描述编辑的心理现象、揭示其心理规律、预测其心理趋势、调适其心理导向"[③]。一部著作，皇皇近三十万言，从编辑的心理过程到个性心理，再到心理修养，条分缕析，有点有面，既有理论阐述，又有案例分析，从实践升华至理论，又将理论还原到实践，由表及里，深入浅出，将

---

① 姬建敏：《编辑心理论》，河南大学出版社，2004，第233页。
② 姬建敏：《编辑心理论》，河南大学出版社，2004，第234页。
③ 姬建敏：《编辑心理论》，河南大学出版社，2004，封面。

"编辑心理"结构成了一张条理分明、脉络清晰的逻辑大网,纲目有序,因果有致,完全突破了早前诸多研究成果以直觉冲淡理论、以感悟取代理论,零敲碎打,东鳞西爪的通病,是一部真正意义上的编辑心理学类理论性著作。

《编辑心理论》整部书的结构非常严谨,各章节编排有致,环环相扣,构成一个自足完备的理论体系。开篇绪论中除对编辑心理学、编辑心理论进行界定外,重点从心理学角度对人的心理现象做了具体说明,指出人的心理现象分为心理过程和个性两个主要方面,心理过程由认识、情感和意志构成,个性则包括倾向性和心理特征两个方面。接下来的内容便严格遵照这一理论架构层层展开,从编辑的心理过程到编辑的个性心理,并进而深入到编辑的心理修养,从情商和心理健康两个方面对心理修养加以细致阐述。

第二,创新与升华。《编辑心理论》鲜明的创新性主要体现在两个方面。首先是研究方法的多样。尽管它是一部理论性极强的著作,但自始至终贯穿着以实践推导理论,以理论指导实践的意识,正因如此,除了一般理论性学术著作常用的逻辑推演方法外,还大量运用了调查研究法、心理测验法、个案分析法和实验法、比较法,等等。尤其是调查研究法和心理测验法的运用,将定性研究与定量分析结合起来,使对理论的论述言之有据,同时赋予了理论极大的实践指导价值。其次是理论的借鉴移植丝毫没有套用嫁接色彩,在具体的使用中与编辑实践契合紧密,浑然一体。如其对"印象管理"理论的运用,结合了编辑的角色分工,以实现工作效率的最大化为目标,既强调编辑主体的个性风采,又注重其自身的角色规定性;接受理论中的"格式塔理论"也被运用到了编辑的审稿过程,使编辑审稿时的深层心理机制形象地得以呈现,其中需要规避的问题、应有的取向变得自然明晰;就连大众耳熟能详的"注意力经济"也被运用到了编辑的注意与感知理论中,使得编辑的实践活动不再单纯地只是率性而为的"跟着感觉走",隐而不显的规律性存在得到了形象具体的阐释。

第三,理论与实践的高度结合。这部理论性著作同时可以看成是一部编辑实践的指导用书,因为它不仅仅深入挖掘、详细论述了编辑实践背后的心理作用机制,而且就实践中存在的一些习惯性误区进行了说明,并对如何更好地完善编辑工作环节,提高编辑工作效率提出了最明确的指导意见。比如在最为寻常、琐细的校对工作中,常犯的"熟视无睹""先入为主""自以为是"等错误可谓比比皆是,但越是习惯性的、细小的错误,往往越是难以克服根除,其原因即在于不了解导致错误的心理机制,只有当你知道其所以然时,才可能会对症下药,革除积弊。其他如印象管理理论、格式塔理论、编辑创造性能力的培养、情绪的控制等则是以更直接的方式告诉编辑主体在实际工作中如何去改,如何去做。并且,这种指导本身并不是不分对象、一成不变的模式化说教,任何一种建设性意见都是在尊重编辑主体的个性特征、紧密结合时代特点的前提下,以发展的、有针对性的辩证思维方式提出来的。书中第三编"编辑的心理修养",完全是在指导编辑主体提高情商修养、维护健康心理,全面提升心理修养的立意上展开的。尤其是关于编辑心理健康的部分,不仅指出了影响现代编辑心理健康的因素,而且还枚举了心理不健康的各种表征和情况,甚至开出了心理健康程度诊断的方法,维护和促进的措施,因此,不仅理论、实践交相融合,而且现实指导性极强。

(五)其他重要论著

除了编辑学理论研究的论著外,在编辑实践研究和编辑史研究方面,也有一些优秀论著,前者如蒋广学的《编学原论》和徐柏容的《编辑选择》,后者如阎现章主编的《中国古代编辑家评传》等。

《编学原论》(南京大学出版社,1999年)的作者是南京大学教授蒋广学。该书内容包括五个篇章,"绪论"篇重点论述了两个问题,一是编辑出版学的性质和研究方向,二是编辑的知识结构和学识要求;"选题篇"主要论述了选题的方法、选题类型和选题决策三个问题;"审稿篇"主要论述了审稿的方法、审稿的境界和审稿制度;"编校篇"重点探讨编辑加工、编辑完善、编辑规范、校对和装帧设计等问题;"结论篇"是作者对编辑自然论认识的阐释。全书的特色,一是突出了编辑学研究的哲学论色彩;二是突出了古今编辑活动的纵向比较。再就是,从体例上说,每章前面一个题记,不仅突出中心、引领各章,而且文辞精粹、言简意赅;再加上文章标题的提炼、内文的表达,融古代文化、文学、哲学等于一体,在编辑学研究专著中"古"味浓郁,可谓一大特色。

《编辑选择论》(天津古籍出版社,2004年)的作者徐柏容是当代编辑学界"产量很高"的著名研究者。该书是其"书刊编辑学系列"丛书——《编辑创意论》《编辑选择论》《编辑结构论》《编辑优化论》之第二部。全书共10章。第一章作者从编辑本质论的高度出发,认为有编辑就有选择，编辑选择不仅仅是审稿、选稿、组稿的问题，而是一个具有系统性、层次性的贯穿于编辑工作全过程的工作。第二章重点论述了编辑选择与编辑创意、结构和优化之间的关系和作用。第三章主要探讨了编辑选择的内涵。第四章主要分析了编辑选择的理性、导向与调控、方法与层次。接下来第五章是"宏观编辑选择"，第六章是"中观编辑选择：稿件选择：其他"，第七章是"中观编辑选择"，第八章是"微观编辑选择"，分层次、分重点探讨了编辑工作中所遇到的各种宏大问题的选择、具体问题的选择。第九章主要从宏观视角对编辑选择进行了整体审视，明确提出了编辑选择中一些具有普遍性的问题。第十章通过"编辑规律与编辑选择"的论述，提出了编辑活动的三个规律。全书的特色，一是注重理论和实践的结合，"熔理论与应用于一炉"；二是以理论为经，以应用为纬，经纬交织，虚实结合，构建了虚（理论）—实（应用）—虚（理论）的三级大框架。另外，《编辑选择论》中关于编辑选择的宏观、中观、微观说，编辑活动的三个规律说等，颇有创造性。其对编辑选择的深入论述，无疑对指导编辑实践和开拓编辑学理论研究具有重要的意义和价值。

《中国古代编辑家评传》（河南大学出版社，1996年）作者是河南大学教授阎现章。该书是一部以人物纪传体的形式，论述古代编辑的编辑实践活动，归纳总结其编辑思想的编辑史研究著作。全书共4编32万字。第一编"指导编书工程建设的著名编辑理论家"共选择中国第一位编辑大师孔子，中国古代编辑理论的奠基人刘向、刘歆父子，建立古代编辑理论体系的刘知几，以"会通"观点发展编辑理论的郑樵，古代编辑理论的集大成者章学诚进行研究；第二编"首开编辑体裁先河的著名编辑家"选择首创纪传体编辑体裁的司马迁、首开断代史编辑体裁的班固、开典志体通史编辑体裁的杜佑、开纲目体史籍编辑体裁的朱熹、开创纪事本末体编辑体裁的袁枢、开学案体史籍编辑体裁的黄宗羲进行研究；第三编"科技典籍编辑中的著名编辑家"选择科学技术、农学、医药等科技典籍中的著名编辑家贾思勰、徐光启、宋应星、李时珍等5人进行研究；第四编"卓有建树的其他著名编辑家"选择中国历史上影响大、建树多的萧统、司马光、冯梦龙、严可均等13人进行研究。全书顺着历史发展脉络由远及近地选择了30位代表性编辑家，上自孔子，下至严可均，从个人传记、编辑实践、理论批评三个维度立体地呈现人物的各种信息，并将落脚点定位于其编辑成就、编辑思想和编辑理论。被选择的人物依据其编辑实践和思想特点依次归入四大部类，评与传相结合，既是编辑史研究的延伸性产物，又为编辑史的进一步研究奠定了某种理论和史料基石。该书具有两个开创性的特点，一是以平等对待、均衡配置的方式强调了古代的科技编辑活动，并特意择取了几位有代表性的科技编辑家，并将其归为"科技编辑家"这专门的部类，特为一篇，以作彰显，这在既有的非专门性编辑史研究著作中是独一无二的。二是该书的出发点和落脚点均在编辑思想和编辑理论的归纳、总结和批评上，理论色彩十分鲜明，这一方面体现在对人物的介绍评价上，视其所编，评之以理，据理立传，显示其理论厚重的一面；另一方面表现在具体内容上，将刘向、刘歆的《别录》《七略》，刘知几的《史通》，章学诚的《校雠通义》《文史通义》在严密论证、依据辩理的基础上明确定性为古代编辑学著作，为编辑有学之论提供了更加坚实的史实依据。

第三节 我国编辑学研究的重要学人与主要学术期刊

任何学科的进步与发展都离不开广大学人的支持。编辑学作为一门新学科，在从十一届三中全会到2009年如火如荼的研究历程中，不仅涌现出了一大批可歌可泣的热心人、开拓者，而且还涌现了一大批杰出的领军人物，他们身先士卒，写文章著书立说，创期刊建立阵地，建学科教书育人，为编辑学研究的繁荣和学科的持久发展做出了不可磨灭的贡献。以编辑出版类学术期刊的创办、发展为例，编辑出版类期刊作为编辑出版学发展到一定阶段进行学术交流的产物，是编辑出版学科研成果的重要物质载体和传播场域。它在交流编辑出版学研究成果，推动编辑学学科建设、教育教学的不断发展与创新方面发挥了不可忽视的重要作用。回顾它从无到有、从弱到强的发展历程，离不开一大批有责任心、事业心，愿意为编辑学学科发展做出贡献的主编和编辑，离不开热爱编辑学事业、痴迷编辑学研究、献身编辑学学科建设、潜心钻研编辑学学术的作者和读者。

一 编辑学研究的积极分子与领军人物

历史是由人写就的，鲜活的历史离不开鲜活的人物。一部编辑学研究史，就是编辑学研究者的活动史。从十一届三中全会到 2009 年的 30 年中，伴随着我国编辑学研究的波澜壮阔、飞速发展，涌现了一大批热衷编辑学研究的活跃分子、积极分子，涌现了一大批先行者、领导者，即领军人物。

（一）从事编辑学研究的积极分子遍布全国各地

编辑学作为一个新学科、小学科，学科的成长离不开编辑学人的努力和坚持。在 20 世纪 80 年代，一大批编辑学研究的先进分子为了学科的建设积极呼吁、上下奔走、鞠躬尽瘁、呕心沥血；90 年代以后为了学科的发展和进步，他们潜心研究、著书立说、教书育人、培养后学。这批研究人员不仅遍布北京、上海、武汉、天津等大城市，也遍布祖国的边陲。北京的如胡乔木、边春光、宋原放、叶至善、王耀先、戴文葆、林穗芳、阙道隆、陈仲雍、刘杲、宋木文、邵益文、杨牧之、许力以、王益、袁亮、伍杰、杨焕章、庞家驹、鲁星、吴道弘、田胜立、桂晓风、王得有、程绍沛、潘国琪、龙协涛、肖东发、郝振省、李频、仲伟民、于翠玲、刘拥军等；上海的如王华良、巢峰、雷群明、姚福申、尤红斌、丁景唐、贺圣遂等；武汉的如蔡学俭、钱文霖、向新阳、萧汉森、胡光清、范军、吴平、罗紫初、王建辉、吴永贵等；天津的如徐柏容、赵航、陈景春等；江苏的如高斯、蒋广学、蔡克难、朱剑、张志强、钱永贵等；河南的如王振铎、宋应离、张如法、张天定、张晓菲、李建伟、王华生、阎现章、孙景峰、姬建敏等；山西的如安塞、齐峰、孙琇、畅引婷等；陕西的如任定华、姚远、张积玉、王和平等；浙江的如方集里、吴飞、徐枫、梁春芳、潘文年、吴赟等；湖南的如胡传焯、卜庆华、周国清、龚维忠等；山东的如刘光裕、丛林、尹玉吉等；河北的如任火、田建平、陶丹等；福建的如靳青万、陈颖、谭咏禾等；四川的如雷起荃、李苓、徐登明等；广东的如李明山、禤胜修等；安徽的如司有和、孔正毅等；黑龙江的如陶同、李荣生、柴瑞海等；辽宁的如姜长喜、邵京起等；江西的如喻建章等；云南的如杨国才，等等。

限于资料和眼界，以上列举的学人可能不全面，也可能挂一漏万。但从中至少可以看出两点：一是我国编辑学研究涉及的地域之广，参加的人员之众；二是编辑学研究的主力、主阵地分布在北京、河南、湖北等地市。前者说明我国编辑学研究的广泛性、普及性；后者说明这几个地市相较于其他地市编辑学研究氛围浓厚、程度热烈。北京是我们国家的首都，全国政治、经济、文化的中心，编辑出版机构多，是编辑学会所在地，以及河南大学编辑学研究开展得早,湖北重点高校多且各高校注重编辑学研究,因此他们的编辑学研究成果相对丰硕。这也符合这几十年来编辑学研究和发展的实际。

(二)编辑学人年龄结构、知识结构合理

刘杲会长曾说:"三十多年来,在出版界和教育界有一批同志前赴后继投入了编辑学研究。编辑学研究的进展归功于集体,包括已经过世的做出重要贡献的老同志……边春光同志、宋原放同志、叶至善同志、王耀先同志、戴文葆同志、林穗芳同志、阙道隆同志、陈仲雍同志、任定华同志等老同志。"① 之所以说前赴后继,是因为在编辑学研究队伍里,除了这些已经过世的做出重要贡献的老同志,还有老当益壮、贡献余热的老专家、老学者,以及作为中流砥柱、中坚力量的中年才俊和风华正茂的后起之秀。也就是说,如果以年龄段来划分,编辑学人可分为:20世纪二三十年代出生的编辑学家、领军人物戴文葆、阙道隆、庞家驹、鲁星、林穗芳、蔡学俭、宋木文、任定华、刘杲、邵益文、宋应离、王华良、陈景春、王振铎、刘光裕、杨焕章、钱文霖、张如法等;四五十年代出生的代表人物杨牧之、向新阳、赵航、司有和、张积玉、聂震宁、郝振省、李明山、靳青万、王华生、蔡克难、尹玉吉等;"60后"的李频、阎现章、吴平、吴飞、周国清、孙景峰、姬建敏等;"70后""80后"的钱永贵、潘文年、惠萍、王鹏飞、吴赟、段乐川等。老中青相结合,知名专家、业界翘楚、高校教授与年轻硕士、博士交相辉映,不仅年龄结构、知识结构搭配合理,而且"江山代有才人出""长江后浪推前浪",充分显示了编辑学研究长征接力的强大阵容和蓬勃朝气。

(三)编辑学研究的重要领军人物

俗话说:"火车跑得快,全靠车头带。"我国编辑学研究之所以取得今天来之不易的局面,离不开领军人物的示范、带头作用。通观这30年研究中的领军人物,他们有的是编辑出版界的领导人、决策者,有的是编辑学研究某一方面的专家学者,有的是编辑出版理论界的行家里手,有的是编辑实践的践行者、研究者;有的在编辑学理论研究方面功勋卓著,有的在编辑学某一领域引领潮流,有的参与缔造和领导了中国编辑学会的创立和

---

① 刘杲:《由衷的感谢——在"刘杲同志编辑思想研讨会"结束时的发言》,《中国编辑》2012年第1期,第50页。

发展，有的开辟了编辑学研究的不同流派，具有彪炳史册的理论建树；有的是声名显赫的前辈，现在已经离开了我们，有的是开启山林的长者，年事已高；有的意气风发、年富力强，是当今编辑学研究的中流砥柱，有的年轻有为引领未来编辑学研究的方向……他们作为编辑学研究群体中的佼佼者，作为编辑学研究的中坚力量和领军人物，不仅率领编辑学研究者攻城略地，而且自己身先士卒、冲锋陷阵，成果卓著。这些人物，有认为"编辑有学""编辑学是一门新的学科""编辑学不是出版学的一个分支，编辑活动的范围远远超越出版活动"的刘杲；提出"编辑活动三原理""文化缔构编辑观""编辑活动六元论""编辑创构媒介说""媒介间性与主体间性"等理论的王振铎；提倡"一切为了读者"的邵益文，认为"编辑不是简单的重复劳动""编辑学是一门综合性学科"，并较早呼吁和进行编辑史研究的戴文葆，强调"编辑活动是一种文化活动""编辑活动的本质特征是选择和加工"，并较早揭示编辑活动规律、框定编辑学理论体系的阙道隆；建构期刊史、学报史、编辑史理论体系的宋应离；强调"编辑质量观"的蔡学俭；以哲学方法论阐述编辑活动规律的杨焕章；对编辑现代化、编辑规范研究有所建树的张积玉；提出"编辑五体说"，构建广义编辑学理论体系的靳青万；等等。如果要列一个名单的话，恐怕还有林穗芳、任定华、刘光裕、王华良、钱文霖、赵航、蔡克难、李频、周国清等。这些赫赫有名的人物在编辑学研究的历史上大多是难以逾越、无法回避的。试想，如果从十一届三中全会到2009年的编辑学研究没有了他们的参与，缺少了他们的研究成就，这段历史将会是多么苍白，多么寂寞，多么支离破碎。研究这些领军人物的思想、铭记他们的名字，既是编辑学研究的需要，也是对编辑学研究60年历史的交代。但鉴于他们编辑学学术思想的深厚，以及我们即将出版的《当代编辑学家研究》专著里有详细论述，这里不再赘述。

二 编辑出版类学术期刊的发展历程与现实状况

"在现代学术链条中，学术期刊始终是不可或缺的重要一环"①，"学术期刊的发展与学术的发展是息息相关的，学术的发展是学术期刊发展的前

---

① 朱剑：《我国学术期刊的现状与发展趋势——兼论学术期刊改革的目标与路径》，《传媒》2011年第10期，第7页。

提，学术期刊为推动学术发展而提供了一个公平、公正的平台"[①]。回顾我国编辑出版类期刊产生、发展的历程，可以说走过了从无到有、从弱到强的发展之路。

（一）我国编辑出版类学术期刊的发展历程

如果说，我国的编辑学研究是从1949年开始的话，那么，作为记录我国编辑学研究物质载体的图书，在1949到1978年还出版过几部，而专门承载编辑出版学研究成果的专业学术期刊1978年以前几乎没有。改革开放之后，随着党中央对编辑出版业和编辑人才的重视，编辑出版学研究热潮迅速在全国蔓延。20世纪70年代末80年代初，为了落实中共中央关于加强出版工作的指示，进一步提高出版工作者自身业务水平以及满足行业内部交流信息的需要，各级出版单位纷纷出版专业内刊；80年代中后期以及整个90年代，根据行业发展和学术研究的需要，一些内刊陆陆续续公开发行，另外一些内刊则因故停止发行；从进入21世纪至今，期刊格局基本趋于稳定——从当时只有《出版工作》（《中国出版》的前身）等几份为数不多的内刊，到今天有《中国出版》《编辑之友》《编辑学刊》《出版发行研究》《编辑学报》《出版科学》《出版广角》《现代出版》《科技与出版》《中国科技期刊研究》《中国编辑》等二三十种国内外公开发行的有影响的专业学术期刊。回顾这一期刊类群的发展，笔者将其划分为三个阶段。

1. 我国编辑出版类期刊的初创阶段

初创阶段是指以内刊创办为主的20世纪70年代末期至80年代初期。这一时期，我国的编辑出版学研究刚刚复苏，全国范围内创办编辑出版类期刊的热情和研究编辑出版学理论、实务的热情都普遍高涨，为了及时贯彻中央及地方出版方针、政策，也为了出版工作者有更多交流经验、探讨学术的平台，全国各地纷纷创办编辑出版业务内刊。内刊体裁丰富、形式多样，具有综合性功能；其内容多为介绍先进出版单位和个人，刊登优秀书评、积累出版史料等，既是大家进行出版理论研究和探索的学术平台，也是出版工作者写作交流园地。以1978年创刊的内刊《出版工作》（中华人民共和国新闻出版署主管）为例，其创刊号《编后的几句话》记载了当时创办的情况：粉碎"四人帮"之后，在党中央、国务院的亲切关怀下，全国出版工作座谈会胜利召开了。《出版工作》是在出版战线和全国其他

[①] 魏瑞斌：《学术期刊核心竞争力》，北岳文艺出版社，2008，第28页。

各条战线一样"大干快上"的时代浪潮中应运而生。它的主要任务就是"宣传党对出版工作的方针、政策,交流出版工作(特别是编辑工作)和培养干部的经验,对出版工作中一些方针、政策性问题展开讨论,反映各地、各个方面对出版工作的建议、要求;同时介绍与编辑业务有关的学术理论动态和对编辑工作有启发意义的出版史资料,刊登国内外出版动态等①。这一时期创办的内刊有十多种,比较有影响的见表3。

表3 1978~1982年我国创办的主要编辑出版类内刊

创办时间	刊名	所在地	性质	刊期	主管、主办单位	备注
1978年	《出版工作》	北京	内刊	月刊	中华人民共和国新闻出版署(主管)	1991年更名为《中国出版》并开始国内外公开发行至今,2009年改为半月刊
1978年	《出版通讯》	黑龙江哈尔滨	内刊			1979年更名为《黑龙江出版工作》,1986年更名为《出版之友》,现停刊
1978年	《编辑参考》	上海	内刊		上海市出版工作者协会(主办)	20世纪80年代后期一度中辍,1989年更名为《读者参考丛书》,由学林出版社出版
1979年	《湖南出版工作》	湖南长沙	内刊	月刊	湖南省出版局(主办)	1987年更名为《湖南新闻出版工作》,1995年停刊
1981年	《编创之友》	山西太原	内刊	季刊	山西省出版总社主管山西人民出版社(主办)	1985年更名为《编辑之友》,开始国内外公开发行至今,2009年改为月刊
1982年	《科技出版通讯》	北京	内刊	双月刊	中国版协科技出版工作委员会(主办)	1988年更名为《科技出版》,开始国内外公开发行至今,1993年更名为《科技与出版》,2007年改为月刊
1982年	《出版史料》	上海	内刊		上海市出版工作者协会(主办)	多次停刊、复刊,发行至今

---

① 《编后的几句话》,《出版工作》1978年第1期,第32页。

由表3可以看出，这一时期创办的内刊，有的已经停刊，大部分更名后发行至今。这说明当时编辑出版类期刊刚刚萌生，由于办刊者的经验不足，加上研究者水平、能力的参差不齐，创办的内刊在刊名、刊期等方面还不很成熟。但短短几年时间，就有近十家内刊创办，且不仅分布在北京、上海，还延及山西、湖南、黑龙江，足见编辑出版类期刊一开始就具有迅猛发展之势。

2. 我国编辑出版类期刊的调整与快速发展阶段

调整与快速发展阶段是指一些内刊转变成有国际国内刊号，公开发行，且新创办的期刊和第一阶段创办的期刊迅速发展的20世纪80年代中后期至整个90年代。这一时期，我国编辑出版事业飞速发展，编辑学研究众声喧哗，随着社会主义市场化观念的深入人心，编辑出版类期刊进一步进入创办热潮期。据不完全统计，截至1988年底，各省市出版的内部出版业务刊物及信息报刊有153种。[①] 再加上20世纪90年代创办的新刊，编辑出版类期刊可以说在这一时期蓬勃发展，阵容殊为可观。代表性期刊如1985年创刊的《出版与发行》（1988年更名为《出版发行研究》）、1986年创刊的《编辑学刊》、1986年试刊的《出版科学》、1990年创刊的《中国科技期刊研究》、1991年创刊的《编辑学报》、1994年创刊的《大学出版》（2010年更名为《现代出版》）、1995年创刊的《出版广角》等，伴随着编辑出版事业的改革发展进程，这一期刊类群在这一阶段表现得越来越繁盛。下面是这一时期比较有影响的新办期刊（见表4）。

表4 1985~1989年我国创办的部分编辑出版类期刊

创办时间	刊名	所在地	性质	刊期	主管、主办单位	备注
1985年	《出版与发行》	北京	国内外公开发行	双月刊	新闻出版总署（主管）、中国新闻出版研究院（其前身为中国出版科学研究所）（主办）	1988年更名为《出版发行研究》，2009年改为月刊
1985年	《信息与思考》	江西南昌	内刊		江西省新闻出版局（主办）	1992年更名为《新闻出版天地》

---

① 伍杰、许力以、边春光等：《编辑理论与实践》，黑龙江教育出版社，1988，第610页。

续表

创办时间	刊名	所在地	性质	刊期	主管、主办单位	备注
1986年	《编辑学刊》	上海	国内外公开发行	季刊	上海市编辑学会（主办）	1994年改为月刊
1986年（试刊）	《出版科学》	湖北武汉	内刊	季刊	湖北省新闻出版局主管湖北省编辑学会（主办）；2000年起湖北省编辑学会主办，武汉大学信息管理学院（承办）	2000年开始国内外公开发行，2004年改为双月刊
1986年	《陕编会刊》	陕西西安	内刊		陕西省科技期刊编辑学会（主办）	1987年更名为《科技编辑研究》，1990年更名为《编辑科技》，开始国内外公开发行
1986年	《云南出版工作》	云南昆明	内刊	季刊	云南出版工作者协会（主办）	1987年改为双月刊，1995年更名为《出版界》
1987年	《图书发行研究》			季刊	22个省、自治区、直辖市的新华书店（联合主办）	
1988年	《出版参考》	北京	内刊	半月刊	新闻出版署（主管），1994年由中国出版科学研究所主办改为中国出版科学研究所与中国版协国际合作出版促进会共同主办	1994年有公开刊号，2003年改为旬刊
1988年	《福建出版》	福建福州	内刊		福建省出版总社与福建省出版工作者协会（联合创办）	1993年更名为《出版广场》
1989年	《编辑学报》	北京	国内外公开发行	季刊	中国科学技术期刊编辑学会（主办）	2001年改为双月刊
1990年	《中国科技期刊研究》	北京	国内外公开发行	双月刊	中国科学院主管自然科学期刊编辑研究会（主办）	
1991年	《新闻出版交流》			双月刊	山西省新闻出版局主办	
1994年	《大学出版》	北京	国内外公开发行	季刊	国家教育部（主管），大学出版社协会（主办），2010年中国传媒大学出版社（主办）	2008年改双月刊，2010年更名为《现代出版》

续表

创办时间	刊名	所在地	性质	刊期	主管、主办单位	备注
1994年	《电子出版》	北京	国内外公开发行	月刊		中国印刷及设备器材工业协会电子出版分会会刊
1995年	《出版广角》	广西南宁	国内外公开发行	月刊	广西出版杂志社（主办）	
1995年	《桌面出版与设计》	北京	国内外公开发行	双月刊	中国印刷科学技术研究所（主办）	2002年更名为《数码印刷》
1996年	《中国电子出版》	北京		季刊	中国出版工作者协会电子出版研究分会（主办）	2002年更名为《中国电子与网络出版》，2004年停刊
1999年	《出版经济》	北京			新闻出版署主管中国出版对外贸易总公司（主办）	

资料来源：中国学术期刊网、中国知网及各省出版年鉴。

由表4可知，这一时期新创刊的期刊数量比较多，起点比较高，专业内容和地域分布承继了上一阶段的态势，进一步蔓延扩张。如《出版与发行》《编辑学刊》《中国科技期刊研究》《编辑学报》《大学出版》《出版广角》等一创刊就开始在国内外公开发行；《中国科技期刊研究》《编辑学报》一改期刊承办单位偏重社会科学的现状，期刊阅读对象和用稿范围针对的是自然科学、科技期刊编辑；《图书发行研究》《桌面出版与设计》《中国电子出版》也都各有侧重，凸显新华书店、印刷、电子网络等专业特色；《陕编会刊》《福建出版》《出版广角》等出版地分布在西安、福州、南宁，辐射面越来越大，受众的接触率越来越高。另外，刊名也大多经过了调查研究、深思熟虑，"编辑学刊""出版科学""中国科技期刊研究""编辑学报""出版广角"等一直沿用至今。这说明这一阶段的编辑出版类期刊较前一阶段在策划、运作等方面都相对成熟，其发展已进入快车道。

3. 我国编辑出版类期刊由求多到求强的提升发展阶段

由求多到求强的提升发展阶段是指2000年以后新期刊的创办不再成为高潮，编辑出版类期刊格局基本趋于稳定，一些有影响的期刊逐渐脱颖而出、形成品牌的时期。这一时期，面对国际化和数字化浪潮的冲击，中国从出版大国到出版强国的诉求越来越强烈，加上与之相关的期刊管理政策的变化,编辑出版类新办期刊数量明显下降。据不完全统计,新办的期刊只有区区几家,有影响的期刊更是寥寥无几,如2002年试办、2003年正式创刊发行至今的《中国编辑》(中国编辑学会会刊,双月刊,新闻出版署主管,河北教育出版社承办,2006年1月1日起改由中国编辑学会和高等教育出版社共同主办),2003年创刊的《新疆新闻出版》(双月刊,新疆维吾尔自治区新闻出版局主管,新疆维吾尔自治区书报刊发展中心主办),2004年创刊的《出版人》(半月刊,湖南出版集团主管,湖南教育出版社主办,中国广播电影电视集团报刊出版发展中心协办)等。一些前期发展比较好的期刊进一步做大做强,如《中国出版》《编辑之友》《出版发行研究》《中国科技期刊研究》《编辑学报》《出版科学》《科技与出版》等,影响力、知名度、信誉度"渐行渐大",成为全国中文编辑出版类核心期刊、中文社会科学引文索引(CSSCI)来源期刊,在业界发挥着举足轻重的作用。

(二)现阶段我国编辑出版类学术期刊发展的特点

经过了20世纪70年代末和80年代初,80年代中后期和整个90年代两个时期的发展,到2009年我国的编辑出版类期刊已经步入了稳步提升、良性发展的轨道。30年来,它从初创期的幼稚弱小,经过调整期的"生生死死",到2009年渐趋成熟、渐成规模,已成为编辑学研究的一方稳固阵地。现阶段我国的编辑出版类期刊相对于前两个阶段来说具有如下特点。

1. 周期缩短,信息容量增大

编辑学是一门实践性很强的学科,编辑实践的变化推动着编辑学的发展,也使编辑学研究不断进步。编辑出版类期刊作为编辑出版学研究的物质载体,从20世纪七八十年代研究编辑出版实务起步,到如今历经出版转制、与国际接轨、数字化、网络化等编辑实践的"洗礼",其出版周期呈现出越来越短的趋势,信息容量则变得越来越大。比如,《编创之友》(《编辑之友》)1981年创刊之初是季刊,1987年变成双月刊,2009年再变成月刊;《编辑学报》《编辑学刊》一开始是季刊,后来变成双月刊;《科技与出版》由双月刊变为月刊;《出版工作》(《中国出版》)一开始是月刊,后变成半月刊;《出版参考》由半月刊变成旬刊。与之对应的是期刊的内容逐渐增多,《出版参考》最初只有4页,后来变为8页、12页、16页,到2009年每期大多都为40多页;《出版工作》(《中国出版》)1978年创刊时是32开,32页,2009年是大16开,78页。截至2009年,全国公开发行的编辑出版类期刊有20多种,以平均每期78页且均为月刊计算，全年可刊出18720页以上，如果一页按2000字算，相当于3700多万字；如果再加上内刊，论文信息的数量还要增加。显而易见，现阶段我国编辑出版类期刊的信息含量是巨大的，如果与30年前编辑出版类期刊刚刚起步时相比，信息容量的大小虽不能说已达天壤之别，但发展速度也确实惊人。

2. 期刊类型多种多样，关注内容丰富多彩

从我国现有编辑出版类期刊的类型看，种类比较多，可以按编辑出版学学科类型分为编辑出版学社会科学研究、自然科学科技期刊研究，前者如《中国编辑》《中国出版》《编辑之友》《编辑学刊》等，后者如《编辑学报》《中国科技期刊研究》等；可以按编辑出版学研究包含的主要内容分为主旨在出版、在编辑、在发行、在印刷等的研究，主旨在出版的有《中国出版》《现代出版》《出版参考》等，主旨在编辑的有《中国编辑》《编辑之友》《编辑学刊》等，主旨在发行的有《出版发行研究》《图书发行研究》等，主旨在印刷的有《数码印刷》等；可以按主办单位的区域、地域特点分为《中国出版》《中国编辑》和《新疆新闻出版》《福建出版》《云南出版工作》《湖南出版工作》等；如果按研究内容细分的话，既有《出版经济》，还有《出版史料》等。标准不同，编辑出版类期刊也就有不同的形态和不同的类别。但不管怎么说，编辑出版类期刊所涉及的内容都相当丰富、相当广泛。以《中国编辑》《编辑之友》《出版发行研究》《出版科学》2009年所设栏目为例，《中国编辑》有"卷首语""访谈""编辑观察""人物专访""理论研究""行业建设""图书""报刊""广播电视""新媒体""质量聚焦""规范与操作""人才培养""海外视域""媒体评论""编辑春秋"，《编辑之友》有"卷首语""资讯""特稿""人物""纪实""沙龙""专题""出版""发行""传媒""学研""书道""品读""争鸣""数字""个案""史料""术业""营销""版权""装帧""释疑""域外""杂俎"，《出版发行研究》有"卷首语""改革论坛""本期专稿""本期关注""编辑理论与实践""图书发行研究""书市营销""图书评论""数字出版""出版法苑""期刊研究""出版教育""装帧研究""环球扫描""书海钩沉"，《出版科学》有"卷首语""专稿""博士论坛""书苑撷英""编者·作者·读者""编辑学·编辑工作""出版学·出版工作""发行学·发行工作""多媒体·数字出版""港澳台出版·国外出版""出版史·出版文化""品书录""消息·书讯"。撇开卷首语、本期关注、专题、特稿、专稿等彰显期刊特色的独特策划不

说,期刊所涉内容起码包括编辑学、出版学、发行学、营销学、图书学、期刊学、新媒体等领域,研究的范畴起码涉及理论、实务、史料、教育几大块,研究的视角起码有内地、港澳台地区以及海外等。可以说,从传统研究到数字研究,从工作研究到理论、法规研究,从编辑出版研究到文化、教育研究,研究多姿多彩,内容纷繁华丽,这不仅可以反映出我国现阶段编辑出版学研究的深入,还可以表征现阶段编辑出版类期刊发展的良好态势。

3. 国内学术影响力增大,形成了一批品牌期刊

"学术影响力体现着学术期刊在专业学术活动中的作用与价值,反映了其对专业领域影响的广度和深度,是学术期刊生存和发展的根本。"[①] 编辑出版类期刊快速发展的时间虽然不长,但对我国编辑出版事业和编辑出版学研究发挥了不可低估的作用,为编辑出版学学术研究和学术交流提供了有力的支撑,尤其是经过了20世纪90年代的调整以后,进入21世纪的编辑出版类学术期刊,有相当一部分在学术圈内具有较广的学术影响力和较强的知名度。比如,目前学界较为认可的《中文核心期刊要目》和《中文社会科学引文索引》(英文简称 CSSCI 来源期刊)目录上,榜上有名的就有10多种。具体见表5、表6。

表5 2009年以前我国编辑出版类中文核心期刊名录

1992年	1996年	2000年	2004年	2008年
中国出版	中国出版	编辑学刊	编辑学报	编辑学报
出版发行研究	编辑学报	中国出版	中国科技期刊研究	中国科技期刊研究
编辑之友	编辑之友	中国科技期刊研究	中国出版	编辑之友
编辑学刊	编辑学刊	编辑之友	编辑之友	出版发行研究
科技出版	出版发行研究	出版发行研究	出版发行研究	中国出版
出版史料	科技与出版	编辑学报	编辑学刊	科技与出版
			出版广角	编辑学刊
			科技与出版	出版广角
				中国编辑

资料来源:《中文核心期刊要目》(第1、2、3、4、5版)。

[①] 程靖:《提升学术期刊学术影响力的具体路径——以经济管理类学术期刊为例》,《出版发行研究》2013年第4期,第105页。

表6　2009年以前我国编辑出版类CSSCI来源期刊名录

1998年	1999年	2000~2001	2003	2004~2005	2006~2007	2008~2009
编辑学刊	编辑学刊	编辑学报	编辑学报	编辑学报	编辑学报	编辑学报
出版发行研究	出版发行研究	编辑学刊	科技与出版	科技与出版	中国科技期刊研究	编辑之友
中国出版	中国出版	中国出版	编辑学刊	编辑学刊	编辑之友	科技与出版
科技与出版	科技与出版		中国出版	中国出版	科技与出版	出版科学
编辑学报	编辑学报		编辑之友	编辑之友	中国出版	出版发行研究
	中国科技期刊研究			出版发行研究	出版发行研究	中国出版
					编辑学刊	编辑学刊

资料来源：《中文社会科学引文索引》（第1、2、3、4、5、6、7版）。

需要说明的是，《中文核心期刊要目》（4年一评）是北京大学图书馆联合北京高校图书馆期刊工作研究会，聘请多位学术界权威专家，结合国内几所大学的图书馆数据根据期刊的引文率、转载率、文摘率等指标，进行定性、定量评估后确定的；《中文社会科学引文索引》（CSSCI来源期刊，两年一评）是南京大学中国社会科学研究评价中心通过对全国所有人文社科学术性期刊进行他引影响因子分析，结合专家评定而确定的。尽管其公正性、权威性也曾被人质疑，但从目前来看，它们仍是学术界、期刊界公认的具有较高美誉度和影响力的权威期刊评价体系。也就是说，不管是"北大"核心期刊，还是"南大"核心期刊，现阶段都是学术期刊中的佼佼者、领军者、"明星"期刊。编辑出版类期刊有10多种榜上有名，不能不说其影响力很大。正如表5、表6所示，2009年以前，编辑出版类期刊作为一个类群上榜数量一次比一次多，足见这个类群发展势头好，有潜力、有后劲，显示了其发展的蓬勃上升之势。

从表5、表6中上榜的期刊看，既有《中国出版》《出版发行研究》等老牌"中央级"大刊，也有《编辑之友》《编辑学刊》等"地方级"老刊；既有《编辑学报》《中国科技期刊研究》等成长性良好的科技期刊，也有《中国编辑》《出版广角》等后起之秀；既有历经更名、转换出版单位的奋起者——《科技与出版》《出版科学》等，也有几十年来坚守自己名号的"不老松"——《编辑学报》《编辑学刊》《中国科技期刊研究》

等,可见编辑出版类期刊已经告别了幼稚、单纯的"童年",进入了繁荣发展的"青春"旺盛期。从2009年之后最新版(2012年版)"中文核心期刊要目"和"CSSCI来源期刊"看,《编辑学报》《编辑之友》《出版发行研究》《中国编辑》《中国出版》《科技与出版》同时入选,说明这几种期刊经过不同时间的发展,已经逐渐形成了自己的品牌,在编辑出版学研究领域起到了重要的作用,发挥了积极的影响。当然,有这么多的编辑出版类期刊入选"南大""北大"核心期刊,也是对这个期刊类群成长与进步的认可,是对这些期刊学术影响力的肯定。

(三)我国编辑出版类期刊发展中存在的问题与对策

我国编辑出版类期刊的发展虽然取得了一定的成绩,但与国外编辑出版类期刊相比,仍有很长的路要走,目前编辑出版类期刊发展中存在的问题是比较明显的。

1. 期刊的国际影响力较弱

21世纪以来,我国新闻出版业国际竞争力与影响力虽有所提升,但与美国、英国等强国相比,整体水平仍然非常有限。编辑出版类期刊作为新闻出版业的传播载体,作为新闻出版业"整体水平"的一部分,其影响力不仅"有限",而且弱小。首先,其组织形态分散。表面上看比较繁荣,有"中央级"大刊、"地方级"研究阵地,数量不少,品牌也不少,国内影响力也不小,但各自为政,形不成合力,没有像英国的《书商》(The Bookseller)、美国的《出版商周刊》(Publishers Weekly)那样知名的品牌。当然,《书商》《出版商周刊》和学术期刊定位、特色不太一样,但品牌期刊的传播效应和影响力毕竟与一般期刊不一样。其次,对外影响因子不显著。表面上看,期刊周期缩短、容量增大、发文数量越来越多,但低水平重复、同质化现象严重,学术水平不高,学术影响力不强,其研究还没有融入世界编辑出版学研究的大格局,编辑出版类期刊或者期刊上刊载的文章也没有进入国际知名的文献检索系统,对外很少有影响因子。当然,这与汉语期刊、英语期刊有差别以及我国编辑出版类期刊的国际化水平有关,但没有像EI或SCI这样国际知名的文献检索系统收录,其直接后果就是我国编辑出版学研究与国外相关研究交流渠道的不通畅,不利于我国编辑出版学期刊国际竞争力、影响力的提升。

2. 特色和定位欠清晰

邹韬奋曾经说过"没有个性和特色的刊物,生存已成问题,发展就更没有希望了"。① 回观我国编辑出版类学术期刊的发展之路,撇开20世纪七八十年代"一窝蜂"创办的"内""外"刊不说,20世纪90年代中后期乃至跨过世纪才创刊的综合性期刊《出版广角》《现代出版》《中国编辑》等,尽管在它们创刊之前已经有"小有名气"的《中国出版》《出版发行研究》《编辑学刊》《编辑之友》等定位和特色类似的期刊存在,但它们依然"任性"地我行我素,没有多少创新。以入选最新版"中文核心期刊要目"和"CSSCI来源期刊"期刊2014年第1期所设栏目为例,几乎每一种期刊的栏目都不外乎编辑出版学理论、编辑出版工作、数字化、媒介(期刊图书)、史料、编辑出版教育等,类似的栏目,相同的内容,划分不清的疆界,综合性、大一统的模式,相互之间不重复都难,又何谈特色、何谈个性?特色、定位的不清晰,不但给作者的投稿造成纠结、不便,而且也造成各期刊财力、人力、学术资源的重复和浪费,更不利于各期刊本身以及这一期刊类群的可持续发展。

3. 理论创新乏力

综观目前的编辑出版类学术期刊,理论创新乏力、思想性不强是普遍现象。其表现最为突出的是,近年来缺乏引领编辑学学术走向的创新性成果出现,尤其是很难看到关乎编辑学理论、实践发展的前沿课题。比如,数字出版时代编辑活动的边界在哪里?微信、微博传播过程中编辑和作者的界限在哪里?数字出版活动的编辑模式是什么?国际化、数字化背景下我国编辑出版类期刊的现实走向、未来前景如何?具有中国特色的期刊评价体系如何搭建,指标设计怎样才合理,操作如何规范,等等。即使就以中国编辑学会为背景的《中国编辑》、以"学刊"为名的《编辑学刊》、以研究编辑学知名的《编辑之友》和核心期刊排行榜的"龙头老大"《编辑学报》而言,它们的理论性、思想性也着实不敢恭维。拿《编辑学刊》现在刊登的文章和20世纪八九十年代相比,理论性、争鸣性、思想深度、学术深度都有点逊色。《编辑学报》实践性、规范性强无可非议,但专业学术期刊只讲究实践性,理论性研究文章"藏而不露",也颇不正常。《中国编辑》《中国出版》尽管冠以"中国"之名,也鲜有关乎编辑学重大课题的专题策划和集约、集成性稿件出现,更不用说能代表中国编辑出版学研究的最新成果了。

另外,从目前来看,编辑出版类专业学术刊物以赞助、合作收取版面

---

① 《韬奋文集》(第3卷),生活·读书·新知三联书店,1956,第403页。

费的问题也比较突出，这当然是由于其办刊经费不足及发行渠道单一引起的，但这种"杀鸡取卵"的方法，不但不利于编辑出版学研究的开展，而且也会挫伤一些研究者研究的积极性，影响这一期刊类群及编辑出版学的未来发展。

鉴于以上问题，制订出一套切实可行的对策方案很重要。首先，针对我国编辑出版类学术期刊国际影响力弱的现状，要加强与世界知名的文献检索机构的交流和沟通，积极开拓编辑出版类期刊国际合作的模式，或创办英文期刊，或培育自主性平台，创新自主营销模式，在争取让我国优秀的编辑出版类期刊和研究成果被世界知名的文献检索系统收录和引用的基础上，更好地向世界传播中国视角、中国经验和中国思想，更好地为发展自己服务。

其次，针对特色、定位不清晰，学术创新乏力的现状，特别要强调的是"市场蛋糕"的分配，要追求错位、创新、独一无二。《编辑学报》在国内核心期刊排行榜上位居榜首，与其研究科技编辑理论、实践的定位以及学术性、实践性、规范性的特色不无关系，尤其是实践性和规范性的特色，可以说是一大亮点。那么，理论性、科学性、时代性的特点呢？错位思考、错位经营才能"我有人无"。更何况编辑学是一门新学科，且不说编辑学理论体系还不成熟，研究的空间很大，单就目前国际化、数字化对编辑出版业转型提出的理论和实践新课题来说，研究的空间就很大。因此，不管从编辑出版类期刊长远发展看，还是从现实生存看，在选题策划、议题设置、组稿创构方面动一下脑子、下一点功夫既必需也必要，毕竟编辑出版产业是"内容为王"的产业，引领编辑出版学理论和实践发展的方向才是这一期刊类群发展的"王道"。

再次，针对编辑出版类学术期刊内容"全"而"散"的格局，经费少、经营不好的现状，需要做的是把大而散的综合性期刊优化合并，开辟专而精的合作模式；推进期刊网络化和数字化的进程，加快数字期刊的发展与研究；尝试着分析目标受众，进行分众发行，然后投放适量广告等。只有切切实实、一步一个脚印地做下去，我国编辑出版类期刊的明天才会充满阳光。

三　主要编辑出版类学术期刊及其特征规律

（一）几家编辑出版类学术期刊介绍

1. 中国编辑的精神家园——《中国编辑》

《中国编辑》是中国编辑学会的机关刊物。2002年其试刊号在刘杲会长热情洋溢的《我们是中国编辑》的发刊词中登了场:"中国编辑,我们的名字,我们的岗位,我们的荣誉,我们的责任……"有激情,有理想。试刊号上刊登的《众说纷纭话"编辑"》,集中了诸如林穗芳、任定华、王振铎、邵益文、蔡克难、杨焕章、王华良等学界知名专家学者对"编辑"的看法,显示了学界对编辑学研究一呼百应、斗志昂扬的状况和欣欣向荣的氛围。向新阳先生的《我与编辑学的曲折姻缘》则表达了向老一代编辑学研究者致敬的意味。如此,在众多专家、学者的支持声中,以"中国编辑"命名,由中国编辑学会主办,办刊宗旨是"推动中国新闻出版事业的改革和繁荣,促进编辑学的研究,反映中国编辑的工作及生活,研究中国编辑出版的历史及现状,介绍海外编辑出版现状"的《中国编辑》正式登台亮相,标志着中国的编辑学研究又开辟了一个重要战场,并进入了一个继往开来的新时期。

(1)《中国编辑》的成长之路

亮相后的《中国编辑》,正式出版是2003年,由中华人民共和国新闻出版总署主管,中国编辑学会主办,河北教育出版社承办。2006年改为高等教育出版社承办,编辑部从石家庄迁到了北京。

2003年到2005年是河北教育出版社承办的3年,也是激情创业的3年,《中国编辑》充满了理想主义及浪漫主义情怀。这一点,从"亭台楼阁、轩榭厅堂、廊坊壁窗"等栏目名称的创意就能看出。这一时期,主要栏目有"观象台""群言堂""学术厅""养心坊""演练场""藏经屋""报刊廊""研究院""品书轩""聚贤阁""识史馆""数字吧""笔耕园""瞭望塔""温故斋""设计室""览景榭""回音壁""记事亭""荐书窗"等,既"温故"也"瞭望",既"养心"也"览景",致力于打造"中国编辑学的学科园地,中国编辑人的业务伙伴"、编辑从业人员和研究人员的精神家园的主旨清楚明白。这一时期共发表文章634篇(统计自"中国知网",下同),涉及图书、报刊、网络、电子出版物、广播电视、装帧设计等编辑理论和业务方面的内容。

2006年到2009年由高等教育出版社承办,《中国编辑》依旧"激情四射"。2006年2月,中国编辑学会换届,桂晓风当选中国编辑学会新一届会长,《中国编辑》2006年第1期,以发表桂晓风的《开拓〈中国编辑〉的新境界》为契机,"《中国编辑》要反映中国编辑的胸怀、中国编辑的追求、中国编辑的品格、中国编辑的思考和甘苦,与他们之间形成互动和同步前进的关系,建立深刻的相互了解和深厚的友谊。《中国编辑》为中国编辑服务,中国编辑推动《中国编辑》的工作,在这样一个互动过程中,把中国编辑队伍和《中国编辑》杂志都提高到新的层次"①,开始了新的奋发图强之路。《中国编辑》除继续为编辑出版从业人员和研究人员提供交流平台和精神家园以外,更加注重编辑学界新成果、新材料、新观点的发表。2008年的栏目设置中,除了原有的"图书坊""报刊廊""数字吧""影视馆""广播站""广告厅"等,还增加了"科学发展观专栏""庆祝中国编辑学会成立15周年""首届中国编辑高层论坛特辑""纪念戴文葆同志专集""理论纵横""法规践行""规范与操作""学科教育""成才·用才""人物特写""史事钩沉""编辑抒怀""品书·评书""海外同期声"等栏目。2009年的栏目设计则有铅华洗尽的朴实,如"卷首语""访谈""编辑观察""人物专访""理论研究""行业建设""图书""报刊""广播电视""新媒体""质量聚焦""规范与操作""人才培养""海外视野""媒体评论""编辑春秋"等。这一时期共发表文章743篇,内容依然关注编辑、编辑工作、编辑学研究等。

当然,也有人对《中国编辑》栏目发表不同的看法,认为栏目设置应该有层次性和明确性以及相对的稳定性。但不管是其前期感性的表达还是后来理性的描述,值得肯定的是《中国编辑》栏目设置与调整,都是编辑出版类期刊在编辑学研究道路上摸索前行时激情和理性相结合的产物,是历史的沉淀和一笔不可多得的宝贵财富。2002年到2009年,《中国编辑》一路走来,从激情燃烧的张扬、任性到理性、沉稳、渐趋大气。2011年,有人这样评价它:"在学术上体现出自己独特的个性,那就是从容、大气、不流俗、不虚脱、不高调。"② 与此同时,《中国编辑》的学术水准和业内影响也逐步得到肯定和提升,自2008年被收录到北大中文核心期刊名录之后,不管是"北大核心"还是"CSSCI来源期刊",每一版都榜上有名。

(2)《中国编辑》的办刊特色

从2002年到2009年8年间,《中国编辑》尽管栏目设置名称变化较大,但其一直紧紧围绕编辑学专业学术理论刊物的定位来运作,取得了良

---

① 桂晓风:《开拓〈中国编辑〉的新境界》,《中国编辑》2006年第1期,第4页。
② 《建中国编辑精神家园,与〈中国编辑〉共同成长——〈中国编辑〉大家谈观点综述》,《中国编辑》2011年第6期,第83页。

好的成绩，办出了自己的特色。

首先是其依托中国编辑学会，打造一个中国编辑共同的精神家园，一个能够畅所欲言的交流平台。从2003年到2009年，《中国编辑》共发表文章1377篇，这些文章作者既有大家名流，如刘杲、桂晓风、柳斌杰、邵益文、彭兰、王德有、方厚枢、徐雁、徐柏容、张伯海、阙道隆等，也有编辑学研究的"小字辈""小编辑"、后起之秀。并且后者人数之多不胜枚举。就刊发文章的内容看，既有编辑学理论探讨、编辑实务研究、编辑出版史料梳理、编辑出版高等教育等内容，还有新老编辑的经验交流、感悟心得，只要是编辑关心的、编辑研究的、编辑工作中应该知道的，几乎都有所涉及、探讨。2008年3月，"中国编辑"网站正式开通，打造了全媒体时代服务于各类媒体编辑人员学习、工作和生活的网上平台，实现了编辑、作者、读者三者之间更加及时有效的沟通，致力于中国编辑精神家园建设的《中国编辑》在这方面的特色更鲜明。

其次，有计划、有组织地编辑出版编辑学理论研究方面的文章，反映编辑学研究的最新成果，引导编辑学研究的方向。比如，在学习和实践"科学发展观"的过程中，为进一步落实"大文化""大媒体""大编辑"概念在编辑学研究和编辑出版实践中的理解和应用，《中国编辑》2008年第1期到第6期的"卷首语"依次是《2008年中国编辑的"一、二、三"》《着眼文化创新 注重内容质量》《大文化·大媒体·大编辑》《大文化与科学发展观》《大媒体与科学发展观》《大编辑与科学发展观》，2009年第1期到第5期的"卷首语"依次是《以科学发展观统领中国编辑》《文化创新与科学发展观》《媒体创新与科学发展观》《编辑创新与科学发展观》《媒体体制改革与编辑发展》，紧紧围绕科学发展观，倡导研究编辑学理论的新问题。除此之外，2008年第6期还专门开辟"科学发展观专栏"，共刊发4位作者的文章探讨科学发展观与编辑工作、与出版社工作等的关系，明确指出"科学发展是新闻出版工作的第一要义"。

再次，立足"大出版""大媒体""大编辑"，记录21世纪以来编辑学研究的状况和风貌。据我们对《中国编辑》2003年到2009年发表的题目带"编辑"二字的编辑学研究文章按编辑理论、编辑实务、编辑史、编辑出版教育、其他进行的分类统计，其中编辑理论方面的文章占所统计文章总数的18.3%、编辑实务方面的占33.2%、编辑史方面的占9.2%、编辑出版教育方面的占19.2%、其他方面的占20.1%。除了编辑史方面的内容比例较小以外，其他方面的文章基本都齐头并进。特别是从创刊之初的"数字吧"发展到后来的"新媒体"，21世纪编辑学研究与时俱进和理论前沿的特征比较明显。如此丰富多彩的内容，既比较真实地再现了转型时期我国编辑学研究的状况，又显示了《中国编辑》"有追求""有品格""有毅力""有智慧"的追求——用"四有"来评价《中国编辑》出自《咬文嚼字》主编郝铭鉴。其中，郝铭鉴在提到"有毅力"时指出，《中国编辑》起步较晚，在期刊市场空间比较狭小、形势比较严峻的情况下迎难而上，"还有勇气介入到这个圈子里面，而且一介入就很有章法，编辑部的同志都很有事业心，做事情也很有办法。现在印数方面也证明了这一点，一年之内这种刊物能到七千，简直是奇迹，很不容易"。[①]

《中国编辑》作为中国编辑学会的会刊，从2002年试刊到2009年，从创刊词《我们是中国编辑》到2009年第6期署名钟边的《〈中国编辑〉与中国编辑》，"八年磨一剑"，走过了一条摸索、开拓、创新的发展之路，被读者评价为"博学而优雅""清高而淳朴""机敏而时尚"，是"传承和创造文化的学者""具有普世精神追求的追梦者""优秀文化产品的发现者和培育者"[②]。在编辑出版类学术期刊中独树一帜，成为中国编辑的象征，难能可贵。

2. 开我国新时期编辑学研究之先的专业名刊《编辑之友》

《编辑之友》的前身是《编创之友》。《编创之友》是山西人民出版社1981年在太原创刊的我国第一个研究编辑学的专业内刊，1985年改名为《编辑之友》并公开出版发行至今。它以研究编辑、编辑工作、编辑学著名，从1992年"中文核心期刊"开始遴选至完成本书写作的2014年，一直榜上有名；从2003年到2014年，一直是"CSSCI来源期刊"。

(1)《编辑之友》的发展

《编创之友》是随着我国编辑学研究的复苏和研究热情的高涨而创刊的。创刊号上的《见面话》阐明了该刊的编辑宗旨："为了帮助编辑人员和广大作者不断提高自己的政治素质、理论修养和编创业务水平，使我们的图书出版工作更好地适应社会主义现代化建设的需要，我们创办了这个

---

① 《办刊要有一定的章法——以〈中国编辑〉为例》，《中国编辑》2004年第1期，第30页。
② 《建中国编辑精神家园，与〈中国编辑〉共同成长——〈中国编辑〉大家谈观点综述》，《中国编辑》2011年第6期，第83页。

名为《编创之友》的内部刊物，给大家提供有关编辑和创作业务方面的学习和参考材料。"[①] 1985 年其改名为《编辑之友》（季刊、16 开）并公开出版发行；1987 年起改为双月刊，主办单位变更为书海出版社；2003 年改为大 16 开，主办单位变更为山西人民出版社；2007 年 9 月，由山西出版集团主管主办；2009 年改为月刊，仍采用大 16 开。改刊后的《编辑之友》以"各类图书、报刊编辑人员"的专业刊物自居，一则《编辑之友》的征订启事显示："探讨编辑工作改革 研究编辑科学理论；总结编辑实践 提高编辑业务素质；记述编辑先进事迹 倾诉编辑生涯甘苦；介绍海外出版动态 刊载编辑史料资料"，秉持"保持学术性 增强实用性"的办刊宗旨，力争把《编辑之友》变成为编辑同仁的工作之友、学习之友、生活之友。由此足见其特征、宗旨和追求。

（2）《编辑之友》的特色

《编辑之友》内容丰富、题材多样，但最大的特点是关注编辑、关注编辑学研究。1981 年创刊第 1 期就发表有《对编辑工作的老生常谈》《美国的编辑怎样工作》两篇关于编辑的文章。前者是中华书局老编辑周振甫先生撰写自身的编辑工作经历，后者则是有出访美国经历的、署名志远的作者撰写的美国编辑工作的现状和特点，显示出刊物的开放性特点。第 2 期的《谈谈编辑的道德》《漫谈序言的编辑工作》《谈谈编辑的文字技术加工》，第 3 期的《谈谈外书编辑的业务学习和工作问题》《谈编辑加工》《关于组稿和作者工作》《编辑和逻辑》，第 4 期的《编辑琐谈》《经济读物编辑三题》，等等，充分显示出《编创之友》在编辑学研究方面的独特性。

后来《编创之友》改为《编辑之友》，其研究编辑学的特色依旧延续。我们对《编辑之友》从创刊到 2009 年期间发表的编辑学研究文章（题目带"编辑"二字），按编辑理论、编辑实务、编辑史、编辑出版教育、其他等进行细分，统计发现，编辑理论方面的文章占所有统计文章的 29.5%、编辑实务方面的占 26.7%、编辑史方面的占 6.2%、编辑出版教育方面的占 19.1%、其他方面的占 18.5%。可见，发稿最多的是编辑学理论研究，次之是编辑实务研究、编辑出版教育研究、其他研究，最少的是编辑史研究。这一方面说明《编辑之友》在发稿中比较看重对编辑学理论

---

① 《见面话》，《编创之友》1981 年第 1 期，第 1 页。

问题的探讨,尤其和《中国出版》《中国编辑》的统计数据相比,重视理论研究的特色颇明显;另一方面也说明,这种研究态势及其分布比较符合我国编辑学研究关注理论、关注现实的本质,符合编辑学研究创新、务实的特色。

另外,《编辑之友》在栏目的设置上有"专题专访""出版研究""编辑科学""期刊探索""热点透视""前沿探索""名家解读""名家讲坛"以及后来的"出版""术业""学研"等,不仅刊登的大都是编辑出版研究的最新科研论文,反映了编辑出版领域的最新研究成果,代表了编辑出版学的最高研究水平,而且这些论文的作者既有编辑出版研究的老前辈、老专家,也有很多编辑出版研究的青年才俊、后起之秀。正如许力以所说:"这个期刊的名字,起得很好的。刊物自问世以来,反映读者的要求,表述作者的意愿,交流编辑的心得,研究出版的历史和规律,探索出版的现状及其存在的问题,她的确是编辑的挚友,同时也不愧是沟通读者、作者和编者的桥梁。"《编辑之友》正是立足"友"字做文章,充分体现其人文精神和人文性。特别是"授业""释疑""演练"三个栏目以及"名家讲坛""名家解读""名家访谈"三个栏目,无不是围绕读者所需而设置的,有针对性地为读者服务,为青年编辑服务,为专家学者服务,成为读者的朋友,"亦师亦友",是《编辑之友》的另一个显著特色。

总之,"亦师亦友"的《编辑之友》,不仅 1981 年创刊成为我国第一个研究编辑学的专业期刊、学术期刊,领期刊编辑学研究风气之先,而且 30 多年来对编辑学研究矢志不渝,在同类期刊中可称为编辑学研究的"常青树""不老松",颇具先锋模范作用。

3. 集政策、理论、研究、信息于一体的大刊、名刊——《中国出版》

《中国出版》是中华人民共和国新闻出版署主管的国家级大刊,它的前身是《出版工作》。1978 年创刊的《出版工作》是"文革"结束后我国出版战线上创办得较早的一份内部刊物,1991 年改名为《中国出版》,公开发行至今,2009 年改为半月刊。《中国出版》是目前"中文核心期刊"和"CSSCI 来源期刊"名录中创办最早的一份编辑出版类专业期刊。

(1)《中国出版》的发展历程

1978 年党的十一届三中全会召开,我国进入了改革开放的新时期。在党中央、国务院的亲切关怀下,全国出版工作座谈会胜利召开,乘着出版战线"大干快上"的时代浪潮,《出版工作》应运而生。创刊号"编后记"记载了它的任务:"宣传党对出版工作的方针、政策,交流出版工作(特别是编辑工作)和培养干部的经验,对出版工作中一些带方针、政策性问题展开讨论,反映各地、各个方面对出版工作的建议、要求;同时介绍与编辑业务有关的学术理论动态和对编辑工作有启发意义的出版史资料(包括一些重要作家有关出版工作的轶闻资料),刊登国内外出版动态等。"①

1991年,《出版工作》改名《中国出版》。《改刊弁言》详细说明了改名的缘由。"中国出版业的迅猛发展使我国迈入世界出版大国的行列,泱泱大国,应该有一种与其身份相称、事业规模相称的刊物,以向国内外读者介绍中国出版业的全貌。出版业发展迅猛,亟须加强宏观管理、队伍培训、科学研究和理论建设,也需要有相当的刊物加以推动。"② 改名后的《中国出版》以"建构出版理论,活跃学术思想,积累出版文化,探讨改革途径,传播业内信息"为宗旨,既关注中国出版业的实际活动,也关注世界文化潮流,并且站在社会进步与文化传播的角度置身于社会主义事业的整体格局中进行观察和研究。"立足中国、面向世界"的视野决定了《中国出版》作为中国出版界的专业性刊物的高端、权威和大气,开始在业界和学界进一步发挥高屋建瓴的权威和导引作用。

(2)《中国出版》的刊物特色

《出版工作》1978年创刊,创刊号上刊登的文章有《列宁关于编纂现代俄语辞典的五封信》《〈纽约时报〉编辑的〈俄国目睹记〉丛书》《要加强计划性——胡耀邦同志对出版工作的一些建议》等。尤其是《要加强计划性——胡耀邦同志对出版工作的一些建议》一文,记述了1977年10月23日人民出版社的编辑访问胡耀邦同志时,胡耀邦对出版工作提出的几条具体建议,即出版工作既要把马列著作、毛泽东著作放在首位,又要加强计划性;有计划地出版一批基础理论著作、一批实用全面的工具书,精选一批作家作品选集等。1978年以后的几期刊发的有关编辑方面的文章不多,主要有《关于责任编辑的工作》(1978年第2期)、《加快出书与编辑出版技术的现代化》(1978年第6期)、《列宁和编辑工作》(1978年第7期)、《叶圣陶同志希望编辑同志都来做改进文风的促进派》(1978年第10

---

① 《编后的几句话》,《出版工作》1978年第1期,第32页。
② 《改刊弁言》,《中国出版》1991年Z1期,第4页。

期）等。可见，《出版工作》的诞生确实是为了更好地指导出版工作、培养出版人才，急社会所急、适行业所用。反映在文章上就是强调党和国家的意志对出版工作的指导和影响，政策性、指导性的文章较多，但理论探讨不足。

1979年《出版工作》发表的文章仍延续1978年的风格和特色，有所不同的是，对编辑工作重要性的强调和编辑工作的理论性探讨明显增多。如第3期、第4期刊登了《提高编辑工作水平　适应新形势的需要——国家出版局在上海召开编辑工作座谈会》《肃清"左"倾流毒　搞好出版工作——国家出版局在北京召开编辑工作座谈会》两篇文章，说明了党和国家对编辑工作非常重视。第4期刊发了《努力提高编辑水平》，第5期刊发了《编辑出版工作中心怎样转移?》，第6期接连刊发了《建议采用编分制考核编辑工作》《编辑职称和行政职务要分开》《编辑要有伯乐的眼力》《编辑加工十忌——在人民文学出版社编辑月会上的发言》《做好科技书编辑工作的几点看法》《文责自负和编辑把关》等，都是针对新时期编辑工作的特点而进行的颇有针对性的探讨。而第7期刊发的3篇文章《编辑干部谈"转移"》《编辑人员要稳定》《责任编辑应当署名》等则是对编辑工作独特性的进一步认识。《责任编辑应当署名》一文指出，建议编辑署名并不是要为编辑争名争利，而是为了让人们了解编者，知道"编辑工作是一种艰苦的精神劳动。优秀的编辑工作者是辛勤的园丁，应该像那些为人们创造了精神财富的科学家、文学家一样受到人们的尊敬"[①]。第10期刊发的《从孙伏园的编辑工作谈起》、第11期刊发的《"编辑"这一行》等思想性都较强。尤其是后者，文中明确提出："我认为，编辑实实在在是一门专业，是有它专门的学问的，这一行既有自己的规律性，又有自己的特殊性。一个作家，一个教授，一个研究员，未必能当得了一个好的编辑。"[②] 这应是从十一届三中全会到2009年编辑学研究进入常规阶段以来最早见诸媒体的明确提出编辑是一门专门学问的文字。这说明越来越多的从业人员认识到编辑工作的独特性和规律性，关注的焦点逐渐开始由"术"向"学"转变。

1989年，《出版工作》全年共发表文章275篇，其中标题中带"编

[①] 三江：《责任编辑应当署名》，《出版工作》1979年第7期，第27页。
[②] 张惠卿：《"编辑"这一行》，《出版工作》1979年第11期，第6页。

辑"二字的有28篇。和1989年以前相比，1989年所发文章探讨编辑实践方面的问题更具体，比较突出的是针对优化选题和优化编辑队伍所发的文章占比较大，代表性文章如《试论选题的优化》和《优化选题的七个问题》《论专业编辑的建构和素质培养——对优化编辑队伍的思考》等。另外，还分三次刊发了刘光裕的《编辑的业务观念》（上、中、下），分两次刊发了连卫的《漫谈编辑——对一种职业的探讨》（上、下）以及胡海清的《编辑的超前意识》等文章。历代编辑家的传记和书评文章也占了相当大的比例，如吴道弘发表5篇《书评续话》等。可见，1989年《出版工作》已经开始关注编辑学理论与编辑史的研究了。

1999年，《中国出版》全年共发表文章427篇，其中文章题目带"编辑"二字的有27篇。1999年是新中国成立50周年、20世纪的最后一年。署名南方的《新中国出版50年感言》一文指出，"面对新世纪，面对经济体制和经济增长方式的根本性转变，面对世界范围各种思想文化相互激荡和科学技术迅猛发展的挑战，我国出版业肩上的担子并不轻；要适应国际国内形势的发展，肩负起时代的重托，肩负起党和人民赋予的职责，惟有推进出版改革。改革才能发展，改革才有出路"。① 这一年还专设"国庆50周年特辑"，其中《成就辉煌　任重道远——新中国新闻出版50年》回顾了新中国成立50年来我国新闻出版行业取得的可喜成绩。1999年，标题中带有"跨世纪"的文章就有5篇，比如《少儿出版工作与跨世纪发展战略》《跨世纪编辑的选题策划意识》等都是站在世纪交替的关口回顾过去、展望未来的作品。而时任新闻出版署人教司司长的李牧力发表文章《朝阳专业的发展之路——我国编辑出版学专业建设略论》，则回顾了编辑出版学专业发展的历程并提出了自己的建议。实际上，从这一年发表的几篇关于策划编辑的文章《关于策划编辑制、项目负责人制和工作室制的思考》《策划编辑　责任编辑　生产编辑——美国出版社编辑制度管窥》《美国出版社的组稿工作》等可以看出，这一时期编辑出版机制改革对编辑从业人员和研究者的影响以及由此引发的思考比较"热门"。

2009年《中国出版》全年共发表文章474篇，其中标题中带"编辑"二字的有25篇。综合《中国出版》这一年发表的几篇文章——《对编辑学与出版学关系的再思考》《编辑出版专业论文的写作动向》《数字出版时

---

① 南方：《新中国出版50年感言》，《中国出版》1999年第9期，首页。

代的编辑理念》《基于"大出版"视角培养出版人才——北京大学编辑出版专业研究生教育的案例分析》《媒介融合时代编辑在国家"软实力"建设中的文化担当》,可以看出,数字出版、媒介融合对编辑出版学的影响,以及编辑出版学在国家文化建设中所发挥的重要作用成为研究的热点。

可见,从 1978 年创刊开始,以 1979、1989、1999、2009 年作为期刊发展的关键时间节点分析,《中国出版》的发展可谓越来越"接地气"。出版工作—编辑工作—编辑主体—编辑理论—编辑出版史—编辑出版教育—编辑的文化担当等,政策、理论、实务、史料、教育、信息、文化等,内容越来越丰富,研究越来越深入。与之对应的是,《中国出版》政策性和理论性相结合、学术性与实用性相媲美的特色愈加明显,高端、权威、大气的期刊形象魅力四溢。

4. 以"学"命名的《编辑学刊》

《编辑学刊》是一个创刊早(1986 年)、影响大(多次入选"中文核心期刊""CSSCI 来源期刊"名录)的编辑出版类学术期刊。一个"学"字,凸显了办刊者对期刊定位、特色的期许——学术性、学理性、研究性。

《编辑学刊》(季刊)由上海市编辑学会主办。海纳百川的上海,人文荟萃,视野开放,《编辑学刊》作为上海唯一的一家编辑出版类期刊,自创刊以来,以探讨编辑理论,反映我国编辑学研究成果,繁荣我国的编辑出版事业,沟通编者、作者、读者,贴近时代、贴近生活、贴近读者为办刊宗旨,既具有"海派"学术期刊的风格,又兼具编辑学"学术""学理"研究的特色。尤其是 20 世纪八九十年代,在关于编辑内涵、外延的论争、关于编辑学性质的大讨论中,《编辑学刊》一直起着领航者、排头兵的作用。进入 21 世纪以来,它在继续关注编辑学理、编辑工作的同时,更加关注编辑主体的精神生活,其栏目有"人文讲坛"——出版大家的独立观点,"前沿观察"——纵论天下编辑出版盛事,探讨编辑出版改革实践,"编海拾贝"——滋养真正学术精神,塑造时代编辑人,"人物速写"——一个孜孜以求的真实人生历程,"书海观潮"——热点图书的冷静思考;"刊林采英"——市场的新锐观察等,成为编辑学理论研究和理论争鸣的高地,编辑人的精神家园。

5. 以科技期刊编辑出版理论与实践为研究对象的《编辑学报》

《编辑学报》也是一份影响大(经常位列"中文核心期刊""CSSCI 来

源期刊"榜首)、质量高的重要编辑出版类专业学术期刊。

《编辑学报》于1989年在北京创刊,由中国科学技术期刊编辑学会主办,初为季刊,2001年起改为双月刊。其学术定位是面向科技期刊及科技图书编辑人员以及相关编辑学研究者;其办刊宗旨是"报道国内外有关科技书刊特别是科技期刊编辑出版理论与实践研究的成果,为推动科技编辑学、科技期刊学研究,提高我国科技书刊的质量和效益,为社会主义文明建设和实施'科教兴国'战略服务"。独特的定位,不同的宗旨,以及"编辑工程与标准化""期刊现代化""办刊之道""有问必答""谬误辨析"等其他编辑出版类期刊没有的栏目设置,使注重编辑学理论和实践的结合的《编辑学报》20多年来发表了大量的科技期刊编辑研究的高质量学术论文。有了高质量的论文,转载率、影响因子增多,自然是科技核心期刊、编辑出版类核心期刊,并且影响越来越大、排名越来越靠前。解读《编辑学报》所创造的这份奇迹,与刊物学术性、实践性、规范性的特色不无关系。可以说,正因为《编辑学报》定位于科技期刊编辑出版理论和实践研究,坚持学术性、实践性、规范性的特色,才奠定了它在学术研究圈,尤其是科技期刊编辑研究圈独一无二的地位。

6.《出版科学》《出版发行研究》《科技与出版》等

《出版科学》1986年试刊一期后一度中断。1993年创刊,以内刊和内部资料的形式出版,蔡学俭为创始主编。2000年正式取得刊号公开发行,2004年由季刊改为双月刊,2006年改由武汉大学信息管理学院承办。当"出版"和"科学"相遇,便成就了一个期刊的传奇。这个传奇,从试刊号开始,整个20世纪80年代就出这么一期,栏目有"专论·特约稿""出版学研究"和"编辑学·编辑工作"等,并且"专论·特约稿""编辑学·编辑工作"两个栏目一直沿用至今。试刊号所发文章,开篇是伍杰的《加强出版科研,发展出版科学》,接着有邵益文的《祝〈出版科学〉创刊——从重庆会议说起》、叶再生的《编辑出版学绪论》、蔡学俭的《图书美学三题》、方振益的《略论出版学的建立和研究》、吴道弘的《图书编辑的人才理论》、胡光清的《我国编辑学研究的现状和趋向》、罗紫初的《试论图书发行学的学科性质》、汪城的《再论书评学》、刘冠军的《读者心理探论》等。内容几乎涉及了20世纪80年代刚刚兴起的编辑学研究的各个方面,有人用"惊艳"来形容。从试刊、内刊、公开发行到2009年乃至今天,栏目有"专论·特约稿""编辑学·编辑工作""出版学·出版工作""编辑史·出版史"以及2000年公开发行后增加的"卷首语""多媒体·网络出版""书苑撷英""编者·作者·读者""港澳台出版·国外出版""博士论坛"等,研究内容丰富,研究视野开阔,而且与时俱进,林穗芳先生用"重学术、重规范、与时俱进"来认定《出版科学》的基本特色,适度、恰切。另外,《出版科学》2002年开通了网站,至今仍是为数不多的几家有网站的编辑出版类刊物中的一家。

《出版发行研究》是一家创刊早(1985年)、影响大(一直在核心期刊榜上占有一席之地)且积极致力于编辑学研究的编辑出版类重要学术期刊。它原名为《出版与发行》,1988年更名为《出版发行研究》。目前是新闻出版总署主管、中国出版科学研究院主办的专业大刊。和其他的编辑出版类专业学术期刊相比,《出版发行研究》的特点是,不仅关注出版实践、出版理论,编辑实践、编辑理论,而且还把"发行"这一编辑出版工作中的最后一个环节也纳入了编辑学研究的范畴。

《科技与出版》与《出版发行研究》相比,创刊更早(1982年)、影响也不逊色,几乎是核心期刊榜上的"常胜将军"(除2000年外)。《科技与出版》的前身是《科技出版通讯》,1988年改名《科技出版》,1993年改名为《科技与出版》。《科技与出版》是联系出版界与科技界的桥梁,目前由清华大学出版社承办。其办刊宗旨是"搭科技与出版之桥,传编印发之经,为繁荣科技出版事业服务";主要内容为论述有关科技出版的方针、政策,研究科技编辑出版工作的具体问题,介绍国内外科技编辑出版方面的动态。《科技与出版》的特点,用一位编辑学界学者的话来说就是,注重编辑工作手段现代化的研究、重视语言文字规范化和国家标准的宣传贯彻。

另外,以"出版"命名的还有《出版广角》《现代出版》《出版史料》等,都在学术研究圈有比较大的影响力。再就是以科技期刊为研究对象的《中国科技期刊研究》,虽然名字上不含"编辑""出版"的词组,但对编辑学理论和实践的研究和探索的成绩也是有目共睹的。

（二）编辑出版类学术期刊的特征规律总结

1. 编辑出版类学术期刊是我国编辑学研究的展演台、记事本、备忘录

林语堂先生曾说过:"期刊是一个国家文化进步最好的迹象。"编辑出版类学术期刊作为记录编辑学研究进步发展的物质载体,编辑学研究历程中每一件大事都在编辑出版类期刊上出现过,编辑学研究中的每一次论

争、论战都在相应的文章中有所涉及。比如,"百家争鸣、百花齐放"的20世纪80年代,有关编辑有学无学、编辑学学科体系、编辑理论框架、编辑的起源、孔子是不是编辑家等的论争,改革大潮涌动的20世纪90年代关于编辑体制、编辑职业道德、编辑出版效益的思考,新世纪数字化、全球化带来的编辑内涵、外延的扩大和编辑工作内容、工作视域的增容等,全都能在这些专业学术期刊上觅到影踪。这里且不说20世纪八九十年代编辑学基本理论的论争在《编辑学刊》《编辑之友》上的展现,不说世纪之交的出版集团建设、新世纪的转企改制、新媒体编辑等大事、要事在《中国出版》《中国编辑》《编辑之友》等上的"组团"出现,单围观2002年开始的出版职业资格考试,2002~2009年,"中国知网"收录的标题中有"出版职业资格"字样的文章就有141篇,而发表在非编辑出版类期刊上的仅有30篇,也就是说,有关"出版职业资格"字样的研究文章大约80%都刊登在这些专业学术期刊上。

另外,学术会议的召开、学术会议的内容等,直接反映了一个学科的学术生态。《中国编辑》作为中国编辑学会的机关刊物,学会学术年会、理论研讨会等的优秀论文大多都刊发在《中国编辑》上,其他像《编辑之友》《编辑学刊》《中国出版》等也都择优刊登一些。《编辑学报》《中国科技期刊研究》等则择优刊发科技编辑学会优秀的会议论文。特别是前文提到的湖南出版的《出版科学探索》,它本身就是湖南省历届编辑理论研究征文以及学术会议论文择优发表的论文集。

其实,不管是从编辑出版类期刊的类群来看,还是从某一个案看,编辑出版类学术期刊的产生都是编辑学研究发展到一定阶段的需要,编辑出版类学术期刊的发展都离不开编辑学研究的进步。20世纪80年代末、90年代初之所以产生一大批编辑出版类学术期刊,进入21世纪之所以一大批学术期刊由季刊改为双月刊,近几年之所以由双月刊改为月刊、半月刊,这都与我国编辑学研究的现实需求紧密相关,一方面,学术期刊为编辑学研究和学科发展提供了交流的平台和发表研究成果的园地;另一方面,编辑学研究的成果和学科发展充实了学术期刊的内容,巩固了学术期刊生存的根基。编辑出版类学术期刊的发展,见证了我国从十一届三中全会到2009年编辑学研究成长进步的历史,它作为编辑学研究的展演台、记事本、备忘录,真实地记录了我国编辑学研究由弱到强、从小到大的历程。

2. 编辑出版类学术期刊是社会政治、出版改革的感应器、晴雨表

毋庸置疑，期刊是社会的产物，期刊变迁与社会变迁共为一体，相辅相成。编辑出版类学术期刊的产生发展，无不与我国改革开放的社会大环境、编辑出版业大发展的中观环境、编辑学研究内部的小环境相互关联。尤其是编辑出版业改革大潮的涌动、发生、发展，催生、加速了编辑出版类学术期刊的进步、发展。回观20世纪80年代思想启蒙引发的编辑学理论研究热潮，90年代市场化转轨导致的出版体制转型，21世纪初期国际化、数字化带来的编辑出版业国内外、新旧媒体之间的交锋以及如今媒介融合、互联网思维等这些由社会政治引发、媒介变迁引起的编辑学研究中的大事、要事，无一不存在于这些编辑出版学学术期刊中。以数字出版为例，《中国出版》有"数字时代"，《出版发行研究》有"数字出版"，《科技与出版》有"数字无限"，《中国编辑》有"数字吧"，《出版科学》有"多媒体·数字出版"，等等，几乎每一期刊都有反映"数字化"内容的栏目。显然，这些栏目的设置以及文章内容的选择，都与新世纪数字化浪潮相辅相成。至于与出版改制、期刊改革、编辑体制改革相关的栏目，可以列出更多；相关文章，数不胜数。仅以2008年的"改革开放30年"、2009年的"新中国成立60年"为例，《编辑之友》《中国出版》《编辑学刊》《中国编辑》等都有相应的文章、相应的栏目刊出，有的还策划出版了专辑、专刊，如《编辑之友》等。可见，编辑出版事业进程中的变更、震动，都可以通过编辑出版类期刊得到映现，编辑出版类学术期刊作为编辑出版改革变化的感应器、晴雨表，既与时代同步，又与编辑实践相连。

3. 编辑出版类学术期刊的发展与信息技术的发展、期刊人的贡献息息相关

有学者认为，"信息技术是提升期刊传播效率的第一推动力"，"期刊人是期刊业发展的重要资源"。① 由前文的现状分析可知，编辑出版类学术期刊越印越精美、越办页码越多、周期越短，诚然与作者的研究热情、读者的阅读需要有关，但以计算机、互联网、存储传输数字化为代表的信息技术的发展以及期刊主编、编辑的奉献也有一定的关联。以期刊主编为例，编辑出版类学术期刊的第一任主编往往是编辑出版实践经验丰富的业内人士，热爱编辑出版事业，爱岗敬业，无私奉献。不管是《编辑之友》

---

① 李频主编《共和国期刊60年（1949~2009）》，中国大百科全书出版社，2010，前言。

的张安塞,还是《出版科学》的蔡学俭、《出版广角》的刘硕良等,在期刊创办的开疆拓土期都是身居要职、实践经验丰富、人脉资源丰厚的业界精英,他们深知编辑出版工作作为一门学术研究的必要性,也深知编辑出版工作的独特性,所以才能"风起于青萍之末",运筹帷幄,打造一个又一个风格不一、个性独特的学术平台。不仅如此,他们还执着于编辑学期刊的创办,有奉献精神和良好的职业道德。综观这些学术期刊,历任主编差不多也都是行业翘楚,德高望重;大多数编辑也都德才兼备,身手不凡。

其实,又何止是主编、编辑,每一份学术期刊的背后都还活跃着一大批老专家、老领导,是他们执着的信念和无私的奉献成就了编辑出版类学术期刊的繁荣。翻开每一份期刊的发刊词,无不显现出他们的热情、执着、期待和心声。比如,赵家璧为《出版史料》撰写的代发刊词,刘杲为《中国编辑》撰写的发刊词,等等。特别是1982年在上海创刊的资料性和学术性兼具的《出版史料》,几次停刊,又几次复刊。学界前辈贤达如王益、宋原放、丁景唐、戴文葆、刘光裕等,停刊后极力奔走上书,积极呼请复刊事宜;复刊成功后无不欢欣鼓舞,纷纷撰文表示祝贺。《出版史料》一波三折、进退维艰的"发展史",与这些热心和有文化担当的专家学者的密切关系,无不说明编辑出版类专业学术期刊的生存和发展不是无源之水,无根之木,而编辑学的产生和发展也是大势所趋。正是因为有这些从编辑出版实践中走过,对编辑出版学有太深的感情,对编辑学学术期刊有更高期许的期刊人、编辑人接力、传递,我国的编辑出版类期刊才会越办越红火。

4. 编辑出版类学术期刊的发展与高层次作者、读者的支持紧密相连

任何媒介都离不开作者和读者,这是颠扑不破的真理。回观20世纪七八十年代在我国兴盛的编辑学,最初的发起者、"鼓吹者"基本上都是媒体人,编辑出版类学术期刊的作者、编者和读者,也都是与媒体相关的专业人士。也就是说在我国,编辑出版类学术期刊大多从产生起就有一批高层次的作者和读者。20世纪八九十年代文章的作者大多是有丰富实践经验的业内人士,他们的文章也多以总结梳理业务经验为主,读者也以业界编辑为主。20世纪90年代后期及进入21世纪后,随着我国编辑出版学专业高层次教育的发展和壮大,专门的研究者开始出现并逐渐增多,特别是随着高等学校学科目录对本科、硕士、博士各个层次招生的全覆盖,专门研究人员的队伍迅速壮大。这支队伍既包括高等院校编辑出版学专业的教

师、本硕博学生，也包括高校及其他编辑出版研究机构的研究人员，他们或为考核，或为毕业，或为项目，都需要发表一定数量和一定质量的学术文章。这支队伍的壮大，不仅为编辑出版类专业学术期刊提供了丰富的作者资源，而且也提供了忠实的读者来源。大学和学术界人士的加盟，一方面提高了期刊的理论研究水平，另一方面也更好地实现了理论和实际相结合的愿景。特别是在期刊发展的过程中，编辑、作者、读者的关系是互动的，编辑可以是作者、读者，作者、读者也可以成长为编辑。戈宝权发表在《出版史料》上的一篇文章就是谈怎样从读者到撰稿人，再到编辑的。所谓事业，就是人们所从事的，具有一定目标、规模和系统的对社会发展有影响的经常活动。专门用来研究编辑出版现象，服务编辑出版事业的学问就是编辑学，从事的这种研究，就是编辑学研究。编辑出版类学术期刊的发展与这些从事研究的高层次作者、读者关系密切。

另外，从编辑出版类刊物发表的众多综述文章来看，我国编辑学在不断总结和探索中前行。在知网数据库中搜索篇名中有"编辑"和"综述"两个词，年限为从1979年到2009年的复合条件的文章，一共100多篇，其中有一半都是发表在编辑出版类专业学术期刊上。21世纪以来，《编辑之友》《编辑学刊》等各大期刊不约而同地开始围绕编辑学研究中的重大学术问题以组稿、主题征文等形式，积极主动地自觉干预和促进编辑学研究的进程。毫无疑问，编辑出版学学术期刊的发展，见证了编辑学研究60年尤其是后30年成长发展的轨迹，是编辑学从"隐"到"显"，从"弱"到"强"的表征，编辑出版类专业学术期刊的出现和发展，是新时期编辑出版文化史上一笔不可多得的宝贵的财富。

第四节 我国编辑学高等教育的发展与学科建设

如果要问从十一届三中全会到2009年我国编辑学研究的最大收获是什么，好像拿前文提到的论著出版、期刊繁荣来证明，说服力不是很强。因为和其他成熟学科相比，无论是论著的出版，还是专业期刊的发展，恐怕编辑学都不能胜出。那么，谁能独领风骚、独占鳌头呢？笔者以为，应该要数编辑出版学高等教育的横空出世和全面开花了。1984年，根据我国编辑出版事业发展的需要，胡乔木同志提出在高校创建编辑学专业的建议，

1985年，国家教育部批准北京大学、南开大学、复旦大学三所高校创办编辑学专业开始，到2009年我国设立编辑学类似专业的高校达一二百家，实现了本科、硕士、博士招生全覆盖。可以说，飞速发展的编辑学高等教育，不仅为编辑学研究提供了强大的智力支持和人才保障，而且还为编辑学研究贡献了数量庞大的研究成果。编辑学研究成果的增多与成就的突出，又使编辑学学科体系越来越完善。也就是说，编辑学研究催生了我国编辑学高等教育的创立与发展，而编辑学专业教育的强劲发展又无可辩驳地证明了我国编辑学研究的繁荣昌盛。

一 我国编辑学高等教育的创立与发展

（一）我国编辑学教育创立的时间

任何一门成熟的学科门类都产生于作为其研究对象的实践性活动之后，编辑出版活动几乎与人类活动的文明历史一样悠久漫长，但与这项实践活动相对应的专门学科被明确地提出并自觉进行推广却是很近的事了。《当代新学科手册》收录了60年来人类文明社会所诞生的253门新学科，但不包括编辑出版学。直到1990年，《中国大百科全书》（新闻出版卷）出版，出现了"编辑学"词条，这是编辑出版类词条首次在大型工具书中出现。

在开展编辑出版专业教育方面，美国、日本、韩国、澳大利亚等国家都起步比较早。美国的现代出版教育可以追溯到1947年创立于瑞迪克利夫学院（Radcliffe College）的"瑞迪克利夫出版课程"（Radcliffe Publishing Course）[1]，这在西方国家中算是比较早的了。韩国编辑出版教育的真正兴起时间与我国相仿，都在20世纪的80年代。我国的编辑学专业教育在世界范围内具有一定的影响力，研究成果丰富、理论性强，具有鲜明的中国特色。

至于编辑学专业教育的起点，学界的看法不尽一致，大体有三：一是认为1956年中央工艺美院开设书籍装帧设计本科专业是我国高等编辑出版教育的滥觞；二是以武汉大学开设图书发行专业和北京印刷学院开设出版印刷专业的1983年为起点；三是以国家教育部批准北京大学、南开大学和复旦大学等创办编辑学专业，1985年开始招生为标志。最后一种观点的认可程度最高，接受者最众，原因即在于这一年里编辑出版教育的新进展不

---

[1] 练小川：《美国的出版教育 紧扣行业注重实际》，《出版参考》2009年第6期，第36页。

仅是国家最高教育机关的意志体现，而且向学科的核心又靠近了一步，是彻头彻尾的"编辑学"，而非编辑出版实践活动上下游的某一个环节。就其培养对象看，培养的是具有学士水准的编辑出版专业人才，包括专业教学人才和科研人才；从教学内容看，是系统总结、研究和传授编辑出版实践长期积累的经验，以及用科学方法概括形成的编辑规律、原理、知识和技能，实施造就编辑劳动力的再生产任务，为编辑实践活动输送合格的劳动者。

（二）我国编辑出版学教育发展的两个阶段

1983年6月6日，中共中央、国务院发布《中共中央、国务院关于加强出版工作的决定》，指出"加强出版队伍特别是编辑队伍的思想建设、组织建设和业务建设，培养一支革命化、年轻化、知识化、专业化的队伍，是摆在我们面前的严重任务"。这一文件的出台，反映了编辑出版业界和学界在社会经济、文化建设推动下，对编辑出版专业教育产生迫切需求的心声。1984年3月至6月，编辑出版教育的倡导者、著名宣传理论家胡乔木多次提出在我国部分高校试办编辑学专业的建议，按照他的建议，教育部会同文化部出版局召开座谈会，并将讨论意见于1984年7月23日以教育部党组名义向胡乔木递交了《关于筹办编辑专业的报告》。7月25日，胡乔木复信教育部，明确表示："编辑之为学，非一般基础课学得好即能胜任"，"为促成这个专业（或编辑、新闻专业）的诞生，我宁愿不惮烦言"。[①] 1984年，原教育部批准北京大学、复旦大学、南开大学建立编辑学专业。接着，在中国出版工作者协会和科技出版工作委员会的倡议和支持下，原教育部又批准清华大学、中国科学技术大学建立科技编辑专业。随后河南大学、四川大学、上海大学等一批院校开办了编辑学专业。1987年，武汉大学在图书馆学名下破天荒地开始招收出版学专业硕士研究生；河南大学学报编辑部招收编辑学硕士研究生班。这种"借窝下蛋"的招生模式一直持续了十多年。经过各相关高校的不断呼吁和努力，1993年，国家教委颁布的我国高校本科目录中，编辑学专业已被正式列入。1998年编辑学与出版学合并，称为编辑出版学，编辑出版学再次入选教育部公布的'普通高校本科专业目录'。与此同时，国务院学位委员会于1998年批准北京印刷学院出版系和河南大学文学院招收新闻传播研究生，

[①] 胡乔木：《关于编辑学和在大学试办编辑学专业》，载宋应离、袁喜生、刘小敏主编《中国当代出版史料》（6），大象出版社，1999，第267~268页。

研究方向为编辑、出版、发行。编辑出版专业培养高层次人才,迈出了可喜的一步"①。"2003年,武汉大学、北京广播学院、北京大学等具有一级学科授予权的院校自己设置了相关专业,开始以出版发行学、出版学等专业名录招收博士生,构建了编辑出版学的本、硕、博三层培养模式"②,实现了编辑出版高等专业教育层级的全覆盖。

可见,从1984年胡乔木的倡议,1985年北京大学、南开大学、复旦大学率先招收本科生,迈开了编辑学专业教育的第一步开始,到1993年编辑学入选国家教委公布的高校本科招生目录,1998年编辑出版学列入教育部公布的高校本科招生目录,国务院学位委员会才批准北京印刷学院出版系和河南大学文学院招收新闻传播研究生,再到2002年武汉大学信息管理学院开始招收出版发行学博士研究生,近30年的编辑出版学专业教育,应该以1998年为分界点,存在着编辑学高等教育(1984~1997年)与编辑出版学高等教育(1998~2009年)两个阶段。

1. 编辑学高等教育阶段(1984~1997年)

有人说20世纪80年代,出版业发展的主要特征是品种的增长,品种增长需要大量的编辑人才,与此相对应,就有了以编辑学为主的编辑学专业教育。进入20世纪90年代,我国明确提出建立社会主义市场经济的目标模式,编辑出版工作的产业特征日益明显。这一阶段以市场竞争为主要特征,市场竞争不仅需要大量的编辑人才,而且也需要大量的出版人才、发行人才。与此相对应,就有了培养市场竞争需要的编辑人才、出版人才、发行人才等为内容的编辑出版学专业教育。③ 应该说,此说有一定的道理。但如果没有胡乔木的提议、批示以及编辑学研究热心人的推动,恐怕国家教育部门负责的编辑学正规学历教育也就很难在1985年起步。那么,起步后的编辑学专业教育经过了哪些阶段,发展如何呢?

(1)编辑学高等教育的创始阶段(1985~1992年)

1984年胡乔木提议创办编辑学,1985年北京大学、南开大学和复旦大

---

① 李敉力、孙文科:《我国编辑出版学专业的建设与发展》,《河南大学学报》(社会科学版)1999年第6期,第102页。

② 李建伟:《谈编辑出版学的学科地位》,《河南大学学报》(社会科学版)2006年第3期,第11页。

③ 刘拥军、李宏葵:《编辑出版学专业20年发展追溯》,《出版发行研究》2005年第2期,第43页。

学三所高校开始招生，拉开了我国编辑学高等教育的帷幕。紧接着清华大学、中国科学技术大学开设科技编辑专业课程，武汉大学、河南大学、四川大学等也相继开办了编辑学专业。1986年又有上海、河南、西安、四川等几所大学和科研机构借新闻、法学、文学等学科的名义开始招收攻读编辑学专业的研究生班。以河南大学为例，1985年7月，经学校和上级主管部门批准，河南大学学报编辑部开始筹办编辑学硕士研究生的招生工作。12月10日，《光明日报》登出100多字的招生消息后，短短两三个月时间，就有108名考生报名。1986年2月，经过考试，学报编辑部首次录取了3名研究生。1987至1988年又陆续招收了3名。不仅如此，河南大学学报编辑部自1986年起，还招收了24名编辑学课程进修生。[1] 与此同时，1987年武汉大学在图书馆学名下开始招收出版学专业硕士研究生。这标志着我国编辑学高等教育在最初的启动阶段发展势头良好。

但正像所有新生事物都不是一帆风顺的一样，在1989年前后，最先开办编辑学专业的三所重点大学都出了点"状况"：1989年复旦新闻系停办了编辑学专业；不久，北京大学中文系也将此专业交给了图书信息管理系，教师改了行；南开大学中文系虽然在坚持，但长期处于教研室一级的地位。为什么会这样？笔者以为，一与编辑学专业高等教育是在未经学术研讨和学科论证的前提下匆忙开办、缺乏充分的教学条件和市场调查有关；二与计划经济条件下，出版社人才机制的改革进展缓慢，第一届编辑专业学生毕业，就业遇到了"瓶颈"有关；三与三所名校的领导者并未把这个新生的幼小专业作为一项学科建设任务来抓，任其自生自灭有关；并且这一点最为重要。但是，从全国范围来看，正如新闻出版署副署长卢玉忆所说："短短几年，初步形成了职前教育与在职教育并重，多层次、多渠道培养编辑出版人才的崭新局面。编辑出版专业的建立引起了国内外的重视，它是中国出版史和中国教育史上一件创先例的大事"[2]。

（2）编辑学高等教育的蓬勃发展阶段（1993～1997年）

1993年7月16日，教高〔1993〕13号"国家教委关于印发《普通高等学校本科专业目录》等文件的通知"附件二"普通高等学校本科专业目

---

[1] 宋应离：《编辑学研究与编辑出版专业教育二十年追忆》，《中国编辑》2007年第1期，第62页。

[2] 卢玉忆：《重视编辑出版专业人才的培养》，《求是》1992年第17期。载宋应离、袁喜生、刘小敏主编《中国当代出版史料》（6），大象出版社，1999，第359页。

录"里面,"050110 编辑学"赫然被列入一级学科"05 学科门类:文学"下面的二级学科"0501 中国语言文学类"之下,这是编辑学教育创办以来,头一次堂而皇之地进入国家教委的本科招生目录,这也标志着编辑学专业教育在国家教育体系中有了"户口",得到了官方的正式确认。有如此"利好"的消息,1993 年后的编辑学专业教育进入了百花竞艳的大发展时期。

在这一时期,编辑学专业不仅在清华大学、武汉大学、南京大学等全国知名重点大学招生,而且还在河南大学、上海大学等地方院校招生;不仅在教育部指定大学北京大学、复旦大学、南开大学招生,而且还在一些未经教育部指定的大学招生;不仅招本科生、双学位生,而且还招硕士研究生、硕士研究生课程进修班;不仅设立编辑学方向,而且还在武汉大学、北京印刷学院设立了图书发行学方向。如此"疯长",到 1997 年 3 月,已经有包括北京大学、南开大学、清华大学、中国科技大学、四川大学、南京大学、北京师范大学、河南大学等在内的"15 所高校建立编辑学专业,其中本科 13 个,双学位制 2 个。已有一支相当规模的教师队伍,其中专业教师 173 人,兼职教师 70 人,大部分为教授和副教授。开设 50 余门专业课程……从事编辑学研究和教学的大约有数千人,发表了论文数千篇,出版了专著数百种和教材几十种……已培养本科、第二学士学位的毕业生 1000 多人"[①]。特别是编辑、出版、发行专业毕业生受到新闻出版行业认可,人才市场由冷变热,需求量逐年增加,像武汉大学出版发行专业的学生出现了供不应求,河南大学编辑专业的学生就业状况良好等,从实践上奠定了学科发展的基础。

另外,从事编辑学专业教育的学校和教师都非常重视学科建设和编辑学学术研究,有些高校还成立了专门的编辑出版研究机构,如南京大学的出版科学研究所,河南大学的编辑出版研究所,北京大学、河北大学的相关研究所等;有些高校学报还开设了相关的编辑学研究栏目,如《河南大学学报》的"编辑学研究"栏目、《北京大学学报》的"编辑学研究"专栏等。高校的专业教师为了教学、科研的需要,积极投身到编辑学研究中去,发表文章,著书立说,编写教材,申报项目等,从理论上奠定了编辑学专业发展的基础。再加上新闻出版署几任署长对编辑学专业的重视,教育部高教司对编辑学专业学科建设和学科发展的支持,以及新成立的中国

---

① 刘杲:《出版笔记》,河北教育出版社,2008,第 308 页。

编辑学会、全国高等教育学会等多次组织召开编辑学专业学术研讨会等，也都从实践、理论上推进了编辑学专业教育的发展。

2. 编辑出版学高等教育阶段（1998~2009 年）

正是基于编辑学专业实践上得到了社会的认可，学科理论上发展很快，该专业的本科教育在 1993 年得到了教育部的正式确认后，1998 年，教育部颁布的"普通高等教育本科专业目录"中把"编辑""出版发行"等出版类专业合并为统一的"编辑出版学"方向，学科门类仍在"文学"下面，只不过从"语言文学类"调至"新闻传播学类"下面，将其培养目标明确为"具有系统的编辑出版理论与技能、宽广的文化与科学知识，能在书刊出版、新闻宣传和文化教育部门从事编辑、出版、发行的业务与管理工作及教学与科研的编辑出版学高级专门人才"。至此，编辑出版学专业本科教育培养目标得到统一和确定，以前所说的"编辑学"专业开始被"编辑出版学"专业取代，从学科教育发展史的角度来说，我国进入编辑出版学高等教育阶段。

与此同时，在教育部高教司的大力支持和有关高校的共同努力下，国务院学位委员会还于 1998 年批准北京印刷学院出版系和河南大学文学院招收新闻传播硕士研究生，研究方向为编辑、出版、发行。编辑出版学研究生教育结束了长期以来"借窝生蛋"的局面，在培养高层次专业人才方面，迈出了可喜的一步，实现了本科教育和硕士研究生教育的双丰收。1999 年，曾任新闻出版署人教司司长的李牧力在总结了 1984 年以来我国编辑出版教育的七点成绩（编辑出版高等教育得到社会认可；编辑出版学专业得到教育部的正式确认；编辑出版教育层次得到了提升；编辑出版教育步入稳定发展的良性循环；出版专业教学内容日趋完善、成熟；教师队伍得到了锻炼和提高；出版高等教育在出版行业在职干部的教育培训工作中发挥了重要的作用）后说道："经过 15 年的努力，把一个充满生机、发展前景广阔、与中国出版业发展相适应的朝阳专业——编辑出版专业带到了 21 世纪的门槛。"①

编辑出版学专业作为 21 世纪的朝阳专业，乘着 20 世纪 90 年代大发展的东风，在转型变革的第一个 10 年，其发展势如破竹。截至 2002 年，我

---

① 李牧力、孙文科：《我国编辑出版学专业的建设与发展》，《河南大学学报》（社会科学版）1999 年第 6 期，第 102 页。

国已有30所高校开设了编辑出版专业的本科教育;① 到2007年,我国已有上百所高校开办了编辑出版学专业的本科教育,有35所高校的38个办学点招收该专业硕士研究生,同时招收博士研究生的学位点有7个;② 再到2009年,我国设置编辑出版学本科专业和开设编辑出版学课程的高校有216所。③ 在研究生教育方面,共有7所高校在8个办学点招收编辑出版学或类似专业博士研究生,47所高校在54个办学点招收编辑出版学或类似专业硕士研究生。④ 本科教育从"30所"到"上百所",再到"216所";硕士研究生教育从"35所高校的38个办学点"到"47所高校54个办学点";"博士研究生的学位点有7个"到"7所高校8个办学点"。突飞猛进的数量、越来越高的办学层次,不仅说明编辑与出版整合后的编辑出版学高等教育发展之迅速,而且也说明继1998年我国编辑出版学本科教育改名并得到教育部确认、硕士研究生教育得到认可后,2002年武汉大学信息管理学院招收出版发行学博士研究生得到认可的事实。本、硕、博办学层次的全覆盖,足以表征我国编辑出版学发展的规格越来越高。

不过,需要说明的是,武汉大学(信息管理学院的出版发行学方向)、北京大学(新闻与传播学院的国际传播学方向、信息管理系的编辑出版学方向)、南京大学(公共管理学院信息管理系的图书馆学方向)、中国传媒大学(电视与新闻学院的编辑出版学方向)、复旦大学(新闻与传播学院的编辑出版学方向)、北京师范大学(文学院的文艺学方向)和上海理工大学(出版印刷学院的出版学方向与传播研究所的管理学方向),均是利用国家规定的在一级学科授予权下可以自主设置学科专业的政策而自行设置的。迄今为止,编辑出版学仍未被国务院学位委员会列入"授予博士、硕士学位和培养研究生的学科、专业目录"中去,编辑出版学也没有被晋升为一级学科。正因为这样,编辑出版学博士教育中专业名称和所授予的学位也不统一。但不管怎么说,编辑出版教育博士点的建立,为我国编辑出版业和编辑学研究、编辑出版教育培养了一批高素质的管理人才和科

---

① 王刘纯:《中国编辑出版学专业教育检视与分析》,《编辑之友》2002年第2期,第33页。
② 张锦华:《我国编辑出版学教育现状研究》,硕士学位论文,河南大学,2007,第19页。
③ 李建伟:《中国编辑出版学本科教育现状研究》,《编辑之友》2009年第1期,第78页。
④ 张志强、潘文年:《改革开放以来的出版研究生教育:成就、问题与对策》,《编辑之友》2008年第6期,第112页。

研、教学人才，使编辑出版学高层次教育有了新的机遇和新的上升空间，可以说这是 1998~2009 年乃至从十一届三中全会到 2009 年我国编辑出版教育取得的最大成绩。

另外，2010 年国务院学位委员会还公布了北京大学、南京大学、武汉大学、中国传媒大学、复旦大学、南开大学、四川大学、河南大学、河北大学、安徽大学、湖南师范大学、华中科技大学、北京印刷学院、吉林师范大学 14 所高校获得首批出版硕士专业学位授权点，2011 年将列入全国研究生统一招生专业目录。目前，14 所高校已招收"专硕"几届上千人，不仅使编辑出版学研究生教育门类更齐全，定位更科学，而且也切实为编辑出版产业的发展培养了高层次的实用人才。

以上编辑学高等教育、编辑出版学高等教育两个时期，社会环境不同，特点也不一样。第一个时期，创始阶段是以编辑学教育的兴起起步，蓬勃发展阶段是以编辑学本科教育入选"普通高等学校本科专业目录"为标志迎来的发展；第二个时期是把编辑与出版整合，以出版业的改革与转型、数字出版勃兴等为契机，迎来了编辑出版学硕士、博士高层次教育的发展。如果说，中国的改革是"摸着石头过河"的渐进式改革，那么，中国新时期近 30 年的编辑出版专业教育也可作如是观。

二 我国编辑出版学高等教育的成绩与特点

（一）编辑出版学高等教育近 30 年来取得的成绩

从 20 世纪 80 年代编辑学正式进入大学课堂到 2009 年，我国的编辑出版学专业教育得到了稳步的、长足的发展，取得了巨大的成绩。

1. 编辑出版学学科体系日趋完善，编辑出版学学科地位逐渐确立

所谓"学科体系"，就是由一定的学科链构成的某种相对独立的知识体系。每一门科学都有与其内容相适应的逻辑表现形式，都要表现为一定的学科体系。编辑出版学学科也不例外。从 1985 年到 2009 年，我国的编辑出版学的学科建设取得了重大突破，从最初的依托于汉语言文学、图书馆学、管理学等学科发展到今天，已经成为相对独立的不可替代的学科体系。编辑学、出版学、编辑出版史、图书报刊编辑、网络编辑、图书营销学、出版发行学、出版经济、出版文化、编辑管理等这些由不同媒体编辑出版活动的不同侧面和环节构建起来的学问，形成了一套完整的、系统的、特色鲜明的学科链条，有机地、系统地搭建出了编辑出版学的学科体

系。尽管截至今天，在教育部有关的"学科专业目录"中，编辑出版学依然被置于"新闻传播学"的下一级学科，但是，它的独立的学科属性已经内在地、顽强地滋长着它特有的学科内涵，学科地位进一步明确，并不断提升。1993年，编辑学纳入国家教委"普通高等学校本科专业目录"；1998年，编辑出版学纳入教育部"普通高等学校本科专业目录"，弥补了我国现有的人文社会科学学科目录体系的缺失。特别是以1998年国务院学位委员会批准北京印刷学院出版系和河南大学文学院招收方向为编辑、出版、发行和编辑学硕士研究生为起点，到2002年武汉大学、2003年北京广播学院（现为中国传媒大学）等院校以出版发行学、编辑出版学等专业名录招收博士生为标志，编辑出版学已经或正在突破传统学科层次的局限，艰难而坚定地向更高一级的学科层次迈进。

2. 形成了多层次、多规格的编辑出版教育格局，教育体系相对完整

目前，我国编辑出版专业高等教育的基本框架已经构建起来，专业教育层次相对完整，形成了专业门类齐全（包括编辑、出版、印刷、图书发行等）、教育层次多样（包括博士、硕士、双学士学位、本科、专科、在职培训等）、教育方式灵活（包括正规学历教育、函授、职大等）的编辑出版专业教育体系。特别是以编辑出版学为方向的正规学历教育，"目前开辟编辑出版学和开设编辑出版学课程的有216所，涵盖国内大部分省、市、自治区……值得注意的是，部分民办高校也开辟了编辑出版学专业，如浙江万里学院、西安欧亚学院"① 等，为编辑学研究和编辑出版事业的发展不仅提供了各级各类的专业人才，而且也提供了业界、学界所需要的高精尖人才。当然，教育格局、教育体系的完善，离不开学科体系的完善。编辑学与出版学虽然各有其特殊的本质而互相区别，但二者又是一个共轭相生、耦合互动的学科体系。现阶段，编辑学与出版学之间、编辑学与发行学之间、课程与课程之间，学科类群与学科类群之间等的关系已基本成型，各高校依据自己的办学层次和人才培养目标，大多构建了自己的教学体系。

3. 形成了各具特色的专业培养模式，建立了若干编辑出版学专业教育基地

学科创建之初，各高校的编辑出版学专业教育依托于所在学校的学科

---

① 李建伟：《中国编辑出版学本科教育现状研究》，《编辑之友》2009年第1期，第78页。

资源,在长期的发展中,基本形成了各具特色的专业培养模式,探索出了一条符合各自学校特点的编辑出版学专业教育之路。比较有名气的如河南大学的编辑学教育、武汉大学的发行学教育、北京印刷学院的出版学教育等,都依据自己的办学特点和业界对相关人才的需要,形成了自己的"王牌"专业和"王牌"培养模式。另外,创办福建省高校第一家编辑出版学本科教育的漳州师范学院,2005年获得批准,2007年开始招收第一届学生,至2013年已招收7届共500多名本科生,已有3届200多人顺利毕业,就业率年年高达100%。① 如此"八仙过海各显神通",形成了一系列各具特色的专业培养模式和相当一部分响当当的编辑出版学教育基地。

4. 形成了一支优秀的、热衷于编辑出版教育的师资队伍

师资队伍是办学的基础,教师队伍建设是编辑出版学专业发展的重心。没有教师,编辑出版学专业教育就是纸上谈兵,没有合格的具备专业素养的教师,也不可能建设好编辑出版学专业。1985年编辑学教育开创之初,"专业教师不过30多人",且大部分是"拉郎配"——或"拉"中文专业的老师,或"拉"新闻专业的老师。到2005年,"专业教师在1200人以上"②;2009年队伍进一步壮大,且高职称、高学历者成为中坚力量。以武汉大学信息管理学院出版科学系为例,现有专职教师14人,教授11人,副教授2人,讲师1人,其中博士后4人,博士13人,9人先后到美、法、日等国从事访问研究,5人到台湾南华大学从事客座研究。③ 如此高素质、高水平、高学历的教师越来越多,形成了一支数量庞大的战斗在教学第一线的优秀教师队伍。

5. 培养了大批合格的编辑出版人才,繁荣了编辑学学术研究

正因为有这些高素质、高水平、热衷于编辑出版教育的优秀教师做支撑,我国编辑出版教育近30年来为编辑出版业界和学界输送了数以千计的优秀毕业生。到2007年,仅武汉大学毕业的硕士生就有200名,在读78名;河南大学有110名,在读90名;南京大学100名,在读25名;北京师范大学100名,在读50名;北京印刷学院60名,在读60名;北京大学

---

① 资料来自创办漳州师范学院编辑出版学专业的靳青万先生。
② 刘拥军、李宏葵:《编辑出版学专业20年发展追溯》,《出版发行研究》2005年第2期,第43页。
③ 王晓光:《武汉大学出版科学系现状》,载方卿等主编《三十而立:武汉大学出版学系教育30周年纪念文集》,武汉大学出版社,2013,第17页。

56名，在读30名；南开大学32名，在读17名……20所招收编辑出版专业研究生高校的毕业生总数是720名，在读生是530名。[①] 至于本科生毕业人数，据有关学者的个案调查，1999～2004年，北京大学毕业的编辑出版专业本科生为126名，2000～2003年，武汉大学毕业的有177名。[②] 试想一下，近30年200多所高校，毕业生数量有多么庞大。有如此多受过编辑出版专业教育和熏陶的合格劳动者输送给编辑出版业界和学界，对于提升编辑创构活动的层次和质量，推进编辑学研究的深入和发展，可以说提供了源源不断的人才支持。

不仅如此，由于我国编辑学教育最初的教师大多是编辑学研究的开拓者和积极分子，因此，从我国编辑学专业教育开办之初，有关编辑学的学术研究就在高校红红火火地开展了起来。据不完全统计，20年来，从事编辑出版学专业教育的教师撰写的科研论著（含教材）260余部，论文3845篇，研究报告1500余篇，各种层次的科研项目450项。[③] 这不仅为我国编辑出版学专业教育的强劲发展提供了养料，而且也为编辑学研究提供了重要的智力保障。特别是高等院校成立的专业研究机构几乎成为编辑学理论研究的摇篮——"学院派"的称呼也由此而来。"学院派"重理论挖掘、重学理分析，业界重实践探讨、重现实解剖，学界与业界的研究遥相呼应，共同推动了我国编辑学研究的深入，繁荣了编辑学学术研究。

曾任新闻出版总署人事教育司教育处处长的李宏葵总结说："20多年来，经过产学研各界，特别是有关高校的不懈努力，我国已经初步形成了多专业、多层次、多渠道、多规格的出版专业教育格局，形成了一支庞大的出版学教学与科研人才队伍，发表和出版了大量论文、专著，创办了数十种学术刊物。编辑出版学相关的学术团体、社团组织和研究机构不断建立，每年都开展多次在国内甚至国际较有影响的学术活动。"[④] 如果从学科建设和学术研究的角度来说，正是因为我国编辑出版学教育的全面铺开、

---

① 李建伟、张锦华：《我国编辑出版专业研究生教育现状研究》，《河南大学学报》（社会科学版）2007年第2期，第167页。

② 盛洪：《我国编辑出版学科高等教育发展研究》，硕士学位论文，武汉大学，2005，第32～33页。

③ 刘拥军、李宏葵：《编辑出版学专业20年发展追溯》，《出版发行研究》2005年第2期，第43页。

④ 李宏葵：《对编辑出版学学科建设的三点建议》，《河南大学学报》（社会科学版）2007年第3期，第173页。

持续发展,学科体系日益完善,我国的编辑学研究才能够队伍壮大、后继有人、蓬勃常青。

(二) 编辑出版学高等教育近30年来呈现的特点

我国的编辑出版学专业虽然起步较晚,但和其他老牌专业相比,不仅发展势头良好,而且办学特色也较为鲜明。

1. 编辑出版学教育与编辑学研究同步发展

20世纪80年代既是编辑出版教育兴起之时,也是编辑学研究复苏崛起的日子,两条战线水乳交融、齐头并进是这几十年来非常惹眼的现象和鲜明的特征。当此之时,一些研究机构(如出版科学研究所)和专业期刊(如《编辑之友》《中国出版》)创立;高等院校编辑出版学专业师生和出版业界的专家通力合作,在学术专著的出版、学术论文的发表、学术阵地的开发、学术队伍的培养等方面都取得了令人瞩目的成绩。有不少高等院校还建立了编辑出版研究所或出版科学研究所,主要从事编辑出版科学理论和实践的研究,通过教研结合,推动编辑出版学专业的深入。一些高校的学报和相关专业的报刊都在"新闻传播学""图书情报学""社会学""文化传播"等栏目中发表编辑出版学理论与实践研究的文章,一些学报直接开辟了研究编辑出版理论和实践的专栏,在每一期的编辑出版专业期刊和报纸上都能看到高校师生发表的学术研究文章,高校学报的相关文章也大多出自高校编辑出版专业师生之手。近30年来,他们发表的学术论文数以千计,出版的研究专著有几百部,这在推动理论研究、引发研究热点、组织学术讨论、促进学科建设等方面都发挥了重大的作用。曾任《编辑之友》主编的孙琇在第十届国际出版学会议的发言中谈道:"中国出版研究的队伍已经形成了出版界与高等学校的结合,社会科学编辑与自然科学编辑的结合,老、中、青的结合。这三个结合,是学术研究的实际需要,也是20世纪末中国出版研究态势的一个重要特点,它对学术发展具有很重要的战略意义。"① 无独有偶,丛林主编的《中国编辑学研究述评(1983~2003)》也指出,编辑学研究的另一支生力军是高等学校新闻编辑出版专业的教研力量;高校研究著述的力量是一支不可忽视的力量。"综观高等学校的编辑出版学研究,其突出特点是实现了编辑学专业教育、教

---

① 肖东发、许欢:《我国编辑出版学教育的回顾与展望》,《河北大学学报》(哲学社会科学版) 2003年第1期,第142页。

学与编辑学研究密切结合，编辑实践与编辑理论研究密切结合……"① 虽然后者是从编辑学研究的角度总结的，但编辑出版学教育与编辑学研究互为你我、同步发展的特征可见一斑。

其实，回观编辑出版学专业教育近30年来的发展历史，可以发现，有的阶段编辑出版教育飞速发展，有的阶段则比较曲折。虽说个中原因很多，但其中一个很重要的原因就与编辑出版学研究。哪个阶段我国编辑学研究进行得好，哪个阶段编辑出版学教育就飞速发展；哪个阶段编辑学研究进行得不好，哪个阶段编辑出版学教育就萎靡不振、发展迟缓。可以说，没有编辑出版学研究，就没有编辑出版学专业教育，更谈不上编辑出版学专业的发展。

2. 编辑出版学教育和出版产业相互支持

编辑出版学教育作为建立在编辑出版产业基础上的一门新兴学科，出版产业的支持是编辑出版学专业发展的重要条件。回顾学科发展的历史，学科教育没有开办之前，奔走、呼吁、谋划、倡导者大多是职业出版人和与出版产业关系密切的出版管理者、领导者。学科教育开办之初，最早的专业教师或从事过编辑出版实践活动，或直接受聘于业界，第一批全国统编教材几乎全是出自业界"大腕"之手，如《书籍编辑学概论》的主编者是阙道隆、徐柏容、林穗芳，《科技书籍编辑学教程》的作者是庞家驹，《期刊编辑学概论》的主编者是徐柏容，《出版学概论》的作者是袁亮等。学科开办之后，学生实习基地的建立，动手能力的培养，学科发展的方向等更离不开与之相关的出版产业实践。如北京大学出版社对北京大学编辑出版专业、湖北省出版局对武汉大学出版科学系、河南大学学报编辑部对河南大学编辑学专业等，它们不仅为学生提供实习基地，进行实践指导，而且有的还设立编辑出版奖学金或奖教金，有的社长、总编直接走进课堂给学生讲课，为培养"又红又专"的编辑出版人才做出了实实在在的贡献。难怪有学者指出："如没有新华书店总店和湖北省新闻出版局的支持，武汉大学不可能在20世纪80年代就创办编辑出版学专业。没有新闻出版署和中国出版工作者协会的支持，北京印刷学院的编辑出版学专业也不可

---

① 丛林主编《中国编辑学研究述评（1983~2003）》，齐鲁书社，2004，第13页。

能从无到有，并迅速发展。"① 正是有编辑出版单位的鼎力支持，高校编辑出版专业才能与它们开展多层次、全方位的合作，编辑出版学教育、教学也才能在第一时间了解行业信息，培养出有用的编辑出版人才。

当然，编辑出版产业的发展迫切需要高素质专业人才，高素质专业人才的培养，也有赖于编辑出版学教育的发展。回观近30年来的编辑出版学教育，不仅为出版业培养了数以千计的本科生、硕士生、博士生，还为出版单位培训了数量众多的干部、员工。邵益文先生指出："培养造就一支符合学习型社会、创新型国家需要的合格的编辑出版队伍，是出版业发展的关键中的关键，是出版业能否更好前进的当务之急。"② 这么多年来，编辑出版业正是因为有编辑出版学教育的支持，有源源不断的编辑出版专业毕业生和硕士、博士高层次人才的加盟，才能够青春焕发、健康繁荣。"问渠哪得清如许，为有源头活水来。"不管是从编辑出版学专业教育的角度看，或是从编辑出版业发展的角度看，中国编辑出版学高等教育的发展历史，都是二者互相支持、密切合作、产学研结合、共同发展的历史。

3. 编辑出版学教育与编辑出版实践紧密结合

编辑出版学作为一门应用性比较强的新学科，它是在多学科知识的基础上，以编辑出版实践的理论升华为核心形成的。因此，与编辑出版实践的紧密结合，既是编辑出版学科发展的基本条件，也是其学科性质、学科内涵的具体体现。回顾近30年的学科教育，20世纪80年代编辑出版学教育的开始，与出版业品种增多亟须编辑出版人才有关；90年代编辑出版学教育的发展，与编辑出版业市场化变革亟须发行人、营销人、策划人有关；21世纪第一个十年编辑出版学研究生教育迅猛发展，则与出版业转型、数字媒体崛起亟须高精尖专业人才有关。正是日新月异的编辑实践活动的推动，编辑出版学专业才从无到有、从小到大，发展越来越完善。也就是说，一个没落的行业不可能催生一个迅猛发展的高等专业教育，而编辑出版学教育与编辑出版实践紧密结合，则符合一切以实践为特点的专业教育发展的普遍规律。

再者，从编辑出版学专业发展的重点案例看，凡是编辑出版学专业教

---

① 刘拥军、李宏葵：《编辑出版学专业20年发展追溯》，《出版发行研究》2005年第2期，第43页。
② 邵益文：《出版教育要适应出版发展需要》，《河南大学学报》（社会科学版）2006年第3期，第4页。

育搞得好的高校，大多与编辑实践活动结合紧密，如河南大学的编辑学专业、武汉大学的发行学专业、北京印刷学院的印刷出版学专业等。教育必须跟上实践的步伐，甚至超前一点更好。哪个高校的专业教育最先反映了出版业的发展方向，它就会快速发展；哪个高校的专业教育落后于出版业的发展，它就会停滞萎缩，甚至被淘汰出局。与编辑出版实践紧密结合是编辑出版教育近30年来发展的一个基本经验，并且这一经验不会随着时间的变化而弱化，反之会越来越强。毕竟市场经济、媒介融合、数字出版等编辑出版实践的变化一日千里，编辑出版教育也只有培养出一日千里的实践需要的行业人才，才是专业教育发展的康庄大道。

4. 编辑出版学教育与其他传统学科相比更注重实践性、应用性

与中文、历史、教育、哲学等传统学科相比，编辑出版学专业更强调理论联系实际，更注重实践性、应用性及动手能力的培养。编辑出版教育发展近30年来，哪一高校在课程设置、办学层次、培养方向等方面主动与业界接轨，在教育教学、实践操作环节急出版企业所急，学生学以致用，毕业生就业率就高；反之，就业率就低。比如，杭州电子科技大学的编辑出版学专业，2005年以前课程的设置中语言、文学的课时数较多，紧跟媒介技术发展的课程设置几乎为空白，2007届、2008届、2009届就业难度较大，就业单位五花八门；后为了适应媒介融合的形势，网络编辑成了主要培养方向，2010、2011两届毕业生综合就业率为100%。[①] 哪一阶段毕业生就业率高，编辑出版教育就发展迅速，反之，则发展缓慢。实践操作能力、动手能力作为编辑出版专业学生的基本能力，对其的培养和重视程度，已经影响到编辑出版教育的发展进程，从这一角度出发，实践性、应用性也可算作编辑出版教育的一个显著特色。

三 我国编辑出版学高等教育存在的问题与对策

（一）我国编辑出版学教育存在的问题

虽然近30年来我国的编辑出版学专业教育取得了很大的成绩，但相对于那些成熟的老学科来说，发展的时间毕竟不长，年轻、稚嫩，不可避免地存在着一些问题，并且有些问题还很棘手。

---

① 林新华：《媒介整合背景下编辑出版学教育的问题与对策》，《杭州电子科技大学学报》（社会科学版）2012年第4期，第62页。

1. 学科地位与性质模糊

诚然，从目前来看，我国编辑出版学的学科地位在全国学科之林中已经确立，但令人感到不解的是，总有一种尴尬的状况如影随形地伴随着编辑出版学专业教育。比如，其学科名称不同，所学课程不同，挂靠院系不同；本科专业为新闻与传播学下的二级学科，研究生教育变成与其他学科并列的三级学科；研究生教育甚至出现一所高校有两个招生点的情况，"北京大学、武汉大学、南开大学、南京师范大学4家单位的编辑出版学专业办学点分设在同一学校的不同院系"①。如此等等。所谓名正才能言顺，编辑出版学却恰恰相反，经历了一波波的热捧和繁荣，却总也找不准自己的位置，虽然至今已有30年的大发展，但围绕编辑与出版概念的大与小、包含与被包含的关系，编辑"有学"与"无学"等问题展开的争论竟仍然偶尔还能听到，这不能不说是一个莫大的悲哀，不能说不荒诞。而这些问题的存在，笔者认为，即使不能说全部，至少也在很大程度上是由编辑出版学的学科地位模糊不清，学科性质归属不明造成的。

从编辑学专业的诞生看，最早创办编辑出版专业的一些院校大多是基于编辑出版实践活动上下游的某一个环节建立的，如装帧设计或印刷、发行等，这就使得各个高校的编辑出版教育互相缺少可比性，各自为战，自以为是。在此基础上进一步开展起来的硕士研究生教育也是如此，有的挂到图书馆学名下，有的挂到中文名下，有的挂到经济管理名下……从20世纪80年代初我国的编辑学专业教育迅速发展出现繁荣局面至20世纪末，编辑出版学的专业教育其实都是盲目和混乱的，缺乏统一的规划及引导，也没有公认的理念与意识。

编辑学的本科教育自1985年便正式开始了，但直到1993年，编辑学本科教育才纳入"普通高等学校本科专业目录"；1998年，教育部才将编辑学与出版、发行等学科合并，调整为"编辑出版学"，再次列入"普通高等学校本科专业目录"。编辑出版学硕士研究生的实际培养从1987年便开始了，但同样是无名无分的挂靠性质，俗称为"借窝生蛋"。10年之后，中国编辑学会会长刘杲在全国政协八届五次会议上提出"关于建立编辑专业硕士点"的提案。同年，国务院学位委员会对提案做出答复，允许"把

---

① 张志强：《关于将编辑出版学列入研究生专业目录的几点思考》，《河南大学学报》（社会科学版）2006年第3期，第6页。

编辑学作为新闻学或其他相近学科的一个研究方向，培养编辑学方面的科学人才"，这标志着编辑出版学硕士研究生教育在正名之路上前进了一步。1998年，国务院学位委员会批准河南大学和北京印刷学院设置编辑出版学硕士学位授予点，但这也只是一种政策许可，编辑出版学迟迟没有被列入国家"授予博士、硕士学位和培养研究生的学科、专业目录"，其从属地位及身份模糊的问题仍然未得到根本解决。学科定位不明，归属不清，不仅导致编辑出版专业教育的发展方向迷失，在全国范围内难以形成合力和合理的配置格局，而且也直接造成了对学科性质认识的含糊。这一点从1998年提出规范的"编辑出版学"概念之前，各家院校在专业名称称呼上的五花八门就可以看出来。二从学科理论性与实用性的认识上也可以看出来——有认为编辑出版学属于纯粹的理论学科的，有认为其是纯粹的应用学科的，还有坚持理论为主，应用为辅的，更有"三结合"说及边缘学科的说法。学界对学科性质的莫衷一是，直接导致在读学生也对所学专业的性质归属认识不一。一项相关调查显示：编辑出版学专业学生中，只有61%的同学认为自己学的是编辑出版专业，11%的同学搞不清自己所学专业是编辑学还是出版学，18.8%的同学认为自己所学专业属于媒介专业，另有9.2%的同学弄不清自己学的到底是什么专业。[①] 对专业性质和归属的认识如此模糊，学科教育又怎能发展？

2. 学科建制不统一、不规范

长期以来的学科定位不清使得编辑出版学专业教育的发展缺少明确的方向，难以形成统一的指导方针和合理完善的配置格局，在一定程度上限制了专业教育更好更快地发展。换句话说就是，编辑出版学专业教育在长达二三十年的时间里仍然没有自发地形成一个结构合理的布局，没有在理论建构、史料集成、理念更新、层级细化、方法探索等方面取得重大突破，这应该与其自身在发展中存在的诸多问题有极大关系。这些问题突出表现在以下几个方面。

（1）教育理念。编辑出版学专业教育在理念上存在的问题，通过其培养出的人才的社会接受程度即得以体现。在近30年的教育实践中，以本科学历为主体的数以千计的编辑出版专业毕业生走出校门后，在社会各媒介

[①] 肖东发、许欢：《关于我国编辑出版专业教育的论争与调查分析》，《河北大学学报》（哲学社会科学版）2004年第5期，第26页。

机构中的受欢迎程度难以令人满意。大部分的编辑出版机构在人事招聘中，往往并不将编辑出版专业的毕业生作为首选，他们宁可选择其他相关专业的毕业生再加以培养锻炼，也不相信"科班"毕业生能胜任他们的工作、满足他们的需求。这样的认识不仅普遍，而且多次被实践检验过。北京大学编辑出版专业10年前所做的一项社会调查显示：在作为样本的164家出版机构中，仅有15%表示愿意吸收编辑出版专业的毕业生加入。① 清华大学新闻与传播学院2009级课题组在采访中得知，对于编辑出版专业的毕业生，大多数出版社招人时不优先考虑，有些出版社明确表示不招，因为"不知道安排在哪个部门"。② 科班毕业生虽然顶着专业人士的光环，但他们在实际工作中其实并不专业，其他专业的知识不足，实际动手能力也不强。这与编辑出版学专业教育身处学院式教育的大环境下秉承了太多的陈旧教育理念密不可分——沿袭了多少代的"一对多""满堂灌"课堂式传授方法，批量生产式的求共性而舍个性、重考分而轻创意的教学氛围，置编辑出版工作极强的实践性和信息化特点于不顾，闭门造车，培养出一批又一批并不实用的"传统型人才"。

（2）结构层次。教育理念的滞后僵化使得编辑出版专业教育在开设之初便有脱离现实需要的一厢情愿色彩。20世纪80年代，编辑学高等专业教育的勃兴是以大量招收本科生开始的，然后逐渐扩展到研究生培养层面，直到2002年才有了博士点的设立，也就是说，我国目前国家正规层面的编辑出版教育形式还不够丰富，本科生、硕士研究生的教育一直居于主体，占有极大比重，其他的教育形式，包括专业学位、博士研究生和一部分职业技术类教育，它们所占的比重都很小，存在的时间也不是很长。

在编辑出版专业教育相对发达的其他一些国家，人才培养的结构层级是非常全面立体的，从博士、硕士研究生、本科生、专科生再到职业技术学校和社会培训班培养的学生，学位级别各异、学制长短不一、学习方式多种多样，针对的人群也各具特色，使编辑出版专业教育最大限度地满足了产、学、研等各个方面的要求。韩国的编辑出版教育在世界范围内都堪称先进，但它的专业教育并不仅仅限于大学校园，同时也包括社会上的教

---

① 肖东发、许欢：《关于我国编辑出版专业教育的论争与调查分析》，《河北大学学报》（哲学社会科学版）2004年第5期，第26页。
② 清华大学新闻与传播学院2009级课题组：《我国编辑出版专业本科教育的市场契合度研究》，《现代出版》2012年第3期，第73页。

育机构,如与出版相关的团体和出版社等。即使是高校内的编辑出版教育,也分为两年制大学、4年制大学和特殊研究生院。"2年制大学履行了出版界新入学人员的技能教育职能;特殊研究生院课程则担负起了出版学的研究及对有经验人员的强化补充教育之重任……4年制大学……培养兼具学术研究及实际能力的出版专业人才。"① 日本同样是出版大国和出版教育强国,其编辑出版教育在层级上包括大学教育、专科学校的职业技术教育和社会团体的短期培训班这样几大块,形式更多样,层次更全面,适合不同的人群进行灵活选择。因此,不管是从国外看,还是从国内编辑实践的实际需要看,仅靠编辑出版大学教育来完成多种类型、多种层次的人才培养任务可能有点理想化。编辑出版教育的形式应该是多样化和全覆盖的,而作为承担高等教育的高校应该提升层次,将教育目标瞄准高端人才的培养,升格办学的规格。

(3) 课程设置。由于学科定位的不明确,设立编辑出版专业的不同院校将其挂靠的院系也不尽相同,这就使得在很长一段时间里,不同院校在编辑出版专业的课程设置方面各行其是,自成一家,缺少统一的标准和应有的规范,课程设置不统一,主干课程不统一,甚至有相当一部分学校因人设课,课程内容经常加以调整变动,缺乏科学性、系统性,前后也不连贯。直到2003年,教育部全国新闻专业教学指导委员会才将编辑出版学纳入教学指导范围,规定了编辑出版学本科教学课程应该开设的10门主干课程标准,使全国范围内的编辑出版学专业在课程设置方面终于有据可依。但从课程设置的总体情况来看,仍然呈现出重理论轻实务、重知识积累轻实践实验的特点,主干课程的覆盖面仍然不够广泛,主次搭配不尽合理,个别课程的细化程度不足,各院校雷同趋向明显,没有最大限度地发挥各自优势,缺乏特色和个性。

(4) 师资队伍。这样的结果,一方面导致毕业生不接"地气",动手能力差,就业前景不乐观;另一方面由于学科本身缺少独立性,各高校专业设置不同,特色不明,使得编辑出版教育跟不上出版产业的发展,落后于编辑出版实践的需要。作为一个存在历史并不很长的新兴专业,编辑出版专业的教师多半来自其他相近专业,他们大多数都没有相关的从业经

---

① 〔韩〕金善男:《韩国出版学教育的变迁》,《河南大学学报》(社会科学版) 2007年第2期,第173页。

验,即使有过后期的实习性培训,也多是一知半解,对业界的真实情况缺乏深切的体验,更没有足够多的经验和案例积累。而在编辑出版专业教育相对发达的一些国家,师资队伍的构成是非常多样化的,最典型的代表是日本的出版学校,它是一所民办专科学校,开办近半个世纪以来,培养了大量的专业人才,毕业生供不应求,在社会上享有很高的美誉度。而学校全职工作人员仅 10 多人,教学则完全依赖于日本出版协会、杂志学会及日本出版学会,学会中的部分成员兼任学校教师,并负责教材的编写。这些人员作为业界人士,经验异常丰富,将教学与实务结合起来,寓理论于实践之中,教学效果非常好,培养出来的人才既有理论素养,又具备实践技能,可以最大限度地满足实际工作的需要。

（5）教材建设。编辑出版学专业教育在教材建设方面存在的问题主要表现为教材种类不够全、更新速度不够快、实用性不够突出。自 20 世纪 80 年代起,最早创办编辑出版专业的一批学校所采用的教材均是 80 年代末由国家新闻出版署编辑出版教材领导小组召集业内专家编写而成的,此套教材曾被列入国家教委高等专业教材"八五"规划,并自 1995 年开始由辽宁教育出版社陆续出版发行,包括《书籍编辑学概论》《科技书籍编辑学教程》《期刊编辑学概论》《编辑实用语文》《编辑应用写作》等共计 17 种。这是编辑出版学高等专业教育创办以来,由国家正规教育部门组织编写而成的最正式、最规范、最全面的一套专业教材。之后的 2003 年,国家教育部将编辑出版学专业纳入教学指导范围之际,规定了该专业教学应开设的 10 门主干课程标准。与此同时,该专业的各种学术性专著也不断涌现,截至 2006 年上半年,编辑出版学专著和教材已达 425 部之多,① 但系统化、有针对性的大规模教材更新建设却再也没有出现过。然而,经过多年的理论争鸣和学科建设,编辑出版学的一些基本属性逐渐稳固,一些有争议的命题和概念也渐渐明晰;同时,编辑出版专业在全球数字化的大背景下,在教学内容和人才培养目标等方面已经发生了重大变化。由于教材建设的滞后,这些新的变化和趋势并没有及时地体现在教材中,教材陈旧、内容僵化的问题越来越突出。不同院校出于自身考虑自主选择增添的一些教材,又具有极强的个性化色彩,缺乏对某一领域问题的全面、基础

---

① 李建伟、张锦华:《我国编辑出版专业研究生教育现状研究》,《河南大学学报》(社会科学版) 2007 年第 2 期,第 167 页。

性论述，从某种程度上说并不适合作为统一的教材使用。而且，无论是原有的教材，还是从学术著作中遴选出来的一部分替代性教材，都存在着重理论而轻实务的倾向，教材中来自业界一线的鲜活、真实的案例性内容少之又少，往往是一些难以切中肯綮的边缘化论述，在开阔学生专业视野，提高其综合素质和专业技能方面作用有限。

（6）教育模式。编辑出版工作本身是一项实践性极强的工作，它不太适合"理论—实践"这种简单的知识运用模式，而更适合"理论—实践—理论（更高一级）—再实践"的模式，也就是说，试图毕其功于一役地培养出完全适合编辑出版工作的优秀人才的想法是不切实际的。教育的本质是培养人，培养出版业需要的更高级别的专业人才，素质全面的高层次人才。但我国的编辑出版教育现状却不尽如人意，教师在课堂上讲授的是纯粹的编辑出版学理论和技能，无论是理论和技能，不要说是适应学生未来工作的需要了，就是适应当今业界第一线的需要都显得有点过时；许多学生在几年的大学生活中甚至没有接触过报纸或书籍的实际生产过程，图书码洋不会统计、用纸数量不会计算，就更不用提对业界发展态势的了解和看法了。

我们知道，编辑出版教育是基于对未来出版业的想象而构建未来出版人的教育，编辑出版高层次人才的培养，需要编辑出版教育者为其设计理想的知识结构和能力结构，并通过教育教学活动使其具备相应的知识与能力。如此落伍的教育模式，陈旧的教学内容，服务当今都不称职，又何谈设计构建未来编辑出版人的知识结构、能力结构。

（二）我国编辑出版学教育发展的对策

针对我国编辑出版学高等教育存在的问题，笔者在集思广益的基础上，提出如下发展对策。

1. 更新教育理念，提高学科地位

聂震宁曾指出，如今的出版业态已经在全球化和数字化背景下发生了极大变化，因而对人才的需求也不同以往，内容供应商、出版市场调查商、出版法律服务人员、出版经济人和出版产业评价人士成为热门人才；同时，在数字化出版、信息化建设、现代物流方面也需要大量的新型人才。[①] 肖东发

---

① 聂震宁：《中国出版业：与改革同行，与世界共舞》，《光明日报》2007年1月12日第3版。

则将未来一段时间内编辑出版领域的紧俏人才归为十大类：职业经理人、内容策划者、懂市场熟悉行情的营销人才、版权贸易人才、出版产品形态的整体设计者、古籍整理人才、信息情报人员、熟悉计算机技术又懂出版的网络出版人才、出版经纪人、出版产业评价者。[①] 理念上的更新本质上即是要适应时代，与时俱进地调整编辑出版专业教育的思想观念，确定一个足够科学、正确的方向。

就目前而言，一方面是要突出编辑出版教育的实用属性。尽管任何一门学科本身都具有实用的一面，但编辑出版学作为一门被实践直接催生出来的全新专业，其实用性尤其明显。无论是组稿、校对一类最基本的业务，还是图书营销、跨媒介出版物的探索、数字出版技术的开掘、网络资讯平台的建设及运营、产业链的增值等复杂新颖的环节，都需要实现从理论到实践的最直接的转化应用。要使这种实用属性有效地贯彻到编辑出版学的教育理念中，就必须在课程设置、教学模式、专业体制等各个方面加以变革，将培养复合型、应用型、创新型出版人才的目标作为编辑出版教育的出发点和落脚点。另一方面，要结合数字化、全球化大势，将整个编辑出版教育向信息化、网络化的方向上靠。首先，基础理论的研究中要整合进电子出版和网络出版等时新的内容；其次，各教学机构应该相应地调整专业设置，优化课程安排，加大电子编辑出版及新媒体的比重，世界上的一些著名院校已经开始了电子出版方向（如美国纽约大学、韩国金浦大学）、交互媒体出版方向（如牛津大学鲁克斯出版中心、荷兰莱顿大学）硕士研究生的培养，[②] 我国的编辑出版教育需要迎头赶上。

另外，除了有正确的学科理念、学科方向外，提高编辑出版学的学科地位，加快编辑出版学作为独立学科体系的建设步伐，是编辑出版学学科建设的当务之急。这一方面，需要国家政府层面的重视，尤其是教育部门的重视，即教育部门要从出版业的实际发展需要出发，明确学科定位，理顺学科关系，提升学科地位；另一方面，需要各高校进一步提高教育教学的质量，多多培养编辑出版实践所需要的高层次专业人才，相关研究者要加强编辑出版学的学术研究，多出成果，出好成果，夯实基础，为编辑出版学学科地位的提升增加砝码。

---

① 肖东发：《出版人才的需求和出版教育改革》，《科技与出版》2007年第4期，第51页。
② 张志强、张瑶：《国外出版研究生教育概述》，《中国编辑》2006年第2期，第91页。

2. 调整课程设置，优化培养结构

在西方国家，编辑出版高等教育的课程一般是由富有业界经验并担任过管理职务的"课程协调员"（course coodinators）负责设置的，同时要有行业协会的参与并获得其认可。由于历史的原因，我国各高校课程设置因特色不同而有所区别，但不管怎样设置课程都应该秉持这样几个原则：设置上侧重，显示个性化；结构上平衡，强调应用性；内容上更新，加强实践性；课程上调整，突出专业性；必修课综合，注重全面性。尤其要注意一定时间段内的稳定性，基础史论、实务与技能、营销及创意相关课程的平衡性，能充分发挥本校优势的独特性。稳定性的保持主要取决于一些基础史论课，如普通编辑学、编辑出版史、发行学概论、版权贸易、出版法律法规等课程内容的必不可少。曾有学者提出"平台+模块"的课程设置构想，"平台"指的是人文科学、社会科学和自然科学，"模块"指的是专业理论、数字技术、经营管理等，教学中可以根据出版市场大环境的变化和自身的实际情况加以调整，突出某一个或几个模块，以对应现实并形成特色。与此同时，要结合出版业的实际，为培养紧缺人才设置必要的专业课程。比如，目前数字化时代随着数字化浪潮汹涌而来，传统的出版业遭遇转型。面对出版业的"变脸"，编辑出版从业人员单纯地具备足够的市场意识、营销能力，或仅仅掌握专业知识、文化技能等都是不够的，而必须既具有正确鉴审文化作品的高超眼界，又具有市场产品研发、推介、销售的能力及网络操作的技术等。而要实现这个"华丽转身"，完成学界与业界的"无缝对接"，在课程安排上，就要适时安排与现代编辑出版人相关的文化、经济、营销、管理、网络、传播、大数据、网络操作等新课程。不仅要将这些新课程悉数设立，而且还要在量上实现合理的配置。

编辑出版行业作为一个大的文化产业系统，所需要的人才也是多种多样、层次不一的，这就决定了编辑出版教育也应该优化自身的人才培养结构，实现人才的多样化并保持结构配置上的合理。美国的编辑出版教育即是如此，其既包括学历教育，又包括强化课程班、培训业务短训班和学术研讨班等非学历教育。即使是编辑出版的硕士教育，澳大利亚也细分为硕士证书、硕士文凭和硕士学位三个不同的层级，硕士证书的层级要求受教对象于大学毕业后有一到两年的工作经历；硕士文凭和硕士学位则要求受教对象至少要有三到四年的业界工作经历，这近似于国内的专业学位教育。我国"专业学位设置审批的暂行办法"规定："专业学位作为具有职业背景的一种学位，为培养特定职业高层次专门人才而设置。"可见，其具有极大的实用性，是编辑出版专业教育应该大力发展扩充的一种教育形式。伴随着编辑出版高等教育兴起而较早出现的双学位教育形式也是一种合理利用教学资源、完善人才知识结构，最大限度地满足业界实际需要的人才培养方式。

此外，借助社会上的出版机构或者校社合作开设的专题培训班也应该继续扩展规模，这种学时短暂、学制灵活、教师来源多样、受教主体广泛的人才培养模式更契合"理论—实践—理论"知行合一的规律，尤其适合编辑出版业界人士综合素质的提升和编辑出版专业毕业生的岗前培训。

3. 改进教学方法，完善教育模式

编辑出版人才的培养离不开教育教学的环节。为培养新型的、实用的编辑出版人才，就要尝试和创新各种能增强学生实践能力的教学方法。首先，在教师的选择上，要突出其"实战经验"、实践技术。国外的各级各类编辑出版专业教育机构中，师资构成往往既包括理论型教师，也包括一部分富有实践经验的从业人员，这部分人被称为"访问讲师"，他们可以以现身说法的方式将业界的最新信息或典型案例传递给学生，从而开阔学生的视野，培养他们对编辑出版实际业务的真切感受能力和创新思维。其次，要重视"案例法"教学。英国的斯特灵大学出版研究中心在对学生的教学指导中，大量应用案例教学，在众多的教学案例中，很多案例并非事先编订好的，而是在课堂交流中结合学生的兴趣点和当下的业界热点随机确定，并进而以师生互动的方式来剖析和了解案例。此外，直观教学、模拟教学、校社合作教学等形式也被大量使用，教学效果非常明显。相较之下，国内在对这些行之有效、知行合一的教学方法的运用和探索方面仍有待加强。

至于编辑出版专业教育的模式，必须从传统的学院式教学转向产学研结合，从重知识讲授转向重实践、重实用的模式上，要将教育理念、办学思维放到全球一体化和电子信息化的大背景之下，秉承"大编辑、大媒体、大文化"的观念，以实践性教学为根本，以学以致用为原则，运用案例教学、实验教学、直观教学等方式、方法，全面打造编辑出版基础理论深厚、实践操作技能突出、市场营销意识鲜明、创新能力十足，会观察、能思考、懂专业、有能力的全新出版人才，要将理论教学、实验教学、实习教学合理地统一整合起来，形成一个以理论为基础、以实践为核心的综合教学体系。

此外，各高校还要结合自身条件为编辑出版专业学生创造实习渠道，如北京大学与北京大学出版社，武汉大学与湖北省新闻出版局之间便达成了产、学结合，后者充任前者实习基地的协议。同时，为保证编辑出版专业教育的人才培养能够有的放矢，具有针对性，可以学习国外的相关经验，构建由社会出版机构和行业学（协）会参与的编辑出版类人才培养评价标准和评价机制，将市场需求信息与人才培养方向最直接地联系起来，使二者互为反馈。

4. 加强师资队伍和教材建设，培养有用人才

教师是教学的主体，是教育的灵魂，教师的水平决定着学生的水平。编辑出版学作为一门实践性、现实性比较强的专业，要求任课教师不仅要学历高，还要技术好；不仅会讲书本知识，还要有职场经验。目前，编辑出版专业的教师大都不缺学历、知识，唯独缺职场经验和实践技术，对此，建议相关高校采用调任、特聘、兼职、客座等多种形式吸收业界人才，充实和壮大教学科研队伍。再者，西方发达国家的一些做法也可供我们借鉴，美国纽约大学、佩斯大学，德国莱比锡大学等的许多教师都是出版公司的高层管理人员，具有相当丰富的实践经验，这是西方国家办学成功之所在。

在教材建设方面，各高校要根据自己的实际，依据学科内容的需要，多出"接地气"、有特色的好教材。教材的编写要理论联系实际，新颖、务实，特别是主干教材的编写，一定要依据核心课程的内涵，符合规范性、前沿性、实用性、复合性的要求。各高校要多出教材、出好教材，逐步形成层次分明、科目齐全、质量较高的专业教材体系。当然，也建议有关部门多组织出版全国通用的高水平教材，以加快推进编辑出版学专业教材建设。

教育的最高境界是培养人，培养当今编辑出版业所需要的德才兼备的有用之才，是我国编辑出版教育的使命，为未来优秀的编辑出版人设计理想的知识结构和能力结构，也是我国编辑出版教育不可推卸的责任。21世纪的竞争是人才的竞争，编辑出版业作为内容为王的文化产业，在数字传媒时代，想方设法多培养创新型人才、新技术人才以及有现代化出版理念和深厚文化素养的复合型、外向型编辑出版人才，不仅是编辑出版专业生

命力之所在，而且也是繁荣我国编辑学研究，与时俱进，多出成果、出好成果的关键所在。

5. 加强学理研究，完善学科体系建设

理论研究是学科的根本。与编辑出版实践的结合，需要编辑出版学研究；专业定位和人才培养模式，需要编辑出版学研究；教学体系的优化和完善，需要编辑出版学研究；教材的改进和课程建设，需要编辑出版学研究。没有编辑出版学研究，就没有编辑出版学专业教育，更谈不上编辑出版学专业的发展。编辑学研究对于编辑出版专业教育的贡献，不仅在于催生了一个新的编辑学学科，而且在于使这门学科从编辑学专业发展成为越来越完善的编辑出版学学科。

一般来说，成熟的学科必然有其发达的学科体系。编辑出版学作为"一门内容丰富，既有系统理论学说、媒介传播技术，又有广泛产业实践；既创构先进文化思想，又推动信息整流；既有综合性、横断性又有交叉性、渗透性的学科体系"①，尽管已经自成一体，但要达到成熟学科体系的要求还须进一步努力。

就目前来看，尽管我国的编辑学研究已经走过了60年，取得了很大的成绩，编辑出版学教育已经走过了30年，有了长足的发展，但与其他成熟的学科相比，编辑出版学学科还很年轻，理论基础也很薄弱，尚未建立起完整的学术概念系统和普遍认可的学科体系。比如，编辑出版学学科的命名、基本名词的阐释、内涵与外延的理解，经验性的描述比较多，科学验证的比较少，缺乏统一和规范；有关教育教学知识体系陈旧、方法手段落后；学科体系内部课程设置、学位点建设逻辑混乱等，这一切都迫切需要加强编辑学理论体系的研究和学科体系建设的研究。刘杲会长曾说，"理论创新是学科建设的灵魂，如果没有理论创新，学科建设势必停滞、甚至萎缩"②。编辑出版教育已走过的30年，离不开编辑学理论研究的支持，今后的发展，也需要继续编辑学理论研究的鼎力相助。特别是对于学科概念、学科体系、理论与实践的关系等基本问题，需要下大功夫进行深入研究，只有明晰了学科概念，规范了学科体系的构成，拿出让人信服的科学

---

① 王振铎：《编辑出版学的学科体系建设》，《编辑学理与媒体创新》，河南大学出版社，2010，第406页。

② 刘杲：《出版笔记》，河北教育出版社，2006，第351页。

的研究成果,才能确保编辑出版学的地位和根基;只有处理好学科体系中编辑学与出版学、理论与实践等方面的辩证关系,并切实运用到教育教学中去,才能培养更多的复合型人才,推进学科体系的进一步完善。毕竟,研究编辑出版学的理论和学科体系,是创建科学而成熟的编辑出版学学科的理论基础,它将深化这一学科的理论创新并推动学科建设走向成熟。

第三章 我国编辑学研究的学术理路探究

编辑学作为一门学科，应包括历史、理论、应用三个部分。"历史，即编辑史，是编辑活动和实践经验的记载和梳理，为编辑学理论提供客观依据。理论，即编辑理论，是编辑活动的历史经验和现实经验的理论概况，揭示编辑活动的本质和规律。应用，即编辑实务，应用编辑理论，形成活动规范，指导编辑实践。"① 这三个部分互相依存、互相推动、互为制约，共同决定着编辑学学科发展的进程。编辑学作为一个学科能不能在学理上得到认可，能不能站得住脚，编辑学的理论研究、实践研究、编辑史研究具有决定性的意义。

本章主要探讨从十一届三中全会到 2009 年的编辑学理论研究、实践研究、编辑史研究。

第一节 我国编辑学理论研究概观

编辑学理论研究是编辑学研究的重头戏。从十一届三中全会到 2009 年的编辑学研究，纷扰最多、争执最剧的是编辑学基本理论的研究。从 20 世纪 70 年代编辑学研究复苏、崛起之始，围绕编辑学的基本概念、理论框架、基本规律、学科性质等的论争就一直不断，各种流派之间意见不一的激烈程度，各种观点相搭相争、冲突不断的热闹场面，应该说达到了一门新兴学科在创立之初所能达到的程度的顶点。可喜的是，这种争执本身并没有无限期地存在下去，也没有囿于狭隘的门户之见，而是促进了编辑学理论研究的深化，成为各种理论元素被论证检验的平台。尤其是进入 21 世纪以后，迎合着网络技术、数据技术带来的信息化，世界市场催生出的全

---

① 刘杲：《出版笔记》，河北教育出版社，2006，第 345 页。

球化、国际化以及新旧媒体交相融合的大势，编辑学基本理论的研究越来越趋向宏观，在各自理论观点求同存异、消弭融合的同时，构建普通编辑学理论体系成为编辑学理论研究者的头等大事，2008年"大编辑""大媒体""大文化"等涵盖普通编辑学思想的编辑学理论开始被提出，这既表明了编辑学学科发展的成熟稳定，体现了编辑学研究顺应实践变化情境和大的学术研究语境主动做出的视阈上的调整，也反映了编辑学理论研究的发展和进步。

一 编辑学基本理论的讨论与争锋

（一）编辑学基本理论研究的起步

编辑学基本理论研究的兴起和快速深入是学科发展规律使然，也是时代发展、社会经济文化变迁的必然。首先，随着十一届三中全会的召开，改革开放成为国策，特别是社会主义市场经济体制的建立，市场经济、经济效益等观念相继被引入到文化出版领域，编辑出版人旧有的只强调社会效益、讲求一切为政治服务的出版行业理念出现了一定程度的松动，出版产业化、市场竞争以及经营中的效益平衡问题等开始受到关注，即编辑出版领域既有的思想观念、生产模式已不适应出版生产力发展的现实需要。出版业中出现的这些新情况、新问题对编辑实践提出了新挑战、新要求，迫使编辑学研究不得不扩大其研究范围，从而解放和提升被压制的出版生产力、编辑能动性。其次，编辑学研究虽然在1949年到改革开放前30年的发展中进展缓慢，成绩有限，但中国长久以来注重文化事业的传统一直没有改变，编辑实践一直在极广大的范围内存在，编辑研究也以个体的、分散的方式一直进行着，并借由这样的过程缓慢地向前发展，积淀了一定量的研究成果、研究力量和研究热情，确保了当外部力量对编辑研究工作提出迫切需要时，可以以井喷之势迅速迸发出活力和动力。

十一届三中全会之后的短短数年间，中国出版工作者协会以及许多省市的出版工作者协会相继成立；第一个编辑研究专业刊物《编辑之友》于1985年在山西创办；第一个编辑学会在上海成立；中国出版发行科学研究所1984年在北京开始筹建，并于1985年召开了首届出版科学学术讨论会，会议的一大主题即是讨论编辑学的定义、研究对象和理论体系。同年，北京大学、南开大学、复旦大学同时开始招收编辑学本科生，次年，复旦大学新闻系、四川社科院新闻研究室、河南大学学报编辑部首招编辑学研究生。众多"第一"的出现,尤其是首届出版科学学术研讨会对编辑学定义、研究对象和理论体系等的讨论,无疑表明了我国编辑学理论研究的勃兴。而编辑学理论研究的勃兴,不仅标志着真正意义的编辑学研究拉开了序幕,而且也标志着编辑学研究作为中国出版事业的一部分,像模像样地走上了中国的学术舞台。

(二) 编辑学基本理论研究的争锋

关于编辑学的基本理论研究,主要指的是对关乎学科生存发展的基本概念、学科框架、学科性质、学科规律、学科范畴、学科研究方法等的研究。鉴于这些研究的重要性,从十一届三中全会至2009年,大凡对编辑学有"想法"、对编辑学研究有建树的学者都或多或少地涉猎过、探讨过,他们的观点有意见一致的,有相左碰撞的。至于热闹程度,邵益文先生的《20世纪中国的编辑学研究》和丛林主编的《中国编辑学研究述评(1983~2003)》都有些许记载,但究竟谁和谁争锋,争锋的焦点是什么,则需进一步梳理、探究。

1. 关于学科理论框架构建方式的探讨

编辑学的研究虽然起步较早,但真正开始涉及学科理论的探讨、学科架构的搭建则是比较迟的事了。当然,先局部后整体、先零打碎敲后系统梳理也是一门学科产生、发展直至成熟的方法和规律。然而,或许因为编辑学研究力量的分散,各种观念和方法没有形成一个相对主流的意见,于是,在如何构建学科框架方面,可谓众说纷纭,各家所持观点间的冲突异常强烈。

1986年,张安塞提出了建立社会主义编辑学的口号,并将编辑学的构成划分为四个主要组成部分:编辑战略学、编辑社会学、编辑人才学和编辑工艺学。① 在他看来,所谓编辑战略学,研究对象是编辑学的性质和任务、编辑的角色地位和社会作用等事关宏观的问题;编辑社会学研究的是编辑与作者、读者,编辑工作与印刷、发行,编辑工作与学术研究的关系等;编辑人才学研究的是编辑的素养、资质以及如何培养的问题;编辑工艺学则是对具体的编辑实践的规律、特点、方式方法、技巧经验的总结归纳和提升。其后,湖南教育出版社的欧阳维设计了以创作论、编辑论、读者论三主体构成的编辑学架构。湖北师范学院学报编辑部的林恒汉则将横

---

① 张安塞:《编辑理论研究与编辑学的建立》,《编辑学刊》1986年第1期,第10页。

向、纵向的构成要素打乱，提出了编辑学 11 论体系，其中除了作者论、读者论等学界熟悉的部件外，还有批评论、管理论、流通论甚至编辑未来论等。① 尽管这种结构模型说，不如其他架构说条理清晰，但所涵盖的内容却比较丰富。

事实上，无论是哪一种架构，布局或许不尽一致，但其所涉及的内容却都大同小异，无非是构成一门独立完整学科所必不可少的几大要件。李僖如将其总结为如下几个方面：建立系统的编辑学基本理论，建立与理论相应的学术术语体系，建立独特的研究方法，建立部门编辑学系统，完成编辑史的研究，形成自己的教育系统和研究系统。②

1992 年，中国编辑学会成立，1995 年，中国编辑学会最先提出了建立编辑学理论框架的问题，阙道隆的《编辑学理论纲要》是这方面研究的集大成之作。在其之后，靳青万还提出了编辑五体说等。

2. 编辑学研究方法的讨论

围绕着编辑学方法论的纷争更加错综复杂。系统的方法、逻辑的方法、历史的方法、定性与定量的方法自不必言，仅从借鉴其他人文社会学科的基本方法上，就形成了各家各派的热烈争鸣景象。阙道隆早在 20 世纪 80 年代就满怀期冀地预测了编辑学基本理论研究的诸多可选方法论路径，如文化学模式、社会学模式、传播学模式、经济学模式、原理工艺模式。在其后的 20 多年里，凡此种种方法模式，均曾被研究者涉猎，具有代表性的几家学说也包括在内，如王振铎的编辑文化缔构说采用的即是文化学视角，任定华的信息知化说采用的基本上是传播学的方法，阙道隆的主要研究运用的大体上则是社会学路径等。及至后来，逐渐有研究者将更现代的研究方法引入编辑学研究中来，如符号学、系统论、控制论的方法等。像有学者从学科建立和发展的高度将符号学的研究方法运用于编辑环节中的文本解析和编辑规范制订方面，将系统论、控制论以及信息学的方法运用于学术期刊编辑学研究方面等。

总的来说，编辑学研究方法的讨论看似热闹但运用新方法研究编辑学问题，还有很大的拓展空间。

3. 编辑学的学科性质之争

目前，几大学科门类主要包括哲学、自然科学、社会科学、神学、思

---

① 邵益文、孙鲁燕编《编辑学的研究与教育》，机械工业出版社，2002，第 182 页。
② 李僖如：《试述理论编辑学研究现状》，《河南财经学院学报》1992 年第 4 期，第 87 页。

维科学、人体科学、边缘学科、横断学科等。所谓的人文社会科学，实际上是人文学科和社会科学总和的含糊说法，它所涵盖的范围非常之广，若将以研究信息、知识活动为主的编辑学列于其下自然也是正确的。但如果细加考究，这种定性又显得过于模糊，不具有太大的参考价值。有研究者结合编辑学研究对象的广泛及其与其他众多学科交叉的特性，认为它具备了以多种物质形态、物质结构和物质运动形式的结合点为枢纽，构成研究对象的特点，因而应该属于横断学科。以上关于编辑学的学科归属，说到底只是一个定位问题，还不算是编辑学学科性质划定，只有划定了编辑学的学科性质，才可能确定编辑学在整个学科体系中的地位和归属，并进而确立学科自身的建构模式，规范其学科功能和作用，规定编辑学横向的学科范围和纵向的学科知识结构层次等。

关于编辑学的学科性质，邵益文将 20 世纪 80 年代至 90 年代初期的代表性观点总结为 7 种：综合科学说、边缘学科说、杂学说、综合性边缘学科说、基础学科说，理论学科与应用学科二重性学科、应用学科。[①] 另还有人文学科说、社会学科说、自然工程学科说、文化传播说等观点。在这些个观点中，编辑学属于应用学科，可谓一种主流观点。持这种观点的代表人物有刘杲、李频、阙道隆、徐柏容等。刘杲认为："编辑学是基础科学还是应用科学？我认为，编辑学是应用科学。因为编辑学有很强的实用性，不属于基础科学；有相当的理论内涵，不能限制为应用技术。"[②] 问题是即使编辑学属于应用科学已达成共识，也还存在着编辑学是纯粹的应用性科学与编辑学是具有应用性的理论科学的争锋。

持理论科学观点者将编辑活动作为一种文化创造动力，把它从纷繁复杂的现象中提取出来，强调的是"横断编辑群和纵贯编辑史的编辑活动规律"，可谓去现象而观本质，从文化缔构的大视角下审视编辑活动。持应用学科观点者则将前者的做法视作学术上的"跑马圈地"，称之为外延的"泛化"，他们仅强调"编辑"概念的现代意义，带有浓厚的社会生产性质和职业化色彩，进而对将古代的一些著述活动纳入编辑活动范畴持否定态度。

最有意思的是阙道隆等人并不支持这一看法，但在实际研究过程中暗

---

① 邵益文：《20 世纪中国的编辑学研究》，河北教育出版社，2000，第 15~17 页。
② 刘杲：《出版笔记》，河北教育出版社，2006，第 321 页。

合了这种认识。阙道隆虽然认定编辑学的研究对象涵盖古今一切编辑活动，并明确指出编辑学的分类研究形成了书籍编辑学、期刊编辑学、报纸编辑学、广播编辑学和影视编辑学，但在其代表性成果《编辑学理论纲要》中，他却主动将古代编辑活动和广播影视编辑活动剔除出了考察视野，在此前提下论证推演编辑学基本理论。这看起来是一个明显的悖论，因为以建立普通编辑学为目的，对编辑学基本理论进行研究总结的前提应该是尽最大可能地涵盖作为研究对象的编辑活动，研究对象愈全面，得出的基本规律和共同本质才越具有代表性。阙道隆先生在观点上指明编辑活动的范围，复在行动上将其窄化的做法，使其对编辑活动的认定显得矛盾，令人难以信服。

学科性质上的争论虽不像编辑概念、编辑活动范围等一些具体问题的争论那么白热化，但这一争论的结果却是至关重要的。首先，它将最终确认"编辑有学"或"编辑无学"说的真伪；其次，只有当编辑有学的观念被确凿地证实和认可之后，编辑学的理论研究才可能不断深入，也才会沿着理论学科的建构方向不断向前发展并最终成长为一门基础扎实的独立学科，否则，它只会依傍在出版学的主干之外，停留在对实务问题具体而微的探讨中，永远无法发展壮大为一门真正的科学；再次，学界所一直呼吁的普通编辑学研究的开展、普通编辑学的最终建立也在一定程度上仰仗于对编辑学学科性质的认定，只有当编辑学被认定为是有史、有术也有理的一门学问时，它才可能横断一切编辑实践，贯通古今编辑活动，真正发掘出编辑活动的本质规律，打造出普通编辑学自身完备的理论体系。

4. 编辑与出版从属关系问题的不同见解

编辑学研究中争论时间最长，范围最广，以至于到今天都未形成定论的一个问题便是编辑与出版的从属关系问题。持论者大体上有以下几种。

一是出版从属于编辑。在编辑学研究领域，持此观点者占据主流。刘杲在2006年中国编辑学会第四次代表大会闭幕式上的讲话中明确指出："编辑活动的范围大于出版活动的范围，编辑活动的发生早于出版活动的发生。"[①] 尽管他没有明确说明编辑与出版的从属关系，但至少在两个研究领域的研究对象上划定了范围的大小，因此，可以略显武断地认为他的观点倾向于认为出版从属于编辑。

---

① 刘杲：《出版笔记》，河北教育出版社，2006，第412页。

二是编辑从属于出版。这种观点往往是在针对"出版从属于编辑"的说法进行反诘时提出来的。中国传媒大学的赵均通过对编辑一词的语义溯源,认为"编辑"的古代词源不同于近代资本主义生产方式背景下的"编辑",所以在研究过程中,应该将编辑活动的范围从时间和外延上加以切割,至少也应该将编辑不同形态下的含义做出区分,古代的"编辑"应该是收集资料并做整理加工的一种著作方式,今天的"编辑"才是"组织、审读、挑选和加工作品的工作,是传播媒介工作的重要环节"不能将二者笼统地囊括进同一个"编辑"概念之下。① 如此一来,编辑活动的时间跨度便不像有些学者强调的那么大了,转而成为出版活动中的一个环节。

三是因时而定论。这种观点相对比较折中,没有明确指出编辑与出版的隶属关系,而是取巧地将编辑学定义为"一门研究'出版化'编辑现象及其规律的科学",进而分两种情况言说:当编辑隶属于出版时,出版是"将各种精神产品(文稿、书稿、绘画等)编印成图书报刊的工作";当编辑与出版、发行并列时,出版则仅仅是"书刊的装帧设计、排版校对和印装成书"。

王振铎先生在这个问题上的看法相对比较客观合理。他在其《编辑学原理论》中专门论述了编辑与出版、编辑学与出版学的关系,细致地比较了编辑与出版的性质差别和规律、特点:编辑属于意识形态性质,出版属于物质生产管理性质;编辑在精神文化生产过程中居前,出版靠后;编辑是一种文化事业,出版是一种文化企业;编辑活动遵循文化缔构、符号建模和讯息传播规律,出版遵循物质生产和商品市场规律;二者均受社会生产水平、价值观念和技术进步的历史制约。在此基础之上,研究这两类活动的编辑学与出版学是性质有别却又存在着必然联系的两门相对独立的学科。

5. 对编辑概念的争鸣

一门学科的建立不可或缺的是其基础理论体系,而要建立起稳固完备的基础理论体系,对其中一些特有的概念和范畴的厘清又是不可省略的环节。大多数学科基础理论中概念范畴的最后定形都会经历一个漫长的探讨争论过程,即使像已然成为一门成熟学科的传播学,作为其基本概念的

---

① 赵均:《编辑出版学研究的原点:由行业生发而来的学科》,《现代传播》2011年第9期,第54页。

"传播学"竟然也会有126种之多的定义。① 编辑学研究领域基本概念上的众说纷纭丝毫不亚于传播学。古代的、现代的、国外的、国内的，邵益文先生的《20世纪中国的编辑学研究》里面有记载丛林主编的《中国编辑学研究述评（1983～2003）》里有述评，正文"编辑学理论流派"等章节有分析，这里仅介绍围绕阙道隆对编辑概念展开的论争。

阙道隆在《编辑学理论纲要》一书中将"编辑"概念分为广义和狭义两个层次。"广义的编辑指以传播信息、知识为目的，设计、组织、选择、加工整理作品和资料的再创造性智力活动"，"狭义的编辑指媒介组织中的一种专业工作，其任务和内容是，按照一定的方针、计划，策划、组织作品和资料，经过选择、加工，形成可供复制、传播的定稿或文本文件"；"广义的编辑包括古代作为成书方式的编辑活动、各媒介组织中的专业编辑活动和社会上的非专业编辑活动。狭义的编辑指各媒介组织中的专业编辑活动"。蔡克难先生对此不以为然，他首先指出这两层编辑概念定义并无实质差别，大同小异，区分意义不大，尤其对定义中的"专业工作"提出质疑，以为这是一种从行为的外在属性上加以描述区分的做法，没有认识到活动的内在本质，即形式上的专业与否并不能完全决定相应活动本身是哪一个层面的编辑实践。其次，他严格坚持自己对编辑活动必要特征的看法——他人作品、述而不作、春秋笔法。因此，他对阙道隆先生将"资料"而非定形的作品作为编辑活动的加工对象以及将古代著述活动中的编辑工作成分亦纳入编辑实践之中表示坚决反对，认为这将会导致"两种编辑概念"的产生，作者与编辑的身份角色绝对不能集于一人，二者中只能扮演其一。此外，他认为定义中没有涉及编辑个人的意识形态主导作用也是一大缺憾。②

实事求是地说，蔡克难所提出的看法中有比较中肯的部分，也有值得商榷之处。他所说的两重定义的雷同性是有道理的，广义的编辑概念与狭义的编辑概念并不能给人泾渭分明、一目了然的效果。其实，对普通编辑学的研究，是否有必要将编辑的概念作广义、狭义之分，本身便有些存疑。一种活动最基础性的本质往往是客观的、普遍的、唯一的，如果说一

---

① 〔美〕丹斯、拉尔麦：《人群传播的功能与理论探讨》，转引自邵益文《建立普通编辑学是历史的必然》，《编辑学刊》2007年第4期，第23页。
② 蔡克难：《编辑概念、编辑活动基本规律和编辑学研究的意义》，《中国编辑》2003年第5期，第24页。

种事物可以从不同的角度被描述，只能说明还没有切中要害、触及其实质。至于蔡克难先生所严格坚持的"他人作品"前提，似乎更多地是为了研究对象的明晰，避免在研究工作中造成混淆。但一种活动的成形不可能是一朝一夕或独立存在的，它在外在表现形态并不明显的阶段以潜隐的方式存在，甚至于依傍在其他活动的形式之下都是有可能的，认为著者与编者不可兼任，编辑活动的对象只针对他人作品，述而不作，貌似并不符合客观实际。

任定华和杨忠民也对阙道隆所下的编辑的定义提出了不同意见。他们认为，阙道隆先生在《编辑学理论纲要》中所下的编辑与编辑学的定义过于随意，前后不一致，编辑与编辑学二者之间也缺乏内在的逻辑契合关系，不具备理论上的严谨性。编辑定义应该是"对编辑对象信息、知识这一间接事物本质属性的逻辑表述，不能随心所欲，必须严格遵循定义的科学准绳和逻辑规则"。基于此，他们认为较合理的编辑概念应该是"信息、知识有序化、媒体化与社会化的业务"，编辑学则应该定义为"研究信息、知识有序化、媒体化与社会化的发生、发展和运动的基本理论、基本原理和基本方法的科学"。①

当然，由于论者的理论背景不同，视角方法不同，对编辑概念的认知也就不同。在诸多对编辑概念的提法中，邵益文认为："编辑是根据一定的思想原则，以相应的信息或著述材料为基础，进行优选、创意和优化、组合等综合性的精神生产过程，使精神成果适合于制作传贮载体的创造性智力劳动。"② 其最大的亮点是提出了"创意""优选""优化"和"组合"这四个编辑活动的基本特征，并将其作为一切编辑活动的特性。王振铎将编辑概念分为三层，③ 创造性地提出了分层次使用编辑概念的观点。应该说，他们对编辑概念的界定在20世纪八九十年代编辑概念争锋过程中比较有影响，具有一定的创新性。

6. 关于编辑活动规律的论争

其实编辑学基本原理的本质内核即是对编辑活动基本规律的认识，当最基本的规律得以提炼出来时，编辑活动的性质便明朗了；规律得以被全

---

① 任定华、杨忠民等：《编辑学导论》，中国经济出版社，2001，第6页。
② 邵益文：《20世纪中国的编辑学研究》，河北教育出版社，2000，第36页。
③ 王振铎、赵运通：《编辑学原理论》，中国书籍出版社，1997，第75~76页。

面发现，主次分明并科学地搭建起规律之间的内在逻辑关系时，编辑学基本理论的框架便也应运而生了。截至目前，对编辑规律的论述多种多样，剔除那些有明显偏颇的看法后可以发现，尽管它们论述的话语体系不尽相同，但就论述自身来说都比较符合编辑活动的基本特点，具有一定范围内的真理性，这说明它们只是论述角度上存在差异，在反映实践活动本质方面是成功的，经过进一步的交锋和辩证融合后，有望得出更加接近本质，普适性强的编辑活动基本规律。按其视角和强调的重点不同，众多的关于编辑活动本质规律的论述基本上可以分成几大类目。

第一，文化传播规律。编辑活动说到底是一种文化创构活动，所以，对编辑活动规律的考察势必要将其纳入文化活动的大视野下，这也是众多关于编辑活动规律的论述采取文化学话语体系的原因所在。这方面较有代表性的是刘杲和孙宸的观点，前者认为"编辑基本规律是编辑人员以传播文化为目的对作品进行选择和加工"[①]；后者认为"编辑行为的本质是一种文化变现行为，文化变现规律是编辑活动的基本规律"[②]。这种文化学话语论述方式抓住了编辑活动是文化活动这一层基本属性，但文化活动相伴人类文明史的漫长时日，种类多种多样，驳杂不一，想将编辑活动与其他文化活动进行泾渭分明的区分，显然并不是一项简单的工作。

还有一些关于编辑活动规律的论述是从方法论的路径进入的，如西安科技大学的任定华先生，他是基于信息知识的有序律、载体结合律和传播律，将编辑规律概括为信息、知识的有序化、媒体化和社会化规律的。这种论述基本上被囊括在信息论的框架中，是对编辑活动形式上的特点的一种描述，同样应该属于文化传播的范畴，只不过它是建立在一种次生科学的话语体系基础之上的。

第二，社会关系规律。文化活动本身就是一种社会活动，其中势必存在着大量的社会关系，所以有一部分学者从社会学角度对编辑活动的基本规律加以描述。如阙道隆先生就认为："在文化创造和传播过程中编辑与社会相互作用规律，是编辑活动的基本规律。"[③] 在这里，文化的创造和传播成为一个大的前提，在此目标之下，编辑与社会间的相互作用构成编辑

---

① 刘杲：《关于编辑规律的几点认识》，《出版发行研究》2006年第1期，第29页。
② 孙宸：《编辑学的基本原理是文化变现》，《编辑之友》2005年第2期，第36页。
③ 阙道隆：《试论编辑基本规律》，《出版科学》2002年第3期，第14页。

活动的核心和重点,其相互关系状态成为规律的内容。

第三,两结合说。细加考究会发现,文化传播的内容和社会关系的内容集中到编辑活动这一个共同目标时,彼此并不冲突,它们恰恰可以构成编辑活动基本规律的两维。正因如此,有的学者在对编辑活动规律进行表述时就选择了兼顾的策略。最具代表性的是王振铎先生,他认为,"编辑活动基本规律有内外之分,其内部规律就是:讯息传播规律、媒介建模规律、文化缔构规律",而外部规律则是编辑活动与经济基础和其他上层建筑之间的辩证互动关系。邵益文先生的关于如何确定编辑规律的观点也很中肯,那就是必须牢牢把握规律的客观性、本质性和独特性,要做到从众多矛盾中发现主要矛盾,要去芜存菁,从众多规律中发现最能反映事物本质的主要规律。基于此,他旗帜鲜明地提出编辑活动的基本规律主要体现在编辑和读者的矛盾关系中,他说:"编辑根据一定的原则,以众多的精神成果为基础,以优选、优化为手段,生产新的精神产品,最大限度地满足读者的需要,促进社会文明的发展。这个基本规律,如果说得简单一点,也可以说是'优选、优化规律',或称'二优律'。"① 可以看出,这种说法也整合了文化传播和社会关系两方面的特性。

7. 编辑主体的讨论

关于编辑主体的讨论,开始时间也是在 20 世纪 80 年代中后期。周国清认为,较早提出"编辑主体"这一概念并对之进行思考的是胡光清先生。② 1986 年、1987 年,胡光清先后在《出版与发行》(1986 年第 1 期)、《编辑学刊》(1987 年第 3 期)发表了《论编辑主体》《论编辑主体和编辑客体》的文章,不仅阐明编辑过程在编辑学中作为认识的客体,编辑作为认识的主体,主体作用于客体产生的实践形式,都具有编辑学对象范畴的意义,而且明确提出了"编辑主体是指从事编辑实践活动的编辑,是具有对象性关系的现实的存在者,是同与之相对的编辑客体相关联的;编辑主体的能力要适应编辑客体的需要,按照编辑客体的需要加强编辑的能力"③的概念和编辑主体、编辑客体的关系等问题。之后,随着编辑学研究热潮的兴起,一些研究者针对旷日持久的"编辑无学"、编辑劳动是"剪刀加

---

① 邵益文:《编辑的心力所向》,贵州人民出版社,2004,第 46 页。
② 周国清:《编辑主体论》,岳麓书社,2009,第 19 页。
③ 胡光清:《论编辑主体和编辑客体》,《编辑学刊》1987 年第 3 期,第 28 页。

第三章 我国编辑学研究的学术理路探究

糨糊"的雕虫小技等偏见，开始关注编辑劳动的创造性等特征。20 世纪 80 年代末 90 年代初，对编辑劳动的性质、特征（创造性、目的性、主导性等）的研究达到高潮，阙道隆、刘杲、邵益文、刘光裕、王振铎等一大批研究者都参与了讨论。其中，阙道隆认为："随着人类社会文明成果的收集和整理就出现了编辑劳动；编辑以自己的劳动对作者的思维成果进行选择、整合和加工，并以文字图画等形式公之于世，流传后代，实现其社会价值；编辑劳动的性质和作用主要表现在五个方面：精神生产的规划和组织、精神产品的鉴定与加工、文化遗产的选择和整理、著作家的发现与培养、社会信息的提取和传递。"① 引发了学界对编辑活动性质的探讨。刘光裕认为，从主体和客体方面讨论编辑活动，为编辑学从整体上把握研究对象，在总结具体经验和描述工艺过程之外另辟研究天地，都有好处；而且，研究主体要先把主体方面的一些具体问题解决，如编辑的行为规范、道德规范、知识结构、思维观念、心理特征、培养方法等，结合客体做个别的研究。② 为后来深入研究编辑主体的内在结构及其构成因素、编辑主体个案等提供了启发。正是由这些研究做基础，学界关于编辑主体的主要研究问题及时得到了框定，对编辑主体的定位、功能以及编辑主体素质等的研究也得到拓展，研究成果也越来越多。

（1）编辑主体的基本理论问题研究。从 20 世纪 80 年代开始到 2009 年，依次是编辑主体概念的阐述，编辑劳动特性的认知，编辑主体定位、功能的思考，编辑主体与客体的关系，编辑与作者、读者等社会关系的研究，编辑主体的内在结构及其在编辑学范畴之网中的位置等的探讨。近 30 年年来参与讨论的人很多，比较有建树的成果也不少，早期的如阙道隆的《编辑学理论纲要》，张如法的《编辑社会学》，后期的如周国清的《编辑主体论》等，比较有影响。

（2）编辑主体的与时俱进研究。编辑要与时代同步，不能故步自封。随着我国编辑出版实践的改革、转型和科学技术的进步、发展，编辑主体要更新观念、转换角色、调整工作方式、提高自身素质、水平等，这些与时俱进的研究，近 30 年来，"你方唱罢我登台"，甚是热闹。比如，20 世纪 80 年代末开始的对"编辑学者化"的探讨，20 世纪 90 年代关于策划编

---

① 阙道隆：《谈谈编辑劳动和编辑家》，《出版发行研究》1985 年第 2 期，第 11 页。
② 刘光裕：《当前的编辑学研究》，《编辑学刊》1988 年第 2 期，第 3 页。

辑的讨论，21世纪十年关于编辑转型、网络编辑等的论述，这些都是学界对编辑主体与时俱进的研究。

（3）编辑主体的素质研究。编辑主体的素质可包括政治素质、思想素质、文化素质、道德素质、知识结构、能力结构、心理特征、思维特征、审美特征等。它们是编辑主体进行编辑活动、做好编辑工作的基础。换句话说就是，编辑的素质直接影响着出版物的质量。正因为如此，近30年来，不管社会环境如何变化，媒介形势如何发展，对编辑主体素质的研究一直炙手可热。截止到2003年，"有关论述编辑素质的文章大约有二百多篇"①，2003年至今，其研究依然风头不减，研究成果纷至沓来。通观这些研究成果，作者的角度不同，研究也就各有千秋。像刘杲的《浅议社会主义编辑职业道德建设》一文，研究的是编辑的职业道德建设问题；姬建敏的《编辑心理论》一书，研究的是编辑的心理过程、个性心理、心理修养等，诸如此类，不胜枚举。

当然，因为"编辑主体因附丽于编辑出版活动而存在，因凭借人类知识体系的建构规律运作而丰富，又因参与科学文化的生产、复制、传播和积累而充实"②，所以，在编辑主体的研究中，掺杂有编辑实践研究的成分和通过后天学习可以提高的教育研究的因子。

（三）阙道隆的《编辑学理论纲要》

1.《编辑学理论纲要》及其作者

《编辑学理论纲要》（《出版科学》2001年第3、4期）作为中国编辑学开始走向成熟的标志性作品，作为阙道隆众多编辑学研究成果中的集大成者，其最大的价值就是，通过对编辑学20多年发展历程的梳理，形成了一个编辑学研究框架。这个框架既从宏观的角度全面总结了编辑学研究的基本问题，又从微观角度抽象出了编辑学研究的基本范畴。其13个方面的内容，既构成了我国编辑学研究的一个理论体系，本身"堪称一座理论大厦"，又起到了适时的归纳概括和提炼整合作用，上承往学，下启后进，具有里程碑式的重要地位。

《编辑学理论纲要》的作者阙道隆，是我国编辑学研究的重要领军人物。他有丰富的编辑学实践经验，年轻时在中国青年出版社工作，曾负责

---

① 丛林主编《中国编辑学研究述评（1983~2003）》，齐鲁书社，2004，第170页。
② 丛林主编《中国编辑学研究述评（1983~2003）》，齐鲁书社，2004，第138页。

《青年共产主义丛刊》的编辑出版工作，先后参与《红岩》《李自成》《风雷》《王若飞在狱中》等一系列著名文学作品的编辑出版工作。"文革"后，全面主持中国青年出版社的工作，先后制订《青年文库》出版计划，创办《小说季刊》（后改为《青年文学》）、《青年文摘》，组织出版《哲学小百科》《社科新论丛书》等一系列科学普及性丛书。至于其编辑学研究，代表性著作有《实用编辑学》（中国书籍出版社1986年10月出版，荣获1989年首届出版理论研究优秀图书奖）、《书籍编辑学概论》（与林穗芳、徐柏容合著，辽宁教育出版社1995年出版，是国家教委"八五"规划教材构成单元、新闻出版总署专业系列教材重点项目成果）、《出版词典》（中国出版研究所第一个重大科研项目，编辑学学界业界重要工具书），尤其是《编辑学理论纲要》是中国编辑学开始走向成熟的标志。

2.《编辑学理论纲要》的写作背景

20世纪90年代，随着编辑学研究和编辑学专业教育的发展，建构一个基础性的编辑学理论体系的呼声，最早由高校教学科研人员群体集中发出。中国编辑学会应时而动，顺势提出了更为具体的撰写"编辑学理论框架"的任务。会长刘杲指出："这个理论框架应当是迄今为止编辑学研究成果的一种提纲挈领的归纳……它要争取比较多的人认可……这里讲的认可，不是指对理论框架具体内容的完全同意，而是对理论框架的参考价值的基本肯定……理论框架对进一步深入研究编辑学，不是限制和束缚，而是提供一种参考和服务。"[①] 这就为这一理论框架的具体写法、基本要求和预期效果指明了大致的方向。1997年于宁夏银川召开的全国编辑学理论研讨会将此列为主题，围绕着其可行性展开了广泛的探讨和争鸣。以天津市编辑学会代表为主的六七个与会代表提出了各自的草拟方案。会议结束后，阙道隆、林穗芳等人都曾结合会议上的讨论情况和个人设想在《出版科学》上发表建构编辑学理论纲要的构想。2000年3月，在北京召开的全国编辑学理论研讨会，召集一批有编辑学研究专著的学者集中讨论建构编辑学理论纲要的问题。会议的焦点，一是不同形式的媒体编辑活动有没有统一的共性，二是能否建立起一种涵盖各种媒体形式的普通编辑学。尽管会上意见依然不相一致，但认为能够在各种形式媒体间发掘提炼出的共性基础上建构普通编辑学的观点还是占据了主流。不过，一些新的顾虑也被

---

① 刘杲：《出版笔记》，河北教育出版社，2006，第319页。

提出，比如，待建的普通编辑学作为一种应用性科学的基础理论，其实用性到底有多大？各种各样的媒体形式新旧不一，性质各异，个别新媒体的研究本身尚处极端浅显状态，在构建普通编辑学理论框架的过程中应该如何处理不同媒体参差不齐的研究基础？普通编辑学的涵盖范围扩展或收缩到何处边界为宜？为此，中国编辑学会在同一年又召开了一次专题研讨会，讨论解决这些问题。2001年4月，中国编辑学会召开第三次全国代表大会，在工作报告中明确了编辑学理论框架的研究目的，框架涵盖的范围以及基本内容。同年，阙道隆先生在其前期"编辑学理论纲要构想"的基础上加工整合、丰富升华，完成了《编辑学理论纲要》初稿。中国编辑学会组织专家以座谈会形式对初稿进行讨论，阙道隆结合与会者的建议对初稿做了进一步的修改完善，并最后分上、下两部公开发表在《出版科学》2001年第3、4期上。

《编辑学理论纲要》的出现可以说是天时、地利、人和兼备，主客观条件齐俱。首先，理论纲要的建立具备了现实的可能。编辑学研究自20世纪80年代火热兴起至20世纪末已近20年，这20年中，对编辑历史、编辑业务、编辑理论领域的研究已经积累了大量的成果，但这些成果虽然数量丰富，却呈现出一种无序和驳杂的状态，也就是说，其既缺少系统性，又莫衷一是。造成这样局面的原因与统一的基础性理论框架的缺失大有关系。基础性理论框架的建立只能是在先期分散布局、各说杂陈的基础之上进行，有了积淀才能有提纯。一个由散漫到精纯、由互异到一致的过程，是任何一门学科产生、发展直至成熟的必由之路。当前期成果积累到一定程度，研究势必要深入，研究力量也需要整合，这时，建构一种基础理论的框架就成了绕不过去的一关。其次，编辑学20年研究的积淀以及试图进一步发展的需要既为基础理论框架的构建提供了现实的可能，又使之成为一种迫切需要。再次，阙道隆作为编辑学研究领域的前辈和泰斗级人物，无论是实践经验，还是学理知识，都非常丰富深厚，又兼其治学严谨，思想活跃，不仅能够时刻保持对业界、学界动态的清醒观照，而且还对建构普通编辑学的思考由来已久。一篇《纲要》虽五万余字，但其构思之久，用心之深却非一般性论文的写作可比。1998年，阙道隆就在《建立和完善编辑学的学科体系》一文中提出了12个理论研究课题，包括编辑学总论、编辑活动、编辑活动与社会、编辑活动主体、编辑活动对象、编辑过程、编辑方针和原则、编辑风格、编辑活动与出版业、编辑活动与市场经济、编辑活动与现代科技等。① 这里面的很多概念和提法都是《纲要》中一些基本范畴、概念的原型。之后，阙道隆在这些概念的基础上进一步展开研究，将其系统化、深入化，并形成了《〈编辑学理论纲要〉构想》。继而，他又在"构想"基础上进一步深化扩展，"从 2000 年 7 月开始，到 2001 年 3 月完成初稿，前后花了七八个月时间，多数章节都曾几易其稿，其中艰辛难以备述"。可见，阙道隆对编辑学理论纲要问题的探索构思以及其最终成果的出炉绝非一日之功。

3. 《编辑学理论纲要》的基本内容

《纲要》全文约 5 万字，包括导言 13 章。13 章的内容依次为编辑概念、编辑活动、编辑过程、编辑工作者、编辑与作者、读者（受众）、编辑与传播媒介、编辑与社会、编辑规律、编辑价值、编辑模式、编辑规范、编辑风格。其理论体系的结构思路比较明确，即首先对最基本的概念和范畴在概括归纳的基础上加以提炼和统一，最终形成内涵明确、外延清晰的概念和范畴体系；接着对这些命题式的概念、范畴进行展开式论述，进一步发掘其内在的本质和规律，进而发现并连接起各个基础概念之间的内在逻辑关系，结构成一个有机的圆融的理论体系，使之具备一门完整学科基础理论体系起码应该具备的各种要件。阙道隆本人将自己的工作重点描述为以下三个方向：清理整合出能够最大限度被接受的编辑概念，使之成为新的研究的起点和基础；系统化呈分散状态的理论研究成果，结构成基础性的编辑学理论框架；提出并理论化地阐释编辑价值的概念，倡导并建立一种科学的编辑理念和编辑价值观。《纲要》的写作，通篇遵循了一个罗列既有研究成果、理性评价界说、提出个人化观点的程序。因此，《纲要》既是 20 年编辑学研究精华性成果的述评总结，也是 20 年编辑学研究的一个集大成式的升华。其内容中具有影响的部分集中在以下几个方面。

（1）理论架构。俗话说：纲举目张。有了纲，然后才能按图索骥。《纲要》在开篇的"导言"中就开宗明义地将编辑学的学科体系划分为编辑业务、编辑史和编辑理论三部分。既然阐明了学科架构，基础理论在学科中所占据的位置、扮演的角色自然就明晰了。对于究竟该如何结构定位基础，确定理论的应有导向，就有了一个站在学科高度的整体视角。具体

---

① 阙道隆：《建立和完善编辑学的学科体系》，《编辑学刊》1998 年第 1 期，第 13 页。

到基础理论的结构,从内容上说,它由三个层面的成分构成,即由基本概念和一般概念构成的概念体系、由对概念及概念间相互关系进行理论分析得出的原理原则、将概念及原理按照其内在联系组织形成的理论体系。此外,《纲要》还将迄今为止的编辑学理论研究成果界定为因循普通编辑学的理论框架和以编辑劳动(编辑活动)为核心概念建立起来的理论框架两种类型,并声明《纲要》的论述将采取后一种路径。

(2)编辑概念。编辑学领域的研究者大多知道,从编辑学的研究正式起步到今天,学界从来也没有就编辑概念达成一个终极的一致性认识。原因其实也很简单:多达几十种的编辑概念本来就无所谓正确与错误,它们之所以不同,在很大的程度上是因为各家各派所持的立场和角度不同,因此他们对编辑活动内涵的界定、外延的廓清就不尽一致,得出的结论自然也就异彩纷呈,所谓编辑概念的"泛化"与"狭化"之争,就鲜明地佐证了这一点。阙道隆先生对此的认识也很清晰,他以为这种概念上的分歧根本上是由于对编辑外延进行框定时意见不一致,作为成书方式的古代编辑活动与近现代、当代的专业编辑活动在工作内容和外在形式上存在着极大差异,但二者间又"有共同的本质,都是对已有作品的选择加工;同时两者有一脉相承的联系,后者是从前者发展的"。在对二者区别及联系科学认识的基础上,他巧妙地将编辑概念界定为广义与狭义两个层面。"广义的编辑指以传播信息、知识为目的,设计、组织、选择、加工整理作品和资料的再创造性智力活动""狭义的编辑指媒介组织中的一种专业工作",两个层面的概念相结合,全面深入地表述出了编辑活动的内涵,客观明晰地厘清了编辑活动的外延,其优势在于不仅最大限度地包容了各家之说,而且也方便各家各派从不同角度开展编辑学研究时的灵活应用,不会因为"泛化"或"狭化"造成理论自身逻辑关系的混乱。

(3)编辑规律。编辑学基础理论研究中的重中之重自然应该是编辑规律,因为一门科学之所以成为一门科学,说到底就是因为其对一种特定活动即这门科学的独特研究对象的性质和规律的研究和描述;一门科学的实用性或曰价值,也体现在其得出的规律性认识可以反过来指导对应的实践活动,提高活动的有效性。编辑学作为一门应用性学科,其学科地位、性质、研究对象等基本问题都已经明确,另一个不可或缺的构成要件就是编辑规律。《纲要》在正式发表之初,某些学者就曾对此提出过不同意见,他们认为《纲要》的理论体系中缺少对编辑基本规律的研究。2001年11

月的全国编辑学理论研讨会上，编辑基本规律研究也被作为会议主题之一重点进行讨论。半年之后，阙道隆发表了《试论编辑基本规律》一文，对编辑活动的基本规律进行了集中表述，因此《纲要》所建构的编辑学理论体系，其编辑规律一环可以借助之后的《试论编辑基本规律》一文互文补缺，从而实现整个理论体系的完善。阙道隆将编辑活动的规律表述为一条基本规律和三条普遍规律："在文化创造和传播过程中编辑与社会相互作用规律，是编辑活动的基本规律"；三条普遍规律则包括"尊重作者创作个性与编者选择把关相统一规律；传播已有文化成果与文化创新重构相统一规律；保证文化产品质量与掌握最佳传播时机相统一规律"。此外，他还提到了编辑活动的特殊规律，但并没有具体说明。

（4）编辑模式与编辑价值。在《纲要》中，编辑模式和编辑价值的提法，相对于编辑、编辑活动、编辑过程等众多的基本概念并不多见，可视作一种创新，或者是创见。阙道隆认为研究编辑模式可以选择不同的角度，角度不同，形成的模式类型也就不尽相同。《纲要》主要是结合社会制度对编辑模式加以分类，所以从根本上说，这是一种偏重从社会学角度加以审视，以编辑活动外部规律特点为标准，辩证的历史的划分方法。划分后的编辑模式包括古代封建主义编辑模式、现代资本主义编辑模式和当代中国社会主义编辑模式。这种划分标准，强调的是编辑活动的外部社会环境，带有一定的意识形态色彩，正因如此，它在本质上是与《纲要》所提出的另一个特别概念——编辑价值——存在着紧密的内在联系。在《纲要》中，编辑价值从两个维度被剖析，一是编辑活动的价值，二是编辑主体的价值观。前者主要体现为选择、传播和积累文化成果，建构社会文化体系，传播主导价值观以及间接地对社会经济、科技发展施加的积极影响。后者则由编辑主体的历史方位感、社会规范意识和本位价值意识构成。并且，编辑价值具有一定的历史性和阶级性，不同时期、不同社会群体形成的编辑价值会各有特点。显然，《纲要》的理论体系的建构有深刻的辩证色彩、历史色彩和意识形态色彩，这种特点鲜明地体现在对两个独特概念——编辑模式和编辑价值的阐述表达之中。在《纲要》"后记"中，阙道隆对《纲要》所建构的理论体系可达成的效果做了说明，其中着重强调了对编辑价值的重视，明确指出"编辑活动的基本社会功能是传承文化，文化价值是它的本位价值"，当编辑活动中各种价值发生矛盾冲突时，应该将坚持本位价值作为首选。

4. 《编辑学理论纲要》的影响

《纲要》的意义并不仅仅在于它是一个集大成式的理论总结，草创了一个编辑学基础理论框架的雏形，而且还在于它的出现引发了学界诸多的争论和话题，客观上推进了编辑学研究的步伐。真理越辩越明。在《纲要》正式发表后的短短一年时间里，编辑学研究领域的众多泰斗、后进纷纷发声，对《纲要》从结构到内容，从全局到细微之处展开了广泛深入的讨论。

林穗芳撰文称《纲要》的发表是对我国编辑学理论研究的重大贡献。但同时他也指出了《纲要》的两个问题。第一，《纲要》中将编辑概念界定为"广义"与"狭义"两个层面，广义编辑除包括各媒介组织中的专业编辑活动外，还包括古代作为成书方式的编辑活动和社会上的非专业编辑活动，前者具有专业性和中介性的独有特点，后者则不具备这种特点，因此其外延便难以划定，以这种过于宽泛的广义编辑活动为研究对象来建构编辑学似乎难以建立起一门独立的学科。第二，应该对出版的概念做一限定，然后再明确编辑与出版的关系，才是比较合乎逻辑的处理方式。因为《纲要》中认为编辑学与出版学、新闻学等虽有交叉，却无隶属关系，但《纲要》中又论及书籍编辑、报纸编辑的问题，而这二者与出版学和新闻学联系紧密，有必要将这一重叠领域内的问题做一科学的属性剥离，这样，才不至于产生混淆之感，但这首先需要明确出版学的概念和它与编辑学的关系。

王振铎也结合《纲要》内容提出了自己的几点看法。一是编辑学与出版学的关系。他也指出了编辑学与出版学关系不明晰的问题，认为"如将'编辑学与出版学的关系'作为一个专项单列于第八章中，则更有利于整个编辑学科的建设和编辑理论体系的完善"。或许正因为对出版与编辑的关系没有过多展开论述，以至于使得许多与出版相关的概念和说法并不明晰，显得含糊，经不起推敲。比如，编辑活动的起始时间被表述为"和书籍同时产生"，但书籍的概念应该如何界定呢？或者说应该选择哪一种概念以限定书籍的诞生时间并进而确定编辑活动的滥觞时点呢？简牍帛书在载体形式上不同于后世的纸质印刷书籍，但除此之外，它已经具备了书籍的根本特性；甚至于更早的甲骨之文、金石镌刻，在是否应该列为书籍范畴的问题上也存在着争议。基于此，如果《纲要》不将书籍的概念做一明确限定的话，所谓编辑活动的起源节点就是一个含混的命题。二是编辑规律。《纲要》中虽然引入了编辑规律并进行了表述,但从其在整个理论体系中所居的分量来看,略显单薄,因此这一部分内容成为引起诟病最多之处。王振铎认为,《纲要》中的编辑规律基本上是针对书籍编辑这一活动范围提出来的,如果以涵括从历史到现在全部形式媒体的本质活动特点来对其进行衡量,尚显浅显和褊狭;并且,编辑活动是发生于社会生活中的行为,除却自身的内部规律,还受到社会政治、经济、文化的制约,从而形成编辑活动的外部规律,内外规律均予考察且将二者辩证统一起来才会使编辑规律更全面和立体。三是编辑概念。王振铎对《纲要》中处理编辑概念的"两分法"表示了赞赏,但他同时指出这种"两分法"并没有真正突破旧有的"著作编辑"与"出版编辑"两分法的思维窠臼,仍然以是否"改变原有作品"划定编辑活动的范围,"将编辑活动中最有创意、勇于推陈出新的智力劳动划归到编辑活动以外的'著作'中去",只把简单的辑汇、汇编、选编活动纳入编辑活动范围,这并不十分符合实际。此外,王振铎还建议在研究中引入编辑权的研究;将编辑价值与整个理论体系加以整合,增加其与整个理论体系结合的有机性,提高圆融程度;将显得落后的"编辑工作者"的提法置换成"编辑主体",等等。

另外,江苏科学技术出版社的蔡克难以及西安科技大学的任定华、杨忠民也撰文参与了讨论。前者主要质疑《纲要》中"编辑学"概念的科学性。他的理由有四点:第一,《纲要》中的编辑学概念是以是否为"专业工作"作为区分广义与狭义编辑的依据,而"专业工作"是一种外在属性,自身并不稳定,难以为据;第二,概念中有加工、整理"资料"的表述,而编辑工作只可以他人作品为加工对象,倘使加工、整理的是"资料",便具有了著作性质;第三,编辑概念中忽略了编辑主体的意识主导作用;第四,"出版业形成以前,编辑活动包含在书籍的著述、校理、研究注释等活动之中",这一表述有误,在同一著作或编辑活动中,编辑与作者的身份只可居其一,不可兼具。后者则从编辑学理论应包含的内容、编辑与编辑学概念的界定、学科性质、编辑与文化的关系、编辑学研究对象的哲学思考几个方面对《纲要》进行了或总体,或局部,或逻辑脉络,或细微节点的评述,认为《纲要》对自己"提出的众多新概念,未给出科学界定,因而在知识结构上缺乏科学的完整性",有待进一步增强其严谨性、科学性。如此等等,不再枚举。

《纲要》一经发表,就引发了学界如此大的震动,犹如一石激起千层浪，这恰恰体现出了其理论价值。正如有关专家的评论所说，其"归纳出一定的概念系列，界说了编辑学的基本范畴，努力构成完整的理论体系，奠定了普通编辑学的基础"①。它的发表"反映了我国编辑学研究二十年来的长足进步，并在研究的核心领域填补了空缺，因而具有里程碑的意义"②。2009 年，阙道隆先生去世，中国编辑学会发唁函指出，《纲要》"被公认为中国编辑学开始走向成熟的一种标志"。这是对《纲要》学术价值的极大肯定，其深远意义将在编辑学的不断发展中继续得以体现。

二 编辑学理论流派现象与重要流派研究

（一）编辑学理论流派及其产生

1. 编辑学理论流派现象

流派，《现代汉语词典》解释为学术思想或文艺创作方面的派别。关于编辑学理论流派的现象，最早注意到并提出编辑学流派存在的是李立范。李立范在《编辑学研究的流派现象》一文中指出："编辑学研究流派的兴起和形成是客观事实……1987 年全国出版发行界三次小有规模的会议相继在福州、乌鲁木齐和郑州召开……三次会议之后，编辑学研究各流派的理论得到更充分的发展，各流派阵营逐渐形成。以张安塞等为代表，主张建立编辑学的理论框架，即首先确定编辑学研究的对象、范围、任务，以便最快地建立起编辑学这一学科，并提出了编辑学学科框架结构的多种设想；以钱文霖为代表，则主张首先大量积累具体规律，然后再整理为系统化的理论体系。"③ 显然，他从研究者认识方法的差异出发将其划分为"框架"和"积累"两大流派。他说："回顾编辑学研究历史，编辑学研究流派的形成经历了这样的发展阶段：1987 年以前，为编辑学研究众说并存的初创期；1987 年出现了'积累论'对'框架论'的挑战，两大流派已具雏形；1989 年至今，'积累论'和'框架论'在争论和探讨中不断自我完善、充分发展，已进入两大流派并列称雄的时期。"他认为，"框架派"以编辑学理论框架建设为主要目标，侧重总体认知的方法。以此为

---

① 王振铎、朱燕萍：《普通编辑学理论体系的雏形》，《出版科学》2002 年第 2 期，第 15 页。
② 林穗芳：《对我国编辑学理论研究深化的重大贡献——喜读阙道隆〈编辑学理论纲要〉》，《出版科学》2001 年第 4 期，第 24 页。
③ 李立范：《编辑学研究的流派现象》，《湖北农学院学报》1993 年第 4 期，第 316 页。

准,"框架派"的代表性观点是王振铎的"文化缔构编辑观"和司锡明的"信息智化编辑观"。此外,李端的《文化启蒙与文化设计——编辑文化引论》和胡光清的编辑史论等都属于框架流派。而"积累派"的研究目标侧重于对编辑具体工作规律的认知,严格遵循从个别到一般的认识规律。从这个依据出发,李立范认为,"积累派"的主要代表人物是钱文霖,并认为"积累派"在科技编辑方法论方面的理论研究,有可能成为科技编辑学的重要组成部分。另外,《编辑工作二十讲》《实用编辑学》《现代杂志编辑学》《编辑出版系列讲座》等都属于"积累派"作品。

段乐川认为,从编辑学研究的历史来看,确实存在着以建构普通编辑学和部门编辑学为别的两大研究倾向。但是,在认识方法上两者却并无二致,以普通编辑学建构者王振铎为例,他在"媒体文化缔构观"的理论认识中并不排斥从个别到一般的认识规律,相反,这正是他所反复强调的应该遵循的科学认识规律。①

对编辑学理论研究进行流派划分的,还有《路漫漫其修远兮——中国编辑学研究述评》一文的作者丛林。丛林将编辑学的理论派别划分为三个:一是以王振铎为代表的"文化缔构派";二是以刘光裕等为代表的以编辑是出版传播的中介环节为立论基础的"中介服务派";三是以任定华为代表的以"把关人"为立论依据的"信息传播派"②。其划分的依据是研究者的主要观点和立论基础,可惜失之过简,既没有深入地总结不同理论流派的具体构成,同时也忽略了其他理论流派的出现。

除此之外,著名编辑学研究者邵益文对编辑理论流派也有过简要划分。他在《关于本世纪头五年编辑学研讨中几个问题的情况简述》一文中认为,编辑学理论流派有三个,一个是王振铎为代表的"文化缔构论"派,一个是以任定华为代表的"信息传播派",一个是以出版业人员和资深编辑为代表的"编辑本体派"③。很明显,邵益文试图以研究主体身份不同为标准来划分编辑学理论流派。且不论这一划分依据科学与否,单就

---

① 段乐川:《编辑理论流派的历史考察与当代启示》,《现代出版》2012年第3期,第13页。
② 丛林:《路漫漫其修远兮——中国编辑学研究述评》,《中国编辑》2005年第3期,第6页。
③ 邵益文:《关于本世纪头五年编辑学研讨中几个问题的情况简述》,《出版发行研究》2006年第7期,第60页。

"编辑本体派"这一点而言其就存在很多歧义。

显然,理论流派已是编辑学研究中的一个重要现象,已受到研究者不同程度的关注。但由于认识角度不同,研究者对这些流派的认识和分析并不一致,尤其缺乏对其的科学分析和全面总结。

2. 编辑学理论流派产生的原因

毫无疑问,编辑学理论流派的形成与存在,已成为编辑学研究60年发展历程中不能忽视的一个重要现象。追寻其产生的原因,可以说与编辑学研究,尤其是改革开放以后30年研究的不断深化发展有关。换句话说,编辑学理论流派的出现有着深刻的历史背景。

(1) 理论流派的形成是编辑学发展到一定程度和一定阶段的必然结果

一般来说,理论流派的出现,是一门学科兴起的标志,理论流派的存在,是一门学科繁荣发展的象征。最早关注编辑学理论流派的李立范曾在《流派与编辑学研究》一文中说道:"编辑学的流派不可能形成于编辑学研究的初创期。"从编辑学研究历史的角度考察,1949年到改革开放以前,我国的编辑学研究没有组织、没有氛围、没有气候;十一届三中全会以后,编辑学研究热潮的形成,学术活动的频繁展开,特别是20世纪80年代到90年代初召开的几次理论研讨会,不仅汇集了全国各地的编辑学研究者,而且还集中了各个群体、各种组织、各方代表编辑学研究的成果和观点。钱文霖曾经说过,"编辑学研究不是一两个人写几篇文章,出几本书就万事大吉,这里需要群策群力,打团体赛"。[①] 可见,编辑学研究发展到20世纪八九十年代,不论从思想上、物质上看,还是从研究力量、研究态势上看,出现编辑学研究的流派都实属必然。

其实,经过20世纪80年代到90年代初的几次论争,学界围绕编辑学研究的基本问题形成了较为深刻且固定的认识,围绕这种认识,形成若干系统化的理论体系和派别,一方面是编辑学研究发展的结果,另一方面,编辑学理论流派的出现,也显示了编辑学研究存在若干问题。之所以产生流派,是因为编辑学界对编辑学研究的一些主要问题还没有达成基本共识。这一方面固然说明编辑学研究学术氛围比较开放,"百花齐放、百家争鸣"的政策贯彻得比较彻底,但另一方面,也提示了我们编辑学学科还没有完成学科建设的基本问题,学科建设还没有达到尽善尽美的程度。换

---

① 转引自李立范《流派与编辑学研究》,《编辑学报》1995年第3期,第125页。

言之，学科不够成熟是编辑学研究面临的一个主要问题，也是编辑学理论流派产生的重要原因。

（2）理论流派的形成离不开改革开放的时代环境

1978年的改革开放，使中国发生了翻天覆地的变化，也使我国的编辑出版事业进入快车道。研究编辑学流派的产生，不能忽视编辑学流派形成的另外一个背景，即20世纪80年代出版传播媒介突飞猛进的发展。这一社会实践是编辑学兴起的实践之源，无疑也是编辑学理论流派形成的一个重要实践基础。正是因为急速发展的编辑实践在理论上为编辑学研究提出了要求，编辑学研究才可能在这个时候被关注、被争锋，出现"春秋战国"群雄争霸的局面。

可以说，20世纪80年代那"激情燃烧的岁月"，声势浩大的思想解放、思想启蒙运动，是编辑学理论流派产生的大环境，而编辑实践对编辑理论的需要是编辑学各种流派产生的根本动力。

（二）几大编辑学理论流派分析

一般来说，一个学科内一种理论流派的形成，至少需要三个条件：一是认识主体针对学科的基本问题有独到的见解；二是认识主体的认识有系统性，形成一定的理论体系；三是认识主体在对理论问题、核心问题的观点相同或相近的基础上有一定的群体性。判断编辑学理论流派是否形成，也是看这三个条件。编辑概念是编辑理论研究的逻辑起点，编辑本质是编辑概念认识的关键所在。编辑学理论之所以有不同的研究流派，首先是因为研究者对编辑概念、编辑本质认识不同，并由此形成了不同的理论认知；其次，在这些问题的研究中又形成了观点相近或大致相近的研究群体。因此，编辑学理论流派的划分，既要注意到研究者研究视角的不同，还要看到编辑观认识的群体性特征，更要抓住他们在编辑概念和编辑本质问题上的不同认知。即编辑理论研究有几种编辑观，并在此基础上形成几种不同的有影响的核心观点相似的理论体系，编辑学理论研究就有几种流派。

依据这种看法，我们把编辑学理论流派划分为选择优化派、媒介文化缔构派、信息智化派、中介服务派、流程方法派等。

1. 选择优化派

"选择优化派"将编辑本质归纳为选择和优化，或者完善。在编辑学研究长达30多年的论争中，很多研究者都持此观点。如阙道隆在《编辑活动的起源和本质特征》一文中认为:"编辑活动是一种以选择和加工为特征的文化活动,因而和著作活动有区别。它不是直接创造文化成果,而是按照一定的标准和体例,选择已有的文献资料和世人的作品,进行加工整理,以供复制和向社会传播,传播积累文化是它的基本任务,选择加工是它的本质特征。"① 阙道隆对编辑活动选择加工本质特征的界定,在编辑学研究的早期具有很大影响。

所持观点与阙道隆相同的研究者还有张如法、庞家驹、邵益文、刘杲等。张如法在其专著《编辑社会学》中指出,选择不仅是"宇宙间普通运动规律之一",也是编辑活动的重要特征。在此基础上,他提出"完善是一种普遍的编辑规律"。他说:"中外编辑出版实践都反复证明:完善是一种普遍的编辑规律。"② 庞家驹也认为,选择和完善是编辑活动的本质。选择和完善在整个编辑过程中相互联系,密不可分,选择中有完善,完善也需要选择。只不过他更强调完善是编辑活动的本质属性。他说:"编辑活动本身就是从优选开始的全方位、全过程的优化活动。全方位是指从内容到形式各方面的优化,全过程是从零开始到生成传播稿的全过程。如果没有优化,编辑活动还能剩下什么呢?"③ 除此之外,刘杲、邵益文都持此观点,刘杲认为:"人类的一切研究和创作的成果,要公之于众并且为公众所享有,无不经过编辑的选择、加工和编排。编辑(编辑活动),指以传播文化为目的对作品进行选择和加工的专业活动。"④ 在谈到编辑活动基本规律时,他再次强调了这一观点,"我认为,编辑活动的基本规律是对人类创造的文化成果的选择、加工和传播编辑"。⑤ 邵益文认为:"编辑是根据一定的思想原则,以相应的信息或著述材料为基础,进行优选、创意和优化、组合等综合性的精神生产过程,使精神成果适合于制作传贮载体的创造性智力劳动。"⑥ 如此等等,选择优化编辑观,构成了"选择优化派"的理论认识核心。以此为基础,研究者又从不同角度提出了各具特色的理论见解,并自觉或不自觉地以群体性的特征显示着该理论流派的研究活力。

---

① 阙道隆:《编辑活动的起源和本质特征》,《出版科学》1996 年第 3 期,第 7 页。
② 张如法:《编辑社会学》,河南大学出版社,1993,第 297 页。
③ 庞家驹:《关于编辑活动的优化问题》,《出版科学》2002 年第 2 期,第 18 页。
④ 刘杲:《出版笔记》,河北教育出版社,2006,第 310~311 页。
⑤ 刘杲:《出版笔记》,河北教育出版社,2006,第 321 页。
⑥ 邵益文:《20 世纪中国的编辑学研究》,河北教育出版社,2000,第 36 页。

2. 媒介文化缔构派

"媒介文化缔构派"以河南大学王振铎为代表。因为王振铎是河南人，河南地处中原，也有人称"文化缔构派"为"中原学派"。早在1988年，王振铎就发表了《文化缔构编辑观》一文，认为编辑活动具有文化缔构的本质属性。他说："文化知识的系统性，从本质上表明编辑学就是关于文化知识缔构的科学。也是建立文化知识的价值系统的科学。"[①] 其后，他又指出编辑文化缔构的方式是符号建模，文化缔构的目的是进行讯息传播，并在此基础上完整地提出了他的编辑活动三原理——文化缔构原理、符号建模原理和讯息传播原理。针对学界指出的"文化缔构"编辑观存在编辑概念"泛化"的问题，王振铎不断地修正和完善自己的观点。他在修订版的《编辑学原理论》中说："编辑，审选设计精神产品，编构传播媒体的文化缔造活动。根据社会需要，按照指导方针，开发人文资源，策划、组织并取得精神创作品，通过鉴审、优选和编修整合，缔构成文图音像等符号模式，作为传播特定讯息的媒介载体，即为编辑活动。"[②] 在分析这一定义时，他指出，抓住"审选作品，编构媒体"的内涵即可认知编辑活动的本质。由此可见，他的"文化缔构"编辑观已经发展完善为"媒体文化缔构"编辑观。2009年，王振铎又进一步完善了他的文化缔构编辑观，将其发展为编辑活动的本质是创造媒介点。他说："编辑的工作就是对人类精神文明成果进行鉴审，去粗取精，去伪存真，遴选、整合，并作整体性提高，而后创造成新的媒介，传播文化于社会……对于编辑来说，任何既有的作品都是他创造媒介的零部件。新生代编辑把一切既有的文化产品都视为重新创造而需要开发的各种资源，通过全新的媒介技术，构成更新的媒介整体。"[③] 显然，在王振铎看来，创造媒介是编辑活动的本质，创新媒介是编辑的历史使命。

与王振铎观点相近的研究者，不乏其人。比如，王军在《编辑的本质是媒介创构》一文中就认为编辑的本质是媒介创构。他说："我们之所以说'媒介创构'是编辑本质，就是因为'媒介创构'本质地体现着所有媒

---

① 王振铎：《文化缔构编辑观》，《河南大学学报》（社会科学版）1988年第3期，第104页。
② 王振铎、赵运通：《编辑学原理论》，中国书籍出版社，2004，第74页。
③ 王振铎：《编辑学理与媒介创新》，河南大学出版社，2010，第256页。

介的具体的编辑行为。"① 何晓林在《编辑学的基本原理是文化变现还是缔构媒介文化——驳孙宸的文化现论并解读王振铎先生的文化缔构观》一文中也高度认同"媒介文化缔构"的编辑观,并在此基础上提出了编辑缔构媒介文化的三个规律,即精神生产层面的结构创新律,文化传播层面上的互动传播律和媒体创构层面上的组织整合律。②

3. 信息智化派(或信息传播派)

最早提出"信息智化"编辑观的是河南大学的司锡明。1988年,在《信息智化编辑观》一文中,司锡明首先提出编辑活动的信息智化属性,认为信息智化是"系统地认识编辑活动的特性及其有关问题"③ 的重要视角。在其后的《编辑学通论》一书中,他明确地提出编辑的本质属性是信息智化。他说:"从根本上说,编辑是一种知识产品加工的脑力劳动,其工作的对象是物化于载体上的外贮知识,其活动的基本过程是外载知识的审评、选择、组编和订正。"④ 司锡明的"信息智化"编辑观是从信息传播论角度来探讨编辑本质的。

与其观点相近的还有西安科技大学的任定华,并且他的观点后来影响更大。在《关于编辑与编辑学对象及其概念问题》一文中,任定华认为信息、知识、语言符号、载体形态、传播等构成了编辑活动的基本要素。从此出发,他给编辑下了这样一个定义。他说:"编辑是信息、知识有序化、载体化与社会化的业务活动。编辑这个抽象、概括的定义,是以编辑对象为出发点,以信息、知识的目的性为落脚点的。有序化规定着精神内容的质量过程;载体化是精神内容与物质载体形态相结合的过程;社会化有着传播与交流、积累与贮存的功能特征,还包含社会与经济效应跟踪和反馈意义。"⑤ 显而易见,在这个定义中,信息构成了编辑活动一个重要的对象要素,它也是任定华认识编辑本质属性一个重要视角。"只有编辑化了的信息或有序化、载体化了的信息,才具有广泛地、长远地、持久地传播与

---

① 王军:《编辑的本质是媒介创构》,《编辑之友》2006年第6期,第40页。
② 何晓林:《编辑学的基本原理是文化变现还是缔构媒介文化——驳孙宸的文化现论并解读王振铎先生的文化缔构观》,《编辑之友》2005年第6期,第107页。
③ 司锡明:《信息智化编辑观》,《河南大学学报》(社会科学版)1988年第2期,第107页。
④ 王振铎、司锡明主编《编辑学通论》,河南大学出版社,1989,第52页。
⑤ 任定华、汪泳琳:《关于编辑与编辑学对象及其概念问题》,《编辑之友》1995年第1期,第24页。

交流、积累与贮存价值"。① 不难看出，信息的有序化构成了任定华编辑概念的一个基本特征。由此出发，他在《关于编辑规律的探讨》一文中指出，信息、知识这一间接事物是从编辑活动对象——图、文、声、像、数据库——抽象出来的本质概念，编辑活动的本质就是对信息和知识的一系列加工和整理。编辑活动的基本规律表现在三个方面：一是信息、知识的有序律，二是信息、知识载体的结合律，三是信息、知识的传播律。②

4. 中介服务派

"中介服务派"是丛林对以刘光裕为代表的主张编辑是出版的中间环节这一理论流派的称谓。1986 年，刘光裕在《怎样理解编辑的概念》一文中指出，古代编辑和现代编辑概念迥然有别。他明确提出编辑概念应该至少满足三个条件，一是处在利用传播工具的传播活动中，二是处于作者和读者之间，三是作为出版的前期工作。以此为基础，他认为编辑活动隶属于出版活动，是出版的中间环节。在分析编辑本质属性时，他说："至此，我们可以看到编辑社会本质的一个方面。它是在人际间利用传播工具的思想文化交往中，作为其中的中间环节，从中发挥导向功能，以限制盲目性。"③ 与此同时，他还指出："这样，我们又看到了编辑另一方面的社会本质属性，就是在思想文化的创造活动中，编辑在作者和读者间发挥协调关系和节制矛盾的功能，以维系两者的同一性。"④ 一言概之，刘光裕的编辑观就是编辑是出版的中间环节。所持观点与刘光裕相近还有上海的王华良。王华良在《再论编辑活动基本规律》一文中指出，任何一种编辑活动，都必须存在编者、作者和读者这样一种社会关系。他认为，各种编辑活动都有一个共同的中介本质和共同的行为方式。换言之，王华良和刘光裕一致认为，中介才是编辑活动的本质。只不过，在论述编辑概念的过程中，王华良更多的是从编辑活动与著作活动的结构功能差异的角度来得出这一结论的。他说："在我看来既然编辑活动与著作活动同属精神文化活动，两者的区别是精神文化活动领域里社会分工的发展形成的，就应该努力从精神文化活动的整体发展中去发现两者在结构功能上的差异，而不能

---

① 任定华、于泳琳：《关于编辑与编辑学对象及其概念问题》，《编辑之友》1995 年第 1 期，第 24 页。
② 任定华、于泳琳：《关于编辑规律的探讨》，《中国编辑》2003 年第 4 期，第 9 页。
③ 刘光裕、王华良：《编辑学理论研究》，山东教育出版社，1995，第 234 页。
④ 刘光裕、王华良：《编辑学理论研究》，山东教育出版社，1995，第 240 页。

只做操作特点异同的现象比较。"① 以此为基础，王华良认为，编辑活动的基本规律就是作者、编者和读者之间有关作品的供需关系的调整律。

与他们观点基本接近的还有靳青万和陈仲雍等。靳青万在《编辑定义论》一文中说："编辑是人类精神文化创造与传播活动中的关键环节。即人类在其先进文化的创造中，对其精神文化方面的原创型产品，加以收集鉴别、择优汰劣、加工改造、整理提高、组合编次、规范定型等再创造，使之优化成为适宜于人们共同使用或传播的完善型产品的实践活动。"在这里，他强调的也是编辑本质的"中介性"。不仅如此，以此为基础，他还提出了编辑活动的"五体论"，即编辑主体、编辑辅体、编辑客体、编辑源体、编辑用体。陈仲雍也基本持这样的观点。他说："编辑（过程）是联系社会精神产品生产中创作（过程）和制作（过程）这个环节。创作（过程）和制作（过程）这个环节、矛盾的两个侧面，两者在编辑（过程）中结合起来，完成社会精神产品从创作（过程）向制作（过程）转化，并实现精神产品的扩大再生产。"

5. 流程方法派（或积累派）

"流程方法派"，又称之为"积累派"，代表人物是钱文霖，代表性著作是钱文霖主编的《科技编辑方法论研究导扬》。最早关注流派现象的李立范曾说："1987年郑州会议上，华中理工大学的钱文霖编审以大量的科技史料为依据，批评了编辑学研究的'框架'论，并提出了'积累'论这一系统的主张。"② 该派认为，编辑学发展必然要经过一个曲折漫长的过程，主张编辑学的建设与发展应当沿着"积累、总结、完善"的道路前进。编辑学研究应致力于编辑学理论个别规律及具体实践的总结，在大量具体规律充分积累和局部研究不断取得突破性进展的基础上，才能形成理论体系。所以，探讨具体的方法是其一大特点。其代表性著作《科技编辑方法论研究导扬》一书汇集了17位作者的32篇论文，从不同角度、不同层次论述了科技编辑的具体方法条例。

"积累派"具有可操作性、普适性，能指导并服务于编辑工作。在编辑学研究初期，该阵营"拥有钱文霖、姜新祺、杨志峰、王连弟、刘继宁、许淳熙、罗时珍、周朝晖、郑小平、陈训杰、杨小复、王有登、方立

---

① 刘光裕、王华良：《编辑学理论研究》，山东教育出版社，1995，第89页。
② 李立范：《编辑学研究的流派现象》，《湖北农学院学报》1993年第4期，第316页。

国等,另有李振民、殷伯明、谭石初、李文川等游弋积累流派阵前。"① 成果有《编辑工作二十讲》《实用编辑学》《现代杂志编辑学》《编辑出版系列讲座》《古编林百人录》等。

(三) 几大编辑学理论流派的影响

显然,编辑学研究者对编辑概念或编辑本质等的不同认识,构成了这些编辑理论流派形成的基础。同时,不同研究者往往又有不同的理论背景和问题视角,这在一定程度上又推动着"言为心声"的编辑学理论创新发展。因此,从编辑学理论创新发展的角度考量,编辑学几大流派的影响也各不相同。

"选择优化派"对编辑本质的认识,更多的是从编辑过程或编辑具体工作来立论的。从编辑本体工作来看,选题、组稿、审读、加工、发稿、校对,即编辑"六艺",构成了编辑工作的基本过程。在这一周而复始、环环相扣的过程中,选稿和加工工作又最普遍、最重要,而且在编者和作者的关系中又成为最基本的矛盾,因此被"选择优化派"认为是编辑活动的本质。当然,传播学和社会学的相关理论也构成了"选择优化派"的重要理论基础。比如,张如法先生对编辑本质的分析,就较多地运用传播学中的"把关人"理论和社会学中的"社会角色"论,来分析"选择"在整体编辑活动中的重要作用。"选择优化派"在编辑学研究初期影响很大。无论是选择论,还是优化论,都是从编辑主体视角来对编辑工作进行整体审视的。可以说,这一理论流派的最大意义,就在于发现并有效地拓展了编辑主体论,让人们认识到编辑工作特殊性之一面。

"媒介文化缔构派"是迄今为止编辑理论流派中最为活跃的理论流派。该流派的立论基础是文化学、媒介学和符号学。文化缔构编辑观,最初是运用波普的"文化学"而从人类精神文化大厦建构的角度来审视编辑活动的根本功用的,它认为编辑活动在文化的积累、传播和创新这三个环节中起着至关重要的作用。这个作用就是区别于作者单个成品创构的整体缔构作用。之后,王振铎又将这一论断完善为缔构媒介文化这一更为具体的范畴,以回应其他研究者对其观点"泛化"的批评。之所以说这一理论流派最为活跃,是因为其代表人物王振铎先生从未停止过对"媒介文化缔构"编辑观的思考。2009年前后,他又分别提出编辑活动的"主体间性"特征

---

① 李立范:《流派与编辑学研究》,《编辑学报》1995年第3期,第125页。

和"媒介间性"特征,从哲学层面分析编辑活动主体元素之间和编辑活动的客体——媒介之间的交互作用关系,使媒介文化缔构的理论在编辑学理论界影响深远。虽然编辑本质是缔构媒介这一核心观点还有待探讨,但是就理论体系而言,它是最为系统、最为完整的一个流派。不仅如此,该理论流派最早从普通编辑学的角度对存在于各种媒介中的编辑活动的本质及其规律进行思考,从而开启了普通编辑学研究的先河。

信息智化或"信息传播派"的主要理论取向是信息论、系统论、知识论和传播学相关理论。这一理论流派的影响在于拓展了编辑学研究的宏观视野,丰富了对编辑活动规律的认识层次。尤其是任定华所倡导的确立全息统一论的编辑观,对学界多维确定编辑对象有着重要启发意义。

由刘光裕所开创的"中介服务派"是在20世纪80年代末90年代初编辑概念的论争中形成的。该理论流派的理论取向主要是传播学和社会学。代表人物刘光裕和王华良对编辑概念的讨论都很有见地,他们提出的古代编辑活动的起源、编辑和出版的关系等论题,都在一定程度上推动了当时学界有关编辑学研究的讨论,深化了人们对编辑本质的认识。他们提出的编辑学基本原理,更多地侧重价值论和业务论层面,对于深化当时对编辑社会价值和编辑工作运行机制的认识,有着不可估量的作用。

从编辑学理论本身发展来看,流派的形成推动了编辑学研究者之间的交流、互动。编辑学研究后来形成的编辑理论框架,可以说正是编辑学理论流派交互影响的结果。正是因为不同编辑理论流派围绕编辑概念、本质和规律的争论和辨析,编辑学研究的基本问题才得以基本廓清,并在此基础上为后来普通编辑学理论的出现和流派的发展奠定了根基。

三 "大文化、大媒体、大编辑"观的提出

"大文化、大媒体、大编辑"观是中国编辑学会在2008年4月举办的首届"中国编辑高层论坛"上提出来的,旨在推动国内编辑界"以'深入文化层面,把握历史高度,开拓宽广视野,服务广大人民'的精神,对文化、媒体和编辑三者关系进行再考察和再思考"[1],使研究者和实践人士能够站在时代前沿理性定位自身角色,明确目标任务,从而为实现社会主义文化的大发展、大繁荣以及更高层面上的民族文化勃兴做出积极贡献。此

---

[1] 桂晓风:《大文化·大媒体·大编辑》,《中国编辑》2008年第3期,第1页。

观点一提出,即受到专家、学者、业界人士的高度重视。他们结合各自的专长,从政治、经济、文化、科技等不同角度,运用政治经济学、社会文化学等各种理论方法展开了深入的多维论述,阐发出大量新颖深刻的真知灼见,尤其对提出这一观点的及时性、必要性和科学性一致肯定,认为这是一个与时俱进、契合时代和编辑理论实践自身发展规律的正确理念。

(一)"大文化、大媒体、大编辑"提出的背景

"大文化、大媒体、大编辑"理念的提出是一个循序渐进的过程,其最终在首届"中国编辑高层论坛"上以相对完备的形式被提出,可以说是一个由量变到质变,由潜流到显学的过程。最早以"大"视角被研究的是文化;"大媒体"方面的研究是伴随着新媒体的方兴未艾而产生并日渐形成潮流的;"大编辑"的提法得以出现,从实践层面上说是"大文化""大媒体"的现实发展趋势使然,从理论上来说则是一种实践催动下的方法借鉴,从时间上来说,这方面的研究是最后出现的。当然,它们之所以作为一种理念体系被提出,是因为它们彼此间是相互牵涉、相互制约的辩证关系。

1. 文化产业化进程加快

随着人类社会的发展,文化在民族和国家发展中所起的作用越来越直接,越来越巨大,日益成为国际竞争的核心要素,成为一个国家软实力的集中体现、民族凝聚力和创造力的基础和源泉。改革文化体制,创新文化活力,解放和发展文化生产力是任何一个国家想要获得长远发展和繁荣兴旺的不二法门和制胜利器。在文化大普及、大繁荣的 21 世纪,文化与政治、经济的结合变得史无前例地紧密,彼此间的相互依赖和推动的关系深入到一个新的层面,文化不再单一地凸显其意识形态本质,其作为经济领域一个重要产业的特点逐渐被强化。文化要想获得更好的发展,更强有力地发挥其对社会的影响作用,就必须将意识形态特点与经济产业化特征结合起来,两种特质互为表里,相互推动。

美国学者罗杰·皮尔逊把社会文化的传递方式分为两类:纵向的"社会遗传"和横向的"文化扩散","当文化在同一社会内部从一代传至另一代时,我们称这一过程为'社会遗传'。但当文化从一个群体传至另一个群体,从一个社会传入另一个社会时,我们就习惯用这样的术语'文化扩散'"。[①]

[①] 转引自冯利、覃光广编《当代国外文化学研究》,中央民族学院出版社,1986,第159页。

进入21世纪后的头10年,全球一体化的加速,文化扩散的现象更为普及,并且文化扩散程度成为衡量一种文化自身生命力和竞争力的重要指标,同时也是纵向的"社会遗传"得以持续下去的重要保障。而要实现文化"社会遗传"与"文化扩散"的有力进行就必须实现文化的产业化,壮大文化产业的规模。因为将全球联结成为一体的最根本要素是经济,政治、文化等其他各个方面的全球性交流都是在经济这一基础平台之上并且围绕着这一核心进行的,文化也不例外。既然具有特殊存在形态的文化在遵循这一规律的过程中无法超脱,就必须强化自身的经济属性,也就是在更好地遵循经济规律的前提下来实现自身的传播目的,为自身的传播、扩大、发展、繁荣提供一种强大的经济动力。

在西方发达国家,文化产业在整个国民经济中所占的比重是非常大的。相较于西方,我国文化产业化的进程略显滞后,但各种改革转型也在稳步推进之中,"2010年,全国所有的经营性出版社都完成转企改制,进一步在市场竞争中实现资本重组",但"转企改制后的出版社要真正建立现代企业制度还需要经历一个过程"。[①] 可见,文化产业化加剧是个不争的事实。

2. 信息数字化愈演愈烈

人类社会发展到今天,最显著的两大特征就是经济全球一体化和信息化,并且,这二者本身就是密切联系、互为因果的。推动人类历史跨越式发展的几次科技革命均有其各自的特征。第一次工业革命以蒸汽机的发明和广泛应用为标志,使人类社会的生产、生活发生了历史性的跃进,机器大生产取代了传统的工场手工业;其后的第二次工业革命以电力的大范围应用为标志,使人类社会在发展行程上再一次突飞猛进。历史发展到20世纪四五十年代,原子能、电子计算机、微电子技术、航天技术等领域取得重大突破,尤其是计算机的发明、互联网的普及,将信息的重要性和广泛性凸显出来。信息不再仅仅被视作单一的"消息",而是成为渗透在日常生活、经济生产、社会活动等人类活动各个领域、各个层次中的必要元素,成为决定着这些不同领域发展方向和运作效率的核心元素,整个社会因之成了一个信息社会。在此背景之下,一个社会对信息的重视程度、相

[①] 张文彦、肖东发:《提升文化软实力打造出版强国之策略研究》,《河南大学学报》(社会科学版)2012年第2期,第152页。

应技术手段的发达程度,决定着这个社会在全球范围内的竞争力和发展前景。在这次世界范围内的信息化浪潮中,任何国家要想获得长久发展动力,都不能置身其外。

(二)"大文化、大媒体、大编辑"的内涵解读

1. 作为一种文化视域的"大文化"

正是文化的产业化以及全球化、信息化、数字化这些当今社会的发展趋势使得文化这一概念突破了其传统的内涵和外延,与政治、经济的融合变得更加紧密,对社会的推动和形塑作用更加深入,在核心竞争力打造中所占的位置更加关键,甚至可以说,在今天,文化已经无所不包、无所不在。因此,决不能再用简单的旧的文化视角来审视和对待文化,而应以宏阔的眼界、多维的视角、丰富的手段来加以引导、选择和整合。桂晓风会长在第十四届国际出版学术会开幕式上将大文化的含义解释为两个方面:一是21世纪中国编辑应当有更高的为文化服务的自觉性,二是要有更加宽广的文化视野。其实也就是要求新时代的编辑既要有大文化的意识,又要有经营大文化的具体能力和综合素质。

为文化服务的自觉性要建立在清醒的文化自觉上面,所谓的文化自觉,"指的是生活在一定文化中的人对其文化有'自知之明'……又是生活在不同文化中的人,在对自身文化有'自知之明'的基础上,了解其他文化及其与自身文化的关系"[①]。这种既了解自身,又知晓周边的状态才是我们所强调的大文化视野,只有具备了这样的大文化视野,才可能具备为文化服务的充分自觉性,培养出运用、缔构大文化的能力和素质。

这种大文化意识以及相应的能力具体体现为文化传承意识、文化创新意识、文化产业意识和文化安全意识。文化是一个民族之所以成为其自身的最重要特质之一,同时也是一个国家保持认同感和凝聚力,绵绵不绝,长盛不衰,兴旺发达的基础和根源。因此,即使是在文化大扩散、大融合的当今时代,保持自身民族文化的优良特质,壮大自身民族文化的生命力,使其不断传承,不断发扬光大是大文化意识的前提。而一种文化生命力的保持在于吐故纳新,汲取精华,去除糟粕,这就使得创新意识成为任何文化得以生存和不断发展的根本动力,也成为大文化意识的最重要内

[①] 费孝通:《文化的自觉—和而不同——在"二十一世纪人类的生存与发展国际人类学学术研讨会"上的演讲》,《民俗研究》2000年第3期,第5页。

涵。而全球经济的一体化使得各民族文化的传播方式发生了根本变化，文化与政治、经济的结合程度更深更广，其产业性愈发突出，一种文化要想获得大发展、大繁荣，获得强劲的核心竞争力，就必须顺应潮流，不断增强自身的产业性，以文化产业的眼光、思路来审视文化，以产业化的方式、方法来经营增值文化，这是壮大文化实力，保持文化活力的现实需要。文化与政治、经济结合的愈加深入，其对社会发展、国家强盛推动作用的日益明显，在国际竞争各要素中所占比重的逐渐增大都使得文化作为一个民族、一个国家的标志性存在和生存命脉的色彩越来越浓，文化安全也就成了一个无法回避的议题，这是大文化意识得以发挥积极作用的外围保障。

2. 作为一种方法论导向的"大媒体"

媒介的发展进程是与人类科技的进步紧密相连的，科技的每一次历史性突破都会促使传媒领域发生相应的革命。印刷技术的发明开启了大众传媒时代，继之的广播电视技术进一步加强了这种趋势，使大众传媒的覆盖能力达到了前所未有的高度。大众传媒时代的技术决定了传媒的大众化倾向。社会经济的进步使社会分工进一步细化，社会群体也进一步小众化，大众传媒的不适宜性越来越突出。正是在这样的背景下，互联网引领的数字技术出现了，它以最快的速度颠覆了传媒的旧有格局，旧的媒介形式重新划分领地，新的传媒形式不断涌现，层出不穷。海德堡公司对全球印刷媒体和数字媒体的市场份额所进行的统计分析表明，1995年印刷媒体所占市场份额为70%，电子媒体只占市场份额的30%。此后的十几年中，印刷媒体所占市场份额每年的增长幅度为3.5%，电子媒体所占市场份额的年增长幅度为9.5%。到2010年，印刷媒体的市场份额为48%，而电子媒体的已占到52%。① 在我国"十五"期间，电子出版物由2254种增加到6152种，有手机报刊300余种，网络报刊1000余种，网络杂志2万多种，网络数据库供应商近10家。同时，不同形式媒体间的融合成为潮流，媒介融合带来了大媒体时代，并在微观传播层面实现了最精细的小众化传播。

新技术催生出的新媒体具备了传统媒体缺少的一些优良特质，主要包括传播载体的无纸化、信息形式的数字化、获取方式的多元化、传播速度

---

① 孙忠:《侵蚀与抵抗：数字时代传统出版社的突围——以大英百科全书为例》,《出版发行研究》2010年第6期,第68页。

的光速化、传受双方的互动性以及信息推送的个性化,等等。这些新的特质决定了新媒体具有迥异于传统媒体的媒体精神,主要表现为创新精神、平等精神和商业精神。其实无论是什么样的媒体,终究只是一种传播形式,决定传播效果的根本因素在于内容,"'内容为王'的时代,谁对内容资源拥有更强的集约整合能力,谁就掌握了数字出版的主导权和市场控制权"。在这样的背景下,媒介融合才是新旧媒体发展的正确方向,立足内容这一基础平台,充分发挥新旧媒体的优势,以大传媒的意识来整合资源,探索新的、更多的行之有效的文化传播渠道,"打破出版载体界限,以互联网为平台,以图文、音频、视频等形式,对出版资源进行全方位、立体式、深层次开发和加工,实现一次性生产、多媒体发布"。①

大媒体就是"媒体多层次、多种类、多机制的有效整合"。② 在这方面,西方业界的相关运作已较为成熟,国内也有成功案例。长江文艺出版社和"中文在线"曾在2008年尝试将冯小刚的长篇小说《非诚勿扰》以图书、网络发布、掌上阅读器版本、手机阅读版本等形式同步出版,取得了较好的效果。这就是大媒体时代成功的新旧媒介运作案例。新旧媒介之间的关系并不是谁取代谁那么简单,也不只是将旧媒介的内容换上新媒介的形式,单纯地加以包装,而是要以内容为基础将新旧媒介真正地整合起来,发挥出更大的合力。《国家"十一五"时期文化发展规划纲要》明确要求要在"十一五"期间"推动产业结构调整和升级,加快从主要依赖传统纸介质出版物向多种介质形态出版物共存的现代出版产业转变"。这种引导性政策正是在国家层面顺应大媒体发展形势的一种体现。

3. "大编辑"的内涵及其特质

编辑在人类文化进程中所起到的重要作用已无须赘言,可以说自从人类文化开始具备雏形到后来的纷繁复杂,异彩纷呈,其中从未缺少过编辑的身影,编辑于其中所进行的审鉴、选择、加工、缔构工作,对于文化发展的积极推动、形塑作用是任何其他性质的工作都不能替代的。只不过不同历史阶段编辑这一职业的角色呈现形式是不尽相同的:在骨、木、石、金作为信息载体的时代,编辑是负责镌刻文字、集纳规整文字版牍的巫

---

① 新闻出版总署:《新闻出版总署关于进一步推动新闻出版产业发展的指导意见》,2010年1月1日。
② 张增顺:《大媒体与科学发展观》,《中国编辑》2008年第5期,第1页,卷首语。

师、工匠；在简牍、丝帛作为文字载体的时代，编辑是秉笔直书的史官、如孔子一般的述而不作者；在印刷术勃兴、纸质图书大量流通的时代，编辑是学富五车、精通考据、训诂、文献等基本素养的鸿儒大家，如萧衍、刘歆、司马光等；待到科技催生出电、光、磁、网络这些更新形式、更多样化的文化载体之后，编辑的角色也变得更加细化和丰富了，有传统的图书、期刊编辑，也有广播电视编辑，及至后来的网络编辑。相较于以前，编辑的工作内容和应用手段已发生了巨大改变。但无论编辑工作的角色呈现如何演化，编辑缔构社会文化大厦、引领文明发展方向的根本职责却从未变化。

通过审视编辑角色的历史演变过程，可以发现编辑角色的变化是与时代的文化特征、科技推动下的媒介进步息息相关的，从某种程度上可以说，这是一种因果关系。基于此，在大文化、大媒体盛行的当下，大编辑成为一种必然的选择。桂晓风将大编辑的内涵解释为两个方面：一是编辑工作和编辑工作者重要；二是编辑工作的面越来越宽。其实大编辑的内涵可以用一句话概括——具有大文化视野，怀有大媒介理念，具备大文化素养、掌握大媒介技能的新型编辑。也就是说，编辑欲成为"大编辑"，必须主动调整角色、提高素养、熟悉媒体、丰富技能，只有充分具备了颠覆既有观念，契合时代潮流的一些全新特质时，才可称之为"大编辑"。

（1）全面扮演编辑角色。在网络信息时代，编辑的角色是集成了多层身份的，也就是说，其身份是全方位的。传统编辑往往只要做好案头工作，至多再对编辑环节之外的上下游环节有所了解即可，而大文化、大媒介背景下的编辑却远非如此。从横向上来看，首先，"编辑一直被视为精神食粮的生产者、先进文化的传播者、民族素质的培育者和社会文明的建设者……'文化人'的角色是一直被反复强调和托举的标杆"。[①] 因此，当代编辑的第一重身份是社会文化的把关人、文化高地上的引领者，必须具有一定的文化理想和职业操守。其次，编辑还应该是精熟运用各种媒体的技术人员，其工作不限于文字上的把关修校，还应该对音视频制作、电子出版物制作、多媒体技术综合运用、电子出版物不同终端推送都有所了解或掌握。再次，编辑还应该是一位营销高手，从制作到宣传推介，到出版

[①] 黄娴、程婷：《可怕的断裂——论新一代编辑人的文化失守》，《编辑之友》2008年第5期，第95页。

销售,甚至于对外围衍生产品的设计和开发,都应该思维敏锐,手法灵活,对产业规律把握娴熟,对市场信息反应灵敏,具有前瞻性的经济眼光。从纵向上而言,编辑角色的全方位性还体现在新媒体中编辑与受众之间的角色往往是交替转换的,这是由新媒体超强的互动性、极度个性化的特质决定的。而从某种程度上来说,编辑在这种角色转换中的熟练和深入程度往往决定着其所开发的媒介产品的人性化程度,同时也就决定了产品竞争力的大小。

(2) 全面具备编辑素养。即使是作为传统编辑,素养上的全面也从来都是做好本职工作的首要前提,大文化背景下的大编辑,这种特征更加凸显。"业界普遍认为,21世纪的编辑出版人才,必须是掌握先进的网络数字出版技术、懂得经营管理、能够驾驭多种媒体编辑工作、能够撷取当代人类最优秀文化加以传播的复合型人才。"[①] 首先,新时代的大编辑要具有完整坚实的知识结构,对各个领域的信息均有所涉猎,对各个学科的知识均有所掌握,所谓能文能武,亦文亦理,唯其如此,才能够扩大自己的文化视野,也才能以高人一等的眼光鉴别优劣,去芜存菁。其次,全面深厚的知识储备之外,对新媒体技术的全面掌握也是大编辑应具备的素养之一,这是随着各种新媒体的出现提出的新要求。因为新媒体的载体形式不同以往,其编辑手段也因之发生颠覆性的改变,不掌握这些全新的编辑技术,就如同传统编辑不会阅读,不会写字一样,是无法将本职工作做好的。再次,大编辑要具备营销技能。文化产业化是当今文化发展的必然趋势,也是实现文化大发展、大繁荣的必然选择,作为从事文化工作的编辑只有培养自己的市场营销素质,才能够在实践中顺应潮流,把握契机,事半功倍,取得良效。此外,产业化的基础其实就是市场化,而市场精神的一项重要内容便是制度化、法制化。尤其是在全球一体化的背景之下,世界范围内的不同经济体互相合作,彼此交流,这些交互行为都是在一系列制度、机制的框定下展开的,法制观念已从社会政治层面扩展深入到经济文化层面。随着全球不同地域间文化交流的增多,文化产业化趋势的渐趋加强,诸如知识产权保护,文化产品出口、引进等方面的法律法规会越来越多,越来越完善,只有充分了解这些相关的政策法规,才能够在这场世

---

① 王勇安:《编辑出版学专业课程建设的逻辑误区》,《河南大学学报》(社会科学版) 2012 年第1期,第148页。

界范围内的文化大博弈中既不犯规出局，又能抢占先机。最后，大编辑还应该有的一项最重要的素质便是创新能力。这种创新能力是建立在前面几种基本素质的基础之上的，同时也是较之更为关键的一种素质。新媒体使信息传播的速度跨越式地达到了光速，使信息的内容供给达到了海量，也使信息的推送过程实现了史无前例的个性化和人性化，凡此种种，都使媒体形式和信息内容的更新更加快捷，以往依托内容资源、传播渠道、信息介质等建立起来的独家优势都消失了，创新成为不同信息发布者唯一的资源，兴衰成败，均赖于此。

（3）全面覆盖编辑对象。编辑对象的变化一是编辑在工作中涉及的知识面更宽泛了，二是编辑实践中所面对的媒体形式、技术领域都更多了。前者是由信息化背景下各学科知识的日益交融，旧有的专业分工逐渐被打破导致的，在新形势下，编辑对象不再是单一的书籍或报刊了，而是无处不在，无所不含的信息。后者的变化则是由新的媒介形式不断涌现决定的。在纸媒为主的时代，编辑工作的主要内容就是纸质图书、期刊、报纸的文字上的加工优化，以及版面排布、书籍装帧等其他一些环节，至于组稿、推介环节上的撰写提要、书评等也是围绕着文字内容加工这一中心进行的。在多种媒体并存的数字信息时代，编辑对象无限扩大化了。尽管一切工作仍然是围绕着内容来展开的，但工作对象的横向范围和纵向空间都得以扩展延伸了。文字之外，尚有各种音频、视频材料，版式排布、装帧设计之外，更有信息推送流程安排、信息层次架构设计、互动反馈模式构建，等等。

（4）全面掌握编辑手段。编辑手段的多寡和形式完全是由编辑工作的内容来决定的，传统编辑工作的内容决定了传统的编辑手法，约稿、组稿、校对、制版、登载广告、参加书展，基本不外乎此。而在大媒体背景下，就不能因循这些单一的方法了。作者、编辑、读者之间的交流完全可以借助网络进行，既提高了效率，也扩大了交流范围。各种网上数据库的建立极大地节省了编辑为核对、纠正一些基本知识点所花费的时间和精力，同时也可以最客观地鉴定编辑对象的原创和新颖程度。整个编辑流程得以简化，并变得快捷高效，先进的计算机技术不仅使作品的出品过程极大提速，也使作品的呈现形式更加丰富多彩，传统图书、线上版本、多媒体光盘、博客、论坛、手机推送，等等，既是载体，也是渠道，极大地丰富了编辑手段和作品的发行途径。大媒体的精髓即在于各种媒体各取所长，交相为用，其发展的最终趋势是媒介融合，生产出真正的整合一致的多媒体文化产品。

（三）"大文化、大媒体、大编辑"观提出的意义

1. "大文化、大媒体、大编辑"理念指导下的编辑实践走向

"大文化、大媒体、大编辑"是基于现时代文化、媒介、编辑领域的变化提出的创新理念，它所代表的是相应领域的发展趋势，在这一理念的指导下，文化与传媒将循着自身的发展规律不断呈现出新的态势，这个态势表现在两个方面，一是媒介融合，二是信息服务。但不管是媒介融合，还是信息服务，都是编辑实践的范畴，也即编辑实践的走向问题。

（1）媒介融合终成大势。截至目前，业界关于新旧媒介的关系究竟是取代还是并存的问题仍没有形成定论。其实媒介之间的取代关系本质上是不存在的，任何一种媒介的出现都是时代的产物，同时，一种新媒介的所有特性不可能是与过去的媒介截然割裂的，而是对旧有媒介的一种创新和发展，甚至只是一种简单的变形。任何一种媒介，在其某一种优势被新媒介彻底吸收取缔之前都不会消失，即使它消失了，也并不是真的消失，而是转而融入到了新媒介中。基于此，多元并存的媒介在未来一段时间内将会走向融合，融合的过程实质上是一个整合的过程，在这一过程中，不同媒介间互相借鉴，取长补短，摒弃过时的特性，发扬应时的优点，并在更远的终极实现真正的一体化。目前，媒介融合已是大势所趋，学界甚至有了专门指称这种现象的名词——媒介交互性。媒介融合的过程基本上可以概括为两个方面，一方面是技术层面的融合，另一方面是制度层面的融合。

技术层面的融合较早即已起步，将会经历一个从单纯的相互嫁接到深度融合的过程。比如，1995年10月20日，《中国贸易报》创办网络版，成为内地第一家上网的报纸；2000年以后，新闻性质的综合网站开始涌现，并积极利用网络的多媒体特性、互动机制不断开发具有独特优势的应用模式；手机报的出现，可谓媒介融合的又一新作，而且更具创新色彩；等等。正是技术层面融合的不断深入，催生了多媒体制度层面融合趋势的出现，目前正大力倡导并已进入实施阶段的三网融合便是其中的表征。在世界范围内，三网融合是信息产业发展的一个主流趋势，美国早在2003年即已完成了有线电视网络的升级改造。截至目前，美、英、日、意、加、澳等国都已将电信与广播集中到一个统一的监管实体之中。我国目前在这

方面的技术条件和市场需要也已成熟。国家"十一五"规划中明确提出要"加强宽带通信网，数字电视网和下一代互联网等信息基础设施建设，推进'三网融合'"。

（2）信息服务渐趋精细。无论媒介的种类如何多样，也无论媒介的交融如何深入，媒介的基本功能——传播信息——是不会发生变化的，它将继续充任各种媒介的安身立命之本，只不过相较于传统媒体的信息服务功能，未来大交融背景下媒介的信息传播功能将从方方面面发生程度不一的嬗变。

首先是信息服务功能的变化——从推送到导引。一般来说，传统媒介的信息服务都具有点对面的特点，传导方向也主要是单向度的，在大众传媒时代，这种特点尤其突出，信息从产生到进入传输渠道，全程都在传者一方的控制之下，受众的选择权是有限的。在大媒体背景下，信息的传播渠道无限丰富起来，由以往的点对面的线性传输衍变为多点交互的网络化传输模式，传者与受众之间的角色定位不再像过去那样一成不变，而是处于随机互换之中。在这种情形之下，媒介传统的信息推送功能等于被无限多的信息发送个体分解掉了，变得微弱且缺乏特别的优势。然而，从另外一个角度来看，信息来源的多元化、信息传受主体间的交融也导致了新问题的出现，即信息的泛滥、择取难度的上升，造成这种情况的直接原因就是作为以往信息传播主体的媒介的权威被极大地弱化了，而媒介要想重新树立起自身的权威，解决之道就在于放弃对信息垄断的坚持，转而发挥引导作用，即用最经济有效和可信的方式为特定的信息受众择取对方最想获取的有价值信息，这是媒介在信息服务功能上的出路和必然趋势。

其次是信息服务取向的变化——从大众化到个性化。以往的传播格局是垂直式的等级格局，在互联网等新媒体诞生之后，传播格局中的等级逐渐消失了，信息传播世界变成了一个缺少中心的扁平组织，以往的信息受众群体不再以一个群体的身份出现，个人凸显出来，成为传受一体的信息中心，借助网络获得了充分的自足性。正因如此，未来信息服务的终极取向不再是针对某一群体的点对面传播，而是会转变为注重个性化的"点对点"或"面对点"传播，以往的大众传媒模式以一种倒置的形式再次出现，只不过那种大生产式的信息推送、消费情形不复存在，注重质量和针对性的个性化服务将成为主流。

再次是信息加工制作的变化——从"宏大"制造到"精微"开发。正因为信息服务取向存在着从大众化到个性化的转变，媒介的信息开发也将不得不随之改变。在讲求针对性、注重个性化的信息服务时代，信息开发将朝着精与深的维度不断发展。随着内容资源开发的重点由"巨内容"向"微内容"转移——那些具有普遍兴趣和意义的内容尽管是重要的，但它们仅仅是参与竞争的"及格线"标准，真正能够在及格线之上加分的内容将主要取决于对于分众的、个性化的丰富内容资源的有效开发与利用。①

2．"大文化、大媒体、大编辑"观对编辑学理论、实践的意义

（1）加快了构建普通编辑学理论体系的步伐。构建涵盖多种媒体的普通编辑学理论体系一直是编辑学研究者的奋斗目标。编辑学会第一任会长刘杲在谈到编辑学学科建设时，指出建立普通编辑学是编辑学学科建设的最终目标："我们从研究社会主义历史阶段的编辑活动入手，从建立图书期刊编辑学入手，由个别到一般，最终建立涵盖各种传播媒体编辑活动的普通编辑学。"② 常务副会长邵益文指出："建立普通编辑学已经不是要不要的问题，而是必须抓紧的当务之急，这是实践的需要，时代的需要，也是编辑学学科建设的基本目标，或者是编辑学界在21世纪初需要共同奋斗的目标。"③ 只可惜20世纪八九十年代学界对编辑学基本理论问题争执不下，对于像编辑学理论体系、基本框架、活动规律等没有达成共识。2001年阙道隆的《编辑学理论纲要》发表，标志着编辑学研究者在基本理论问题上的看法渐趋一致。特别是进入21世纪后，面对网络技术的发展，各种新旧媒介交融共存的现状，研究者们都把构建普通编辑学理论体系当作头等大事。2006年中国编辑学会换届，换届后的新一届领导班子积极致力于编辑学理论的研究，从2006年到2008年，不仅组织召开了4次编辑学理论研讨会，而且还把构建涵盖多种媒体形式的普通编辑学理论体系当作迫不及待的任务来抓。2008年4月，新会长桂晓风结合文化产业化、媒体数字化的形势，及时提出了"大文化、大媒体、大编辑"的编辑观。"大文化"强调的是一种具有历史深度和空间广度的文化视域，"大媒体"指的是信息和互联网技术飞速发展引领下的媒介融合趋势，"大编辑"则是具有"大文化"视野和"大媒体"技能，理论基础扎实，实践能力突出的新

---

① 喻国明：《传媒发展：从"内容为王"到"产品为王"》，《北京印刷学院学报》2008年第3期，第17页。
② 刘杲：《出版笔记》，河北教育出版社，2006，第371页。
③ 邵益文：《编辑的心力所向》，贵州人民出版社，2004，第51页。

型当代编辑。它是编辑学研究领域的一种科学有效的引导性理念，在某种程度上说，一个"大"字包含了多种媒介、多种形态的编辑活动，代表了当今编辑学理论研究的新成就，是对普通编辑学理论体系构建的发展和进步。

（2）推动了媒介融合下编辑实践发展的进程。从上面的论述可以看出，不管是目前或是未来一段时期，技术变更、媒介变革带来的编辑实践的变化会更引人注目，但是，实践如果没有理论的指导，就可能失去方向。飞速发展的编辑实践迫切需要编辑理论的指导，尤其是21世纪的头10年，新媒介、新信息、新情况、新问题层出不穷，对编辑学理论研究的需求比以前任何时候都显得更迫切。以桂晓风会长为代表的中国编辑学会提出的"大文化、大媒体、大编辑"观念，可以说是学界主动对相关实践领域的理论总结，是业界实践发展必然催生的结果，是研究界对编辑学理论研究的推动和发展。权且不论"大文化、大媒体、大编辑"的提法科学不科学，"大编辑"的称谓站不站得住脚，但它包含的与普通编辑学思想体系相吻合的理念，无疑丰富和完善了普通编辑学的理论体系。当然，其科学性需要通过实践加以检验，其完善性需要在实践中不断得到提高。理论与实践从来都是互生、互动、互存的，但一个正确完备的理论无疑可以更好地引导实践更好更快地向前发展。

四 媒介融合形势下编辑学理论研究的新课题

辩证唯物主义认为，理论来源于实践。编辑学研究也不例外。十一届三中全会以来的编辑学研究浓缩了20世纪80年代的思想启蒙、20世纪90年代的市场化转轨、21世纪初期的全球化等鲜明的阶段特征和不同阶段的不同实践重点。编辑学研究中形成的理论流派就来源于这斑斓丰富的编辑实践，是研究者在不同时期、不同层面、不同维度对编辑基本规律认识和探讨的结果。编辑实践永无止境，编辑理论认识也永无止境，只要轰轰烈烈的编辑实践在继续，研究编辑实践的编辑理论就不可能停滞不前。因此，编辑学理论研究也永远是编辑学研究者无法摆脱的责任。

21世纪以来，人类的编辑实践伴随着创新不止的媒体实践而不断地发生着深刻变革。新媒体迅速崛起，数字出版应用日益广泛，网络编辑作为一种新的编辑形态影响日甚。与此同时，不同媒介的互动和融合逐渐成为一种发展现实。在此背景下，此前不同媒介编辑形态泾渭分明的状况不断地被打破,并逐渐趋向融合和一体化运行。这些实践状况,无疑给编辑理论的研究提出了新的课题和任务。

(一) 对编辑概念的重新认识将成为媒介融合时代编辑学研究的新话题

编辑学研究存在几种理论流派,就显示着编辑学研究有几种编辑观。编辑概念这一原本编辑学研究最为基本的问题(有人称之为"元"问题),却最让编辑学界众说纷纭,莫衷一是。可以说,这既是编辑学"年轻"的表现,又是编辑学研究的必然现象。

人类编辑实践的历史悠久绵长,编辑形态丰富多样,且又变动不居。这无疑决定了对编辑概念高度抽象概括是一项艰难复杂的课题。以现实为例,日新月异的新媒体出版,不仅影响着人们的媒介实践和生活方式,而且也改变着传统的读者、编者和作者界限分明的关系模式,改变着传统的编辑手段和编辑主体思维形式。与此同时,传统的编辑形态悄然发生着转型,编辑概念的内涵和外延也发生着明显的变化。比如,高速运行中的数字网络上的博客出版中有没有编辑活动,备受读者青睐的网络文学出版中有没有编辑活动,拥有巨大市场的网络游戏出版中有没有编辑活动,如日中天的微博、微信在信息传播中有没有编辑活动呢?如果答案是肯定的话,那么,这其中作者和编者的界限又在哪里,编辑活动是否又回到了一些研究者所言称的起始时"编著合一"的状态?再如,"自从 ipad 面世以后,可以发现越来越多的电子书在移植过程中,都进行了再编辑加工⋯⋯这里的'再编辑加工',是编辑,还是作者?两者之间的边界在哪里?"[①]要回答这些问题,我们只能从更高的哲学层面来辩证认识、抽象概括有关编辑概念的认知,在编辑理论流派中形成的探讨有关编辑概念的这一传统,也必将得到延续。

2008 年以桂晓风为首的中国编辑学会提出的"大文化、大媒体、大编辑"的观点,以当今时代文化产业大发展、媒介形式多样化为背景,对编辑概念的定义进行了新的界定,这是不是会引起新的论争,能否形成新的流派,我们拭目以待。

(二) 贯通各种媒介编辑活动的普通编辑学研究将受到重视

建立普通编辑学,探讨贯通各种媒介编辑活动的编辑基本规律,既是编辑学理论流派的一个认识传统,又是编辑实践发展的客观要求,也是编

---

① 刘杲:《我们是中国编辑》,海豚出版社,2011,自序。

辑理论建设的现实需要。编辑学理论研究流派中不乏致力于普通编辑学研究的学者。"媒介文化缔构派"的代表人物王振铎先生，起始立论就以多种媒介的编辑概念为旨归。"选择优化派"的很多研究者虽然在立论时更多的是针对传统的图书编辑，但是其对编辑本质的认识却具有一定程度的普遍适用性。尤其是"大文化、大媒体、大编辑"所包含的对多种媒介、多种形态编辑活动的认知，也蕴含着普通编辑学的思维。这些理论认识，不仅具有丰富的思想内涵，而且还形成了较为完整的思想体系，对于构建普通编辑学理论体系有着突出而重要的贡献。

反观现实的编辑实践，学界普遍认为，当代编辑实践中最为耀眼的景观是媒介走向融合，即不同媒介编辑形态的融合。编辑理论有必要回答媒介为什么走向融合、如何融合，以及不同媒介编辑形态为什么出现交叉一体化和如何交叉一体化运行的问题。与此同时，回答媒介融合背景下不同编辑形态的共同运行规律等，都是编辑理论建设的题中应有之义。

（三）编辑活动基本规律的研究将会进一步深化

编辑活动基本规律作为编辑理论的重要内容之一，在不同的编辑学理论流派中得到了相关学者的深入研究。虽然从共识的层面来看，编辑学界还没有对编辑活动规律达成较为一致的看法。但是，在编辑学理论的争论过程中，学界对规律的认识进行了廓清。学界基本认同编辑活动的规律有层次之别，有内部规律和外部规律、基本规律和主要规律之分，等等。这些基本的共识成为人们认识编辑规律的科学范畴。从媒介融合的编辑实践来看，新的实践变化必然为编辑规律的重新认识注入新的内容。如何在现有认识的基础上，深入地总结多媒体融合背景下编辑活动的基本规律，尤其是网络编辑活动以及新兴社交型媒介的编辑活动规律，无疑也是当前摆在编辑学理论研究者面前的重要课题之一。

当然，有分歧就会有争论。相对于其他成熟学科而言尚年轻而稚嫩的编辑学，没有争论和分歧是不可能的。况且，编辑学又是一门理论和实践并重的学科，在媒介融合成为大势所趋的实践环境下，编辑内涵、外延、特点、规律不发生变更是不可能的，编辑实践活动中不出现前所未有的新问题也是不可能的。因此，随着媒介形势的不断变化，编辑实践的不断发展，新问题、新矛盾的出现也必然带来编辑学理论研究的分歧和争论。有分歧、有争论、有共识、有创新，符合所有学科成长的规律。

第二节 我国编辑实践研究回顾

编辑学不仅是一门基础理论学科，而且还是一门实践性比较强的应用学科。"理论性和应用性是编辑学的双重学科属性，理论性是其学科主架，应用性是其直接目的，理论是其基础，应用是其归宿。"① 考量从十一届三中全会到 2009 年的编辑学研究，不仅编辑学理论研究进行得有声有色，而且编辑实践的研究也风生水起。就发表的论文来看，蔚为大观的数量，丰富多彩的内容，有探讨不同编辑形态编辑实务的，有研究不同运营机制下编辑工作的，有论述技术手段变化使编辑实践活动发生改变的；既有纯粹的工作研究，也有迸发着理论火花的实践感悟，"熙熙攘攘"，"热闹"红火。至于著作，且不说"实用编辑学"之类的成果，单就《书籍编辑学》《书籍编辑学概论》《图书编辑学》《图书编辑学概论》以及同样以期刊、杂志、网络等命名的成果就达 100 多部。但细究从十一届三中全会到 2009 年的编辑实践研究，由于实践本身是时刻发展变化着的，不同阶段的编辑实践会赋予研究本身迥异于以前的色彩。

有人说，理论像阳光，虽然灿烂，但飘浮在空中，实践像生活，柴米油盐酱醋茶，烦琐而具体。为了尽可能全面观照 1979~2009 年"烦琐而具体"的编辑实践研究，不管是以时间的发展为线索，或是以已有研究成果的内容为对象，都发现媒介形式的变化、编辑出版政策的变革、科学技术的进步在其中发挥着举足轻重的作用。因此，与媒介形式的变化、编辑出版政策的变革、科学技术的进步相关的编辑实践形态研究、编辑运营机制研究、编辑技术手段研究构成了改革开放以后 30 年编辑实践研究的主要内容。

一 多样化的编辑实践形态研究

编辑实践作为人类一项基本的文化活动，具有鲜明的时代性。伴随着人类实践的发展变化，编辑实践不仅不断地变化发展，而且总是围绕着媒介载体的不同性质而呈现出多姿多彩的实践形态。编辑实践形态的多样

---

① 周国清：《编辑学导论》，湖南师范大学出版社，2008，第 11 页。

性，构成了编辑实践的一大特征。

编辑实践形态是编辑活动的具体表现形式，是编辑活动主客体交互作用的外在呈现，它与作为编辑活动客体对象的媒介媒体关系密切。龟甲金石（甲骨文、金文等）—纸质媒体（书、报、刊）—电子媒体（广播、电影、电视）—网络媒体、数字媒体（微博、微信、博客、手机报等），随着媒介媒体的不断变化，编辑实践的内容、方式、流程、方法和观念也在不断变化，编辑实践的形态也呈现出不同的状况。

（一）传统纸媒编辑形态

按照编辑客体的载体流变，编辑实践形态可以分为以纸质媒介为载体的传统编辑形态和以电子、数字网络为载体的网络编辑形态。传统纸质媒体编辑实践形态发展历史悠久，形态丰富多样，其实践的效用和影响也比较突出。传统部门编辑实践形态，是以书报刊等不同的载体形态而存在的，20世纪七八十年代我国编辑学界的研究也是在此基础上展开的。

1. 书籍编辑实践

（1）书籍编辑实践的整体研究

20世纪七八十年代编辑学研究的复苏、崛起，领军人物大都是从事书报刊编辑的老出版人、编辑人，尤其是出版社的编辑，发挥了比较大的作用。与之相适应，图书编辑学的研究成果比较多。代表性成果除了前面介绍过的阙道隆、徐柏容和林穗芳的《书籍编辑学概论》（辽宁教育出版社，1995年）外，朱胜龙的《现代图书编辑学概论》（苏州大学出版社，2003年）也比较有影响。

朱胜龙的《现代图书编辑学概论》一书在继承前人研究成果的基础上，对书籍编辑实践进行了更加深入的研究。全书重点围绕图书编辑工作的性质、功能和基本特征，图书编辑工作的基本方针和原则，图书编辑工作面临的挑战和机遇，图书编辑工作的基本制度，图书编辑工作的其他制度，图书编辑工作的基本流程，图书选题策划的特点和原则，图书选题策划的基本内容，图书评论与图书宣传，图书的种类，编辑队伍建设等11个方面展开了论述。相较于20世纪90年代出版的阙道隆等著的《书籍编辑学概论》来说，该书立足于21世纪初的编辑现实，有着更强的时代性和针对性。一是它突出了图书编辑工作具体环节流程的研究，明确地提出了图书编辑实践具有流程性和环节性，并将其分为申报选题、制定年度选题计划、组织稿件、签订图书出版合同、加工稿件这五个环节。在此基础上，又对这个五个环节分别进行了具体入微的分析论述，从书籍编辑实务的角度分析了做好这些工作的方法和技巧。二是强化了对图书编辑策划的研究。在这部书中，作者专设"图书选题策划的特点和原则""图书选题策划的基本内容"两个章节，对图书选题策划进行了专题论述。在作者看来，选题策划是最能体现当下图书编辑实践发展趋向的一项编辑业务，是决定书稿编辑质量的很重要的一环。"成功的选题策划，是出版优质高效图书的基础，是编辑创造性劳动的反映。因此，积极主动地策划选题，是编辑的一项基本职责。"① 书中不仅论述了图书选题策划的特点，还详尽地论述了选题策划的具体内容，实施办法等。比如，对图书选题策划的具体实施，从优化选题结构、书名策划和图书附加值的策划三个方面进行了阐述，实用性、现实性比较强。

（2）书籍编辑某一实践环节的研究

除了系统性的书籍编辑实践研究以外，还有书籍编辑实践具体环节的专题研究。这类研究大多集中在图书选题、策划、审读、校对以及优化、选择等方面。代表性论著有南开大学赵航先生编写的《选题论》（辽宁教育出版社，1998年）、《审读论》（陕西人民教育出版社，2008年），著名编辑学研究者徐柏容的《编辑优化论》（东北师范大学出版社，2004年）、《编辑选择论》（天津古籍出版社，2004年）中国出版工作者协会等。这些论著，都从一个侧面对书籍编辑实践的具体环节进行了深入浅出的系统论述，对于深入地认识编辑实践的特征和功能，都发挥了不可替代的重要作用。

2. 期刊编辑实践

（1）期刊编辑实践的整体研究

期刊是传统印刷媒体的重要组成部分，在传播知识、传承文化和创新思想、变革社会上发挥着重要作用。期刊的编辑实践有其自身规律，学界围绕期刊编辑实践的研究成果也比较多，比较著名的要数徐柏容的《杂志编辑学》（中国书籍出版社，1991年）、《期刊编辑学概论》（辽宁教育出版社，1995年）和龚维忠的《现代期刊编辑学》（北京大学出版社，2007年）。

徐柏容的《杂志编辑学》被认为是改革开放以后我国出版的第一本以

---

① 朱胜龙：《现代图书编辑学概论》，苏州大学出版社，2003，第133页。

杂志编辑的工艺流程为框架,讨论杂志编辑理论和研究杂志编辑规律的专著。该书"基本上是以杂志编辑工艺流程的研究为躯体,而以杂志编辑理论、规律研究为灵魂"①,从杂志的起源、性质、种类和功能谈起,重点探讨了杂志编辑的修养,杂志的方针任务,杂志的总体编辑构思,杂志的风格,选题计划的制订,集稿工作,作者工作,审稿工作,修改加工,杂志的系统结构,标题的艺术,版式设计的原则,版式设计的实际,图片的艺术和技术,封面和目录的设计,校对工作,纸张和排印装订,发行、宣传、广告等。作者以自己的编辑实践经验为基础,认为杂志的质量不仅取决于刊登文章的质量,更取决于杂志编辑工作的质量。因此,对于杂志编辑涉及的各种问题都进行了比较周详的论述。比如,如何制订杂志的方针、任务,如何进行总体构思、制订选题计划,如何集稿、审稿、修改、加工,如何制作封面、目录,如何校对、排版、发行、宣传等,全面而具体。至于1995年出版的《期刊编辑学概论》,该书作为国家教委"八五"规划教材新闻出版署专业系列教材重点项目里面的一本,虽然风格和《杂志编辑学》不太一致,叫法由"杂志"变为"期刊",但内容却是对杂志编辑实践进行的更深入系统的研究。该书和《杂志编辑学》相比,专设"编者、作者和读者"一章,深入探讨了期刊编辑实践中编辑主体元素的社会关系。与此同时,作者还结合实例,着重探讨了期刊编辑工作中的选题、集稿、审稿、加工、审读、修改、校对等环节,特别是创造性地提出了期刊的结构工作概念,并联系实际讲述了期刊文章如何排序才能突出中心、才能具有美感等具体问题。全书"自始至终都以期刊实例加以说明,力求深入浅出;同时也密切联系当前实际"②,可操作性、现实性比较强。

龚维忠的《现代期刊编辑学》出版于2007年,其研究"所涉及的时空跨度比较大",吸纳的成果既有"改革开放初期期刊出版界冲破传统思想藩篱的可贵精神",又有20世纪80年代、新旧世纪之交"期刊出版经验理念创新的丰硕成果"③,内容新、与时俱进是其最大特色。比如,该书的第八章是"期刊的选题与栏目策划",开头第一句"20世纪90年代初,我国计划经济体制开始向市场经济体制转轨,'策划'一词也伴随着社会

---

① 徐柏容:《杂志编辑学》,中国书籍出版社,1991,(后记)第421页。
② 徐柏容:《期刊编辑学概论》,辽宁教育出版社,1995,(后记)第457页。
③ 龚维忠编著《现代期刊编辑学》,北京大学出版社,2007,(后记)第299页。

主义市场经济体制的实施出现在各业决策层"①。面对新的编辑出版形势，期刊编辑的工作内容发生了变化，作者于是就从编辑工作的新形势和新内容出发，详细探讨了策划、期刊栏目策划的基本概念和方法。尤其是期刊栏目设置的策划，书中以《知音》、《家庭》、高校哲学社会科学学报、自然科学学报栏目设置为例，强调期刊设置栏目要把握好三点：一是栏目应该展示与刊物特色密切相关的内容；二是栏目名要言简意赅；三是栏目在目次页的排序可采用醒目的字体标示文章题目。②新鲜的内容，新鲜的事例，具有鲜明的时代性。再如，第六章"期刊的编辑工作"里面的第三节"期刊申办、使用条码和期刊版权页"，是依据1993年国家新闻出版署颁布的《关于出版物上全面推广使用条码的通知》和2005年12月1日实施的《期刊出版管理规定》第三十一条的要求而进行的具体工作叙述；第十三章"期刊的管理、经营与发行"里面的第二节"期刊的经营"是基于20世纪90年代以后，尤其是进入21世纪以来，文化出版产业大发展和各类期刊改革的现实，对期刊的内容经营、种类经营、栏目经营、读者经营、品牌经营、发行经营、广告经营等的详细分析。如此等等，关注现实、关注期刊编辑实践的变化，在"期刊编辑的基本素质""期刊的集稿""期刊的审稿与编辑加工""期刊的校对与出版"等"旧瓶"里面装上现代期刊编辑工作的"新酒"，代表了传统期刊编辑实践研究的新成就。

（2）分支期刊编辑实践的研究

在期刊编辑实践宏观认识的基础上，学者们还对分支期刊编辑实践进行了不同程度的观照和研究。比如，科技期刊编辑实践的研究、社会科学期刊编辑实践的研究、学报编辑实践的研究等。

一是科技期刊编辑实践的研究。这方面比较有影响的成果有，胡传焴的《现代科技期刊编辑学》（湖南科学技术出版社，2001年）和王岷的《科技期刊编辑方法》（吉林人民出版社，2008年）两部。前者定位是科技编辑的基础理论书，全书共8篇16章，由编辑理论、编辑史、编辑工程三部分组成。编辑工程部分主要论述了编辑方法、操作、标准化与规范化、编辑手段现代化等内容。后者重点围绕科技期刊的性质和作用，形成和发展，定位和设计，编辑工作原则，工作内容及特点，信息集成，编排

---

① 龚维忠编著《现代期刊编辑学》，北京大学出版社，2007，第154页。
② 龚维忠编著《现代期刊编辑学》，北京大学出版社，2007，第175页。

前处理，编辑加工，编审基本法则，标准化和规范化等问题进行了探讨。科技期刊作为我国期刊阵营的一大方阵，这些对科技期刊编辑实践与时俱进的分析，不仅推动了我国科技期刊事业的发展，而且也繁荣了我国的编辑学研究。

二是社会科学期刊的编辑实践研究。比较有代表性的成果有李学昆主编的《社会科学期刊编辑学》（江西人民出版社，1990年）、杜家贵主编的《社会科学期刊编辑实用手册》（中央编译出版社，2002年）等。前者"是我国第一本这样的书，它论述了社科期刊编辑学的性质、内容和研究方法，在编辑主体和客体的阐释上，有新的见解"[①]，它在编辑活动、编辑业务管理和编辑工作现代化方面的探讨对社科期刊编辑有一定的实用价值。后者"是一部全面、系统、详细研究和梳理期刊编辑内容的著作"[②]，13章内容依次是社科期刊的期刊管理、选题策划、集稿、审稿、修改加工与发排、编辑规范与应用写作、校对、版式设计、出版发行、广告、法律法规、质量评估、工具书使用，实用性是其最大的特点。

三是学报编辑实践研究。如果说科技期刊、社科期刊是从期刊内容的角度来划分的话，那么从期刊从属类别来看，学报无疑是我国学术期刊的重要组成部分。依据万方数据有限公司发布的《中国科技期刊引起报告》（2014年版）记载，2014年我国进入统计的期刊共计6476种，其中高校学报类期刊为1390种，占期刊总数的21.5%。按照学科大类进行细分，"社科类期刊共计2284种，其中高校社科类学报为786种，占社科类期刊的34.4%；自然科学类期刊共计4192种，其中自然科学类高校学报为604种，占自然科学类期刊的14.4%"。正是因为高校学报数量多、发展快，对高校学报的研究也备受关注，其代表性成果有卜庆华等的《学报编辑学概论》（湖南教育出版社，1991年）、孙景峰的《学报编辑工程论》（中国科学技术出版社，2000年）、尹志诚的《学报编辑理论与实践》（中南大学出版社，2007年）、刘少华的《学报编辑理论与实务》（中国大地出版社，2008年）等。其中，孙景峰的《学报编辑工程论》反响最大。该书共9章，围绕学报功能、特色、审稿、编辑、改革、著作权、质量、借鉴等问题进行了深入探讨，既有对编辑客体的审视，又有对编辑主体的观

---

① 邵益文：《20世纪中国的编辑学研究》，河北教育出版社，2000，第243页。
② 杜家贵主编《社会科学期刊编辑实用手册》，中央编译出版社，2002，第382页。

照,"是一本实践性强、创新度高、材料丰富、内容翔实,对学报事业有一定指导意义的书"①。

(3) 期刊编辑某一实践环节的研究

在期刊编辑实践研究中,一些学者则将精力聚焦于期刊编辑的某一个环节,这方面的典范之作,当为李频的《期刊策划导论》(河北教育出版社,2001年)和《大众期刊运作》(中国大百科全书出版社,2003年)两部。《期刊策划导论》围绕期刊策划这一问题,进行了期刊策划的实践经验总结和理论认识升华。全书将期刊策划分为创刊策划、改刊策划、总体策划、广告策划和专题策划等不同类型,并围绕每一个类型进行了理论阐释。著名期刊研究专家张伯海先生认为,该书"开拓了新领域","是一本有较丰富内容、有一定价值、值得一读的好书"。《大众期刊运作》是继《期刊策划导论》之后出版的又一大众期刊研究专著。全书分上下两篇,上篇"期刊评论丛稿"以市场品牌打造为主题,分市场导入基础、市场环境监测、市场价值形态、市场运作关键、市场运作背景五部分,既有对《时尚》《新周刊》《青年视觉》《南风窗》等当代名刊的剖析,又有对一刊多版、区域市场等热门话题的冷静思考,其中不乏对期刊编辑过程市场运营方面的透彻分析。下篇"中国近现代期刊史札记"的主题是成功个案剖析,以市场视角和人文精神审视期刊文化的历史形态,沟通历史与现实是主要特点。如"《点石斋画报》:开拓市场的耐心与匠心""读者群迁移与《小说月报》的改革冲突""《青年界》:类型特征与定位尝试""《读书生活》赢利模式考察"等,在期刊出版的过去时态中透露出现在时态的灵动与理性。

3. 报纸编辑实践

相对于期刊编辑实践研究而言,报纸编辑实践研究的系统性专著在数量上要更胜一筹,呈现出百花齐放的欣欣向荣景象。这一方面固然与报纸本身媒介形态的影响力有关,另一方面也与报纸编辑研究者的执着努力密不可分。

中国大陆较早系统性研究报纸编辑实践的是中国人民大学的郑兴东先生。1982年,郑兴东和沈史明、陈仁风等出版了《报纸编辑学》(中国人

---

① 姬建敏:《值得一看——〈学报编辑工程论〉评介》,《中国出版》2001年第3期,第63页。

民大学出版社，1982年）。该书作为20世纪80年代国内第一部部门编辑学研究专著，首开报纸编辑实践系统研究之风："绪论"开宗明义地提出了报纸编辑的定义和学科概念，正文10章详细介绍了新闻稿的选择、修改、稿件配置、新闻标题、版面、报道组织、图片编辑、副刊编辑等报纸编辑实务。全书既能够从具体的案例出发，以案例为研究对象深入剖析，又能够把个案剖析和经验升华有机融合；既注重实践性、可操作性，又比较系统完整地论述了报纸编辑工作的规律和原理。

进入20世纪90年代，报纸编辑实践的研究得到进一步深化，比较有分量的研究成果陆续问世。比如，吴飞的《新闻编辑学》（杭州大学出版社，1995年）、钟立群的《新闻编辑学研究》（人民日报出版社，1997年）、蔡雯的《新闻编辑学》（中国人民大学出版社，2006年）、甘险峰的《当代报纸编辑学》（中山大学出版社，2008年）等。其中，蔡雯的《新闻编辑学》不仅系统性强，而且具有鲜明的实践性。全书共9章，分别从新闻编辑工作概论、新闻媒介定位与新闻产品设计、新闻报道的策划与组织、新闻稿件的分析与选择、新闻稿件的修改、新闻标题的制作、新闻图片编辑、新闻稿件配置、版面设计等方面着力论述了报纸编辑实践的发展变化和具体过程。该书一方面强化实践认识的理论升华，另一方面强调学理视野下的案例剖析，注意在理论和实践的结合上有所突破，针对性、实用性比较强。

（二）电子媒体、网络媒体编辑形态

1. 广播、影视编辑实践形态

广播、电视和电影相对于传统的书报刊，无疑有着自身的编辑规律。其信息符号不同，编辑文体模式也不同，这就决定着其编辑实践的独特性和类别性。

改革开放以来，围绕广播、电视和电影编辑实践研究的系统性论著不断涌现，也显示了广播、影视编辑理论认识的源源不断的活力。1994年，张晓菲的《影视编辑学》（河南大学出版社，1994年）被认为是影视编辑实践研究的开源之作。该书一方面从文化传播媒体历史分支的高度，宏观地考察影视编辑，另一方面又从影视片的立意、构思、剪辑、合成等制作过程的逻辑起点，微观考察影视编辑；既从编辑本位视角深入地探讨了电影、电视媒介创造的编辑之功，明确地提出电视和电影都是编辑创造的结果的鲜明观点，又重点围绕影视编辑的具体运作过程进行了鞭辟入里的分

析，探讨了影视创意、编剧、导演和剪辑各个环节的编辑原理、特征和方法。其突出特点是"一改此前编辑学研究局限于书、刊、报等纸质媒介的情况，率先从编辑学角度考察了电影、电视两种影像出版物是怎样通过编辑这个中介环节而问世的，为编辑学在电影、电视领域建构了初步的理论体系"①。

至于电视编辑实践的研究，黄著诚主编的《实用电视编辑》（中国广播电视出版社，2000年），从对电视编辑实践的操作层面来讲，更具实用性和针对性。该书分为9章，分别为电视编辑概述、蒙太奇、电视画面组接技巧、场面的过渡、声画组合、电视的节奏、影视作品的结构、电视新闻节目编辑、电视文字节目编辑。其中对蒙太奇这种影视语言的思维方法及叙事方式、影视画面的组接原则和技巧、影视编辑中场面过渡的方法及声画组合原则方法的论述都比较深入浅出，实用全面。

2. 网络编辑实践形态

从20世纪90年代末开始，伴随着互联网的出现，网络媒介逐渐成为广大受众青睐的新型媒介形态。由于网络本身的即时性、互动性、信息海量性等特征，网络媒介已经成为当下受众获取信息的主要平台。对网络媒介发展的短暂历程，学界围绕网络媒介编辑实践也进行了较为多维的研究。这方面的研究主要集中在三个方面。

一是网络新闻编辑的研究。尤以网络新闻的系统性研究居多。其中蒋晓丽和严励的《网络新闻编辑学》（同名）颇有影响。前者（高等教育出版社，2004年）分上下两编，从网络新闻编辑理论和网络新闻编辑实务两方面，着重探讨了网络新闻编辑的起源和发展、网络新闻编辑的概念和特性、网络新闻编辑的生存环境及影响、网络新闻编辑的职能及其编辑原则等问题。尤以下编"网络新闻编辑实务"更有针对性、实用性。下编主要内容包括网络新闻信息的筛选、网络新闻的内容编辑、网络新闻的页面设计、网络新闻标题制作和网络新闻专题研究几个部分。后者（河南大学出版社，2007年）则主要包括9个章节，分别是绪论、新闻网站的定位与设计、网络新闻的选择与修改、网络新闻标题、新闻网站页面的设计、网络新闻中的多媒体编辑、网络新闻专题、网络新闻评论、网络杂志。全书既有宏观层面的编辑策划和设计研究，也有中观层面的版设组合和专题创设

---

① 丛林主编《中国编辑学研究述评（1983~2003）》，齐鲁书社，2004，第326页。

研究，还有微观层面的编辑加工研究，可以说初步勾勒了网络新闻编辑的内容体系，并对网络环境中出现的新的范式，如网络新闻杂志和网络新闻专题、网络新闻评论都进行了富有创见的探讨。

二是网络编辑技术的研究。这方面的成果以路振光的《数字编辑技术》（河南大学出版社，2006年）为代表。该书分为三大部分：第一部分为数字文本编辑，主要是在阐述数字文本知识的基础上介绍数字文本编辑的校对、审稿特点与方法；第二部分为数字图像编辑，主要是在阐述数字图像知识的基础上介绍数字图像的编辑功能和方法；第三部分为数字音、视频编辑，主要是在阐述数字音、视频知识的基础上介绍数字音、视频编辑的特点和方法。该书从"大编辑"概念——编辑的对象不仅仅是数字文本，也包括数字图像、数字音频和数字视频入手，从技术的角度深入分析了网络编辑技术的创新和发展，技术性研究是其主要特色。

三是网络编辑形态的研究。这方面的成果尤以周荣庭的《网络出版》（科学出版社，2004年）为代表。该书相当一部分内容涉及对数字出版编辑实践的研究，其编辑实践形态包括网络多媒体编辑、网络数据库编辑、交互式编辑、网络连续出版物编辑、电子图书编辑等。在网络多媒体编辑部分中，重点介绍了网络多媒体编辑的关键技术、多媒体编辑元素、多媒体编辑应用；在网络数据库编辑部分中，主要阐述了数据库出版的概念、特点和类型，并在此基础上分析了网络数据库编辑的技术基础；在网络连续出版物编辑部分中，主要分析了网络新闻媒体、网络电子期刊、网络电子杂志、网络日志等新型网络媒介形态的编辑过程和编辑形态；在电子书编辑部分中，分析了电子书的发展和概念，侧重点是电子图书编辑的软件构成，即阅读软件和编辑出版系统。该书相对于单一的网络编辑形态研究，涵盖面比较宽，但学理性不是太强。

（三）融合媒介编辑形态

所谓的融合媒介，就是媒介融合后的结果。媒介融合概念的提出始于20世纪80年代的美国，其最简单的定义是将原先属于不同类型的媒介结合在一起。媒介融合的出现是社会方方面面变化集聚导致的必然结果，其实质是一次媒介革命的外在表现形式。从传统旧媒介到数字新媒介，媒介的发展并不是绝对的非此即彼的新旧更替，恰恰相反，它更多的是朝着融合发展的方向迈进。媒介融合带来的不仅是整个信息生产传播模式的变化，而且还带来了整个媒介形态的变化，此前泾渭分明的传统媒介形态，在媒介融合的过程中变得"你中有我，我中有你"，传统媒体与新媒体在整个互联网上的边界已经变得模糊不清。这样的结果，从根本上改变了与媒介现实互为表里、血肉交融的编辑活动的内容和方式，即导致整个编辑实践形态发生变化——从传统的部门编辑实践形态，向交叉复合一体化的全媒体编辑实践形态转变。围绕编辑实践活动的这种新变化，学界开始研究的时间虽然不长（最初探讨的时间在2006年前后），也没有专门的论著出现，但在论文层面上则有一些相对不错的成果出现。

综观这些文章，关涉编辑实践内容的主要表现在两个方面：一是媒介融合环境下编辑业务内容变化的研究。这类研究内容或是对编辑实践的经验性总结或研讨性指导，或是剖析新媒介环境下编辑流程的变与不变，或是借鉴国外先进的编辑模式探讨业务流程的再造及运行机制，且多集中在新闻类编辑业务领域。如蔡雯的《试论新闻编辑业务的变革与发展趋势》（《中国编辑》2009年第3期）、应金泉的《媒介融合中报纸编辑工作的转型》（《新闻战线》2009年第6期）等。二是媒介融合环境下编辑实践功能变化的研究。在媒介融合之前，学界对编辑实践的策划功能、选择功能、优化传播功能、创意和实现文化引导功能等都有深入论述。在媒介融合环境下，由于媒介的信息生产传播模式出现了技术主导、受众分化、媒介立体、渠道虚拟、功能综合等特征，作为信息生产传播重要环节的编辑实践活动不仅行为、方式发生了变化，而且编辑形态的变化也导致了编辑实践功能的变化。这类研究，如袁志坚的《媒介融合进程中的编辑业务变革——基于理念、流程、产品的视角》（《中国编辑》2009年第6期）、吴平的《数字出版时代的编辑理念》（《中国出版》2009年第2期）等。

由于媒介融合正在进行之中，媒介融合环境下编辑实践的变化也正在推进之中，其研究方兴未艾。就目前而言，一方面是媒介融合其势蓬勃的现实，另一方面是媒介融合环境下编辑实践形态和编辑实践活动的内容、方式、流程、方法，以及编辑在实际工作中遇到的编辑角色定位、职责权限等问题还没有厘清和阐明。所以，可以肯定地说，媒介融合形势下编辑实践形态的研究将成为未来编辑实践研究的重点。

二　与时俱进的编辑运营机制研究

编辑实践不是一种孤立的文化创构活动，作为一种社会文化实践，它既受到本身内在规律的影响和制约，还受到整个社会政治、经济、文化的影响和制约。编辑实践的运行体制和机制的变化、变革,总是能够对编辑实践的变化产生最为直接和深切的影响。十一届三中全会以来,伴随着社会历史变革的进程,我国编辑实践的运营体制和机制也在不断地发生着变化,事业单位、旱涝保收→企业编制、多劳多得(两个效益)→招聘制→自由职业(自媒体)等,围绕着这种变化,其研究与时俱进。

(一) 编辑运行体制改革研究:从事业单位到企业化运营

众所周知,20世纪80年代之前,我国的新闻出版工作一直是计划经济的属性。在此背景下,人们对各种媒介产品的商品属性认识较少。改革开放开始后,随着出版事业的不断发展,人们逐渐认识到出版物不仅具有文化属性,也具有商品属性。1983年6月6日,中共中央、国务院颁发的《中共中央、国务院关于加强出版工作的决定》中明确提出,"要注意出版物影响精神世界和指导实践活动的社会效果,同时要注意出版物作为商品出售而产生的经济效果"。这就在一定程度上肯定了出版的双重属性,肯定了图书是商品。当时学界关于图书商品性的讨论,一定程度上加快了出版社逐步由单纯的生产型向生产经营型转变的步伐。到了1988年4月,中共中央宣传部、新闻出版署联合出台《关于当前出版改革的若干意见》,确立了出版社内部机制改革原则,积极稳妥地推进出版社运行体制和机制改革,其中提出逐步实行社长负责制的领导体制改革。1994年党的"十四大"召开之后,政府进一步推进出版体制改革,提出出版单位"事业单位性质,企业化管理"的改革举措,加大企业管理分量,逐步推进建立与市场经济相适应的经营管理体制,重点推进人事、劳动和分配三项制度改革。1997年之后,国家进一步深化出版体制改革,并以提高集约化程度为重点,促进企业间兼并与联合重组,努力建设大型和超大型的出版集团。1998年12月,新闻出版署批准组建广东出版集团、上海世纪出版集团、广东发行集团等作为全国试点单位,加强出版集团化、集约化发展。之后,国家又进一步推进出版体制机制改革,截至2009年,完成了3000多家国有新华书店全部转制变成企业,走上了市场竞争之路;完成了出版社转企改制,包括地方出版社、高校出版社、中央各单位各部门出版社在内的经营性出版社基本转制成企业,并组建了50多家报业集团。与此同时,国家还积极推进非时政类的报刊体制改革,推动它们完成改企转制的任务。

编辑工作是整个出版工作的中心环节,出版体制机制的变革,必然影响到编辑运行体制和机制的变革。围绕这些变革，编辑学界也进行了大量研究和探讨。最具代表性的研究成果大多是学术论文。像《中国编辑研究（2000）》里收录的袁亮的《确认图书是商品的经过和作用》、吴寿林的《从"分离"到"合一"——知识经济时代著编关系演变的必然趋势》等文章，《中国编辑研究（2006）》里收录的刘杲的《出版改革莫忘图书质量第一》、巢峰的《中国图书出版业的滞胀现象——兼论出版改革的症结所在》、陈昕的《数字化、内容提供与文化创新——兼论当前中国出版集团发展的若干问题》等都比较有名。特别是王振铎的《最大限度地开发编辑创新力与出版生产力——30年出版改制谈》（《中国出版》2008年第9期）和郝振省的《转制与编辑》（《河南大学学报》（社会科学版），2007年第1期）可谓这方面的代表作。前者围绕改革开放30多年来出版改制，尤其是体制与机制、事业与企业、分社与合社、编辑与出版四个问题进行了深入探讨，重点指出，30多年来出版改革的整体方向是从单纯生产型向生产经营型转变；整个转变的过程实现了最大限度地开发编辑创新力和出版力。后者主要围绕转企改制与编辑，深入分析了出版体制转变对于编辑创造力发挥的巨大推动作用。在作者看来，出版单位的转企改制是一种生产关系的调整，这种调整带来的最大结果是编辑主体在整个出版产业中身份的变化。因为随着出版单位的企业化、法人化，出版单位的编辑主体也从单位人变成了社会人，这种内在身份主体、社会角色的变化，不仅对整个编辑主体的职业认同产生很大影响，也给整个编辑出版事业的发展带来了很多影响。诸如此类，编辑出版体制发生变化，编辑实践活动也在发生变化，学界的研究也就进一步跟进。

（二）编辑工作方式研究

1. 从分工制到承包制，再到项目制

改革开放以来，编辑实践的变化不单表现在宏观的编辑运行体制上，还表现在微观的编辑运行机制上。其中，编辑主体的工作方式是一个重要方面。在20世纪80年代早期，出版社编辑基本实行专业分工、各负其责的工作模式。到了80年代中期，一些出版社开始探索实行承包制，有的出版社将全社图书码洋分包到编辑室，甚至包到个人。相对于承包制，项目制是出版改革过程中编辑工作方式的又一大变革。伴随着出版社逐渐从单一生产型向生产经营型转变，编辑工作本身也在不断地发生着分工和分化，编辑主体逐渐由单一加工型向策划型、设计型、加工型转变。尤其是在激烈的市场竞争环境中,媒介产品的选题策划日益重要,由是,设计型、策划型编辑在整个编辑过程中的重要性凸显出来,也正因为此,编辑主体日益分化为策划编辑和文字编辑两种主要类型。策划编辑专司选题设计、调研和创意、装帧设计、市场营销、媒体公关等事项,实际上成为一个媒介产品的全程运营主管;而文字编辑则主要负责案头工作。从图书出版实践的角度来看,项目制的实施既是出版市场化深入发展的必然结果,也是编辑工作方式演变的客观要求。

编辑学作为实践性比较强的一门学科,从分工制到承包制,再到项目制,编辑工作方式的每一个变化,几乎第一时间就受到学界的关注。比如,对承包制的讨论,赞同者认为,承包经营责任制是出版改革中确立出版社权利与义务的较好形式;① 反对者认为会助长"一切向钱看"的风气,助长短期行为等。② 再比如,对项目制的分析,有论及项目制的基本概念、实施过程、科学管理及利弊得失的,有论及项目能力的培养、水平的提高、责任的划分的。编辑工作模式发生了变化,编辑实践研究也就发生了变化。如杜林致的《图书编辑宜行项目负责制》(《编辑之友》1998 年第 6 期)、蔡鸿程的《图书责任编辑岗位及责任的变化与创新》(载齐学进主编《论新形势下编辑工作特点与创新》,人民军医出版社,2007 年第 166 页)等文章,都在不同程度上探讨了特定时期内编辑工作的特定方式。

2."三审制"、图书编辑规程、编辑规范等

"三审制"起于何时?据说是 20 世纪 50 年代从苏联学来的。从那时至今,国家有关出版的文件中曾多次提到"三审制"。比如,1952 年《关于国营出版社编辑机构及工作制度的规定》中说:"一切采用的书稿应实行编辑初审、编辑室主任复审、总编辑终审和社会批准的编审制度。"1980 年《出版社工作暂行条例》中说:"对书稿的政治内容和学术(艺术)质量作出基本评价,决定采用与否,一般应实行三级审稿制度。"1988 年《出版社改革试行办法》中说:"为了保证图书质量,原则上应该坚持三审制。"1994 年《关于图书审读工作的通知》和 1997 年《图书质量保障体系》都强调"加强出版社的三审制""坚持稿件三审责任制"

---

① 聂方熙:《浅谈出版社改革中的承包与管理》,《编辑之友》1989 年第 2 期,第 7 页。
② 遇衍滨:《编辑工作不宜搞经济承包》,《出版工作》1988 年第 2 期,第 31 页。

等。①"三审制"作为保证我国出版物质量的重要手段,作为编辑工作的责任和制度,长期受到重视;学界围绕"三审制"的讨论也时断时续。特别是改革开放后的30多年,随着社会主义市场经济体制和转企改制的实行,对"三审制"及其在实际工作中运用的讨论也此起彼伏。如中国编辑学会成立后召开的第四届学术年会(1998年),会议的中心议题是编辑审稿、加工工作的理论和实践,讨论最多的是如何坚持和完善"三审制"。大会论文集入选论文60余篇,有30多篇讨论的是"三审制"。像喻建章的《提高书籍质量必由之路——众说"三审制"》、钱柏年的《从实际出发改进"三审制"》、李德平的《实行"三审制"存在的困难及其对策》、蒋振邦的《期刊稿件"三审制"的现状与对策》、薛正昌的《高校文科学报审稿质量与"三审制"》等,不仅涉及出版社编辑,还涉及期刊、高校学报编辑。中国编辑学会作为我国编辑学研究的学术机构,会上重申编辑工作是整个出版工作的中心环节,"三审制"是符合我国世纪之交编辑出版业改革和发展实际情况的编辑审稿制度;"三审制"既可以保证不同职级的编辑都能参加稿件的审读,反映出不同层级编辑对书稿的意见,可以避免知识结构单一的缺陷,又可以加强总编辑的终审责任和监督管理的领导责任。应该说,以中国编辑学会为首的学界对"三审制"的讨论,无论在当时、还是现在,都对提高出版物质量有一定的积极意义。

至于对图书编辑规程的讨论,是学界基于编辑体制发生变革后编辑工作机制也相应发生变化的实际而进行的相关研究。比如,20世纪90年代以后,选题策划越来越受到业界重视,但在实际工作中,类似对标题策划、内容策划、读者策划、营销策划哪一个更重要的问题认知不统一。鉴于此,在1997年中国编辑学会制订的《图书编辑工作基本规程》的基础上,2008年学会又对《图书编辑规程》进行了修订,在修订稿里,引入了"全程策划"的概念——在一个图书项目立项时,对选题及图书编辑、制作、营销全过程的战略性策划,强调只有站在"全程策划"的高度,才能做出书中精品,才能做出文化意蕴。另外,新修订的《图书编辑规程》还对"整体设计""编辑审稿"等进行了符合编辑实践发展的新界定。显然,这种"力求符合新形势的需求、新时期的理念、编辑工作的内在规律和现

---

① 孙琇、董高怀:《"三审制"的实践与认识》,载佟文秀、宋富盛主编《论稿件的审读和加工》,书海出版社,1999,第194~195页。

时代编辑实践"①的修订,本身就是对编辑工作机制的讨论,但这种讨论学术性的成分有点弱化,从学术研究的角度来说,中国编辑学会第12届学术年会对此的探讨可能更具代表性。

中国编辑学会第12届年会于2007年9月在贵州贵阳召开。这次年会的主题是:适应新形势,探究新规程。其中心内容是:在数字传媒时代,如何遵循编辑规律,修改、完善、执行编辑规程。与会者认为,一是编辑规程是编辑规律的反映,编辑规程的确定、执行和科学化是编辑行业的自律要求,是编辑工作的规范要求,编辑应该增强规范意识,自觉自愿地贯彻落实编辑工作规程的要求;二是遵守《规程》是提高图书质量的有力保障;三是适应新形势,建议《规程》增补新内容。比如,在出版法规方面,增加编辑工作应认真执行出版法律法规的内容;在选题策划方面,增加"策划编辑"的内容;在审稿方面,强化三审责任制度;在校对工作方面,应明确现代校对功能,建立和完善新的校对工作制度;在著作权方面,应增强编辑著作权意识;等等。②代表性论文收录在中国编辑学会主编的《图书编辑规程论》(中国标准出版社,2008年)里。

编辑规范,严格意义上也属于编辑规程的范围。但综观学界的研究,编辑规程的讨论,出版社研究得比较热闹;编辑规范的探讨,期刊界、学报界研究得比较热烈。以《陕西师范大学学报》主编张积玉的研究为例,1990年,他负责草拟了《中国高等学校社会科学学报编排规范(试行稿)》,并开始了关于编排规范的研究;1994年,他主编出版了《社科期刊撰稿与编辑规范十二讲》,标志着其研究范围已从排版规范发展到编辑规范,并已超越学报范围,转向期刊。2002~2003年,他又发表了《编辑法律规范论略》《编辑规范综论》《社科期刊规范化若干重要问题答疑》等一系列"编辑规范论"的研究文章,代表了他对编辑规范问题的探索进一步理论化、系统化。另外,比较有影响的还有《清华大学学报》(哲学社会科学版)2007年第6期发表的《高校文科学报学术文摘》主编姚申、《中国人民大学学报》老主编杨焕章、现主编武京闽等的一组文章,以及《编辑之友》2012年第6期发表的姬建敏、任火、蔡克难的《编辑规范与

---

① 中国编辑学会主编《图书编辑规程论——中国编辑学会第十二届学术年会论文集》,中国标准出版社,2008,(前言)第3页。
② 程绍沛:《遵循编辑规律 探究编辑规程——中国编辑学会第十二届年会概述》,《中国编辑》2007年第6期,第21页。

创新三人谈》等。显然，随着编辑体制、机制以及媒介媒体的变化，对编辑规范的研究，学界一直在继续。

（三）编辑绩效考核

编辑主体管理中一个重要问题就是绩效考核问题。编辑绩效考核既是编辑实践的一个现实问题，也是编辑实践研究的理论课题。从现实层面来讲，编辑绩效考核伴随着编辑出版实践的变革历程不断发生着变化，学界的研究也围绕着这种变化而进行。

从研究的成果看，2000年以后有一些论文发表，内容涉及编辑绩效考核管理机制、绩效考核的管理体系、绩效考核的内容指标、绩效考核的方式方法等。比较有代表性的如：徐英英的《对编辑绩效考核的认识与思考》（《出版科学》2008年第1期）和姜明的《建立科学的编辑考核管理体系势在必行》（《编辑之友》2002年第6期）。前者阐述了编辑绩效考核的主要内容，分析了我国现行编辑绩效考核体系存在的问题。后者则从科学管理的角度探讨了编辑绩效考核中利润考核的管理办法问题。在作者看来，制订科学的考核办法必须对编辑人员进行全方位考核；全方位考核要包括直接赢利，图书发行量，图书的学术价值和社会认可度，图书生命周期，对出版社文化、品牌积累的贡献，图书编校质量等一系列指标。这样的考核方法才是相对科学、全面的考核。

三 飞速发展的编辑技术研究

编辑技术革新无疑是编辑实践不断创新的一个重要源泉。现代编辑技术的演变是围绕媒介形态创新展开的，也是服务于媒介形态的创新发展的。现代编辑技术体系是以计算机排版技术的发展为标志的。计算机排版技术的发展，使得出版业彻底告别了"铅与火"而走向"光与电"。之后，又由于计算机技术的广泛应用和通信技术的迅猛发展，编辑技术又趋向于数字化，出现了新型的数字出版技术。

（一）从电子排版技术到网页设计技术

从文稿的编排到大样的打印，从定版的发排再到制版印刷，全部的环节都实现了计算机一体化操作。推动排版印刷现代化的关键因素是计算机激光照排技术的发明和应用。有人也把此项技术简称为"激光照排技术"或"电子排版技术"。"激光照排"技术实际上包括两个部分：一是前端排版制作技术，二是后端激光照排输出技术。前端排版制作就是按照版样设计利用排版软件和图形图像软件进行组版的操作；后端激光照排则是利用激光照排机印出照片，然后把胶片制成印刷用的版样。

我国出版界在汉字激光照排技术上的应用比较成熟。早在1979年，北京大学的王选教授就带领科研团队研制激光照排技术，并相继成功研制出华光三型照排机、方正飞腾排版技术照排系统。现在，国内报纸、期刊普遍使用的或是方正飞腾激光照排出版系统，或是排版大师（Pagemaker）系统。以方正飞腾为例，无论是技术性能，还是使用的便捷性，都堪与国外的很多的激光照排软件媲美。包括日本在内的很多国家，现在也开始接受并使用这一出版系统。电子排版技术的应用，引发了报刊出版的巨大变革。首先，它极大地提高了出版的效率。在电子排版技术出现之前，报刊的排版是"铅排"，即靠人工拣铅字进行拼版；编辑人员设计版样，需要人工计算稿件篇幅和版面大小。这些工作既耗时又耗力，也不利于报刊新闻性的有效发挥。电子排版技术应用后，计算机智能化一体操作，极大地提高了排版的效率。其次，它极大地提高了报纸编排的质量。版面的语言表达在电子排版技术应用后的丰富程度前所未有。字体的种类较之前更加繁复多样，且更富表现力；版面的色彩早已突破黑白色限，而走向富有视觉美感的多样化阶段；图片的加工制作技术也是之前所无法比拟的，很多图片处理软件使用起来更加灵活和自由。这些都使得报纸版面的质量步入了一个新的时代。再次，传统的报纸编排流程也发生了很大变革，以前记者的稿子还需要专门的录入员操作，现在记者的稿件则由自己录入稿件库，可供编辑选择。组版的环节大大简化。电子排版不仅仅是一个技术问题，也是一个实践问题，更是一个理论问题。毫无疑问，尤其是在实践过程中，如何结合技术平台更好地进行排版设计，是摆在编辑学界面前的一个重要课题。围绕这一问题，编辑学界也进行了深入研究。比如，柳泽华编著的《当代报纸电子编辑与排版》（武汉大学出版社，2001年）以当代报纸的电子采编流程为主线，以描述和讲解与新闻稿、新闻图表处理及报纸版面编排等相关的应用软件为依托，介绍了一系列与报纸电子编排息息相关的新闻传播实用技术。再如，肖伟编著的《报刊电子编辑教程》（暨南大学出版社，2006年），许正林、王际超等编著的《平面媒体电子编辑》（中南大学出版社，2006年）等，都对方正飞腾排版系统及操作流程进行了介绍和研究。

电子排版技术主要是印刷时代的产物，而网页设计技术则是数字出版来临所带来的编辑技术创新的主要标识。网页设计主要是编辑主体以网络为平台进行信息传播平台构建和传播的过程，包括网站的整体功能策划和具体的页面设计美化工作。网页设计一般分为三大种类：功能型网页设计（服务网站B/S软件用户端）、形象型网页设计（品牌形象站）、信息型网页设计（门户站）。网页设计常用的工具包括AI、PS、FL、FW、DW、CDR等。网络和印刷媒介是两种不同形态的媒介，这也就决定了它们的平台建设和内容呈现有着不同的理念、方法和原则。从网络发展的实践来看，网页设计技术日益与通信技术更加紧密地结合在一起，网络平台的多功能化、图文视频一体化趋势日益明显。在此基础上，有关网络技术和通信技术研究的论著也显得异常火爆。而这种研究，从本质来说，实际上是一种广义的数字编辑技术研究。如果从狭义的编辑学角度来看，相关的成果如杨汉云、陈春晖等编著的《网络视频新闻编辑与制作》（中南大学出版社，2006年）和韩隽、吴晓辉等编著的《网络编辑》（东北财经大学出版社，2007年）等，都一定程度地反映了网络环境下编辑技术的进步和编辑实践的发展。

（二）从数字编辑到大数据编辑

伴随着物联网、云计算等技术日新月异的变革，信息技术的发展已步入一个新的阶段，规模化的数据以及对规模化数据的开发和利用，成为数字时代的一个新发展趋势。英国著名学者维克托·迈尔－舍恩伯格在其《大数据时代》一书中称这样一个时代为大数据时代。大数据时代的到来，意味着一个新的技术革命浪潮的到来。

什么是大数据？从字面意义上来看，它是指规模化的海量数据，即指大小超出了典型数据库软件的采集、储存、管理和分析能力的数据集。大数据的特征可以用四个"V"来归括。一是Volume Big，即数据规模容量大，计算能力要求高，从太字节（TB）到拍字节（PB），甚而艾字节（EB）和泽字节（ZB）。二是Variable Type，即数据类型多样，数据来源多种。既有结构化数据，又有半结构化数据，更有非结构化数据，且将以网页、视频、图像与位置等形态的半结构化和非结构化数据为最主要的数据类型。三是Velocity Fast，即数据处理实时速度要求快。大数据的数据流是高速实时数据流，换言之即为动态数据，因此对数据处理速度和持续性要求非常高。四是Value High，即商业价值高。但大数据的商业价值高和价值密度低是相伴而存的，也就是获取的具有高度价值的信息，是通过海量数据处理而来的,可谓"千淘万漉虽辛苦,吹尽狂沙始到金"。可见,从实践角度看,大数据不仅是一种资源,更是一种工具。作为一种工具,利用大数据进行数据分析,可以进行趋势判断,从而进行商业价值开发。大数据技术的运用是基于海量数据的获取。数据的获取能力,是决定大数据分析和开发的关键。从流程来看,大数据的运营模式应该是由这样一个环节构成的,首先是数据获取,其次是数据分析,最后是数据产业化。

毫无疑问,利用大数据,人类社会的生产和生活方式必将发生新的变革,包括出版业在内的编辑出版实践也必将发生新的变革。关于这种变革,2009年以前的研究涉及不多,2009年以后,随着大数据的炙手可热,相关的研究会越来越多。目前,利用大数据技术进行编辑出版工作是大势所趋,媒介的数据化编辑无疑成了当前业界实践的热点和焦点。数据信息编辑,已成为编辑实践新风尚,其中最常用的手段就是数据可视化,即通过对静态或者互动图表的使用清楚而有效地传达数据的意义。而这一领域的研究,现在还更多停留在实践层面,其未来的学理研究将是编辑学研究的一个重要方向。

四 现阶段编辑实践的特点与发展趋势

任何一种实践活动都是在特定的社会背景之下发生的,编辑实践作为一种文化创造活动,社会的政治、经济以及与之关系更为直接的文化都构成了编辑实践不可或缺的现实背景。目前,随着数字化技术的迅猛发展,新媒介层出不穷,这不仅从根本上改变了媒介的业态环境——新兴媒介与传统媒介的融合成为当前媒介发展的主导趋势,而且也改变了与媒介现实互为表里、血肉交融的编辑实践活动的内容和方式。综观现阶段的编辑实践变化,可以概况为以下几个方面。

(一) 编辑实践的形态之变

当前,媒介融合的实践日新月异,编辑实践真正地进入了一个形态多样、一体运营的新时代。编辑实践从部门编辑到多媒介复合编辑,经历了一个历史过程,这一过程正是传统媒介和新兴媒介从各自为政到不断互动,再到深度融合的过程。在这一过程中,网络的出现具有决定性意义。从最初以编辑发布信息为特征的门户网站,到帮助用户进行信息筛选的搜索引擎应用,是网络媒介发展的第一个阶段。在这一阶段,网络编辑不仅形成了独具特色的编辑实务流程,更形成了具有一定独立性的编辑活动规律。到了网络2.0（Web2.0）时代，整个媒介发展的态势出现了全新的变革，社区网站、博客、电子商务应用被引入互联网。网络编辑的形态也更加复杂，一方面是网络编辑本身形态在不断细化，或围绕新闻信息大做文章，或走向商业平台，或致力于个体公共空间开发；另一方面，传统媒体编辑与网络编辑的交叉一体化运行更加突出，编辑形态已完成了从单纯的网络编辑到"报网"互动、"报台"互动，再到全媒体出版的传播的转变。媒介产品生产的多文本化、多媒介形态化，已成为一个重要的趋势。信息生产的多样采集、N次加工、多媒体传播已成为一种重要的编辑形态。在之后的网络3.0（Web3.0）时代，伴随着智能手机的广泛普及，移动互联网发展更是迅雷不及掩耳，媒介发展进入了一屏多端时代，受众信息需求的移动化、可视化、碎片化、分众化趋势更加明显，编辑实践形态也变得更加多样复杂，文、图、音、视频等多媒介形态的信息编辑已成为文化传播的新常态。

多媒体复合编辑形态，至少对编辑实践有这样几个重要影响。一是编辑要在终端上实现信息在不同媒介之间的转换加工，比如，文字、图片、音频、视频的全媒体加工；二是在平台上编辑要能对不同来源的信息内容进行整合加工，包括分布在世界各地的采集系统提供的信息、用户通过不同终端提供的信息以及储存在数据库中的历史信息等；三是在产品上编辑要能够对不同业务类型、不同用户需求进行智能化、个性化、定制化的制作和生产，也就是说，各自为政的部门编辑形态变成了交叉融合、多媒体一体化形态。

与编辑实践形态相对应的是，编辑活动的内容也在不断地重构。在多媒体复合编辑形态下，编辑工作的内容，除了传统的策划、组稿、加工、校对、发排之外，具有科技含量的页面设计、系统开发、动画编辑等也都成为编辑工作的重要任务。比如，在新闻客户端中设计的弹出式窗口，微信公众号的信息推送工作等。再如，一些移动客户端的编辑职能，已经由页面阅读、搜索、导航等网络服务，发展到新闻咨询、电子商务、生活消费、社区交友和娱乐等多种功能的全方位信息需求服务阶段。如此这些，都已经不仅仅是传播技术开发主体的考量内容，还更是编辑主体深入思考的必要选项。换句话说，伴随着媒体商业模式的创新，编辑实践融合政务、商务和服务的跨界模式的发展，媒介融合环境下的编辑业态将更加多元多样。

(二) 编辑实践的环节之变

1. 编辑环节的时序改变

旧有媒介背景下的编辑流程基本上遵循"策划→组稿→审读→加工→排版→印刷→发行"的顺序,每一个环节工作的完成构成下一个环节工作的起点和基础,这是一个各环节间在一定时期内彼此隔绝、在时间上呈现单向度发展轨迹的不可逆的工作流程。但数字信息技术和网络技术的进步催生出的媒介融合改变了这一延续已久的状态,这种在时间维度上单向运行的流程,其中的各个工作环节打破了时间的约束,具备了共时特性,甚至可以互相穿插,以往轨迹上的不可逆状态也因此而改变,整个的工作流程中的许多环节都有了一种即时生成、即时调整、即时完善的状态,过去严格依照时间顺序且一劳永逸的情形不复存在,各环节间在一定时间段内的隔绝状态也被破除,即时互动、信息互通的实现使得各个工作环节可以从编辑实践的全局来观照、调控各自环节下的工作。

2. 编辑环节的逻辑改变:由"编辑→受众"到"受众→编辑"的倒转

曾经的信息产品制作流通过程是毫无疑问地先由编辑生产,再向受众传播,并且,恰恰因为这种环节上的不可逆性,受众对信息产品制作本身所能施加的影响是非常有限和迟滞的。媒介融合背景下的信息传输渠道发生了质的改变。首先,它具有最大限度的即时性。传与受间几乎没有时间差,且不受空间上距离远近的影响。其次,鲜明的互动性。传统媒体的信道是单向的、平面的,只能从输出到接受,借助于其他信道反馈而来的信息含量不仅少,而且较为迟缓;Web2.0的网络平台及技术更先进的新一代网络平台,使得反馈信息与传播信息不再相互隔离、各行其道,实现了彼此互动的零距离。再次,超强的开放性。网络传输信息的开放性一方面体现在其信息的共享特点上,另一方面体现在信息的内容时刻处于传播者与受众群体共同的即时构建之中,其本身是一个随时生成的过程,从形式到内容,时刻发生着新的变化。正因为这样的特性,旧有的"编辑→受众"信息传输作用模式发生了"受众→编辑"的逆转,与之相适应,编辑环节的逻辑机能发生了变化。

(三) 编辑实践的行为方式之变

1. 编辑对象交互化

数字出版出现之前,媒体类型有别,不同媒体编辑活动的界限清晰。如图书编辑专事图书的策划、编审,而不会介入期刊编辑工作;期刊编辑则严守期刊编辑活动的范围,也不会把工作延伸到报纸编辑的工作之中。不同媒体的编辑,按照各自媒体模式的特点进行媒介载体的创造活动。在数字出版环境下,传统编辑活动这种类型清晰、界限明显的状况发生了根本变化。编辑媒体建模不再是单一模式,而是呈现出交互化趋势,图书编辑不仅要考虑出版纸质版图书,还要考虑如何将纸质版图书转化为电子书、手机书,甚至转变为动漫游戏。报纸编辑工作不再局限于报纸本身,而且注重网络互动,如《河南日报》的"焦点网谈"版面,就是将网络内容搬到报纸上。编辑媒体建模交互化的最典型形态是"全媒体"出版,如2009年由中国轻工业出版社策划出版的动物小说《义犬》,以图书、网络、手机同步发行的多媒体方式问世。"全媒体"出版的本质是编辑对象的交互化。

2. 编辑手段技术化

传统出版环境下,由于编辑工作的对象简单,编辑工作的手段较为单一,尤其是技术手段缺乏。现阶段编辑工作的手段变得更加丰富,而且凸显出技术化特点。一是包括审稿、编辑加工、排版、校对等在内的编辑实务常常都要靠网络和计算机辅助编辑软件来完成。比如,选题策划中信息源获取可以借助互联网信息检索工具;编辑加工时可以借助包括 Word 在内的各种编辑软件进行;排版时可以用各种专业的排版系统进行;校对环节还可以用专业校对软件辅助改错;等等。二是出版形态的多样化催生了诸多信息编辑技术,比如视频编辑、音频编辑、网络编辑、动漫编辑等都有专门的编辑技术,这些都需要现代的技术工具来辅助完成。可以说,在数字出版时代,编辑作品的质量不仅取决于作者稿本、编辑思想,还与编辑运用现代编辑技术手段的能力密不可分。

3. 编辑流程立体化

数字出版的发展也影响着传统出版条件下的编辑流程,使其变得更加立体。在传统出版条件下,整个编辑流程以一种媒体形态呈现出直线流程,即策划选题→组稿→审稿→编辑加工→发排→校对→印刷→出版发行。而在数字出版条件下,整个编辑流程则变成:信息的遴选与推送,即信息采购(所有内容资源以数据库形式进行保存和管理)→分众化制作(用户生成内容并创造市场,一次加工、多次生成)。对比两个流程,可以发现,在数字出版条件下,其特点一是编辑流程在媒体建模阶段呈现出立体化趋势,不仅多样化的信息类型、碎片化的信息形式、海量化的信息内容需要编辑遴选,而且面对不同受众的不同需要,编辑还要合理利用各种媒介形式,将遴选、规范好的特定信息以最快的速度和最适宜的方式送达特定的受众人群。二是编辑直接面对终端市场,全流程数字化、信息化。可见,数字出版条件下,整个编辑流程脱离了纸质载体而变成一种对数字信息进行多媒体缔构的活动,编辑流程看上去相对简化,但在简化的同时变得更加立体。

4. 编辑与读者、作者关系协同化

在数字出版环境下,编辑活动发生变化的不仅是编辑客体、编辑手段,而且编辑活动的主体关系也发生了变化,在编辑活动中,编者、读者和作者围绕编辑客体形成了一种交互作用的关系。传统出版条件下,编者、读者和作者这三个主体的关系,更多地也更直接地表现在编者和作者的关系之中,读者和读者,编者和作者的互动性都比较弱。如在传统的图书编辑活动中,读者基本是以隐藏的状态出现的,直接参与编辑过程的方式很少,所以人们常说"编辑是读者和作者的桥梁和中介"。在数字出版的条件下,编者、读者、作者三个主体的关系则变得更加直接、密切,交互性更强,且呈现出协同化趋势。如在互联网平台上,编辑的选题策划已经不仅仅是编辑的事情,可以由读者策划选题,然后由编辑做出选择判断;编辑加工阶段,借助于网络平台,编辑和读者、作者的交流也更方便;甚至在作者的创作阶段,读者都可以更直接地参与到编创活动中来,如业内出现的协作出版等。

5. 编辑架构扁平化

在传统出版环境下,编辑部更像一个"来料加工厂"和"策划指挥部"的复合体,信息的把关和优化功能更为突出和重要。整个编辑工作的中心,就是策划选题,指导作者完成,再进行优化编修,形成定本传播。而在媒介融合环境下,出版内容全媒体化。编辑部不仅需要策划和把关,而且还需要进行不同媒介采集端的安排、媒介渠道安排和产品媒介形式安排;编辑不仅要思考怎么组织信息,更要思考以什么形态在什么渠道呈现信息。编辑还需要在掌握用户体验式反馈的基础上,不断地调整和完善信息,以实现更大程度地聚合受众,甚至引领用户本身参与到信息的生产传播之中。这种信息生产传播模式的变化,必然要求其信息生产组织进行重构。以欧洲一些媒体为例,他们尝试围绕跨媒体新闻编辑部开展全流程组织再造,采取"轮轴—轮辐"组织结构,将一个超级指挥台作为流程的结构中心，编辑部成员以工作台的形式安排就位，无区隔地接受作者传递的各种形态的信息，然后进行不同形态的媒介产品呈现。

（四）编辑实践发展的未来趋势

正是因为在媒介融合背景下，编辑工作在信息制作、信息传输和信息接收等环节和领域发生了变化，在未来一段时间内的编辑实践将会呈现出可预见的几种趋势，而且，实际上这几种趋势已经在一定范围内存在了，只不过其进一步的成熟和完善还需要一段时间的发展。

1. 信息的分众化制作

大众传媒时代的显著特点是受众雷同化，其个性化色彩被稀释，但如今这种局面开始逐渐改变，受众分众化、小众化甚或个人化的色彩越来越浓。其原因主要有二：一是市场经济体制下的社会个体处在一个分工越来越细的社会框架之中，尤其是随着知识经济的到来，主导社会的因素中技术所占的比重越来越大，分工的程度也变得越来越深；二是不同的社会群体、不同的社会个体对信息的内容和外在形式都有自己独特的要求和喜好。基于此，编辑实践也不得不随着这样的趋势予以调整，以"放之四海而皆准"的标准生产"大路货"的时代一去不复返了，现代的要求是生产个性化的信息产品，从共性到个性，从"点对面"的传播到"点对点"的传播，从受众免费到受众付费，一言以蔽之，信息定制的时代已经来临。

2. 用户生成内容并创造市场

由于数字和网络技术在编辑实践领域的广泛运用，信息产品的生产制作平台已经极大地前移，在某种程度上与信息产品的传输发布平台合而为一，正因为如此，它不再是编辑群体的专属领地。开放式的信息贮存、人性化的操作界面、便捷的技术手段都使得一向被置于编辑出版流程最终环节的受众进入了信息制作环节，借助网络平台，他们可以上传自己掌握的个人信息和素材，对信息产品的制作提出个人意见，其与编辑的互动过程演化为信息产品的合力制作过程。西方学界称之为"用户生成内容"（UGC，User Generated Content）。比如，我们熟悉的"优酷"等视频网站采取的便是这种形式，编辑只提供网络平台、人性化的操作界面、建构网站的格局以实现内容的科学分类和最佳呈现，遍布世界的用户可以以简便的方式上传个人掌握的有价值的信息，通过共享使个人掌握的信息获得流通价值，实现其价值最大化。再如，"云出版"（Cloud Publishing）概念的提出，可以理解为借助网络平台对各种已有资源的一种高效率选择、归纳、加工、整合和推送的过程。这种过程，看似无形，但其编辑实践的特征却是非常明显和典型的。云出版作为未来出版的发展趋势，围绕着这种出版行为而进行的编辑实践则会被赋予更多全新特质。

3. 结构敞开式的信息产品

在用户生成内容和云出版还没有形成完善模式的当下，一些受众深入到编辑实践环节，参与信息产品制作，从而衍生出许多过渡性的编辑形态，对编辑实践造成直接影响。而且，从发展的长远趋势来看，这些过渡性的形态可以称作是完善的用户生成内容模式形成之前的预演，它对媒介融合时代编辑实践经验的积累，快捷、有效的工作机制的形成，编辑实践模式的固化都大有裨益。这些过渡性互动编辑实践的实例很多，最典型的是一些网络小说甚至纸质文学作品，制作者将其结尾设计成开放式的，或者根本不给出结尾，而是根据作品进入流通市场之后，根据受众的反馈来确定结尾。再如，在一些新闻时政类的媒体中，公民记者的使用也是一例。它彻底打破了过去的专业记者采写、编辑审核修订、读者阅读接收的模式，将信息采集、制作、传输、投送流程的两端衔接为一体，构成一个自足的环形模式，其结果是信息的采集效率更高、信息制作成本更低、针对性更强。凡此种种，极大地改变了编辑实践活动的外在形态，随着媒介融合程度的进一步加深，更多的新颖形态和应时改变势必会越来越多。

显然，由于时代理念、历史积淀、工具主义对编辑实践活动的影响，今天的编辑实践活动已迥异于30年前，与之相适应，编辑实践活动的研究也随着编辑实践的变化而与时俱进。因此，面对日新月异的社会现实和变化万千的编辑实践，编辑实践的研究也一定会开启更新的篇章。

第三节 我国编辑史研究述要

编辑史研究作为我国编辑学研究的重要内容之一，它与编辑理论研究、编辑实务研究一起，几乎撑起了编辑学研究的一壁江山。但回观我国编辑学研究的历史，给人的总体印象是理论、实务研究众声喧哗，成果卓著，独有编辑史的研究略显冷清，既迟缓又单薄，远远没有达到其应有的高度和厚度。究其原因，可能在于编辑史的研究范围有赖于编辑理论中一些基本概念、范畴的厘定，编辑基本理论研究纷纷扰扰、久而未决的状态，削弱了编辑史研究的迫切性和针对性。反过来也可以说，编辑史研究的长期缺位制约了编辑基础理论研究的快速发展，使一些基本概念、范畴的廓清缺乏史实性依据。正因为如此，20世纪80年代以降，学界中呼吁从编辑史的研究角度来反向厘清基础理论研究中"含糊地带"的声音日渐增多。越来越多的呼吁，越来越多对编辑史研究重要性的认可，都促使编辑史研究慢慢升温、越来越受重视。

一 编辑史研究的历程

人类在社会文化的建设和文化传播中，虽然已有几千年的编辑活动历史，积累了丰富的编辑实践经验，但与编辑活动的悠久历史不相对称的是，作为一门独立学科的编辑学直到1949年才在我国诞生，编辑学研究也可以说从那时才开始。编辑史作为编辑学三大构成要件（史、术、论）之一，其研究相较于1949年以后慢慢起步的编辑理论研究和编辑实务研究来说，起步更晚。

（一）自发、零星的初始阶段

1978年党的十一届三中全会以后，改革开放成为国策，我国的编辑学研究也从原来零星、自发的研究阶段迅速进入蓬勃高涨、自觉、系统的研究研究高潮期。编辑史研究的正式开启也是在20世纪的80年代，但与编辑学理论研究一经掀起热潮便方兴未艾、经久不息的状况不同，编辑史的研究略显冷清和沉寂。并且，编辑学与出版学一直以来纠缠不清的关系在两个学科历史研究领域中的体现更为突出，以致大量的编辑史研究都是在"出版学""编辑出版学"这些含混、笼统的提法下进行的。回顾编辑史研究的历程，标志性的事件应包括1985年中国出版科学研究所成立，并于1989年、1991年分别在湖南和山西召开的中国近现代出版史学术讨论会。虽然会议的口号是"出版史"，但其中的很多研究内容均涉及编辑史。两次研讨会广泛涉及晚清官方出版、外国传教士在华出版、民国时期的出版和革命根据地及解放区的出版等领域，诸多最新研究成果交相碰撞，很多研究重点凸现出来，成为热点，为编辑史下一阶段的研究开拓了思维广度，提供了新的视角，确定了科学的方向。

至于在此之前，正规的编辑史研究究竟起于何时、何处，学界并没有形成一个统一、公认的看法。目前能发现的最早的对外发表的编辑史研究成果是1984年前后面世的两篇论文，分别是林辰的《古代编辑工作的启示》(《出版工作》1984年第3～4期)与文超的《中国古代编辑事业发展概况述评》[《齐齐哈尔师范学院学报》(哲学社会科学版),1984年第3～4期]。前者主要是通过历朝历代编辑家的编辑活动,像先秦的孔子、两汉的"三郑"(郑玄和郑兴、郑众父子)与"三刘"(刘安和刘向、刘歆父子)、魏晋南北朝的萧统等人的编辑活动,论述了古代编辑的经验对现代编辑工作的启示。比如,汉代的编辑成就给现代编辑的启示是:编辑工作必须具有时代特点。唐代编辑的《艺文类聚》《初学记》《花间集》给现代编辑工作的经验是:编书要有创见、要创新。而古代的编辑欧阳询、纪昀、李昉等都是大学问家,他们给现代编辑的启示是:现代编辑要比古人知识更渊博。如此等等,古为今用思想颇明显。后者以朝代更替、社会发展为线索,通过对我国古代编辑事业发展情况及与之相关的书籍的演变与发展情况的整理和探讨,描述了我国古代编辑事业发展的基本脉络,揭示了其发展过程中的特点和规律。像先秦孔子编《诗经》,两汉刘向和刘歆父子编《七略》,魏晋南北朝的萧统编《文选》,唐的《艺文类聚》、宋的《资治通鉴》、明的《永乐大典》、清的《四库全书》以及造纸术的发明,印刷术的发展等,论述言简意赅,颇具价值。但是,它们只是当时学界中零散的、随机性的研究,真正开始有意识地提出、呼吁和从事编辑史研究并取得标志性成果的人物,故宫博物院的章宏伟认为是戴文葆。

章宏伟是首届"韬奋出版奖"获得者、资深编辑家戴文葆的传记作者,自20世纪80年代结识戴文葆先生,多年来对其编辑实践、编辑思想、编辑理论深有研究。他讲述,1984年9月,内蒙古社会科学院曾在呼和浩特举办过一次编辑学与编辑业务讲习班,包括中华书局前任副总编辑张先畴、人民出版社副总编辑吴道弘、作家出版社副总编辑龙世辉、《光明日报》社秘书长卢云等众多业、学两界人士参加,当时在人民出版社工作的戴文葆也应邀参加。会上众多发言者的发言材料即研究成果被整理后编印为《编辑学与编辑业务》做内部发行之用,戴文葆的讲授材料是《编辑学与编辑史探讨》,全文长16万字,开篇以"编辑史初探"为题略述中国编辑活动的发展历史,继而围绕孔子、萧统、赵崇祚、陈子龙、纪昀、魏源等历史上功绩卓著的大编辑家的编辑活动展开论述,介绍古代典籍编辑的缘起、传承、环节并有论有据地评价这些典籍的特点和影响。章宏伟称这部讲稿为"中国第一篇编辑史讲稿"。但由于是讲习班上的授课材料,且只被收入了供内部发行的《编辑学与编辑业务》论集中,因此,该项研究成果一直默默无闻,隐而不彰,未引起更多注意。两年之后,戴文葆的编辑史研究成果"历代编辑列传"开始在《出版工作》上连载。这一研究专题主要是围绕历史上在编辑实践中有大成者进行人物纪传式的探究,共遴选包括孔子、吕不韦、刘歆、萧统、刘知几、司马光、解缙、纪昀、章学诚等在内的37位历史人物,述其编辑实践,论其编辑思想,剖析其所编辑作品的时代特点和历史影响,归纳其各自开创的编辑体例、编辑方法,梳理一脉相承的编辑理念和编辑传统,并以历史唯物主义的视角将编辑活动置于政治、经济、文化、科技的社会有机网络中加以考察,辩证审视,科学透析,以求得出编辑活动历史的、本质的、客观的规律。该编辑史研究成果在《出版工作》上连载两年,至1988年方结束,共计约40万字。可惜的是,《出版工作》也是国家出版局于1978年创办的一份内部刊物,较之公开发行的学术期刊,影响力受到很大局限,以至于戴文葆先生的这一重大研究成果仍未在学界取得大的反响。但不管怎么说,这一研究成果的取得,显然与《编辑学与编辑史探讨》具有连贯性,证明戴文葆先生至迟在20世纪80年代的中期即已开始了有意识的、系统的编辑史研究工作。因而,章宏伟认为"《历代编辑列传》是第一部以人物为主线的中国古代编辑史……是我国最早也是最系统的研究中国古代编辑史的著作,具有开创性"。①

此外,20世纪90年代以前关于编辑史的研究,见诸媒体的还有陆平舟的《先秦编辑事业改略》(《编辑之友》1986年第2期)、姚福申的《有关中国编辑史若干问题初探》(《编辑学刊》1986年第1期)、燕平的《我国古代编辑工作概述》[《上海大学学报》(社会科学版)1987年第4期]、靳青万的《论中国古代的两大发明与编辑活动之关系》(《许昌师专学报》1988年第4期)、胡益祥的《孔子编纂学探微——中国编辑史研究之一》[《河南大学学报》(社会科学版)1989年第1期]、《诸子文化与〈吕氏春秋〉——中国编辑史研究之二》[《南都学坛》(社会科学版)1989年第2期]以及1989~1990年胡光清发表在《编辑之友》上的"中国古代编辑思想史论"系列论文10篇等,它们都算得上是比较早的编辑史研究成果了。值得一提的是胡光清的系列论文,之一是《叙论》,论的是中国古代

---

① 章宏伟:《戴文葆先生与编辑史研究》,《济南大学学报》(社会科学版)2013年第1期,第42页。

编辑活动和编辑思想的一般特点；之二到之十，分别从"述而不作""辨章学术""部次条别""沉思翰藻""以类相从""举撮机要""编次之纪""经世应务""互注别裁"出发，论述了中国古代编辑思想的核心价值。《编辑之友》从1989年第1期起进行连载，直到1990年第6期才发完，为时两年，共12期（之一、之二各分为上、下两篇），并发了编者按："作者的立论是构建于翔实的史料之上，且其内容没有空泛的'议'，而是扎实的'论'；文章展示了一个新颖而具体的研究课题（'中国古代编辑思想'及其相关种种），这表明作者已在向学科研究的纵深挺进。"[①] 足见其分量之重，研究之深。

（二）有组织、计划的自觉阶段

如果说20世纪90年代以前的编辑史研究属于自发的、零星的个人行为，研究的形式算作单打独斗的话，那么90年代之后，这种状况已完全改观，尤其是中国编辑学会的成立，标志着中国的编辑史研究已经进入了有组织、有计划的自觉研究阶段。

1992年，随着编辑实践的发展、编辑学研究者研究热情的高涨、地方编辑学会的造势和推动以及全国范围内编辑学研究的持续升温，起着组织、领导、团结、凝聚、协调、引领作用的中国编辑学会在北京成立。学会不仅下设编辑出版史专业委员会，而且还定期召开编辑史研讨会、座谈会，出版编辑史研究论文集等。据不完全统计，学会成立以来，先后召开各种编辑史学术研讨会十余次，比较重要的研讨会就有：1993年10月在湖北武汉召开的首届编辑史研讨会，1999年3月在江苏南京、2000年6月在浙江温州召开的编辑史研讨会，分别于2004年5月、2007年11月、2009年11月在北京召开的编辑史研讨会等。会议或关注编辑史研究的现状、研究内容、研究方法，或注重编辑史与中华文化、社会变迁的关系，研究内容从20世纪90年代的具体、微观到21世纪头十年的视野开阔、宏观宏大。比如，1999年3月23~25日在江苏南京召开的编辑史学术研讨会，主持会议的是编辑学会会长刘杲，出席会议的有副会长宋原放、吴道弘、高斯、蔡学俭以及顾问戴文葆等专家、学者。会议的主要内容，一是交流近两三年来编辑史、出版史研究的成果；二是讨论当前编辑史、出版

---

① 胡光清：《中国古代编辑活动和编辑思想的一般特点——中国古代编辑思想史论之一. 叙论》（上），《编辑之友》1989年第1期，第15页。

史研究的经验和问题，提出改进意见。会议一致认为对编辑、出版的历史研究是一项基础性工作，对指导实际工作有重大意义，今后的编辑史研究要重视书、事、人的个案研究，特别是那些重大的有代表性的个案。① 可见，这次会议，不仅总结了以前研究的经验，还明晰了下一阶段的研究思路。再如，2000 年 6 月 15～19 日在浙江温州举行的编辑史研讨会，主持会议的是编辑学会常务副会长邵益文，出席会议的有副会长吴道弘、宋原放、戴文葆、蔡学俭、王振铎、刘光裕等专家、学者。会议的中心议题是：探讨 20 世纪我国编辑、出版活动的特点和作用，以及对有关事件、机构、著作和人物的研究。与会者一致认为，研究我国百年编辑史、出版史，特别是 50 年来的编辑史、出版史的任务，已经提到议事日程上来；编辑史研究要开拓新的领域，提出新的研究课题，特别是要重视个案研究和比较研究，定出个案研究选题，有组织地进行；出版单位的负责人和编辑要重视书稿档案等资料的积累保管工作，以推动和支持编辑史、出版史的研究工作。② 不仅如此，2006 年中国编辑学会换届后，在以桂晓风会长为代表的新一届学会领导支持下，编辑出版史专业委员会还做出决定：每两年召开一次全国性的学术研讨会和一次专家学术座谈会，二者隔年交替进行，并选取学术会议中的优秀论文，出版编辑出版史研究论文集，原则上每两年出版一卷。截至目前，已分别选取 2007 年"全国编辑出版史与中华文化学术研讨会"和 2009 年"中国编辑出版史与社会变迁学术研讨会"两次学术会议上的论文成果，于 2009 年和 2011 年结集出版了《中国编辑出版史研究》第一卷和第二卷。

与此同时，中国出版科学研究所、各地的编辑学会以及全国高校学报研究会、出版工作者协会等，也都组织了相关的编辑史研究活动，有的还组织出版了一定数量的高质量研究成果。例如，2009 年，由中国出版科学研究所承担的国家哲学社会科学基金重点资助项目，国家"十五"、"十一五"重点图书出版规划项目——《中国出版通史》的编写工作历时 8 年得以完成。全书共 9 卷，约 400 万字，上起于商周之际，下迄 20 世纪末，涵括港、澳、台地区和少数民族地区的出版史，可谓贯通古今，无所不包，

---

① 中国编辑学会：《中国编辑学会活动纪事（1999）》，载《中国编辑研究》编辑委员会编《中国编辑研究（2000）》，人民教育出版社，2001，第 500～503 页。
② 《中国编辑学会召开第三次编辑史、出版史研讨会》，《出版参考》2000 年第 15 期，第 4 页。

当然，更不用说与出版史水乳交融的编辑史了。

可见，近30年的编辑史研究历程，虽然称不上轰轰烈烈、大红大紫，倒也脚踏实地、平稳发展；虽然起步晚于编辑理论和编辑实务的研究，火热程度亦逊于后者，但到底还是在编辑学学科的整体向前发展中逐渐升温，被予以越来越多的重视。毕竟编辑史立体的、性质明确的实践内容，既可以对编辑实践提供最直接的指导，又可以为编辑学理论建构提供多方面的参照。全国范围内的编辑学理论研究、实务研究既然能势如燎原之火，自然也绕不开编辑史领域。

二 编辑史研究的争鸣及焦点

一个新的学术领域被探及，最初的状态必定是各说各话，异见纷呈，不同的见解和观点交相碰撞，有统一，有争鸣，最终形成一种或几种主流观点，稳定成为这一研究领域的成见。编辑史的研究历程较短，也可算作一个新的领域，其中各种观点的并存对立也很普遍，但这种观点争鸣的局面并不像编辑理论中的意见相左一样那么激烈和混乱，其缘起于基础理论的最初构建带有较大的主观性，而编辑史的研究针对的是历史的客观的编辑实践，主观性成分较少。所以，与其说编辑史研究中的争鸣是各家论者的各抒己见，不如说这些被争论的焦点恰恰体现了编辑史研究中的关键所在，即搭建一个全新研究领域的架构时必然要面对的一些热点和难点。

（一）编辑史的起源时点

关于编辑史的涵括上限，至今还没有形成定论。《中国编辑研究》年刊《发刊词》中指出，无论是编辑理论还是编辑史，其研究对象都"是编辑劳动及其客观规律"。但对于何为编辑劳动，就有了仁者见仁、智者见智的看法了。钱荣贵就认为编辑活动有现代和古代之分，但无论现代还是古代的编辑活动，归根结底都是编辑活动，具备编辑实践的基本特质。基于此，"编"之行为和"编"之思维贯穿于文籍产生之前与之后的历史，结绳记事也"是一种最为原始、最为质朴的'编辑活动'"。[①] 而如果以较为规范的外在形式，较为齐全的流程元素来考察的话，"甲骨时代无疑是

[①] 钱荣贵：《史前时期"实物之编"的思想灵光》，《江苏大学学报》（社会科学版）2009年第6期，第45页。

'文籍之编'的源头"。①

靳青万则着重考察了文字产生过程中编辑在提炼、规范、简化、固化等环节中所发挥的重要作用,认为编辑活动是相伴于文字的发明过程而产生的。基于此,编辑史应该以文字的萌芽和形成阶段作为起始点,也就是旧石器时代晚期或新石器时代早期,距今约10000年的时间。②

姚福申将编辑实践与文字资料的收集和整理联系起来,以此来考辨编辑活动的起源。而目前有考古研究佐证的最早的成熟文字资料自然应该是殷商时期的甲骨卜辞。甲骨卜辞有序叠放,编次成册,具备明显的编辑痕迹,也体现了一定的编辑规律。但卜辞本身毕竟内容单一,形式简略,属于实用性很强的应用文,与真正的史料典籍尚有差距。但《尚书·多士》中的"惟尔知,惟殷先人有典有册,殷革夏命"又证明殷商时代是有典籍存在的,这些典籍没有实物佐证,但在《尚书》中却有保存,被公认的一篇便是《盘庚》。《盘庚》一文篇幅宏大,内容丰富,结构整饬,逻辑清晰,详细记述了商王朝迁都期间、迁都前后商王对臣民的训诫。商王盘庚所处的时代是公元前14世纪,"由此推断,中国的档案编辑工作至少可追溯到三千三百多年之前"③。所以,公元前14世纪被姚福申界定为编辑活动的滥觞阶段。

与上述观点不同,刘光裕对编辑史的起限另有看法。他认为,编辑的产生是出版的需要,即出版的存在是编辑存在的必要前提,而"有了印刷术,然后图书才可以说得上'出版',才开始有出版业"。④ 所以,编辑史的溯源上限应该在两宋。

钱荣贵、靳青万、姚福申三家观点的差异缘于他们对编辑实践的对象理解有别,钱荣贵和靳青万的立场有相似之处,他们将编辑活动理解成一种信息的整理和规范化过程,并不一定只针对实存的物质,所以,结绳记事也可以算成编辑活动,文字形成过程中的逐渐规范、简化定形也可以看成是编辑活动。姚福申则将编辑对象指为"文字资料",并且是有一定内容丰富度、形式上成熟完备的文字资料,基于此,他将编辑活动上溯至上

---

① 钱荣贵:《甲骨时代的编辑审美观及其他》,《南通大学学报》(社会科学版)2009年第2期,第134页。
② 靳青万:《中国古代编辑史论稿》,河南大学出版社,1992,第13页。
③ 姚福申:《中国编辑史》,复旦大学出版社,1990,第20页。
④ 刘国钧著,郑如斯订补《中国书史简编》,书目文献出版社,1982,第46页。

古典籍《盘庚》出现的殷商时代。刘光裕则是结合出版活动来限定编辑活动的，既然出版是编辑存在的前提，而出版又只是印刷术发明之后的产物，编辑活动就只能开启于出版正式产生的两宋了。再进一步讲，以上诸说之所以互不一致，根本原因在于不同学者对"编辑"概念的内涵理解不同——前三种观点属于这种情况；或对编辑与出版关系的理解不同——后一种观点属于这种情况。由此也就带出了编辑史研究中其他两个方面的争鸣。

（二）古今"编辑"概念、编辑史与编辑理论中"编辑"概念的厘清

编辑理论、编辑实务与编辑史鼎足构成编辑学的学科体系，三者间彼此贯通、密不可分的关系在"编辑"概念的难以统一以及对研究工作造成的负面影响上体现得最为明显。正因为编辑理论的研究中直到今天也没有形成一个广为接受的、统一的编辑概念，基于此而构建的一些理论仍然眼界各异，表述有别。广受认可的、统一的"编辑"概念的缺位除了造成基础理论研究领域的各说各话外，也直接导致了编辑史研究中的歧见并存，一如上文所述的情形。或者也可以反过来说，正是因为编辑史研究长期以来的滞后乏力，没能及时地跟上编辑理论、编辑实务研究的步伐，以至于其在编辑活动的外延圈定上没能为编辑理论研究在界定编辑概念时提供可资参考的足够依据，致使编辑理论研究领域中的"编辑"概念之争既无凭可依，也无据可证，各取所需，众说纷纭，历经二三十年却仍不明晰，歧异甚大。同样的一个"编辑"概念，却深刻地同时影响到了编辑理论和编辑史两个研究领域，这既表明了此二者间你中有我、我中有你的不可分割性，同时也证明了二者间互为基础、互相促进的辩证有机关系。说到底，编辑理论是对编辑史研究成果的高度抽象和哲学概括，而"编辑史研究实际上是编辑学研究的一种历史方法"。① 针对这一问题，个别研究者站在历史和全局的高度提出了一些中肯的意见，较有代表性的是林穗芳先生的观点：首先是"编辑史"与"编辑学"中的"编辑"概念是否需要统一的问题，其次是"编辑"概念在古今不同语境下应该如何界定和对待的问题。

对于第一个问题，林穗芳先生的观点是比较明确的，即"编辑史"与"编辑学"中的"编辑"概念应该统一。因为只要你承认编辑史是整个编

---

① 何皓：《编辑学及其发展方向》，《编辑之友》1988年第6期，第11页。

辑学学科的一个组成部分，那么它就是编辑学学科体系的有机构成部分，搭建这一体系的基本概念和范畴自然也必须要内涵一致，外延相同，才能彼此共通互释，保持理论体系内部的一致、有机和贯通。但不可否认的是，编辑史研究中所面对的"编辑"活动在古今不同的语境下是有内涵上的差别的。"编辑"的古义是"收集材料，整理成书"，而今义则是从出版活动的视域加以界定的，可以将这两种"编辑"粗略地描述为著作方式之一种和出版工作之一部分。编辑活动的外在形式可以根据性质的不同分为属于著作活动的编辑和属于非著作活动的编辑，与出版紧密相连的是非著作编辑活动，它具有明显的中介特性，有别于著作性编辑活动。显然，只有具有中介特性的非著作型编辑活动才能被划入编辑学的研究对象。那么具体到编辑史的研究对象呢？这两种性质的编辑活动是否均应涵盖，还是仅择其一？林穗芳认为，研究范围约略等同于著作型编辑活动的"图书编纂史"与"编辑史"同属于"编辑出版史"的二级学科，二者是并列关系，既然是平行关系，从逻辑上讲就不能将"图书编纂史"与"非著作型编辑"并列归为"编辑史"的研究范围，使其成为"编辑史"的一个下辖区域。对于将著述活动分为"原创型"和"非原创型"两种，将"非原创型"的书籍编辑（包括介于"原创型"与"非原创型"之间的编辑活动）归为书籍编辑学研究对象的提法，林穗芳同样持谨慎态度。他认为，"编辑史要同编辑学一样，以出版业和其他传播业中的编辑活动为研究对象，建立自己的理论体系"。[①] 归结起来，林穗芳先生认为无论是编辑学还是编辑史，均应该以具有中介性的"出版编辑活动"为研究对象，将著述类型的编辑活动剔除在外，另做处理；同时，编辑学与编辑史在"编辑"概念的界定和研究对象的划归上必须保持一致，以免造成自身的混淆和逻辑上的矛盾。

（三）编辑与出版的关系

造成研究者对编辑活动时间范围的限定存在差异的另一个主要原因，就是对"编辑"与"出版"关系的认识。在编辑学理论的研究中，编辑与出版活动的范围孰大孰小，谁涵括谁的问题由来已久，争论不休。当这种争论迁延到编辑学与出版学这两门学科的历史研究领域时，这种争论看似

[①] 林穗芳：《编辑学和编辑史中的"编辑"概念应当保持一致——兼论开展编辑模式历史比较研究的必要性》，《编辑学刊》1997年第6期，第6页。

一如理论研究里的争论，实际上却又有了新的变化。因为理论研究是一种现时态的横向研究，针对的是某种特定活动，编辑学研究的是编辑活动，出版学研究的是出版活动，而在实践中，编辑与出版又是错综复杂地交合在一起。有人认为编辑活动是核心，出版只是其物化、传播的构成环节；也有人认为出版是核心，编辑只是其中的重要一环而已，编辑为出版服务，附属于出版的通盘行动之中。而在编辑与出版的历史研究领域，情况就不同了。因为一门学科的历史研究针对的是某一特定活动的历时性存在，强调的是一种纵向的演进式发展。出版的存在历史非常容易确定，事实清楚，有据可查；编辑的历史起点则存在着不确定性，如何确定编辑与出版二者间的关系决定着对编辑活动起源时点的认定，起源时点的认定又反过来决定着如何定义编辑与出版二者间的关系。

曾任中国编辑学会会长的刘杲曾就编辑史与出版史的关系做过明确论述。他认为，编辑史与出版史存在着密切的关系，但二者并不是完全重合的关系，而是有一部分重合。同样，"编辑学不是出版学的一个分支。编辑活动的范围远远超出出版活动。编辑学和出版学有不同的研究对象"[①]。在试图廓清编辑与出版的概念时，应该以现实的编辑出版实践为依据，而不应该简单地遵循"从概念到概念"的思维逻辑。刘光裕也强调了编辑史与出版史研究对象中的交叉问题，但他同样认为这种交叉并不是严格的重叠，编辑依赖出版，出版也依赖编辑，离开任何一方而单独讲另一方都会不得要领。

（四）孔子等人物的编辑家身份

在编辑史研究领域，目前成果最集中的一个方向大概就是关于编辑与孔子的有关研究了，围绕着孔子的编辑实践、编辑原则、编辑思想进行的研究可谓林林总总，不胜枚举。但即便如此，关于孔子到底算不算是编辑家的争论迄今也没有定论。占据主流的观点不外乎两种，一种是认为孔子在古代从事了大量的编辑活动，是编辑工作名副其实的开先河者，可称作中国历史上第一位大编辑家；另一种观点则否认孔子的活动属于真正意义上的编辑范畴，因此，即便孔子于文化传播上居功甚伟，也难有编辑家之名。

认为孔子是大编辑家的一派其结论主要是依据孔子的编书活动做出

---

① 刘杲:《我们是中国编辑》，海豚出版社，2011，第202页。

的。历史上，孔子曾"删《诗》《书》、订《礼》《乐》、赞《周易》、修《春秋》"，并在对这些作品的编纂过程中严格遵循"述而不作"的原则，这与编辑工作的内在精神高度一致。既然"编辑"的定义是"搜集资料，整理成书"，那么孔子编订"六经"恰恰就是在集合了大量前人成果的基础上，通过对比、校勘，加以选择、提炼，遵照某种指导思想，以一定的规则，汇辑、整理成教化万民、行之后世的经典作品，无论是其工作过程、原则方法，还是指导思想、目的效应都与编辑工作的特点极其吻合。并且，孔子通过自己的实践和倡导，形成了"述而不作""不语怪力乱神""攻（治）乎异端（杂学），斯害也已"的优良编辑传统，为其后两千多年来的编辑活动树立了典范。凡此种种，都使得孔子当之无愧地成了我国历史上开创性的大编辑家。

持反对意见者则从两个方面对上述观点加以反驳。其一是，认为孔子的编书活动属于编纂而非编辑。"编辑"概念应该与出版活动密切相连，而孔子编书活动的直接目的是为了辅助教学，更好地传播儒家思想。《辞源》中"搜集资料，整理成书"的释义是针对古代典籍中的"编辑"一词而言的，今天所言的"编辑"则与近代方出现的"出版"一语密切相关，以古语中之"编辑"含义通释"编辑"一词是不能成立的。孔子的"搜集资料，整理成书"活动一不以出版为目的，二不合"编辑"今义，实际上只是作为著作活动之一种的编纂行为而已，在古今概念混淆使用基础之上认定其为编辑家未免过于武断。至于孔子所倡导和践行的"述而不作"原则，其出发点是"信而好古"，也就是说孔子述而不作的根本原因是"好古"，即崇尚周礼周制，以图弘扬恢复，并不是出于尊重事实、客观诚信的考虑。其二是，从历史考据的角度认为孔子并没有集中编订"六经"的行为，既无编辑实践，遑论编辑家之名。关于孔子编订"六经"的说法基本上都是依据《史记》《尚书·序》中的记载，但这些作品都产生于"罢黜百家、独尊儒术"之后，其可信度有待考证。于今可为研究孔子思想及活动确凿证据的《论语》偏偏未曾提及孔子编订"六经"之事。而对孔子"述而不作，信而好古"一语的主流释义也遭到质疑。古汉语中"述者循也"，"作""乍"通假，基于此，这句话又可以译解为："相信和爱好古代的书面材料，遵循它而不使丢失。"如此一来，自然也就与所谓的编辑思想、编辑原则毫无关系了。

其实，从十一届三中全会到2009年编辑史研究中的焦点问题不仅仅限于以上四个方面，参与讨论的人数更不仅仅限于以上提到的学者，仅以"编辑"概念及其历史形态的讨论为例，丛林主编的《中国编辑学研究述评（1983～2003）》里列出名字的学者就有刘光裕、王华良、杨明新、姚福申、王耀先、林穗芳、任定华、邵益文等；① 以"编辑的起源"为例，邵益文的《20世纪中国的编辑学研究》里列出的观点就有起源于殷商、起源于春秋、起源于五代至北宋时期等。② 我们在研究中也发现，几乎参与编辑学研究的大家，都或多或少地涉猎其中，如王振铎、宋应离、蔡克难、张积玉等。所谓"窥一斑而知全豹"，编辑史研究可谓平淡中有亮点、平凡中见起色，并且"亮点"关乎编辑学研究的核心问题，"起色"彰显编辑学研究的深入和进步。

三 编辑史研究的成就、问题与方向

显然，自20世纪80年代编辑学研究复苏、兴起开始，学界对编辑史的研究就慢慢起步了，20世纪90年代以后，研究的人相对增多，研究的内容也相对丰富，比如，对编辑起源的研究，对编辑史理论的有关研究，对编辑史的系统研究及各个朝代的编辑史、编辑家研究等，成果也越来越多，分量也越来越重。

（一）编辑史研究的成就

1. 优秀成果越来越丰富

我国的编辑史研究，尽管起步比较晚，升温比较慢，但研究成果还真的不可小觑。单就出版的编辑史著作来说，在1999年3月江苏南京召开的编辑史、出版史研讨会上就有总结："据统计，出版史方面的专著约有110种左右，涉及断代史、地区史、专题史、书史、书话、编辑史、发行史等方面的内容。"③ 虽说这110种专著包含出版史、书史、书话、发行史等，但它出现在《中国编辑学会活动纪事（1999）》里，在中国编辑学会召开的"编辑史、出版史学术研讨会"上被强调，足见编辑史研究在这110种专著中所占的分量不轻。再说1999至2009年又是10年，专著的数量增加不少。以1999年为界，在其之前出版的优秀研究成果有：韩仲民的《中

---

① 丛林主编《中国编辑学研究述评（1983～2003）》，齐鲁书社，2004，第341～342页。
② 邵益文：《20世纪中国的编辑学研究》，河北教育出版社，2000，第39页。
③ 中国编辑学会：《中国编辑学会活动纪事（1999）》，载《中国编辑研究》编委会编《中国编辑研究（2000）》，人民教育出版社，2001，第501页。

国书籍编纂史稿》（中国书籍出版社，1988 年）、宋应离的《中国大学学报简史》（中州古籍出版社，1988 年）、伍杰编著的《中国古代编辑家小传》（中国展望出版社，1988 年）、姚福申的《中国编辑史》（复旦大学出版社，1990 年）、丁景唐主编的《中国现代著名编辑家编辑生涯》（中国展望出版社，1990 年）、靳青万的《中国古代编辑史论稿》（河南大学出版社，1992 年）、陈昌荣编著的《列宁的编辑理论与实践》（成都科技大学出版社，1993 年）、李明山的《中国近代编辑家评传》（河南大学出版社，1993 年）、申非的《编辑史概要》（中国农业出版社，1994 年）、徐登明的《编辑出版家叶圣陶》（中国书籍出版社，1994 年）、李频的《编辑家茅盾评传》（河南大学出版社，1995 年）、肖东发主编的《中国编辑出版史》（辽宁教育出版社，1996 年）、阎现章主编的《中国古代编辑家评传》（河南大学出版社，1996 年）、姚远的《中国大学科技期刊史》（陕西师范大学出版社，1997 年）、曹之的《中国古籍编撰史》（武汉大学出版社，1999 年）等；在其之后的有：宋应离主编的《中国期刊发展史》（河南大学出版社，2000 年）、黄镇伟编著的《中国编辑出版史》（苏州大学出版社，2003 年）、宋应离等主编的《20 世纪中国著名编辑出版家研究资料汇辑》（河南大学出版社，2005 年）、肖占鹏等的《唐代编辑出版史》（南开大学出版社，2008 年）、冯志杰等主编的《中国编辑出版史研究》（九州出版社，2009 年）等。它们或宏观综论编辑史，或微观解剖某一编辑家的编辑行为与编辑思想；有的研究通史，有的探讨某一朝代的编辑史；有的是论从史出、史论结合的编辑史总结，也有的是编辑史料、编辑经验的汇集。除了这些重要著作之外，研究的文章更是数以千计，内容涉及编辑史研究的各个领域，通史、断代史、古代编辑家、近现代乃至当代编辑群体、个案等。研究内容的"扩张"，研究领域的拓展，不仅使研究成果丰富多彩、琳琅满目，而且也使优秀文章大量涌现，如刘光裕的《编辑史研究的几个问题》（《编辑之友》1989 年第 1 期）、俞润生的《刘知几对古代编辑史的贡献》（《编辑学刊》1991 年第 4 期）、刘杲的《对编辑史、出版史研究的一点想法》（《中国出版》1999 年第 6 期）、吴道弘的《编辑史、出版史研究述评》（《出版科学》2002 年增刊）、于翠玲的《媒介演变与文化传播的独特景观——中国编辑出版史的认识价值》[《河南大学学报》（社会科学版）2006 年第 1 期] 以及杜建华的《2009 年编辑史研究概述》（《编辑之友》2010 年第 10 期）等，都曾在不同时期引起不同的反响。

2. 研究队伍越来越精干

从出版论著、发表文章的作者情况看，20世纪八九十年代老一代的专家学者居多，如宋原放、林穗芳、蔡学俭、刘杲、邵益文、王振铎、宋应离等；进入21世纪以后中青年作者逐渐脱颖而出，如靳青万、范军、李明山、吴平、于翠玲、李频、阎现章等，尤其是一些年轻博士的加入，更使编辑史研究锦上添花，如钱永贵、吴赟、潘文年、段乐川等，他们不仅把新锐的思想、创新的理念融入编辑史研究中去，而且还使编辑史研究的作者队伍越来越年轻，越来越高端、精干，充满朝气。

3. 发表编辑史研究成果的媒体越来越多

且不说以出版史研究见长的《出版史料》发表的出版史、编辑史研究文章有多少，单就编辑出版类"北大核心"和"南大CSSCI来源期刊"来说，无论是具有社科背景的《编辑之友》《出版发行研究》《中国出版》《中国编辑》《出版科学》《编辑学刊》等，还是具有科技背景的《编辑学报》《中国科技期刊研究》等，几乎全都开辟有编辑史研究的栏目。它们作为编辑学研究的主战场、主阵地，推出了大量的编辑史研究文章，成就了不少的研究人才。另外，高等学校编辑出版专业的师生作为编辑学研究的生力军，高校学报也成为编辑学研究的重要平台，发表的编辑史研究成果也不在少数。以《河南大学学报》"编辑学研究"栏目为例，据不完全统计，1985年至2009年该栏目中就发表编辑史研究文章40多篇，高质量的文章就有《孔子——我国编辑事业的开山祖师——兼议我国编辑工作的起源》（李光宇，1986年第5期）、《刘知几的编辑观——中国第一部古典编辑学〈史通〉述评》（胡益祥，1991年第2期）、《文化价值：宋代编辑繁荣的原因》（高文超，1992年第4期）、《略论茅盾的编辑思想和实践》（徐枫，1994年第3期）、《持之以恒 必有所获——论中国编辑史出版史研究》（邵益文，2001年第1期）、《中国编辑出版研究学术史简论》（吴赟，2008年第5期）、《文化传承与智民之梦——20世纪前半期现代化进程中商务印书馆的社会责任观》（潘文年，2009年第2期）等。发表编辑史研究成果的物质载体越来越多元，越来越集中。

（二）编辑史研究存在的问题

尽管相对于基础理论和编辑实务，编辑史的研究显得最为便捷和省力，但在实际的研究中却恰恰是编辑史的研究存在的问题比较多，也比较明显。

1. 重视程度不够，缺乏建设性研究

相对于编辑理论研究和编辑实务研究来说，学界对编辑史的研究重视程度非常有限，尽管从组织上看，有中国编辑学会下辖的编辑出版史专业委员会，但专业委员会的活动参加的人数少，活动次数也很不够。重视程度的不够，导致研究力度大打折扣，不管是从出版的专著、发表的文章看，还是从研究力量、研究水平看，与编辑学理论研究、实务研究根本无法相提并论，特别是建设性的优秀之作比较少，这不能不说是一大硬伤。王振铎曾在《编辑学研究重在建设》中指出："目前，我国的编辑学，在学科建设上遇到的首要问题，并不是缺乏资料，也不是缺乏'大批判'，而是缺乏实际研究的行动，缺乏建设性的理论思考和成绩。我们面对大堆古代和现代的编辑资料，却没有下功夫去认真整理、分析、筛选和归纳，没有从中抽绎出富有概括力和说服力的理论。"[①] 之所以编辑学研究中的很多争论由来已久，久而不决，原因就在于缺少实证性的研究成果作为评判的依据，缺少对中国古代编辑经验和编辑实践的深入总结。因此，在今后的编辑学研究领域中很有必要提升对编辑史研究的重视程度，加大建设性研究，也许当编辑史研究的成果丰富到一定程度时，理论领域中的一些质疑和歧异的答案也就自然而然地水落石出，不言自明了。

2. 研究力量薄弱、研究成果分散

与编辑学学科中的理论和实务研究相比，目前的编辑史研究，还存在着研究力量薄弱，研究成果分散的一系列问题。不管是典型的个案分析，还是重要的史料解读，不管是系统的通史梳理，还是局部的突围，"点"和"面"的研究都存在着比较大的开拓空间。尤其突出的是编辑史与编辑理论的研究没有充分结合起来，对二者间已有研究成果的互为借鉴和使用也显得不足。以历史研究推动理论研究，以理论研究深化历史研究，两者互为动力，互设选题，有机结合，彼此交融的理想状态还需要进一步推动来实现。

（三）编辑史研究的努力方向

针对编辑史研究中存在的问题，结合编辑学学科的构建和发展趋势，

---

① 阎现章主编《中国古代编辑家评传》，河南大学出版社，1996；王振铎：《编辑学研究重在建设——序〈中国古代编辑家评传〉》，第1~6页。

许多学界同仁都对下一阶段的编辑史研究方向提出了建设性的意见。

编辑学会第一任会长刘杲不仅表示"我举双手赞成加强编辑史、出版史的研究"①，而且还列出了编辑史研究中需要格外注意的几个问题：学术争论问题，编辑史与出版史的关系问题，编辑史与编辑学的关系问题，编辑史与文化史、经济史、技术发展史、政治史的关系问题等。此外，他还建议扩大编辑史的研究面，进行中外比较研究、期刊出版研究等。编辑学会第一任常务副会长邵益文认为："要坚持用历史唯物主义观点研究编辑史、出版史，对人、对事、对机构和出版物都要实事求是，不搞'炒作'；编辑史、出版史的研究著述要大、中、小并举。"② 靳青万还创见性地提出了加强对少数民族编辑史的研究，编辑史与天文历法、音乐艺术等关系的研究。③ 也就是说，既要重视编辑史研究中的个案，又要重视编辑史研究中的系统连贯，既要注意"点"的突破，又要注意"面"的开拓，加大研究力度，"点""面"结合，全面发展。

总之，我国浩如烟海的文化典籍、丰富优秀的编辑成就，是编辑史研究取之不尽、用之不竭的宝藏。只要脚踏实地去研究，认认真真去挖掘，编辑史的研究就不可能不进步、不发展。

---

① 刘杲：《出版笔记》，河北教育出版社，2006，第323页。
② 邵益文：《为推动编辑研究和出版繁荣而努力——中国编辑学会第二届常务理事会工作报告摘要》，《编辑之友》2001年第3期，第3页。
③ 靳青万：《编辑学应是一门独立学科——论刘杲先生的编辑学学科思想》，《河南大学学报》（社会科学版）2012年第4期，第152页。

第四章　我国编辑学研究的重点案例剖析

如果说我国编辑学研究是和新中国一块成长的话，那么，1979~2009年的编辑学研究，应该是和改革开放的中国一块飞翔的。从十一届三中全会至2009年，不管是狂飙突进的岁月，还是浅唱低吟的日子，不管是热情似火的研究高潮期，还是酝酿、骚动、转型、发展的思变期，都发生了很多令人振奋的事件，出现了很多激动人心的故事。关注和研究这些或影响编辑学研究重要进程的典型事件，或反映编辑学一个阶段特色、内容的重点案例，对真实再现编辑学研究的历史和状况，正确反映编辑学研究60年的成就和辉煌不无意义。一叶落知天下秋。这里仅采撷中国编辑学会和《河南大学学报》（社会科学版）"编辑学研究"栏目两片"小叶"，以期从两个层面、两个维度、两个方向、两个视角，观照我国编辑学研究成熟的秋色，感知那丰收的喜悦。

本章主要研究编辑学研究历程中的两个重点个案。

第一节　中国编辑学会的成立与贡献

一　中国编辑学会的成立

（一）中国编辑学会成立的基础和背景

20世纪80年代，随着我国改革开放、振兴中华、建设社会主义现代化目标的达成共识，编辑出版业也得到了空前的重视和空前的发展。

1980年4月，中央宣传部转发了《出版社工作暂行条例》，第一次明确了出版工作为人民服务、为社会主义服务的方针；1983年6月，党中央、国务院发布了《中共中央、国务院关于加强出版工作的决定》，首次指出："社会主义的出版工作，首先要注意出版物影响精神世界和指导实践活动的社会效果，同时要注意出版物作为商品出售而产生的经济效果。"出版物商品属性的确认，不仅揭开了编辑出版单位企业化管理的序幕，极大地解放了生产力，而且也积极营造了出版物的商品市场。于是，在这一时期，各种类型的出版社、报刊社如雨后春笋，蓬勃发展，数量增多，规模增大，编辑人数越来越多。以期刊为例，"文化生活类期刊横空出世，外国文艺类期刊打开世界之窗，科学普及类期刊发展壮大，文学期刊极力挣脱政治的桎梏回归文学人学……那时的主编大多是思想者。大批代表性的共和国期刊在这一历史机遇期创刊复刊，以思想者的身影，以意见领袖的身姿"[①] 传播文化知识，释放媒介力量，编辑出版事业的发展空前绝后，编辑学的研究朝气蓬勃。

尤其是到了 20 世纪 90 年代，中国的改革开放和现代化建设进入市场经济新时代，由计划经济到市场经济的体制转轨既为编辑出版业的发展提供了新的活力，创造了新的机遇，同时也提出了新的挑战，即出现了许多新问题、新情况，给编辑学研究提出了新的课题。面对这样的新形势，编辑学研究要向前推进、向深处发展，不仅需要延续 20 世纪 80 年代编辑学研究以书、刊为基础的经验总结，而且也需要对广播、电视等各种媒体形式的编辑工作、各种层次的编辑对象进行理论和实践的升华；不仅需要继续 20 世纪 80 年代编辑学研究偏重编辑学概念、性质、对象等基本理论问题的探讨，而且也迫切需要有组织、有计划的具有权威性、领导性的行业组织的出现。也就是说，编辑实践的发展使编辑学研究深化，编辑学研究的深化需要编辑学会的成立。

此外，经过 20 世纪 80 年代的拨乱反正，尤其是《中共中央、国务院关于加强出版工作的决定》对"编辑工作是整个出版工作的中心环节，是政治性、思想性、科学性、专业性很强的工作，又是艰苦、细致的创造性劳动"的明确，不仅调动了广大编辑工作的积极性和进行编辑学研究的热情，而且也引发了有关编辑学研究组织的相继成立。比如，1984 年，中国出版发行科学研究所筹建，1985 年正式成立；同年，上海编辑学会在上海成立；1987 年，中国科学技术期刊编辑学会在北京成立；1989 年天津书刊编辑学会成立……这些地方编辑学会的成立，既带动了全国范围内编辑学

[①] 李频主编《共和国期刊 60 年（1949~2009）》，中国大百科全书出版社，2010，第 107 页。

研究的热潮,又给全国编辑学会的成立积累了经验,制造了声势。不仅如此,整个20世纪80年代,尽管我国的编辑学研究属于复苏阶段,但在全国范围内研究颇引人注目。据邵益文先生统计:"80年代,共出版以编辑学命名的著作9本……发表的编辑学方面的论文好几百篇……在编辑业务、编辑人物、编辑历史、编辑传统的研究方面,也取得了丰硕的成果……这些著述都是开创性的。一般采取总结实践经验,升华为理论的方法;内容涉及编辑学学科建设中的方方面面,从概念、原理、规律到方法论的问题,都已经提出,展开了初步的争鸣,取得了一定的成果。"[①] 显然,编辑学研究要向纵深处发展,亟须克服这种随意的、自发的研究状态,而成立一个专门为全国编辑学研究进行谋划、组织、联络、协调的机构是大势所趋。

(二)中国编辑学会的成立和机构沿革

关于中国编辑学会的成立,可以说酝酿已久。早在1987年,各地的编辑家、编辑学者和热心研究编辑理论的老编辑,就倡议成立中国编辑学会。1988年5月,北京地区出版界的23位老编辑,联名发出倡议,倡议仿效上海等地的做法,建立北京编辑学会,把中央一级出版社和北京市属出版社的编辑力量进一步组织起来,有计划有组织地开展编辑学研究活动,为编辑出版事业做出应有的贡献。此倡议得到了新闻出版总署和中国出版发行科学研究所的支持。同年8月,新闻出版总署委托特邀顾问中国出版发行科学研究所所长边春光同志出面,召开倡议人座谈会。会议做出成立北京编辑学会筹备委员会等三项决定。1989年,根据民政部社团登记的一些要求,改北京编辑学会筹委会为首都编辑学会筹委会。1991年因民政部只管全国性社团,中国首都编辑学会筹委会拟改名为中国编辑学会筹委会。1992年2月,在邵益文先生的努力下,民政部批准中国编辑学会办理登记手续。3月,中国编辑学会筹委会一致拥护刘杲为会长候选人。6月,学会筹备组向全国各地出版社、高校编辑学专业发出简报,并要求各地征集团体会员。10月13~14日在新闻出版总署、民政部等有关领导部门的关怀和广大编辑工作者的支持下,中国编辑学会召开中国编辑学会第一次全国代表大会和成立大会,中国编辑学会在北京正式成立。

在成立大会上,不仅通过了学会的章程,选举了学会的领导机构,产

[①] 邵益文:《20世纪中国的编辑学研究》,河北教育出版社,2000,第5~7页。

生了会长、副会长（会长刘杲、常务副会长兼秘书长邵益文），还明确指出了学会的任务："编辑学会作为群众性的学术团体，它的任务是以马克思主义为指导，遵照党的基本路线和出版方针，开展编辑工作、编辑理论、编辑学和编辑史的研究，探讨出版工作中的重大问题，逐步建立编辑学学科的理论体系，促进出版事业的繁荣，更好地为我国社会主义现代化建设事业服务……学会工作的总的要求是要通过理论和业务的研究，探索编辑工作规律和科学原理，建立编辑学的理论体系，为发展中国特色社会主义出版事业服务……学会近期的工作是：近一二年内，主要是加强组织建设和积极地有计划地开展研究活动。"① 以研究编辑学、开展学术活动为己任的中国编辑学会的成立，使我国的编辑学研究步入了有组织、有计划的研究历程，掀开了中国编辑学研究的新篇章。邵益文先生在《20世纪中国的编辑学研究》一书中也说："中国编辑学会的成立，使编辑学研究有了一个专门的谋划和组织的枢纽，有助于编辑学研究者之间的联系，有利于编辑学研究的开展。"②

中国编辑学会（英文译名为 China Redactological Society，简称 CRS）1992年成立，以刘杲为会长（邵益文为第1届、第2届常务副会长兼秘书长，程绍沛为第3届秘书长）的学会领导机构，历经1992年第一次全国代表大会选举、1996年第二次全国代表大会选举、2001年第三次全国代表大会选举，从1992年到2006年历经3届，一直主持学会的工作。2006年2月25~26日，中国编辑学会第四次全国代表大会在北京召开。大会选举桂晓风为会长、王德有为秘书长。从2006年2月至2014年11月，以桂晓风为会长、王德有为秘书长的第4届领导班子，主持学会的工作，领导着我国的编辑学研究。2014年11月5日，中国编辑学会第五次全国代表大会在北京召开。大会选举郝振省为会长、乔还田为秘书长，学会工作和我国编辑学研究进入了郝振省领导的新时代。

二 中国编辑学会举办的学术会议及编辑学研究特色

学术活动是学会生命的载体，学术研究是编辑学会的核心工作。自1992年学会成立以来，中国编辑学会牢记学会姓"学"的性质，始终重视

---

① 《刘杲出版论集》，湖北人民出版社，1998，第478~483页。
② 邵益文：《20世纪中国的编辑学研究》，河北教育出版社，2000，第8页。

编辑学的学术研究，不仅重点唱好学术年会的重头戏，召开和承办了各种各样的学术研讨会，而且还开展了多种形式、多种层次的研讨，并注重研讨和活动相结合，围绕编辑学研究的重大课题组织攻关；不仅结合编辑实践的发展及时引领国内的编辑学研究，而且还对其他国家和地区进行访问、交流，并参与国际间的学术会议。回顾和总结这些学术会议，一方面可以展示中国编辑学会对我国编辑学研究的巨大贡献；另一方面，也可以展现我国编辑学研究的坚实步伐，揭示我国编辑学研究的现实路径和研究特色。

（一）中国编辑学会举办的学术会议概观

中国编辑学会自1992年10月成立到2009年编辑学研究60年，共举办各种学术会议上百次，比较著名和影响较大的会议就有学术年会、理论研讨会、编辑史研讨会、编辑出版教育研讨会、国际出版学研讨会等。为了比较直观、清楚地了解这些学术会议的主题、内容等，笔者根据有关研究者的回忆录、论文以及《中国编辑学会大事记（1992~2009年）》整理制作了一系列简表，详见表1~表6（个别会议有关信息因没有找到第一手资料，故稍有欠缺）。

1. 中国编辑学会举办的学术年会

我国编辑学会自1992年10月成立到2009年底，在将近20年间，共召开学术年会14次，详见表1。

表1 中国编辑学会历届学术年会简表

时间	地点	主题	研讨内容	与会代表
第1届 1993年11月	浙江富阳	研究社会主义市场经济体制下的编辑出版工作，探讨编辑学学科建设的基本理论	1. 图书为什么不能商品化；2. 编辑工作是否仍是出版工作的中心环节；3. 编辑的主要精力应放在市场还是案头；4. 要不要坚持三审制；5. 市场需求和读者需求能不能画等号	70多人
第2届 1995年10月	贵州贵阳	讨论社会主义市场经济条件下编辑工作的特点和规律	1. 社会主义市场经济条件下编辑工作的特点；2. 编辑工作的规律；3. 策划编辑；4. 出版社出书特色；5. 编辑手段现代化	70多人
第3届 1996年8月	辽宁大连	研究新时期编辑工作面临的新情况和担负的重要任务	1. 编辑规范；2. 编辑策划；3. 编辑职业道德内容的概括	78人

续表

时间	地点	主题	研讨内容	与会代表
第4届 1998年7月	青海西宁	讨论编辑审稿、加工工作的理论和实践	1. 审稿、加工在整个编辑工作中的地位和作用；2. 如何坚持和完善"三审制"	70多人
第5届 2000年8月	内蒙古呼和浩特	新形势下的责任编辑工作	1. 责任编辑的由来和发展；2. 什么是责任编辑；3. 责任编辑的责任；4. 新形势下的责任编辑	80多人
第6届 2001年8月	黑龙江哈尔滨	探讨新形势下编辑工作的性质、特点、任务和要求	1. 新时期编辑活动的特点；2. 新时期编辑活动的任务和要求	80多人
第7届 2002年9月	云南昆明	庆祝学会成立10周年 探讨社会主义编辑职业道德建设	1. 庆祝学会成立10周年；2. 编辑职业道德建设的迫切性；3. 编辑职业道德建设的基本内涵；4. 编辑职业道德建设的主要途径	70多人
第8届 2003年9月	山西太原	围绕"多出精品 多出人才"的要求，进一步探讨编辑理论与编辑实践的创新问题	1. 什么是精品；2. 精品的打造；3. 多出精品，关键是人才；4. 实施精品战略，谋求文化与经济的协调发展	100多人
第9届 2004年7月	甘肃兰州	转制条件下的编辑工作	1. 转制是深化出版改革的重要举措；2. 出版转制要始终坚持正确的指导思想；3. 在出版转制中，编辑工作要坚持正确导向，多出精品；4. 在出版转制中，要重视编辑人才的培养	70多人
第10届 2005年8月	江苏苏州	深化出版改革条件下，编辑工作如何适应新形势，保证出版物的质量	1. 提高图书质量是衡量出版健康发展的重要标志；2. 提高图书质量要坚持文化目的与经济效益的协调统一；3. 提高图书质量要认真执行图书质量管理规定；4. 提高图书质量是编辑工作的重中之重；5. 提高图书质量关键在于提高编辑出版工作者的素质	90多人
第11届 2006年8月	江西南昌	科学的编辑人才评价体系	1. 建立科学合理的编辑人才培养机制、选拔机制、激励机制和制约机制；2. 建立更加科学的编辑人才培养途径；3. 设定科学的编辑人才考核内容和评定方式；4. 建立动态的编辑人才评价体系	70多人

续表

时间	地点	主题	研讨内容	与会代表
第12届 2007年9月	贵州贵阳	适应新形势,探究编辑新规程	1. 编辑规程是编辑规律的反映；2. 遵守《规程》是提高图书质量的有力保障；3. 适应新形势,建议《规程》增补新内容	90多人
第13届 2008年10月	山西太原	优秀出版物价值探讨	1. 出版物价值；2. 出版物价值评价；3. 出版物价值的实现和提升；4. 编辑是优秀出版物的催生者、传播者	近百人
第14届 2009年10月	安徽黄山	编辑与文化	1. 编辑与提高国家文化软实力；2. 编辑与提高文化创造力；3. 编辑与提高文化传播力；4. 编辑与提高文化在国际上的竞争力；5. 编辑在廉政文化建设中的作用力；6. 为了担当文化使命,编辑应提高学习力	近百人

资料来源:《中国编辑学会活动纪事(1992~2009)》。

由表1可以看出,中国编辑学会20世纪90年代的学术年会并没有做到一年一届,4届年会的主题多是与社会主义市场经济条件下的编辑出版工作有关的审稿、加工、策划等；2000~2009年,学术年会一年一次,其主题也进一步扩展为新形势下、改制条件下、出版改革条件下的编辑工作与出版物价值、编辑文化等。这说明学会成立之初,机构发展的不完备以及研究工作开展的不完善,使20世纪90年代编辑学会的年会活动没有一定的规律可循；接下来的10年(2000~2009年),年会在形式上趋于规律。就主题来看,20世纪90年代主要是社会主义市场经济条件下的编辑出版工作研究,进入21世纪主要是新形势下编辑工作的性质、特点,转制条件下的编辑工作、编辑文化、编辑人才、编辑理论与实践的创新研究；前期虽然和改革开放后社会主义市场经济契合度较高,但挖掘的深度和广度都比较欠缺,后期在关注现实、重视实践研究的基础上,也更加注重编辑理论、编辑创新、编辑文化等新的特质。

2. 中国编辑学会举办的编辑学理论研讨会

从1992年10月学会成立到2009年底,学会召开了全国性的理论研讨会8次,详见表2；召开编辑学理论研究小型座谈会5次,详见表3。

表2　中国编辑学会全国性理论研讨会简表

时间	地点	主题	研讨内容	与会代表
1994年7月	河南郑州	编辑学研究的重点和主攻方向	1. 对中国社会主义出版编辑活动的研究是编辑学学科建设最重要的课题；2. 以中国特色社会主义的出版编辑理论为重点和主攻方向；3. 编辑学学科建设的任务是建立具有现代科学形态的编辑学目标；4. 学术研究必须贯彻理论联系实际和"百花齐放、百家争鸣"的方针	50多人
1995年9月	四川成都	编辑学的学科定位	1. 编辑学研究的目标、方向；2. 编辑学的学科定位（应用科学）；3. 编辑学研究要面对现实	30多人
1997年9月	宁夏银川	编辑学理论体系	讨论天津市书刊编辑学会草拟的"编辑学理论框架"	30多人
2003年4月	天津	以编辑活动的基本规律为中心的编辑学基本理论问题	1. 编辑学要注重理论联系实际；2. 编辑活动的规律、基本规律；3. 学科定位	40多人
2006年12月	北京	编辑创新与编辑学理论研究	1. 新的历史条件下编辑活动的功能、编辑工作的价值取向；2. 编辑创新与编辑学学科建设的意义；3. 编辑活动的基本规律；4. 编辑学与传播学、出版学、新闻学等学科的关系	20多人
2008年1月	北京	编辑实践、编辑规程及编辑理论	1. 当代编辑实践的规律、编辑规程在编辑理论体系中的地位和作用；2. 编辑理论和编辑规程如何概括、如何反映这些规律；3. 讨论《图书编辑规程》（征求意见稿）	30多人
2008年4月	河南郑州	大文化、大媒体、大编辑	以文化大发展、大繁荣为背景，多角度、高层次、宽领域对"大文化、大媒体、大编辑"进行阐释	近400人
2008年12月	北京	纪念改革开放30周年暨编辑实践、编辑理论	肯定了改革开放30年中我国编辑学研究的伟大成就，探讨了编辑实践、编辑理论研究的新问题	30多人

注：1. 编辑学理论研讨会之所以不标明第一次、第二次等，主要原因有两个。一是20世纪80年代我国编辑学研究崛起之时，对编辑概念，编辑学内容、性质、研究对象等的研讨就开始了。根据邵益文先生在《20世纪中国的编辑学研究》（河北教育出版社，2000年）里对编辑学的五次全国性学术研讨会的记述，编辑学会没有成立之前，1987年在新疆乌鲁木齐、1990年在湖南衡山已召开了两次全国性的理论研讨会，研讨的内容涉及编辑规律、编辑概念等问题。二是2006年学会换届，新一届领导班子主持工作，管理方式不同，学术活动的名称也有变化，像2008年学会召开的3次全国性学术会议，内容都关乎编辑学理论建设。尤其是4月河南郑州的理论研讨会，虽

续表

然命名为首届中国编辑高层论坛,但这次会议提出的"大文化、大媒体、大编辑"理念,是新的时代背景下编辑学理论研究的新成就。因此,本书把全国性的、研究编辑学理论问题的会议放在一起,只列时间、地点、会议主题,不列第几次,小范围的理论研讨会另列。

2. 资料来源:《中国编辑学会活动纪事(1992~2009)》。

表3 中国编辑学会部分小范围理论研讨会简表

时间	地点	主题	研讨内容	与会代表
2000年3月	北京	多种媒体编辑活动的共性	多种媒体编辑活动有没有共性;涵盖多种媒介的普通编辑学能不能建立展开	刘杲(主持)、邵益文、阙道隆、庞家驹、杨焕章、钟立群、曹仁义、林穗芳、刘志筠、王振铎、胡海娜、蔡雯、程绍沛等
2000年4月	北京	编辑学理论框架的构建	应该建立什么样的编辑学理论框架;编辑学理论框架的范围	刘杲(主持)、孙五川、邵益文、吴道弘、阙道隆、蔡学俭、庞家驹、林穗芳、王振铎、向新阳、刘光裕、陈仲雍、缪咏禾、孙琇、程绍沛等
2001年11月	北京	编辑规律	编辑规律	刘杲(主持)、邵益文、阙道隆、杨晓鸣、任定华、林穗芳、庞家驹等
2007年7月、9月	北京	《普通编辑学》提纲	讨论《普通编辑学》提纲;成立编委会,确定由中国人民大学出版社出版	邵益文、巢峰、阙道隆、蔡鸿程、林穗芳、庞家驹等
2008年7月	北京	《普通编辑学》编撰	《普通编辑学》具体撰写	袁良喜、邵益文、阙道隆、王振铎、周蔚华、赵航、马瑞洁、冯志杰、董中锋、徐莉、吕建华、于翠玲等

注:1. 以上5次理论研讨会,虽然不是全国性的,但会议代表基本都是国内编辑学理论研究的重量级人物,研究的内容前3次是普通编辑学理论体系构建、编辑活动的规律,都是编辑学理论建设中的核心问题,后2次会议涉及的《普通编辑学》一书代表了我国普通编辑理论构建的新成果和新高度。所以,在归纳总结编辑学理论研讨会的时候,不能不提这几次会议。

2. 资料来源:《中国编辑学会活动纪事(1992~2009)》。

由表2、表3可以看出,编辑学会理论研讨会的召开是不定期的,前期关注的重点是编辑学研究的方向、任务、框架等基本问题,中期关注的是编辑规律、编辑学理论体系构创等形而上的学科建设问题,后期研讨的中心是编辑理论的"大"视域和以《普通编辑学》编撰为依托的普通编辑学构建问题。这说明随着媒介环境的变化,编辑实践的发展,编辑学理论研究的深化,编辑学理论研究也从一般性的基础问题转向核心问题,从各个媒体的编辑学研究转向普通编辑学的构建,表现出从具体到抽象、从低级到高级,向纵深处发展、延伸的特点。

3. 中国编辑学会举办的编辑史研讨会

从1992年中国编辑学会成立到2009年,将近20年来,学会还召开了一系列有影响的编辑史研讨会,详见表4。

表4 中国编辑学会部分编辑史研讨会简表

时间	地点	主题	研讨内容	与会代表
1993年10月（首届）	湖北武汉	研究编辑出版史的意义、方法和途径		
1999年3月	江苏南京	总结编辑史研究的经验和问题	1. 交流近两三年来编辑史、出版史研究成果；2. 讨论当前编辑史、出版史研究的经验和问题,提出改进意见	30多人
2000年6月	浙江温州	编辑出版史的特点、作用、分期	探讨20世纪我国编辑、出版活动的特点和作用,以及有关事件、机构、著作和人物的研究	30多人
2004年5月	北京	编辑史研究的方法		
2007年11月	北京	编辑出版史与中华文化的关系		
2009年11月	北京	中国编辑出版史与社会变迁	我国悠久的编辑出版传统及其对社会变迁的历史作用	50多人

注：1.《中国编辑学会活动纪事》称2004年5月的编辑史会议为"第六次编辑史、出版史座谈会"。本表收录的不全,故表头称"部分"。

2. 资料来源：《中国编辑学会活动纪事（1992~2009）》。

由表4可以看出,编辑史研讨会相较于编辑学学术年会、编辑学理论研讨会,起步较晚,会议两三年一次,可以说是不定期的。前期（换届以前）关注的是编辑史研究的现状、研究内容、研究方法,后期（换届后）注重的是编辑史与中华文化、社会变迁的关系,强调的是编辑出版史的功能、作用。这说明前期研究得比较具体、微观,后期视域开阔,研究得比较宏观。

4. 中国编辑学会举办的编辑学专业教育研讨会

从1992年中国编辑学会成立到2009年,将近20年时间,学会适应我国编辑学专业教育发展的形势,召开了一系列有影响的编辑学专业教育研讨会,详见表5。

表5 中国编辑学会部分编辑学专业教育研讨会简表

时间	地点	主题	研讨内容	与会代表
1999年6月	北京	呼吁教育部把编辑出版学列入硕士研究生专业目录	加强编辑出版学硕士生的培养；呼吁教育部把编辑出版学列入硕士研究生专业目录	
2003年9月	武汉大学	编辑出版学专业课程体系与课程标准	全国各高校在课程体系、课程内容、授课方式、培养目标、挂靠单位、课程标准等方面存在着各自为政的问题	40多人
2004年3月	河北大学	编辑出版学专业发展问题	编辑出版前沿课题的研究和现状，出版产业人力资源开发和编辑人员素质培养，编辑出版学专业骨干课程	
2004年8月	北京印刷学院	纪念我国高等院校编辑出版学专业创办20周年		
2005年7月	北京大学	编辑出版学教育与学科建设	学科建设、人才培养、课程设置、教材建设	50多人
2006年11月	河南大学	数字化传媒时代编辑出版学学科建设	编辑出版学的学科地位、学科性质，编辑出版教育的现状、问题，出版业的改制发展、数字化传媒时代的编辑实务等	80多人
2007年7月	陕西师范大学	数字传媒与出版产业发展暨人才培养	中国出版学科如何适应不断发展的国际传播环境；数字传媒与出版产业转制；数字传媒在创意产业及出版产业发展中的意义和作用；数字传媒技术在整合传播学、编辑学及出版学教育方面的地位和作用；编辑出版人才培养如何适应数字传媒时代的新要求	50多人

资料来源：《中国编辑学会活动纪事（1992～2009）》。

由表5可以看出，编辑学专业教育研讨会的召开是不定期的，会议的主题既与编辑学专业教育的发展现状息息相关，又与媒介发展环境等关系密切。1999年呼吁教育部把编辑出版学列入硕士研究生专业目录，是社会对高层次编辑人才需要的表现；2003年探讨课程体系和课程标准，是为了编辑学专业教育的规范化、科学化；2005年、2006年的学科建设，2006年、2007年的数字化、产业发展、新型编辑人才培养等：研究从具体的办学层次、课程设置到系统的学科建设，由初级到高级，逐步深入。这说明编辑学专业教育的研究不仅关注现实,与时俱进,也注重理论和实践的结合,呈开放的发展态势。

5. 中国编辑学会组织召开(参加)的国际出版学学术研讨会

中国编辑学会不仅在国内组织召开各种学术研讨会,而且还以开放的心态,积极参加国际学术活动,努力把中国的编辑学研究和研究成果介绍到国外、传播到国外,扩大中国编辑学研究的国际影响,提高中国编辑学研究的国际化进程。最具代表性的是,从中国编辑学会成立的1992起,学会就积极参加国际出版学术研讨会,将近20年时间,几乎每届都参与、参加,详见表6。

表6 中国编辑学会组织召开(参加)的部分国际出版学术研讨会简表

时间	地点	主题	研讨内容	与会代表
1993年8月(第6届)	中国北京	出版业的现状与发展前景	出版业与民族文化发展的关系、出版学基础理论研究、出版业发展过程中的具体问题	中、日、韩、菲律宾、马来西亚、新加坡等国家和中国香港、台湾地区的84人
1995年9月(第7届)	菲律宾马尼拉	市场经济中的图书出版与销售、教科书出版、电子出版物的发展趋势		
1997年10月(第8届)	日本	当今出版的变化		
2001年10月(第10届)	韩国汉城	21世纪国际出版环境及其对策	1. 出版教育与出版人才培养;2. 出版研究;3. 弘扬民族文化;4. 知识产权问题	中、日、韩、马来西亚及英国的50多人
2004年10月(第11届)	中国武汉	国际化出版的发展前景	1. 出版国际化;2. 国际化的宗旨和编辑工作;3. 弘扬民族文化和维护国家文化;4. 书的发展和出版市场运作;5. 出版人培养、专业教育和国际学术交流	中、日、韩等国的70多人
2006年10月(第12届)	日本东京	变化中的东亚出版与文化		
2008年5月(第13届)	韩国首尔	数字媒体时代的出版与阅读		

注:1. 第9届国际出版学术研讨会在《中国编辑学会活动纪事(1992~2009)》上没有显示,故笔者猜测可能是中国编辑学会没有派代表参加。

2. 资料来源于《中国编辑学会活动纪事(1992~2009)》。

从表6可以看出，中国编辑学会成立后的第二年，就积极主办了第6届国际出版学术研讨会。作为东道主，在北京和武汉主办了2届研讨会，并参与了5届研讨会。研讨会的内容和国内编辑学会议相比，主题侧重出版，突出的是"国际性"。这说明中国编辑学会具有国际学术交流意识，注重编辑学研究与国际的接轨。

另外，中国编辑学会还多次派代表赴日本、尼泊尔、奥地利等国进行学术交流和业务考察，既学习了其他国家的经验，又提升了中国编辑学会的国际影响力。

6. 中国编辑学会组织召开的其他相关学术研讨会

除了上面的几种学术会议，中国编辑学会还多次组织召开青年编辑研讨会、科技编辑研讨会、少儿图书编辑研讨会以及编辑规范学术讨论会、图书质量与和谐文化建设研讨会、出版社转企改制后的总编辑工作专题研讨会等。无论是依据编辑工作对象不同而召开的学术研讨会，还是针对编辑实践中的相关问题而召开的专题研讨会，研究的内容大都是编辑工作、编辑学理论。不仅如此，学会还于1998年、2004年两次派代表团赴台湾进行编辑实务和学术交流。第一次交流的内容主要涉及编辑工作的性质、地位和作用，编辑学研究的现状。第二次与台方共同举办"第二届两岸编辑出版研讨会"，就打造出版品牌、培养出版人才，以及网络出版、版权贸易等问题进行研讨。如此规模不同、种类不一的学术研讨会"此起彼伏"，足见中国编辑学会在研究学术、交流提高方面的领导和组织之功。

（二）中国编辑学会学术会议的特色

中国编辑学会姓"学"，研究学术是其突出特色。如果从上面学会所召开的这些学术会议的会议主题出发进行探寻，可以发现：编辑学会领导下的中国编辑学研究的特色是关注现实、与时俱进，理论联系实际；如果从这些学术会议的名称和关注的内容看，几十年来学会领导下的编辑学研究的特征是理论、实务、编辑史研究齐头并进，图书、期刊、少儿、青年等编辑学研究均衡发展。

1. 关注现实、与时俱进

对现实的关注是编辑学研究的一大特色，也是中国编辑学会学术会议的一大特色。如果以中长时段的历史观回溯从中国编辑学会成立到2009年编辑学研究60年的近20年间学会召开的几十次学术会议的话，编辑学研究关注现实、与时俱进的研究路径和特色非常明显。

首先,从编辑学会召开的14次学术年会看,虽然14次会议的主题内容各具特色,但不管是综合来看,还是单独来看,关注现实、关注时代的特色十分鲜明。这里仅以学会成立后召开的第一届年会(1993年)、世纪之交召开的第一届年会(2000年)、学会换届后的第一届年会(2006年)、编辑学研究60年的最后一届年会(2009年)为例进行分析。

学会成立后召开的第一届年会(1993年),正是我国计划经济向社会主义市场经济转型的惊涛拍岸之时,经济的转型使以出版社为代表的编辑出版部门不得不由单纯的生产型向生产经营型转变。面对这种转变,编辑出版工作遭遇了"是以市场为导向,一切向钱看",还是"坚持出版物的质量,以社会效益为标准"等前所未有的新情况、新问题。这些新问题横亘在编辑出版工作者的面前,如果不能很快地解决,不但会影响编辑出版业的进程,还会影响精神文明的建设。于是,编辑学会的领导审时度势及时召开了中国编辑学会第一届年会,会议的主题就是"社会主义市场经济体制下的编辑出版工作"。大会共收到论文55篇,在讨论编辑学的概念、研究对象、理论体系结构的基础上,重点就"图书是不是商品,怎样看待它的商品性"展开了激烈的论争,论争不但涉及出版物要不要面向市场、如何面向市场,编辑工作是不是出版工作的中心环节等大是大非问题,还涉及编辑策划是不是比案头工作更重要、要不要坚持"三审制"等具体工作问题。显然,对现实的关注,对编辑实践中新问题的重视,无疑成为当时编辑学研究的重要内容。首届年会也开启了编辑学研究理论联系实际与"百花齐放、百家争鸣"的良好研究风气。

世纪之交的2000年召开了一届年会。当时中国"入世"、社会主义市场经济的新发展以及电子计算机和现代通信技术的强力支持,数字化、网络化、信息化,尤其是互联网的问世,使编辑活动发生了新的变化,如编辑活动领域由20世纪的书、报、刊、广播、电视等扩大到了光盘、磁盘、计算机软件等载体;编辑活动的频率由比较长的时间加快到了即时出版、现场转播;编辑活动由单向向多向、交互式转换,由静态转为动态等。这些新的变化,导致了新形势的出现,刘杲会长将这种新形势概括为"一是新的经营环境,二是新的物质载体和传播手段"[①]。在这届主题为"新形势

---

① 牧羽:《谈谈新形势下的编辑活动——中国编辑学会第六届年会综述》,《中国出版》2001年第10期,第33页。

下的责任编辑工作"年会上，80多位代表在充分肯定新形势下不管传媒环境、手段如何变化，编辑活动的性质、目的、基本特征、编辑地位等不能改变的基础上，重点探讨了责任编辑如何工作的现实问题。比如，什么是责任编辑；责任编辑的责任范围是不是无限的，包不包括策划、选题等内容；责任编辑是书刊质量的主要责任者，还是经济责任的主要承担者；在重视编辑策划和市场运作的市场经济条件下，责任编辑会不会消亡等[①]鲜活的问题，针对性的探讨，不仅顺应了到20世纪末中国出版业要在全国范围内基本实现从数量规模型向质量效益型"阶段性转移"的战略计划，符合进入21世纪编辑出版业大发展、大跃进的需要，也延续了20世纪90年代前4届编辑学会编辑学研究务实、火爆的态势，彰显了编辑学研究新鲜的内涵、蓬勃的生机。

学会换届后的第一届年会是2006年召开的。这一年学会新一届理事会产生并主持工作。新任会长桂晓风认为："当时确实面临着新的形势。一是国内面临全面建设小康、构建和谐社会、建设创新型国家的新任务；二是国际局势有重要的新特点，文化在综合国力竞争中的作用越来越突出；三是出版体制改革进入了关键时期，出版事业正在经历着重要的转折。"[②]这样的新形势，给编辑工作带来了新特点，比如，因出版转企、体制转型所带来的编辑职能扩展，策划职能日趋强化、自主经营意识增强，新媒体编辑与编辑流程中分化出来的新编辑群体出现等；因编辑出版业国内外竞争加剧，编辑人才选择由重知识到重能力，编辑人才的录用由分配到招聘等。面对这样的新形势和编辑工作的新特点，这届年会的主题是"科学的编辑人才评价体系"，与会者围绕年会主题，从编辑人才的培养、教育、评价、考核和构建评价体系等方面进行了深入研讨。大多数人认为编辑人才的培养应着眼于"复合型"，转制不能替代编辑生产力的提升，提高编辑的文化自觉性很重要；编辑人才评价要结合编辑工作和新的形势，突出政治意识、责任意识、把关能力；编辑人才教育需要高等院校编辑出版专业课程设置、人才培养方案和编辑具体工作实践相结合，既重视理论知识，又重实际操作能力，突出编辑专业学生学以致用；编辑人才评价体系

[①] 王和：《责任编辑应该如何工作——中国编辑学会第五届年会侧记》，《中国出版》2000年第11期。

[②] 桂晓风：《更加自觉地为建设创新型国家、构建和谐社会提供出版支持》，《中国编辑》2006年第6期，第4页。

的构建要遵循科学性、多维性、差异性、公正性、人性化等动态性原则,重科学也重实际。① 关注现实,深入实际的探讨,既继承了学会以前脚踏实地、认真务实、理论联系实际的学风,又使编辑学会研究进一步重视热点、大事,关注新情况、新动向的研究特点得到了彰显。

编辑学研究自1949年开始到2009年60年的最后一届年会(2009年)是中国编辑学会成立以来召开的第14届年会。2007年中国共产党召开了第十七次全国代表大会,做出了推动文化大发展、大繁荣的部署,为文化传播和传承提供物质载体的出版业和编辑工作,成为文化建设的排头兵。一方面,作为文化产品内容的选择者、策划者、加工者和推荐者,编辑群体是出版单位文化责任的主要承担者和担当者,没有编辑工作的正确方向和质量,就没有文化传播的正确方向和质量;另一方面,多媒体、互媒体、网络出版、手机出版、数字化等媒介载体和传播形势日新月异,编辑工作的范围越来越宽。2008年中国编辑学会在首届"中国编辑高层论坛"上提出了"大文化、大媒体、大编辑"的核心理念,在此核心理念指导下,提高编辑的创新能力和编辑产品的文化含量成为当务之急。2009年这届年会作为编辑学研究60年的收官年会,主题就是"编辑与文化"。参加会议的近百位代表重点就"编辑与提高国家文化软实力、编辑与提高文化创造力、编辑与提高文化传播力、编辑与提高文化在国际上的竞争力、编辑在廉政文化建设中的作用力、为了担当文化使命编辑应提高学习力"②展开研讨,特别是结合时代环境和编辑工作实际,与会者一致认为,编辑是一种创新性的辑录活动,它的灵魂在于文化再度创新;编辑活动是文化创新、文化积累、文化传播、文化发展的担当者、守护神。在"克隆"书泛滥、重复出版严重的今天,只有增强编辑的创新意识,提高创新能力,才能不"跟风",才能不粗制滥造,才能出精品,才能有文化含量。编辑创新是提高文化软实力的根本。赋予了鲜明时代特色的讨论,不仅显示了编辑学研究勃勃的生气和充沛的活力,也进一步张扬了编辑学会学术活动面向现实、面向未来、探讨新情况、研究新问题的鲜明特性。

如果说,以上这几个时间点在编辑学会学术年会发展历程中颇为关键

---

① 赵程远:《塑造文化自觉 催生编辑成长——中国编辑学会第11届年会综述》,《出版发行研究》2006年第9期,第42页。
② 程绍沛:《增强编辑的文化影响力——中国编辑学会第十四届年会述要》,《中国编辑》2009年第6期,第26页。

的话，那么，在这几个关键节点上，日新月异的社会现实和轰轰烈烈的编辑实践都得到了重视。其实，又何止是这几个节点，从表1年会主题名称看，仅带"新时期""新形势"字样的就有第3届、第5届、第6届、第10届、第12届，再加上"社会主义市场经济体制下""转制条件下""深化出版改革条件下"，媒介环境的变迁，使编辑学研究的内容也由最初的"编辑出版工作"研究过渡到"编辑工作特点和规律"研究，由"审稿、加工工作""责任编辑工作"研究过渡到新一轮的"编辑工作的性质、特点、任务和要求"研究，由"职业道德""编辑人才"到"编辑规程"，由"出版物价值"到"编辑文化"。一个个"新"字，一次次"过渡"，不仅真实地再现了编辑学研究历程中一个个热点，一个个难题，还使编辑学会学术研究关注现实、与时俱进的研究特色展现无余。

其次，从编辑学会召开的7次专业教育研讨会看，每次会议都是面对新的形势，因编辑出版专业教育出现了新的问题而召开的。以1999年在北京召开的编辑学专业教育研讨会为例，会议的目的就是争取在高等学校设立编辑出版学硕士生授予点。自1984年胡乔木同志提议在高等学校设置编辑学专业以来，已经有北大、南开、复旦、清华等多所高等学校设置了编辑出版学专业。1998年教育部调整后的本科专业目录中，新闻传播学下面设编辑出版学方向，而"授予博士、硕士学位和培养研究生的学科、专业目录"中，却没有编辑出版学专业。由于高等学校一直没有编辑出版学硕士生培养点，一些高校不得不采取"借窝下蛋"的办法，即将编辑出版学硕士生培养点挂在别的专业名义下以培养编辑学硕士生。这种"名不正言不顺"的状况，不但对编辑出版高级人才的培养不利，也对编辑出版学的学科建设不利。鉴于这样的形势，编辑学会邀请部分高校编辑出版学专业的负责同志和专家举行座谈会，交换意见，呼吁教育部把编辑出版学列入硕士研究生专业目录。显然，这次会议是编辑学会关注出版业繁荣发展亟须高层次编辑人才的现实需求，关注高等院校编辑出版学专业已具备招收博士、硕士条件的发展状况而召开的，会议的召开就表明了编辑学会关注现实热点、焦点、难点问题的态度，更表明了学会学术活动立足现实、研究现实的风格。

再如2007年在开封河南大学召开的数字化传媒时代编辑出版学学科建设国际学术研讨会。当时的社会大环境是数字化时代随着数字化浪潮汹涌而来，出版改企转制正在全国范围内铺开，出版业态和形态的变化，迫切需要"生产"编辑出版人才的编辑出版学专业教育及其学科体系改革、"转身";此外,国务院学位办即将对出版学专业研究生目录进行修改,新闻出版总署的领导对修改出版专业研究生目录十分重视。2006年11月16日副署长柳斌杰专门前往国务院学位办,与教育部副部长吴启迪就这一问题进行会谈。加强编辑出版学学科体系的研究和论证,加快编辑出版学作为独立学科体系的建设步伐,已经成为学科专业建设的当务之急。有这样的大环境和小环境做背景,编辑学会召开的这次研讨会不但对提升编辑出版学为一级学科进行了理论和实践论证,而且对编辑出版教育、教学的现状,人才培养如何实现学界与业界的"无缝对接",以及出版业改制发展,数字化传媒时代到来对编辑学专业教育的影响等进行了深入探讨。鲜活、真切、生动、实在的命题,不但使会议开得"团结紧张、严肃活泼",取得了预期的效果,而且也充分凸显了编辑学会学术活动关注现实、贴近生活、务实、进取的研究风范。

其实,不仅这两次会议如此,其他会议也是如此。从表5编辑学专业教育会议的主题、内容看,从呼吁教育部把编辑出版学列入硕士研究生专业目录、编辑出版学专业课程体系与课程标准的讨论,到编辑出版学专业发展问题、学科建设问题,再到数字化传媒时代的学科建设、人才培养,学会学术活动关注现实、与时俱进的特点,一脉相承,延续着、传承着、发展着……

再次,从编辑学会召开的其他编辑学学术会议看,虽然理论研讨会的重心是研究编辑学理论的建构,但由表3、表4研讨会主题、内容可知,从"编辑"到"大编辑","媒体"到"大媒体",从编辑学基本理论到"普通编辑学"理论体系,编辑学理论研究的内涵、外延由书报刊扩展到广播电视、网络手机,蕴含多种媒体编辑学理论的普通编辑学的构建本身就是对数字化、多媒体时代编辑现状的观照,是编辑学理论发展到数字化、多媒体时代的必然结果。也就是说,由研究书报刊编辑活动规律、理论建设,到研究多媒体编辑活动规律、理论体系,是学会理论研讨会关注现实、与时俱进的特色在编辑学理论研究方面的显现。

同样,表6所示国际出版学研讨会的重点是国际编辑出版研究的交流,但从"出版业的现状"(1993年北京)到"市场经济中的图书出版与销售、教科书出版、电子出版物的发展趋势"(1995年马尼拉),从"21世纪国际出版环境及其对策"(2001年汉城)到"数字媒体时代的出版与阅读"（2008 年首尔），从"当今出版的变化"（1997 年日本）到"国际化出版的发展前景"（2004 年武汉），其对"现状""市场经济""当今""变化"的关注及其"对策"研究，对"电子出版物""数字媒体""国际化""发展趋势""发展前景"的研讨考量，无不烙有鲜明的时代发展痕迹，无不显示出关注现实、与时俱进的研究方略。当然，国际学术研讨会并非全是中国编辑学会主办，也不一定全是中国编辑学会的"声音"，但中国编辑学会对现实问题热切关注的人文情怀，在国际学术活动中无疑发挥着积极的作用。

事实上，即使最不好和现实"搭界"的编辑史研讨会，也在尽可能地古为今用，以史为鉴。2007 年中国共产党召开了第十七次全国代表大会，发出了推动文化大发展、大繁荣的号召，2007 年编辑学会召开的编辑史会议的主题就定位为"编辑出版史与中华文化的关系"，而 2009 年研讨会的主题是"中国编辑出版史与社会变迁"，都很能说明问题。

2. 理论联系实际

编辑学作为一门在编辑活动基础上建立起来的新兴学科，"无论是编辑学的学科建设，或者是编辑工作中理论问题和实际问题的研究，都必须坚持对实际工作有益有用的原则……加强理论和实际相结合，这也是理论工作的一条原则"[①]。因此，紧密结合现实，有针对性地研究编辑实践中的重要问题，并能构建解决实际问题的编辑学理论，是编辑学会学术研讨会研究的宗旨。

首先，从历届编辑学学术年会、理论研讨会的主题、内容看，其既重实践又重理论，理论联系实际，实践理论相结合的研究特色颇为明显。这里为了研究方便，笔者把中国编辑学会 20 年来的发展历程划分为三个阶段：1992～1999 年是中国编辑学会成立初期，2000～2005 年是学会快速发展期，2006 年学会换届，2006～2009 年是学会发展稳定期。

1992～1999 年是中国编辑学会成立初期，虽然学会还比较"幼小"，但中国的编辑学研究经过了 20 世纪 70 年代的复苏、80 年代的崛起，已进入快车道。特别是随着改革开放的进一步深入，社会主义市场经济的进一步发展，编辑学研究的领域也进一步宽泛。由前文的表 1、表 2 可知，1992～1999 年中国编辑学会召开了 4 次学术年会、3 次理论研讨会，学术

---

① 邵益文：《20 世纪中国的编辑学研究》，河北教育出版社，2000，第 226 页。

年会的主题依次是"社会主义市场经济体制下的编辑出版工作"(1993年)、"社会主义市场经济条件下编辑工作的特点和规律"(1995年)、"新时期编辑工作面临的新情况和担负的重要任务"(1996年)、"编辑审稿、加工工作的理论和实践"(1998年);理论研讨会的主题依次是"编辑学研究的重点和主攻方向"(1994年)、"编辑学学科定位"(1995年)、"编辑学理论体系"(1997年)。由上面的分析可知,1993年学会成功举办了第1届年会,在此基础上,1995、1996、1998年又接连举办了3届年会,年会主题除了继续关注编辑的概念、性质等基本理论问题外,重点探讨的还是社会主义市场经济条件下的编辑工作、编辑特点,理论联系的"这个实际主要是市场经济条件下编辑工作中的一些重大原则和实际问题"[①]。举办年会的同时,这一时期召开的3届理论研讨会,在确定编辑学研究重点和主攻方向、制订编辑学研究的任务、明确编辑学的学科定位以及商讨编辑学理论体系时,对理论联系实际、重视实践对理论的推动作用等也给予了明确规定:"编辑学研究,要坚持以中国特色社会主义的出版编辑理论为重点和主攻方向,重视社会主义出版编辑活动的研究。坚持理论联系实际的原则,努力回答现实生活中的理论问题和实际问题,为繁荣社会主义的出版事业服务"[②]。难怪中国编辑学会前会长刘杲说:"要推进编辑学的理论创新,就要面对编辑活动中的重大理论问题和实际问题,特别是面对其中的热点、难点问题,努力从编辑学的理论上加以说明,加以解答。"[③]事实上,编辑学理论研究和实践研究作为你中有我、我中有你的一体两面,它们水乳交融,不可分割。日新月异的编辑实践丰富了编辑学研究的内容,推动了编辑学理论的深化发展;编辑学理论的深化和发展又反过来指导编辑实践。理论联系实际、理论和实践相结合,既是编辑学研究的根本方针和最佳路径,也是编辑学会学术活动的鲜明特点。

2000~2005年是学会的快速发展期,其表现之一是学术年会一年一次,走向正轨,理论研讨会召开了4次,研讨的都是编辑学学科发展和学科建设中的核心理论问题。由前文的表1、表2及表3可知,这6次学术年会的主题依次是"新形势下的责任编辑工作"(2000年)、"新形势下编

---

① 邵益文:《20世纪中国的编辑学研究》,河北教育出版社,2000,第8页。
② 邵益文:《20世纪中国的编辑学研究》,河北教育出版社,2000,第188页。
③ 刘杲:《出版笔记》,河北教育出版社,2006,第373页。

辑工作的性质、特点、任务和要求"(2001年)、"社会主义编辑职业道德建设"(2002年)、"编辑理论与编辑实践的创新问题"(2003年)、"转制条件下的编辑工作"(2004年)、"深化出版改革条件下,编辑工作如何适应新形势"(2005年);4次理论研讨会的主题依次是"多种媒体编辑活动的共性"(2000)、"编辑学理论框架的构建"(2000年)、"编辑规律"(2001年)、"以编辑活动的基本规律为中心的编辑学基本理论问题"(2003年)。从题目看,这一时期媒介形势变化很大,前期的"新形势"指的是深化改革、"入世"带来的编辑出版业国内外竞争的加剧以及以互联网为代表的传媒技术的革命性跃进,后期的"转制""深化出版改革"指的是以出版改企、编辑转型为中心的编辑出版业的体制转型。媒介形势的急剧变化,使编辑工作从性质、内容、特点、任务到理论、实践,出现了一系列必须面对的新情况、一连串亟待解决的新问题。针对这种状况,编辑学会自2000年起连续6年每年召开一次年会,一次年会一个热点,从理论和实践上审视这些新情况,讨论这些新问题。比如:第5届、第6届讨论的是新形势下的责任编辑工作、编辑活动的新特点等;第7届针对在经济利益的驱动下,编辑队伍中的一部分人职业道德滑坡,为了经济利益,卖书号、卖版面,以及为了个人私欲,不惜"挂羊头卖狗肉",审、编、校不负责任等现象,重点讨论了市场经济条件下编辑职业道德建设的必要性、它的基本要求以及建设的途径;第8届针对出版物"跟风"、"炒作"、拼凑、抄袭、同质化严重的现象,着重研讨了发展先进文化、实施精品战略、多出精品、多出人才的问题,特别强调要重视编辑工作的制度创新、机制创新;第10届重点讨论的是在深化出版改革中,要坚持图书质量第一的原则,尤其强调提高图书质量,编辑工作是重中之重。第9届年会比较特别,2004年4月初,除人民出版社一家保留事业单位体制外,全国另外的526家公办出版社全部转为经营型企业单位,[①] 7月年会召开之时,时间才过去3个月,因为出现了太"新"的情况,失去了"铁饭碗"的编辑出版人一时对出版社转为企业后会有什么样的变化、产生什么样的影响认识不一,学会对此组织探讨,以期从实践上对即将转制而不知所措的出版单位提供指导,从理论上提供案例。应该说,学会对现实敏感问题

---

① 李炜娜:《中国出版业改革:一个成长中的话题》,《人民日报》(海外版)2004年5月7日第5版。

的关注，很及时，也很给力。

不仅如此，学会也结合编辑学研究的实际，积极进行编辑学理论研究。这一时期，理论研讨会攻坚的重点对象是编辑学理论框架的构建、编辑规律、编辑活动的基本规律等核心问题。2000年的理论研讨会在1995年、1997年研讨会研究编辑学理论体系的基础上，对编辑学理论框架的构建进行了全方位、深层次的探讨；2001年、2003年的研讨会对编辑活动的规律、基本规律进行了多角度、宽领域的讨论，并且讨论延续到会后，争鸣和论争此起彼伏。① 上述这些富有理论色彩的和实践意义的研讨，为编辑学走向成熟奠定了坚实的基础。对此，邵益文副会长在总结中国编辑学会进入21世纪以来近五年的工作时说，这些研讨会是"结合当时的实际情况进行的，适应了社会主义市场经济条件下经济发展的要求，也符合社会主义精神文明建设和出版自身的需要。这些活动着眼于不断总结新鲜经验，创新理论思维，加强思想交流，重在提高认识，与时俱进，下决心把工作做在加强编辑出版的队伍建设上，做在提高出版物质量上，做在推进编辑学的学科建设上，从而促进了我国社会主义出版业的健康繁荣"②。

2006～2009年是学会新一届领导班子主持工作时期，这段时期学会沿袭以前的传统，依然钟情于编辑实践和编辑理论的研究。由前文的表1可知，这一时期学会召开了4次学术年会，学术年会的主题依次是"科学的编辑人才评价体系"（2006年）、"适应新形势，探究编辑新规程"（2007年）、"优秀出版物价值探讨"（2008年）、"编辑与文化"（2009年）。由表2可知，学会召开了4次全国性的理论研讨会，其主题依次是"编辑创新与编辑学理论研究"（2006年），"编辑实践、编辑规程及编辑理论"（2008年1月），"大文化、大媒体、大编辑"（2008年4月），"纪念改革开放30年暨编辑实践、编辑理论"（2008年12月）。结合表1、表2可以发现，这一时期编辑学研究比较明显的特征就是理论研究和实践研究的互相融合、交互连接。比如，2008年年初和年末的理论研讨会主题就是"编辑实践""编辑理论"研讨会；第12届学术年会和2008年1月的理论研讨会都研究"编辑规程"，第14届年会和2008年4月的理论研讨会都研究

---

① 论争的情况参见姬建敏《绿杨曾折处踏遍早春路——编辑学研究十年回首》，《编辑之友》2012年第1期，第89页；邵益文《近几年编辑学研究中的主要论争》，《河南大学学报》（社会科学版）2007年第2期，第31页。

② 邵益文：《中国编辑学会近五年主要工作》，《中国出版》2006年第3期，第16页。

"编辑"与"文化"。编辑规程是编辑工作者在编辑活动中共同遵守的工作标准,遵守规程是提高出版物质量的有力保障;编辑创新是编辑工作永恒的主题,是编辑出版业永葆青春、繁荣发展的源泉和动力;文化作为民族的血脉和灵魂,"是国家发展、民族振兴的重要支撑;编辑出版在提升国家文化软实力中肩负重要的文化责任和历史使命,且有文化选择、文化缔构、文化积累和文化传播等功能,是影响国家软实力的核心因素之一"[①];对它们进行研讨,不管是从编辑学理论研究的层面来说,或是从编辑学实践研究的层面来说,都具有重要的学术价值和现实意义。为此,学会结合编辑工作存在"失范"现象的实际,对遵守编辑规范的目的、意义以及编辑规程的增补完善、提高编辑的道德素养等进行了深入探讨;对编辑在文化产业化、信息数字化大趋势下的创新理念和创新行为进行了多角度、全方位的阐释;对编辑与提高国家文化软实力,编辑与提高文化创造力,编辑与提高文化传播力等进行了高层次、多维度探析。尤其是"大文化、大媒体、大编辑"概念的提出和我国第一部以"普通编辑学"命名的《普通编辑学》的出版,标志着编辑学理论研究和实践研究迈向了新的台阶。"大文化、大媒体、大编辑"是基于当今时代编辑出版业改企转制、文化产业化、媒介交互融合、载体多元化、编辑职业范围拓宽、活动领域扩大而提出的,它作为"中国编辑学会近年的核心理念",[②] 不但可以指导当今时代的编辑在实践中如何履行文化责任,担当文化使命,而且它还赋予了文化、媒体、编辑这些既有概念新的内涵,在丰富了编辑学理论研究空间的同时,更好地引导编辑学界与业界以更广阔的视阈、更辩证的眼光来开展理论研究和实践探索。构建普通编辑学的学科体系是编辑学研究的最终目标,尽管编辑学会从成立之初,或者说学会在成立之前,[③] 就已经开始了这方面的准备工作,但作为涵盖所有传播媒体编辑活动和编辑规律的学术著作,《普通编辑学》2011年的出版才标志着普通编辑学学科体系的构建已初具规模。理论来自实践,理论创新也来自实践。正是理论与实践的

---

① 柳斌杰:《祝第14届国际出版学术会圆满成功》,载中国编辑学会编《第十四届国际出版学术会论文集》,中央编译出版社,2010,第5页。
② 桂晓风:《让编辑工作在民族文化建设和国际文化交流中发挥更大功能》,载中国编辑学会编《第14届国际出版学术会论文集》,中央编译出版社,2010,第9页。
③ 中国编辑学会在成立之前,1987年在新疆乌鲁木齐、1990年在湖南衡山已经召开了两次全国性的理论研讨会,研讨的内容涉及编辑规律、编辑概念等问题。参见邵益文《20世纪中国的编辑学研究》,河北教育出版社,2000,第186~187页。

结合，才使编辑学研究从理论到实践成果丰硕，编辑学学科体系日臻成完善。

显而易见，从"社会主义市场经济"到"转制""出版改革"，从"审稿、加工""责任编辑工作"到"编辑规程""出版物的质量"，与社会现实的接轨，与编辑具体工作的关联，使学会学术年会具有编辑学实践研究的痕迹；从"学科定位""理论框架"到"编辑规律""编辑活动的基本规律""普通编辑学"，学术色彩的浓重，使学会理论研讨会充满编辑学理论研究的味道。如果说前文表1、表2、表3研究内容的变迁，代表着中国编辑学会成立20年来编辑学实践研究、理论研究的发展进程、研究脉络的话，那么表1、表2的交互并联，不仅反映了我国编辑学研究近20年的整体图景，还使编辑学会学术研究理论联系实际的特色得到了充分显现。

其次，从编辑学会召开的专业教育研讨会及国际出版学术研讨会看，理论联系实际的特点和风格依然醒目。

从表5编辑学专业教育研讨会主题、内容看，如果说"呼吁教育部把编辑出版学列入硕士研究生专业目录"（1999年北京）、"编辑出版学专业课程体系与课程标准"（2003年武汉大学）等偏重于具体的实践操作环节，"编辑出版学教育与学科建设"（2005年北京大学）偏重于学科理论探讨的话，那么"数字化传媒时代编辑出版学学科建设"（2006年河南大学）等，则可谓理论和实践并重的研讨。正如前文的介绍所说，在这次会议上，与会代表针对编辑出版学在国家教育部的"授予博士、硕士学位和培养研究生的学科、专业目录"中属于三级学科的现状，既呼吁提升编辑出版学为一级学科，也论证编辑出版学的学科性质、学科定位以及编辑学、出版学、传播学之间的相互关系，既密切联系编辑出版实际，从现实出发探究编辑出版教育的模式问题，也从学科建设、学科发展的高度探讨编辑出版学的学科范式、专业定位等基本理论问题。有学者曾总结这次会议说："大会收到的近50篇论文，既有对编辑学学科性质等传统问题的探讨，又有对编辑学学科归属、出版转制等一系列新问题的思考；既有对编辑出版学形而上层面的宏观观照，又有对形而下层面的微观审视。"① 可谓

---

① 姬建敏：《中国编辑出版教育的总结与展望——数字化传媒时代编辑出版学学科建设暨专业教育国际学术研讨会综述》，《河南大学学报》（社会科学版）2007年第3期，第22页。

一语中的。

至于表 6 的国际出版学术研讨会,以及其他像科技编辑研讨会、少儿编辑研讨会等,理论联系实际的特点都颇为突出。党的十六大报告曾经指出,"实践没有止境,创新也没有止境"。理论来自实践,理论创新也来自实践,理论和实践的结合不仅是编辑学研究的指导思想,也是编辑学会学术活动的特征、特点、特色。

3. 编辑学研究齐头并进、均衡发展

(1) 既重视编辑学理论、实务的研究,也重视编辑史研究

任何一个学科的创立,都要以历史研究作为基础。中国编辑学会会长刘杲曾明确指出:"编辑学会把推动编辑学学科建设作为自己的任务。编辑学包括三个组成部分:编辑理论、编辑实务和编辑史。所以,编辑学会成立以来,为编辑史、出版史研究服务是我们的责任。"①

有这样的责任意识,编辑学会不仅关注现实(1992~2009 年共召开学术年会 14 次)、注重理论(1992~2009 年共召开理论研讨会和小型座谈会 13 次),而且还像重视理论、实践一样,关注编辑史的研究。表 4 统计的编辑史会议虽然是 6 次,但正如 2004 年的《中国编辑学会活动纪事(1992~2009)》所说,2004 年 5 月的编辑史会议(表 4 中第 4 次)是"第六次编辑史、出版史座谈会",可见,这段时期中国编辑学会召开的编辑史研讨会至少是 8 次(也许更多)。当然,单从次数上看,可能少于学术年会和理论研讨会,但学会对编辑史会议的重视程度却毫不逊色。比如,1992 年 10 月中国编辑学会成立,1993 年 10 月就在湖北武汉召开了首届编辑史座谈会,相比于 1993 年 11 月召开的首届学术年会、1994 年 7 月召开的理论研讨会来说,其可谓是中国编辑学会成立后召开的第一次全国性的学术会议。不仅如此,编辑学会首任会长刘杲多次强调,"为编辑史、出版史研究服务是我们的责任","编辑史、出版史研究需要支持",要"重视编辑史、出版史研究"。编辑史作为编辑活动和实践经验的记载和梳理,它为编辑理论提供客观依据;编辑理论作为编辑活动的历史经验和现实经验的理论概括,揭示了编辑活动的本质和规律;编辑实务,应用编辑理论,形成活动规范,指导编辑实践。在编辑学学科建设中,这三个部分作为编辑学研究的"三驾马车",互相依存,互相推动。编辑学会的学术

---

① 刘杲:《出版笔记》,河北教育出版社,2006,第 329 页。

活动,很好地贯彻了这个方针,从中国编辑学会举办的学术会议看,编辑学理论、实务、编辑史研究齐头并进的特色非常明显,值得肯定。

(2)既研究以图书、期刊、网络为代表的多媒体编辑活动,也研究少儿读物、青年读物、科技读物等多领域编辑活动

如前文所说,中国编辑学会不仅定期召开编辑理论、编辑实践、编辑史、编辑专业教育研讨会,还定期召开图书、期刊编辑会,召开少儿、青年读物编辑会,召开科技编辑会、社科编辑会、网络编辑会,出版社社长会、总编辑会等。会议形式多样,内容丰富多彩——既包含传统纸质编辑的工作规范、工作创新研究,也包含网络新媒体编辑的工作内容、发展趋势研究;既包含转企改制背景下出版社社长、总编辑、编辑转型与应对的研究,也包括期刊编辑、少儿编辑、青年编辑、科技编辑等工作与理论的创新发展研究……绚丽多姿、风风火火的学术会议、学术研讨,不仅对编辑学学科的建设和发展是推进、拓展、丰富、完善,而且还使得中国编辑学会领导下的编辑学学术会议研究内容均衡发展,研究态势健康向前的鲜明特色,发挥得淋漓尽致。

三 中国编辑学会的学术活动与研究贡献

中国编辑学会成立以来,除了组织各种类型、各种规模的学术会议外,还非常关注编辑出版实践的发展,及时培训编辑、主编和各级各类管理人员,及时对其他国家和地区进行访问和交流,及时联络出版社、高校,他们的学术活动、工作业绩,《中国编辑学会大事记》里详细有记载。这里仅以"未来编辑杯"评奖、创办《中国编辑》杂志、出版《中国编辑研究》年刊等为例做一介绍。

(一)学会组织的学术活动举例

1. 关注新编辑的培养——"未来编辑杯"评奖

中国编辑学会不仅关注在职编辑的编辑学研究,也注重培养后继人才,第一任编辑学会会长刘杲曾说过:"建设有中国特色社会主义出版事业,需要几代人前赴后继的努力……建设未来的重担毕竟落在他们的肩上,这是历史的责任。"[①] 为此,学会从1997年到2009年相继举办了6届

---

① 中国编辑学会秘书处编《未来编辑谈编辑》,北京出版社,1999,《雏凤清于老凤声——"未来编辑杯"获奖文集序》,第1页。

"未来编辑杯"征文比赛,目的是培养和发现编辑新人。

首届"未来编辑杯"征文比赛是1997年启动的。1997年10月5日学会发出了《关于开展"未来编辑杯"征文竞赛活动的决定》。《决定》指出:为培养后备力量,使目前正在高校学习编辑学专业的高年级学生和研究生更快更好地了解出版,熟悉出版,矢志为编辑出版事业服务,经新闻出版署批准,本会决定开展一次"未来编辑杯"征文竞赛活动。本次竞赛活动的主题是:在建设有中国特色社会主义出版事业中,准备怎样当一个合格编辑,认真为读者服务。通知发出后,13所高校的编辑学专业共有329名学生报名,约占在校编辑学专业的本科生、研究生总数的1/4(因低年级学生不在参赛范围之内)。1998年4月15日,学会召开全国首届"未来编辑杯"征文竞赛活动的工作会议;5月14日召开全国首届"未来编辑杯"评委碰头会,提出了初步入选作品的篇目(经各校初步评选后,共推荐论文72篇),正式向评委会推荐;5月28日全国首届"未来编辑杯"征文竞赛结果正式揭晓,39篇作品荣获优秀论文奖,占各校初评推荐论文总数的55%。6月9日学会向各校获奖者寄发全国首届"未来编辑杯"征文竞赛的获奖证书和奖金。1999年3月,在北京出版社的支持下,学会秘书处编的《未来编辑谈编辑》(全国首届"未来编辑杯"获奖文集)正式出版,共21万多字,刘杲会长作序(《雏凤清于老凤声——"未来编辑杯"获奖文集序》)。

第二届"未来编辑杯"征文竞赛活动于1999年9月启动。这次征文竞赛的主题是:在建设有中国特色社会主义出版事业中,怎样做一个新世纪合格的编辑。截至2000年4月中旬,评委会办公室共收到9所高等学校经过初评后的推荐论文79篇。评委会组织评委和有关专家,历时60余天,经过反复比较,提出初选论文35篇;2000年7月6日评委会经过讨论、比较,以35篇等额投票方式进行表决,32篇论文以超过半数票获奖,占各校推荐论文总数的40.5%。

第三届"未来编辑杯"征文竞赛活动于2001年9月启动。这次征文竞赛的主题是:我所向往的编辑。截至2002年3月底,评委会办公室共收到十余所高校经过初评后推荐的论文145篇,评委会历时60余天,于2002年6月6日以无记名投票方式进行表决,45篇论文以超过半数票获奖。

第四届"未来编辑杯"征文竞赛活动于2003年9月启动。征文的要求是：面向编辑出版活动，提供一份调查报告。调查报告应当主题鲜明，思路清晰，数据真实可靠，有充分的材料，有科学的分析，有可信的结论。2004年6月12日，评委会经过反复讨论、比较，以无记名投票方式，评选出北京大学杨虎等撰写的39篇调查报告为获奖作品（分别属于14所大学），占116篇参选论文的33.6%。

第五届"未来编辑杯"征文竞赛活动于2005年11月启动。此次征文的要求是，撰写一份图书选题策划报告。书名、内容、体例、风格等均自行设定。力求主题鲜明，富有创意，有可操作性，有出版价值。2006年7月15日，评委会经过反复讨论、比较，以无记名投票方式，评选出北京大学林霞虹等撰写的44篇图书选题报告为获奖作品。2008年7月，在科学出版社的大力支持下，第五届"未来编辑杯"获奖文集《图书选题策划报告》出版发行。

第六届"未来编辑杯"征文竞赛活动学会交由中国编辑学会教育专业筹备委员会承办。2009年2月26日征文竞赛评选结果揭晓。《编辑选择与社会文化》等5篇文章获一等奖，《论编辑活动文化选择的制约性与文化增值》等15篇文章获二等奖，《绿色3G时代的手机出版之传播特性、文化属性》等30篇文章获三等奖，《点燃前行的灯火——对编辑文化的几点思考》等4篇文章获优秀论文奖。

显然，第1至第6届的"未来编辑杯"征文活动，从1997年至2009年，内容上从学术论文到调查报告、图书选题策划报告等，涉及两任编辑学会的领导，组织上从报新闻出版署批准到学会发出通知、评委会评比、编辑学会会长参与、学会向获奖者颁发获奖证书和奖金、获奖论文的结集出版等，中国编辑学会对培养编辑学研究后备人才不仅在思想上、组织上显示出了高度重视，而且在物质上也给予了大力支持。学会领导人刘杲、邵益文、桂晓风、王德有等参加论文评比，参加颁奖仪式，给出版的获奖文集写序等行动，无不表现出中国编辑学会重视学术、重视人才、重视未来的胆略和气魄。

2. 注重编辑学研究平台和阵地的建设

（1）创办《中国编辑》杂志

20世纪八九十年代，是我国编辑学研究的高涨期，特别是1992年中国编辑学会成立以后，在编辑学会的领导下，我国的编辑学研究取得了令人瞩目的成绩和进步。为了展现我国编辑学研究的最新成果和全国范围内的研究状况，也为了给编辑学研究者提供更专业的交流平台，更具有针对性的研究阵地，学会在2001年着手创办学会会刊《中国编辑》。该刊2002年出版了两期试刊，2003年1月正式创刊。

从创刊到2009年12月，《中国编辑》在中国编辑学会的领导下，坚持"开展编辑理论和编辑实践的研究，推动我国新闻出版事业的改革和繁荣，促进编辑学的研究及学科建设"的办刊宗旨，已出版42期，发文1377篇（2003年198篇；2004年206篇；2005年230篇；2006年164篇；2007年194篇；2008年197篇；2009年188篇），为中国编辑学研究和编辑学学科建设做出了卓越的贡献。

（2）出版《中国编辑研究》年刊

《中国编辑研究》是中国编辑学会领导、主办的另一本编辑学研究方面的学术性资料读物。它每年出版一本，内容是选编前一年在报刊上公开发表的可供今后研究参考的编辑学研究文章，由中国编辑学会与人民教育出版社联合主办，人民教育出版社出版，公开发行。

《中国编辑研究》年刊创始于1996年。1996年2月《中国编辑研究》（年刊）编委会召开第一次会议，商讨1996年年刊的编辑指导思想和编辑工作方案。《中国编辑研究》的编辑指导思想是：在邓小平同志建设中国特色社会主义理论和党的基本路线指导下，加强编辑学研究和学术交流，总结编辑工作的经验，沟通研究信息，汇集研究资料，积累研究成果，推动编辑学的学科建设，指导编辑实践，提高编辑队伍素质，为繁荣我国社会主义出版事业服务。其读者对象是：编辑学和编辑理论研究工作者，大专院校编辑专业的师生，广大编辑工作者和出版工作者，出版行政管理机关有关工作人员，新闻界、文化界等与出版界有关的人员，其他领域有兴趣的读者以及海外关心中国编辑学研究的读者。1997年7月《中国编辑研究》（1996年年刊）正式出版，标志着中国编辑学会领导、主办的又一个大型编辑学研究学术媒介正式诞生。中国编辑学会会长刘杲在《发刊词》中说："编辑学研究要为建设有中国特色社会主义出版事业服务，特别是为提高编辑队伍素质和提高编辑工作质量服务……这是编辑学研究的宗旨，也是《中国编辑研究》的宗旨。"

正是基于这样的宗旨，中国编辑学会自1996年《中国编辑研究》年刊出版后，一发而不可收，从1997年年刊、1998年年刊、1999年年刊一直到2009年年刊，《中国编辑研究》（年刊）的出版已形成了一定的规模，

"年刊已成为从事编辑出版工作研究的同仁们手头必备的常用书之一,成为编辑出版理论研究和实践研究方面的一个有一定影响的品牌"①。作为一本兼具学术性、资料性的刊物,《中国编辑研究》(年刊)(主编阙道隆,编委会主任邵益文)坚持办刊宗旨,坚持质量第一,所选文章内容全面,既涵盖一年来编辑学研究的精华,又包括编辑学研究方方面面的成果。以1999、2009年年刊为例,1999年年刊发文63篇,其中理论探讨14篇,工作研究15篇,编审札记3篇,展望新世纪5篇,高科技与编辑4篇,装帧设计3篇,校对论坛4篇,历史和人物5篇,国外编辑出版研究4篇,第四届(1998年)年会论文选6篇。2009年年刊发文68篇,其中改革发展论坛4篇,理论探讨8篇,学科建设5篇,高科技与编辑出版5篇,工作研究11篇,期刊研究6篇,装帧设计4篇,个案分析6篇,人才培养4篇,编辑出版教育3篇,历史与人物6篇,国外编辑出版3篇,编辑出版类专业书评3篇。再加上每期年刊前面的"卷首语"、后面的前一年"编辑学会活动纪事"以及"编后记"等,信息量丰富,不但对当年编辑学研究的重要问题有所涉及,对重要成果有所显示,而且还翔实地记录了中国编辑学会活动的真实状况。正如《2005年年刊编后记及年刊创刊十周年致读者》所说:"不能说十年中所有优秀作品都已包罗其中。但至少可以这样说,年刊的入选作品,都是十年来编辑学研究的宝贵成果,是广大研究者的心血结晶,对今后的研究工作具有重要的参考价值……对编辑学研究者来说,年刊具有思想库、资料库和组织引导的作用。"因此,可以说,每期年刊都是一座学术的山脉、一条学术的河流。一册在手,既可以为我们提供统览编辑学学术山脉河流的机会,又可以为我们展现中国编辑学会领导的中国编辑学研究的学术精神、学术风气和学术传统。

另外,学会还出版了一系列会议论文集,编发了《中国编辑学会简报》,开通了中国编辑学会网站,不仅记录了一定时期一定阶段中国编辑学会关注的理论、实践问题以及工作状况,而且还传播了学会的声音。

(二)学会对我国编辑学研究的贡献

中国编辑学会成立于1992年,是编辑学研究正式起步的10多年之后。这10多年来编辑学理论研究和实践发展的变化,使因我国改革开放后编辑

---

① 《中国编辑研究》编辑委员会编《中国编辑研究(2005)》,人民教育出版社,2005,第1页。

出版事业的发展和编辑出版事业的需要而成立的中国编辑学会义不容辞地走到了编辑学研究的前台，不仅带领编辑学研究者进行一项项学术活动，攻克一个个学术堡垒，而且还创办编辑学学术刊物，召开各种形式、各种内容的学术研讨会，参与国际交流，为我国编辑学研究做出了不可磨灭的贡献。

1. 规划引导编辑学研究，组织攻坚重大课题

1992年中国编辑学会成立，通过制订研究计划，举行学术讨论会、报告会，组织编写、出版编辑理论、编辑业务、编辑史及编辑管理方面的著作等形式，突出地发挥了规划引导和组织攻坚的作用，极大地推动了编辑学研究的发展。像编辑学学术年会、理论研讨会的召开，有关学术理论问题的探讨等，就非常具有典型性。比如，20世纪90年代由《编辑学刊》组织开展的关于"编辑"概念的大讨论，中国编辑学会自始至终都给予了重视和支持，有力地推动了全国范围内编辑学理论研究热潮的形成。1994年、1995年的理论研讨会对编辑学学科性质、研究规律等的探讨，对编辑学理论体系的构建具有引导和推动作用。1997年的全国编辑学理论研讨会把编辑学理论体系的构建确定为学会工作的重中之重，刘杲会长指出："在别的很多领域都有组织强大力量对重点科研课题进行攻关的经验。编辑学研究能不能组织这种攻关呢？组织攻关或者吸引更多的人把研究的注意力相对集中到重点科研课题上来，这是有可能的。需要比较准确地提出重点科研课题，又进一步要求对整个编辑学研究有一个比较完整的理论框架。没有全局在胸，就难于判断哪个是重点。"① 在刘杲会长的倡议下，学会组织出版界和教育界的有关专家学者进行了重点攻关，被林穗芳先生称为"在研究的核心领域填补了空缺，具有里程碑的意义"的阙道隆的《编辑学理论纲要》，就是中国编辑学会组织学术攻坚活动的硕果。再就是2006年以后，有感于网络传播等新兴媒体中编辑实践环节的缺失，编辑学会把推动普通编辑学理论作为重大课题进行攻关，专门组建编撰平台，先后组织6次研讨会和审稿会，2011年9月《普通编辑学》出版，成为编辑学学科建设的基石。当然，这也标志着学会又一攻关课题结了硕果。

另外，作为中国编辑学会的会刊和标志性研究成果的《中国编辑》及《中国编辑研究》，它们的出版发行离不开中国编辑学会的组织、规划之

---

① 刘杲：《出版笔记》，河北教育出版社，2006，第319页。

功,它们的选题策划、栏目设置、用稿策略等对我国编辑学研究有一定的导引作用更显而易见。

2. 团结、凝聚编辑人才,壮大编辑学研究队伍

人是决定性的因素,编辑人才是编辑工作的第一资源。中国编辑学会成立以来,团结老会员,发展新会员,凝聚各方面的力量,壮大编辑学的研究队伍。比如,1992年编辑学会成立时的第一次会员代表大会,会员单位也就那么几十家,会员代表基本上是编辑出版界的老编辑。而到了2014这次会员代表大会,参会的代表就有350多人,代表有出版社、杂志社的编辑,也有高等院校的专家、学者,遍及除西藏以外的全国所有地市,并且多是年富力强的中青年。这虽然与编辑出版业发展快、从业人员逐渐增多有关,但更重要的原因则是中国编辑学会的领导力、号召力、凝聚力。

当然,中国编辑学会对编辑人才的重视,不仅表现在发展新会员,壮大学会实力方面,而且还表现在对在职编辑的培训、青年编辑能力的提高、未来编辑的培养上。比如"未来编辑杯"评奖,比如编辑学专业教育研讨会,比如编辑与人才学术年会等,只要有利于编辑队伍的建设和提高,有利于编辑人才的涌现和成长,中国编辑学会都尽心尽力。为会员服务,为编辑服务,为编辑学研究服务,是学会的光荣传统和一贯宗旨。反而言之,学会的活力也源自全体会员的积极性和创造力。

3. 加强国内外合作、交流,协调与相关部门的关系,扩大影响

中国编辑学会作为一个全国性的、群众性的学术团体,不仅始终注意与兄弟社团、高校和业内外社团搞好交流、合作,比如与中国出版协会、韬奋基金会、地方编辑学会、高校编辑出版研究机构等共商编辑学研究大计,共同组织学术研讨、学术活动等,而且还积极推进与国际和与港台编辑出版界的交流。对外扩大编辑学会的影响,提高中国编辑学研究的知名度;对内扩大中国编辑学会的声誉,提高编辑学的学科地位。比如,1997年,国家教育部调整压缩大学本科专业目录,编辑学专业的去留引起热议,成为被砍掉的专业之一时,编辑学会会长刘杲一边积极参加国家教委人教司组织召开的座谈会,在会上详细阐明编辑出版学专业教育的重要性,一边加紧向新闻出版署有关部门负责同志汇报,积极争取总署支持,尽最大努力协调,争取保留编辑学专业。1998年,教育部调整后的本科专业目录中新闻传播学下设编辑出版学专业,而"授予博士、硕士学位和培养研究生的学科、专业目录"中却没有编辑出版学专业,编辑学会不仅邀

请部分高校编辑出版学专业的负责同志和专家举行座谈，交换意见，呼吁教育部把编辑出版学列入硕士研究生专业目录，而且学会会长刘杲继 1997 年 3 月在全国政协八届五次会议上提交"建议国家学位委员会将编辑学专业硕士列入国家研究生学位学科专业目录之中"的提案后，1999 年 6 月 23 日，又专门给新闻出版署有关负责同志写信汇报，努力争取新闻出版总署领导支持，推动将编辑出版学正式列入硕士研究生专业目录；2001 年 3 月 2 日，在全国政协九届八次会议上，又撰写专门提案，建议在高等学校设立编辑出版学硕士学位授予点。可见，为编辑出版教育的完善和发展，为中国的编辑学研究，以刘杲为首的编辑学会可谓多方奔走，上下协调。

总之，起着组织、领导、团结、凝聚、协调、引领作用的中国编辑学会，对于中国的编辑学研究来说，是旗帜，是方向，是大本营，是指挥部；对于编辑学研究者来说，是领袖，是参谋，是领导者，是主心骨；对于国外编辑出版研究领域来说，是窗口，是标志。中国编辑学会代表的是中国，是中国的声音、中国的成果。可以这样说，在我国编辑学研究 60 年的历史上，中国编辑学会的成立是个标志性事件，中国编辑学会的功绩当载入史册。尤其是中国编辑学会的第一任会长刘杲、常务副会长邵益文等，他们事无巨细，亲力亲为，不但辛苦操持编辑学会的学术活动、日常工作，而且还带头从事编辑学研究，发表了一系列研究文章，出版了一些研究论著，为了编辑学会的创建和发展，为了编辑学研究的深入，为了编辑学学科的强大，可以说呕心沥血，鞠躬尽瘁。还有副会长戴文葆、阙道隆、蔡学俭、田胜立、王振铎以及下一任会长桂晓风、副会长王德有、程绍沛等，作为编辑学学会的开拓者、领导者，作为编辑学研究的领袖和旗手，他们的贡献值得我们铭记，他们的精神值得我们讴歌。

第二节 《河南大学学报》"编辑学研究"栏目研究

一 "编辑学研究"栏目的创设与发展

（一）《河南大学学报》的发展历程及现状

河南大学始建于 1912 年，河南大学的前身是河南留学欧美预备学校，它与清华学堂、南洋学堂同为当时中国的三大留学基地。第一任校长林伯襄把"以教育致国家于富强,以科学开发民智"① 作为办学宗旨,此宗旨泽惠中原。1922年河南督军冯玉祥力主创办大学,1923年在留学欧美预备学校的基础上创办了中州大学;1927年以中州大学为基础,成立了国立第五中山大学,后改名为河南省立中山大学,1930年又改名为河南大学。1934年4月1日,在河南大学校长张仲鲁的支持下,学校筹定专款,出版了《河南大学学报》第1期。从此,《河南大学学报》诞生了。

第1期学报,校长张仲鲁(字广舆)撰写了《发刊辞》,冀学报"为学术之渊薮,文化之邓林";《投稿须知》里注明,《河南大学学报》以"研究学术为宗旨,凡著述、记札、调查、批评、介绍、译品等,不拘文言白话,篇幅短长,均所欢迎",投稿者为"本校教职员、学生,以及学术团体等";第1期发表了经济学、政治学、社会学、教育学、考古学、哲学、文学、历史学等学科著名教授的文章19篇。② 如熊伯履的《宪草评论》、郝象吾的《永久文化与优生运动》、左任侠的《儿童身心发展上的几个问题》、张邃青的《北宋太学考略》、葛定华的《考古学之辅助科学与研究方法》、嵇文甫的《明清时代的唯名论思潮》、毛起鴳的《统计学中之偏斜度问题》、姜亮夫的《踘躅驰驱转语考》、刘亦常的《督学的任务》、曾慎的《改良中国野蚕丝绸业第一次三年计划书大纲》等,无论是论题选择,还是内容水平、研究方法、资料搜集,都具有创新性,在全国属于一流之作。《河南大学学报》一创刊就显示了较高的学术品位和学术追求。

1934年4月到10月,学报共出版3期,发表文章46篇(不含自然科学文章12篇)。其著名作者有经济学家邹次硕、留美法学教授王希和、社会学中国社会整体综合研究学派领军人物朱亦松,北京大学教授、新中国成立前河南大学教授中名气最大的邵次公(本名为邵瑞彭,次公是其字),国学大师姜亮夫,历史学、考古学专家嵇文甫、王善赏、葛定华,心理学、教育学专家左任侠、刘亦常,地理学专家胡石青、农学畜牧学专家郝象吾等,后停刊。

1937年卢沟桥"七七事变"之后,河南大学在战火纷飞中辗转迁徙数

---

① 《河南大学校史》,河南大学出版社,2012,《前言》第1页。
② 王琼编著《〈河南大学学报(社会科学版)〉论文分类索引1934.04~2010.12》,河南大学出版社,2011,前言。

地。1942年3月,河南大学由省立改为国立。1945年12月,经历了8年流亡之苦的河南大学回到了开封。1949年新中国成立,正式重建了河南大学。1952年全国院系调整,河南大学的医学、农学、水利、财经等并入新的院校。1953年河南大学更名为河南师范大学,1956年改名为开封师范学院,改名后学报创刊号定名为《开封师院学报》,1957年6月第2期起改名为《开封师范学院学报》。"文化大革命"开始,学报被迫停刊,1973年再次复刊。从1975年第1期学报开始分社会科学版、自然科学版。1979年开封师范学院更名为河南师范大学,1984年终改为河南大学,学报也相应更名。

《河南大学学报》(社会科学版)从1984年复名后,坚持以马列主义毛泽东思想为指导,重视对学术理论问题、现实热点问题的研究,积极开展理论探讨和学术创新,学术质量、编校质量稳步上升。1985年学报在全国率先开辟了"学报编辑工作论坛"专栏(1988第1期改名为"编辑学研究"专栏),开全国高校学报编辑学研究之先,1992年入选《中文核心期刊要目总览》第1版出版事业类核心期刊,1999年入选《中国人文社会科学核心期刊要览》社会科学学报类核心期刊,同年获首届全国百强社科学报称号,2000年获首届河南省社会科学二十佳期刊,2009年进入CSSCI来源期刊行列。

《河南大学学报》(社会科学版)现为全国中文核心期刊、中国人文社会科学核心期刊、CSSCI来源期刊、全国高校三十佳社科期刊,在全国高校学报界、社会科学期刊界享有较高的学术声誉和较强的影响力。以最近几年的转载率为例,中南财经政法大学图书馆期刊信息检索中心提供的《信息检索报告》显示,《河南大学学报》(社会科学版)2006年被转载文章75篇,在全国综合类大学学报中排第7位;2008年被转载文章64篇,在全国综合类大学学报中排第9位;2009年被转载文章47篇,在全国综合类大学学报中排第15位。足见其学术水平不俗,学术成绩不凡。

(二)"编辑学研究"栏目的创设与宗旨

1. 催生栏目创设的因素

在中国,编辑学的诞生与发展可谓与改革开放同步。1978年党的十一届三中全会以后,我国的编辑学研究才真正开始起步。1983年6月,《中共中央、国务院关于加强出版工作的决定》指出要加强出版研究;11月,第一届出版工作者年会召开，宋原放做了《迫切需要建立社会主义出版学》的报告，其中提到了编辑学研究的意义；同年，胡乔木同志致信教育部，在北大、南开、复旦试办编辑学专业。以此为契机，经过政府、出版业界和高校等多方面的努力，编辑学研究热潮在我国迅速兴起。当时的情况一方面是编辑学研究刚刚开始，具有一定的发展空间和研究前景，其话语无论是学术层面还是实际操作层面都将受到关注；另一方面是1985年以前，我国发表编辑学研究成果的园地几乎没有。很显然，谁能尽快建立阵地、亮出牌子，谁就有可能引领编辑学研究的方向，占领研究的制高点。

河南大学是一所有近百年历史的老校，有70多年编辑出版《河南大学学报》的历史，有优良的编辑出版传统和雄厚的编辑力量。尤其是学报自身，从编辑素质到编辑实践，从思想到行动，河南大学学报人都走在了前列。

20世纪80年代的河南大学学报编辑部，是一个由宋应离、王振铎、司锡明、胡益祥、张如法、吴永瑜6位正、副教授和中青年编辑组成的11人的编辑群体。在多年的编辑工作实践中，他们深感编辑工作绝不是一项简单的技术性、事务性工作，而是一项思想性、政治性、专业性很强的创造性工作，是一门有规律的大学问。为建立它并推动这门学问的开展，他们曾根据出版业空前繁荣，编辑队伍迅猛壮大，但编辑业务水平参差不齐的现状，自1983年起先后在河南、山东、河北、海南举办了几期编辑人员培训班，前后有800多人参加。声势浩大的编辑培训，为河南大学的编辑学研究制造了舆论、创造了条件，同时也展现了河南大学学报编辑队伍的阵容和实力。

既然轰轰烈烈的编辑学研究，需要相应的媒介媒体来承载研究成果，河南大学学报人又具备一定的条件，正所谓"万事俱备，只欠东风"，为了推动编辑学的研究，以宋应离、王振铎为首的河南大学学报人审时度势，当机立断，于1985年第1期率先在《河南大学学报》（社会科学版）上旗帜鲜明地开辟了"学报编辑工作论坛"专栏；1988第1期起改名为"编辑学研究"专栏，亮出了《河南大学学报》"编辑学研究"的牌子，迈开了创设特色栏目的第一步。时任《文史哲》负责人的刘光裕曾说，这"是一个大胆的有远见的卓识之举……有利于推动编辑学的研究"；《山东理工大学学报》（社会科学版）主编尹玉吉撰文说，它的开设，使"编辑学首次登上我国学术研究的殿堂",自此,"中国乃至全世界大学的学报或其他学术刊物上,才有了编辑学研究成果的专业性发表园地"。

2. "编辑学研究"栏目的宗旨

《河南大学学报》(社会科学版)是综合性社会科学期刊,学报栏目比较多,相对于传统的文学、历史学、政治学、经济学、法学、教育学等栏目,编辑学是新兴学科,"编辑学研究"栏目是新创设栏目,栏目的总原则是:推动我国编辑出版事业的改革和发展,促进编辑学的研究和学科建设。其具体原则是:研究编辑学理论,总结编辑实践经验,探索编辑出版业的历史与现状,关注国内外报刊媒体的发展趋向。追求学术性、理论性、实用性、资料性的统一,注重历史与现实、宏观与微观、理论与实践的相互结合,崇尚多学科相互交叉、相互补充与通力合作的研究思路,突出学术研究的创新性、前沿性、争鸣性与建设性。与《中国出版》《编辑之友》等专业性杂志相比,更讲究学理性。

(三)"编辑学研究"栏目的发展历程

20世纪80年代初乘着改革开放的东风,我国的编辑出版事业有了飞快的发展,编辑学研究热潮也随之迅速兴起。1985年河南大学学报率先在其社会科学版上创设了"学报编辑工作论坛"专栏。随之,吸引了一大批研究者加盟,其学术探索的范围和研究的内容也逐步从开设之初的编辑工作总结、经验交流,拓展为编辑学基本理论问题的论争、编辑学学科体系的建设、编辑人才的培养与编辑出版学教育的发展等。为真实地展现编辑学研究的发展态势,1988年第1期起栏目升华为"编辑学研究"。2000年为适应编辑出版业融合发展的新形势,栏目扩展延伸为"新闻、编辑与出版研究"。2006年又恢复"编辑学研究"的名称。依据名称的嬗变,笔者把栏目沿革的历程分为四个时期。

1985年栏目创设时,名字为"学报编辑工作论坛"。此"论坛"作为"编辑学研究"栏目的前身,从1985年第1期创设开始到1988年第1期升华为"编辑学研究"之前,可谓栏目生成的第一阶段。栏目的第二阶段开启于1988年第1期。时任栏目主编的宋应离、副主编王振铎,面对在全国范围内还没有出现比较权威的编辑学理论体系,编辑学研究界对编辑概念、编辑起源、编辑活动规律、编辑学研究对象、研究范围、学科性质、学科体系等热门话题莫衷一是、自说自话的现状,深思熟虑,把栏目更名为"编辑学研究"。此名称从1988年第1期沿用至1999年第6期,这段时期可谓栏目发展的第二阶段。栏目发展的第三阶段指的是2000年第1期到2005年第6期。这一阶段是紧承第二阶段继续发展的,之所以划分开来,是因为进入21世纪以后,随着中国的"入世",新闻出版单位改制、编辑转型以及新媒体的出现、媒介融合、竞争的加剧,编辑学研究过程中遇到了一些新问题、新情况,面对这种新情况,在普通编辑学的建构还没有形成的前提下,栏目在名称标注方面出现了"编辑学研究"与"新闻、编辑出版研究"交叉存在的现象。这段时间我们称之为第三阶段。栏目发展的第四阶段指的是2006年第1期至2009年(实际上,2009年以后,仍属于第四阶段,但因为项目研究期为1949~2009年,故本研究截止到2009年)。从2006年第1期起,河南大学历史学著名学者、河南省特聘教授程民生担任了《河南大学学报》主编,他以学者的严谨和创办"名刊""名栏"的理念,决定恢复《河南大学学报》特色栏目"编辑学研究"的名称。从恢复名称至2009年,称之为栏目发展的第四阶段。

四个阶段,四种状况,发文数量不同,每一阶段的特色也不一样。

1. "编辑学研究"栏目四个阶段的发文情况

依据上文划分的时期,我们详细统计了栏目每一时期的发文数量,并按照编辑学研究的主要内容——编辑学理论研究、编辑实务(实践)研究、编辑史研究、编辑学专业教育研究、其他(不好分类的或者是书评类文章)进行分类,对每部分内容按百分比进行了换算,最后做了简要的分析。

(1)第一阶段"学报编辑工作论坛"时期发文情况及分析

第一阶段共发文26篇,详见表7。

表7 《河南大学学报》"编辑学研究"栏目第一阶段发文情况

单位:篇

时间	发文数量	具体内容			
		学报工作与学报性质(实务)	编辑家(史)	编辑主体(理论)	其他
1985年	7	7	0	0	0
1986年	8	7	1	0	0
1987年	11	8	0	2	1

资料来源:1985~1987年的《河南大学学报》(社会科学版)。

从表7可以看出,这一阶段栏目所发文章为26篇,其中有22篇是学报编辑工作与学报性质研究，1篇编辑家研究，两篇编辑主体研究，其他1篇是期刊资料研究。如果从编辑学的三大组成部分编辑理论、编辑实务、编辑史进行分类，编辑实务研究占了85%，理论研究和编辑史研究仅占了12%。这说明这一阶段的研究重心是以学报工作为主的编辑实务研究，内容比较单一，表现不太热烈，但研究形势是一年比一年好。

（2）第二阶段"编辑学研究"时期发文情况及分析

第二阶段共发文184篇，详见表8。

表8　《河南大学学报》"编辑学研究"栏目第二阶段发文情况

单位：篇

时间	发文数量	具体内容					
		编辑理论（编辑主体）	编辑实务（学报工作）	编辑史（家）	新闻、出版、期刊、传播	教育	其他
1988年	13	6	5	0	2	0	0
1989年	18	8	8	1	1	0	0
1990年	18	10	6	2	0	0	0
1991年	14	4	4	3	1	0	2
1992年	16	3	5	2	3	1	2
1993年	17	4	3	3	5	1	1
1994年	18	5	2	4	7	0	0
1995年	14	4	3	1	4	1	1
1996年	11	3	3	1	2	0	2
1997年	14	4	3	1	6	0	0
1998年	11	4	2	1	3	0	1
1999年	20	4	5	0	8	1	1

资料来源：1988~1999年的《河南大学学报》（社会科学版）。

从表8可以看出，这一阶段栏目所发文章为184篇，其中有59篇是编辑理论的探讨，49篇编辑实务研究，19篇编辑史研究，42篇新闻、出版、期刊、传播（含网络等）研究，5篇编辑出版教育研究，其他10篇包括著作权法、书评等。用百分比进行统计，编辑理论研究占32%，编辑实务研究占27%，编辑史研究占10%，其他关于出版、期刊、新闻、编辑出版教育等占了23%。这说明这一阶段的研究已经呈多元化趋势，编辑理论、编辑实务与新闻、出版、编辑出版教育研究，虽然发文数量有别，但研究都比较热烈，比较深入。不仅如此，发文数量也比第一阶段猛增，这也说明了我国编辑学研究队伍的增大、实力的增强以及研究态势的火爆。当然，相比之下编辑史的研究有点薄弱，但和第一阶段相比也进步了很多。

（3）第三阶段"编辑学研究"与"新闻、编辑出版研究"交叉并存时期发文情况及分析

第三阶段共发文136篇，详见表9。

表9 《河南大学学报》"编辑学研究"栏目第三阶段发文情况

单位：篇

时间	发文数量	具体内容					
		编辑理论（编辑主体）	编辑实务（学报工作）	编辑史（家）	新闻、出版、期刊、传播	教育	其他
2000年	20	5	2	3	4	0	6
2001年	20	6	3	2	8	0	1
2002年	26	11	3	0	9	0	3
2003年	23	7	2	4	9	0	1
2004年	19	8	2	0	5	1	3
2005年	28	4	4	2	14	0	4

资料来源：2000~2005年的《河南大学学报》（社会科学版）。

从表9可以看出，这一阶段栏目所发文章为136篇，其中有41篇是编辑理论的探讨，16篇编辑实务研究，11篇编辑史研究，49篇新闻、出版、期刊、传播（含网络等）研究，1篇编辑出版教育研究，其他18篇主要是书评。和上一阶段相比，编辑理论研究加强了，占30%，编辑实务研究相对减少，占12%，编辑史研究依然不温不火，占8%，其他关于出版、期刊、新闻、编辑出版教育等数量增多，占了36%。这说明这一阶段的研究依然延续第二阶段的态势，探究学理，钻研业务，关注编辑出版事业改革进程中的热点、大事，内容虽然依旧多元，但新闻出版、传播学等研究态势明显飙升，编辑学理论研究风头不减，实务研究稍显惨淡，总数量依旧可观，研究继续呈深化发展的趋势。

（4）第四阶段"编辑学研究"时期发文情况及分析

第四阶段共发文72篇，详见表10。

表10 《河南大学学报》"编辑学研究"栏目第四阶段发文情况

单位：篇

时间	发文数量	具体内容					
		编辑理论（编辑主体）	编辑实务（学报工作）	编辑史（家）	新闻、出版、期刊、传播	教育	其他
2006年	24	3	4	1	8	6	2
2007年	26	4	2	4	6	10	0
2008年	11	3	1	2	3	2	0
2009年	11	6	0	3	1	1	0

资料来源：2006~2009年的《河南大学学报》（社会科学版）。

从表10可以看出，这一阶段栏目所发文章为72篇，其中有16篇是编辑理论的探讨，7篇编辑实务研究，10篇编辑史研究，18篇新闻、出版、期刊、传播（含网络等）研究，19篇编辑出版教育研究，其他两篇主要是书评。和上一阶段相比，所发文章数量明显减少了，但从内容上看，理论、实务、编辑史等格局基本不变，编辑理论研究占22%，编辑实务研究占10%，编辑史研究占11%。由于网络媒体、数字媒体等新媒体发展的势如破竹，数字出版、网络期刊等占25%，编辑出版教育占26%，较以前大有突破。这说明这一阶段的研究，虽然没有以前火爆，但本质上更求真、求实，研究继续向深处掘进、向广处发展。

显然，这四个阶段栏目名称不同，发文数量、文章内容也不同。但仔细分析可以看出，从第一阶段到第四阶段，研究不仅关注编辑学实践、研究编辑学理论、探讨编辑学历史，而且也注重编辑出版业的改革进程、编辑学专业教育的发展趋向等，栏目研究的领域是扩大了、丰富了，可研究的特点也更明显了，编辑学研究的特色也更鲜明了，栏目也从开始的青涩逐渐走向成熟了。

2. "编辑学研究"栏目四个阶段的发文特点

（1）随着社会实践的变化而变化

首先，从栏目名称嬗变的历程看，第一阶段叫"学报编辑工作论坛"，第二阶段叫"编辑学研究"，第三阶段是"新闻、编辑出版研究"，最后又恢复到"编辑学研究"，四个阶段，四个代表性年份——栏目创设的第一年（1985年）、栏目更名为"编辑学研究"的第一年（1988年）、栏目改为"新闻、编辑出版研究"的第一年（2000年）、栏目恢复"编辑学研究"的第一年（2006年），每一个年份都颇具典型意义。比如，栏目创设的第一年（1985年），"意识形态之中最重要的命题就是'实践是检验真理的唯一标准'，它作为冲破'两个凡是'的理论武器，直接引发了改革开放之后的务实之风，在此背景下产生的编辑学研究，便不可避免地具有了以实践来检验真理——编辑学理论的先入之见"①。这样的大环境，加上20世纪80年代大学学报创刊、复刊热潮，如何办好学报、如何认识学报的特性是编辑学研究之初面对的现实问题。于是，栏目以"学报编辑工作论坛"为名创设，1985年共发表文章7篇，其题目依次是《办好高校学报应解决的几个问题》（第1期）、《浅谈高校学报的特性》（第1期）、《关于文科学术论文的鉴审问题》（第2期）、《作者心理与编辑工作》（第2期）、《编辑劳动与科研》（第3期）、《社会科学稿件编辑中的几个问题》（第4期）、《如何建设一支精干的学报编辑队伍》（第5期），重实务、重具体工作研究的时代之风彰显无遗。

再如，栏目第三次改名的2000年，随着中国的"入世"、编辑出版业竞争的加剧，新闻出版单位改制、转型以及电子计算机、现代通信技术的强力支持，数字化、网络化、信息化等使编辑学的内涵和外延进一步扩大，编辑学研究的范围也进一步强化，传统媒体的编辑理论和实践需要研究，新媒体编辑以及编辑实践中出现的新情况、新问题也需要研究。2000年，栏目发文20篇，除了书评等6篇是栏目特定时期特定的安排外，"大头儿"是以《策划编辑机制论》（第3期）、《新闻编辑矛盾论》（第3期）、《网络秩序论》（第6期）等为代表的新闻、出版、实务等研究，这一方面顺应了我国编辑出版业大发展、大跃进的时事，另一方面也延续了20世纪90年代我国编辑学研究异常活跃、火爆的态势，显示了编辑学研究的蓬勃生机。

其次，从栏目文章主题、内容的变化看：20世纪80年代的重点是学报编辑工作的探讨（第一阶段共发26篇，其中有22篇是学报编辑工作与学报性质研究，占了85%）、编辑学基本理论的论争（1988、1989年共发文31篇，基本理论研究就占14篇）；90年代研究呈多元化发展趋势（90年代的10年栏目共发文章153篇，理论研究45篇，实务研究36篇，编辑

---

① 王鹏飞：《编辑学研究的范式危机——"出版思维"与"实践思维"之批判》，《河南大学学报》（社会科学版）2009年第1期，第147页。

史 18 篇，新闻、传播等 39 篇），既关注现实，重视编辑学研究进程中出现的新问题、新情况，也重视编辑学理论研究的新动向、新特点；尤其是到了 21 世纪，编辑学研究的内容更加宽泛，除继续关注编辑出版业改革进程中的现实问题、编辑学理论研究中的基本问题以外，对一定时期内有影响、敏感度高的焦点事件、热点大事也非常重视，特别是 2006～2009 年栏目发展的第四阶段表现比较突出。

从第四阶段的发文统计表 10 可知，2006～2009 年栏目共发文 72 篇，其中关于新时期编辑实践中的新问题探讨、新的编辑形态探讨以及编辑出版教育研究等的就有 44 篇，占了 61%。且不说 2006 年第 3 期 "编辑出版学理论创新与学科建设" 专题笔谈 6 篇，反映的是进入 21 世纪以来编辑学理论与实践研究中出现的新问题——"编辑出版学学科目录设置、高层次人才培养以及编辑学理论创新"，单大量的不是笔谈的文章，也从不同的角度反映了不同层面的一些新问题。如朱建伟的《出版体制改革背景下的出版安全观》（2006 年第 5 期）探讨的是出版改制后的出版安全问题，郝振省的《转制与编辑》（2007 年第 1 期）探讨的是制度层面的体制改革与编辑主体功能的发挥问题，李继峰的《改制后编辑出版的舆论导向探析》（2007 年第 4 期）探讨的是改制转企后编辑怎样把握舆论导向的问题，李品秀等的《我国期刊集团化道路的模式选择》（2006 年第 4 期）探讨的是 "入世"、传媒业国内外竞争加剧、集团化发展成为大势所趋的情况下，我国期刊集团化建设和发展的方略，董中锋的《论数字化时代中国的出版文化安全》（2008 年第 2 期）探讨的是数字化时代的到来，中国出版文化在面对外在威胁和内在挑战的前提下，如何构建自己的出版文化安全问题。如此等等，反映的是最近 10 年对编辑出版业发展进程影响较大的 "出版转制" "编辑转型" "期刊集团化" "出版安全" 等现实问题及其应对之策。

另外，王京山的《从生态位原理看传统出版与网络出版的关系》（2007 年第 6 期）、陈火祥的《中国期刊编辑出版的三度空间论》（2009 年第 6 期）反映的是面对媒介生态环境的恶化，编辑出版业如何崇尚自然、和谐发展的新问题，张治国的《高校学报走向商品之途是出版规律的必然选择》（2007 年第 6 期）、尹玉吉等的《学术期刊分级问题研究综述》（2009 年第 3 期）则反映的是期刊改革背景下，高校学报走不走市场化以及期刊如何分级的难题，而易图强的《对少年儿童写书、出书热的思考》

(2008年第1期)、姬建敏的《编辑心理健康问题的研究与考量》(2008年第5期)则突出反映了改革进程中的热点现实问题——低龄化出书与编辑心理健康问题等。

(2) 既重实践，又重理论，理论联系实际

首先，从栏目名称的嬗变看，栏目一创设就起名"学报编辑工作论坛"。既然是"学报编辑工作论坛"，其定位明确，针对性强，像《谈学术稿件的编辑加工》(1986年第2期)、《学报工作改革的探讨》(1987年第1期)、《高校学报社会效果定量评估方法初探》(1987年第3期)等，有的放矢，探讨的是学报编辑的具体工作，研究的是解决实际问题的编辑实践。栏目发展的第二阶段名称为"编辑学研究"。"编辑学"的概念，无论从内涵还是外延上都大于编辑实践研究，这样一改，定位已不仅仅限于编辑工作研究、编辑实务研究，栏目的出发点是要为编辑学基本理论论争提供"场地"，目标是要建立编辑学学科体系，在重视实践研究的同时，理论研究的序幕已经拉开，并逐渐上升到重要的位置。栏目发展的第三阶段名称为"新闻、编辑出版研究"。从表面看，这是把编辑学的概念又进一步扩大到了新闻、出版领域，实质上，编辑学研究之初，依靠的就是出版，不管是研究队伍，还是研究内容，出版与编辑似乎就没有分开过。2000年之所以改名，主要因素是社会环境的改变，除了传统的纸质媒体编辑以外，还出现了以网络编辑为代表的一些新的媒体编辑，新媒体编辑的出现，自然带来一些编辑程序、编辑规范等具体工作的变革，而当时，不仅"大媒体、大编辑、大文化"的概念没有明确提出，普通编辑学学科体系的构建也正在争论、酝酿之中，编辑学基本理论要探讨，包括新闻编辑、新媒体编辑在内的编辑群体的编辑活动、编辑实践也需要探讨，因此，这次的改名，既可以看作是对编辑实践研究的重视，又可以看作是编辑学理论用于具体工作，即理论联系实际的体现。栏目发展的第四阶段名称又改为"编辑学研究"，这是对编辑学理论研究的再一次强调和重视，但这里的"编辑学"，已非昔日单纯研究书、报、刊的时候了，大媒体需要大编辑，大编辑创构大文化，对建设普通编辑学的理论体系和学科体系，学界已经达成了共识，编辑学理论研究再一次得到张扬。

其次，从栏目文章的主题、内容看，第一阶段发文统计的表7显示，此阶段共发文26篇，其中就有22篇是与学报编辑工作有关的问题研究，占了发文数量的85%。显然，栏目创设之初以学报编辑工作为主的编辑实

践研究是栏目的台柱子，是这一时期的中心、重心。栏目发展的第二阶段，发文统计的表8显示，共发文184篇，其中有59篇是编辑学理论研究，占32%，49篇编辑实践研究，占27%，42篇新闻、出版、期刊、传播（含网络等）研究，占23%。这一阶段除发表了《建立具有中国特色的编辑学》（1988年第2期）、《编辑学整体性原理探析》（1993年第4期）、《编辑学中文化缔构的基本类型》（1998年第3期）等编辑学基本理论研究文章外，还发表了《学术编辑鉴审问题探讨》（1989年第6期）、《学术论文编辑加工五法》（1995年第1期）、《论新时期的出版走向与对策》（1991年第6期）、《试论策划编辑及其功能》（1997年第5期）等文章，即编辑学基本理论研究占主导地位的同时，也依然重视编辑实践研究，重视新闻、出版、传播等新问题的研究。栏目发展的第三阶段，发文统计的表9显示，共发文136篇，其中41篇是编辑学理论研究，占30%，16篇编辑实务研究，占12%，49篇新闻、出版、期刊、传播（含网络等）研究，占了36%。如果说，新闻、出版、网络、传播等研究是21世纪编辑实践中出现的新情况、新动态的话，这类研究应该是编辑学理论用于编辑实际问题的具体体现，既可以认为其是广义的编辑学理论研究，又可以认为是编辑实践研究。在当时的情况下，普通编辑学的有关概念还在争论，其学科范围也没有成形，把它看作是编辑实践研究比较恰当。栏目发展的第四阶段，发文统计的表10显示，共发文72篇，其中16篇是编辑学理论研究，占22%；7篇编辑实践研究，占10%；18篇新闻、出版、期刊、传播（含网络等）研究，占了25%。这一时期随着"大编辑"概念的深入人心，普通编辑学学科建设的需求变得越来越迫切。这一阶段的研究，就明显具备构建普通编辑学学科体系的这种理论研究的特征。

总之，从"学报编辑工作论坛"→"编辑学研究"→"新闻、编辑出版研究"→"编辑学研究"，不管是栏目名称的变化，还是栏目内容的变化，都凸显了"编辑学实践研究"→"编辑学理论研究"→"编辑学实践研究"→"编辑学理论研究"这一转换发展的过程。这一过程不仅反映了栏目研究的特点，反映了我国编辑学研究的发展脉络，也揭示出任何一门学科进步、成熟的必然规律。从认识论的原理来讲，理论来源于实践，实践是理论的基础和前提，要想研究总结出理论，第一步就是要研究实践，这是马克思主义认识论之基本的和第一的观点。但作为一个学科，理论研究是基础，是学科成熟的标志，没有理论研究，也就不可能有"学"的存在,皮之不存,毛将焉附?没有编辑学,就不可能有编辑实践的研究。但需要强调的是,编辑理论与编辑实践并不是泾渭分明、各守一端的,它们是你中有我、我中有你辩证统一的一体两面,正如"编辑学研究"大部分阶段理论与实际相结合的研究一样,理论孕育在实践中,实践推动着理论的发展,理论反过来又可以解释和指导实践。

(3)冷中有热,热中有冷,曲折发展

由第一、二、三、四阶段发文统计的表7、表8、表9、表10可知,河南大学学报"编辑学研究"栏目的发展,每个阶段是不均衡的,所发文章的数量和质量以及编辑学研究的热情和态势各个时期也不尽相同。第一阶段,编辑学实践研究一枝独秀,发文数量不多,表现比较冷清,这主要是因为编辑学研究在我国刚刚发轫,研究人员少、关注度低,栏目也比较稚嫩,研究也比较青涩。第二、三阶段,各个方面的研究多元、深入,发文数量多,理论研究、实践研究以及理论与实际的结合研究相对均衡,研究态势火爆。这一方面与蓬勃发展的编辑出版事业以及席卷全国的编辑学研究热潮有关,另一方面也与河南大学学报唱响"编辑学研究"特色栏目有关。第四阶段,发文数量较少,但研究领域、研究深度进一步扩展、延伸,态势冷中有热,稳步发展。这是因为,当时,我国新闻出版业正处在转型、竞争、发展期,编辑学的理论也正处于创建、完善的过程中,要想出现成熟的编辑学理论不太可能,再加上栏目编辑对特色、质量的看重,对持续性发展的追求,栏目冷中有热、热中有冷、曲折发展也属正常。

二 "编辑学研究"栏目的特色与影响

(一)"编辑学研究"栏目的特色

所谓特色,指的是事物所表现的独特的色彩、风格等。刊物的特色,是指一个刊物在长期的办刊过程中所形成的在内容和形式上与别的刊物相区别的、不可重复的、独特的、突出鲜明的个性,即从中找到唯我所有、别人所无的施展空间,使自己成为有独特魅力的"这一个",使它在读者中形成一个公认的、有吸引力的、普遍认可的有深厚文化底蕴的品牌。[①]一个刊物要想拥有自己的品牌,办出自己的特色,创设特色栏目是最好的选择。

---

① 《宋应离出版文丛》,河南大学出版社,2013,第264页。

特色栏目是打造期刊品牌的基础，它体现了期刊追求个性、张扬特色的宗旨，是期刊的创新所在。一个好的特色栏目会成为期刊的品牌，成为刊物的卖点、亮点、迷人处。因此，期盼特色、寻求特色、发展特色，形成特色栏目、品牌栏目，是每个包括学报人在内的期刊人的追求。《河南大学学报》"编辑学研究"栏目为了打造自己的品牌，长期以来一直在关注热点、彰显特色，重拳出击、强化特色，尊重作者、唱响特色，持之以恒、打造品牌上下功夫。

1. 关注热点、重视策划

关注热点，追踪前沿，注重策划，重拳出击，既及时反映编辑学研究的最新成果，又真实记录编辑学发展的历程，是栏目的不变特色。比如，1985年栏目一创设，面对全国高校学报的创刊、复刊热潮，栏目编辑根据如何认识高校学报的特性、如何办好学报这些热门话题，精心策划，推出了《办好高校学报应解决的几个问题》（1985年第1期）、《浅谈高校学报的特性》（1985年第1期）、《高校学报的学校性》（1986年第1期）、《论高校学报的社会性与社会效益》（1986年第6期）、《学报工作改革的探讨》（1987年第1期）、《关于学报编辑工作规范化的一些问题》（1987年第2期）等文章，不仅对探讨和解决当时学报工作的一些基本理论问题和实践操作中的具体问题具有普遍的指导意义，而且这种务实研究也与我国编辑学研究之初重工作、重基础研究的节拍一致，反映了20世纪80年代我国编辑学研究的重心所在。更何况河南大学学报编辑胡益祥关于学报内向性的观点《浅谈高校学报的特性》（1985年第1期）、《再谈高校学报的特性——兼答薛篁等同志》（1986年第3期）还引发了全国学报界编辑同仁的一场大辩论。辩论的结果，不但有益于学报编辑工作，还在一定程度上推动了编辑学研究的深化。

特别是栏目发展的最后一个阶段，栏目又恢复了"编辑学研究"的名称，栏目编辑狠抓创新选题、创新策划、创新组构等环节，2006年第3期栏目推出了"编辑出版学理论创新与学科建设"专题笔谈，它是根据编辑学研究进入21世纪以来理论与实践中出现的新问题而进行的超常规选题策划。改革开放20多年，中国的编辑学研究和编辑出版学学科建设都得到了空前的发展，取得了丰硕的成果。但编辑出版学在国家教育部的《授予博士、硕士学位和培养研究生的学科、专业目录》中属于新闻学和传播学下面的三级学科，这不但与我国出版大国的地位很不相称，更严重制约了编辑出版学的学科建设和发展。2006年国务院学位办即将对出版学专业研究生目录进行修改，提升编辑出版学为一级学科成为编辑出版界、高等教育界共同的心声。这样的小背景，加上出版体制改革的现实和编辑实践的发展迫切需要编辑理论的创新，需要高端的编辑出版人才，迫切需要具有前沿性、尖锐性和时效性的编辑学研究文章做支撑的大背景。于是，栏目发挥"集束炸弹"的威力，重拳出击，发表了中国编辑学会前会长刘杲的《编辑实践需要编辑理论》、副会长邵益文的《出版教育要适应出版发展需要》、南京大学教授张志强的《关于将编辑出版学列入研究生专业目录的几点思考》、中国出版集团编辑学博士全冠军的《论编辑出版专业高层次教育的必要性》、河南大学教授李建伟的《谈编辑出版学的学科地位》和中国编辑学会副会长王振铎的《以自主创新精神修订"博硕学科专业目录"》6篇文章为一组的笔谈。它们分别从编辑文化、出版产业、专业教育、传媒需要与前景展望诸方面，集中对编辑出版学的理论创新与学科建设，特别是学科专业目录提出了一些讨论和修改的意见和建议。每篇文章编辑精审细编，文风或平实，或亲切，或严肃，或尖锐，都对整个笔谈综合质量的提升、"编辑学研究"栏目总体学术价值的开掘具有重要的意义。因此，笔谈发表以后，《新华文摘》2006年第16期全文转载了两篇，人大复印报刊资料《出版工作》2006年第10期6篇全部转载，就连高校学报中的"大宅门"《北京大学学报（文科学报概览）》也在2006年第5期转载1篇，至于《高等学校文科学术文摘》则在2006年第4期"学术专栏介绍"里，分别对这6篇文章进行了介绍。尤其是刘杲的《编辑实践需要编辑理论》和王振铎的《以自主创新精神修订"博硕学科专业目录"》，引领了21世纪编辑学有关理论和实践问题的研究方向。

2. 看重专家，提携新秀

作者队伍的建设和作者的素质关系到一个学科的研究水平和研究高度。编辑学作为新兴的学科，栏目的作者不仅有名家、名流，还有很多新人、新秀。尊重专家，提携新秀，以特色内容需要为宗旨，公平对待每一位作者，也是栏目的一贯特色。

公平对待每一位作者，这既包括看重名家、名流，像20世纪80年代走进栏目的边春光、邵益文、刘光裕、王华良、肖汉森、王振铎、宋应离、张如法，90年代走进栏目的林穗芳、方汉奇、钱文霖、杨焕章、潘国琪、赵航、蒋广学、张积玉，21世纪走进栏目的刘杲、郝振省、刘道玉、龙协涛、田胜立等，他们有的是中国编辑学学科创立的开山之祖，有的是编辑学研究的发起者、领导者，有的在编辑学学科建设方面成绩卓著。但不仅仅是名家、名流，也包括"新秀"、"新人"，像范军、吴平、李频、张志强、于翠玲、孙景峰、尹玉吉、靳青万、陈颖、陈冠华、李明山、王华生、李建伟、阎现章、周国清等。尽管他们现在都是编辑学研究的中坚力量，是编辑学研究领域里某一方面的专家、学者，且个个身兼编辑出版部门的重要职务，但他们当初都很年轻，在编辑学研究领域里也比较稚嫩，当他们中的相当一部分人的处女作在该栏目发表时，他们还是"陌生人""新人"。

栏目不追逐名家，不看轻"新人"，2006年以来，随着编辑学理论和实践的发展，一支更为年轻的作者队伍正在形成，像钱荣贵、郑园、仝冠军、吴赟、孟大虎、王鹏飞、惠萍、段乐川等，他们不仅带来了新时期编辑学研究的新成果，也使《河南大学学报》的"编辑学研究"栏目与时俱进，特色更鲜明，更"时尚"，更有生气和活力。

3. 注重质量，倡导争鸣

质量是学术期刊的生命，也是学报的生命。狠抓栏目的质量，提倡学术争鸣，坚持兼容并包、以质论稿也是栏目不变的特色。比如，栏目发展的第二个阶段的第一年（1988年），在全国范围内还没有出现比较权威的编辑学理论体系，编辑学研究界对"编辑"概念、编辑活动规律以及编辑学研究对象、研究范围、学科性质、学科体系等热门问题众说纷纭、各执一词的时候，河南大学学报人当机立断把栏目的名字从原来的"学报编辑工作论坛"改为"编辑学研究"（1988年第1期），并及时推出了《信息智化编辑观》（1988年第2期）、《文化缔构编辑观》（1988年第3期）、《试论中国古典编辑活动的三层次》（1990年第2期）、《论编辑学理论的跨学科研究》（1990年第3期）、《编辑学整体性原理探析》（1993年第4期）等文章，积极参与编辑学理论体系的构建。特别是王振铎的《文化缔构编辑观》，认为"人类的编辑活动，是缔构社会文化的活动。编辑活动的实质属于社会文化活动，其功能是积累和传播人民共同创造的社会文化成果"[①]，初步却有力地开拓了编辑活动的规律问题，对编辑学理论研究是一

---

① 王振铎：《文化缔构编辑观》，《河南大学学报》（社会科学版）1988年第3期，第104页。

种创造和建树。文章发表后，不仅在编辑学研究领域产生了重大影响，引发了一场持续两年的全国性的关于编辑概念、内涵的讨论，有力地促进了编辑学研究的纵深掘进与发展，还荣获了首届全国出版科学研究优秀论文奖。而由青涩的"学报编辑工作论坛"成功转型的"编辑学研究"栏目，也在这次讨论中一路蹿红，得到越来越多读者的认可，赚足了"眼球"。

尤其是栏目发展的第四个阶段，栏目编辑讲究学术，狠抓质量，追求精品，发表了刘杲的《编辑实践需要编辑理论》（2006年第3期）、王振铎的《以自主创新精神修订"博硕学科专业目录"》（2006年第3期）与《阅读、出版与教育——数字阅读、文本阅读与编辑出版教育之变革》（2008年第6期）、郝振省的《转制与编辑》（2007年第1期）、林穗芳的《罗伯托·布萨和世界最早用计算机辅助编辑的巨著〈托马斯著作索引〉》（2007年第4期）、董中锋的《论数字化时代中国的出版文化安全》（2008年第2期）、姬建敏的《编辑心理健康问题的研究与考量》（2008年第5期）、王鹏飞的《编辑学研究的范式危机——"出版思维"与"实践思维"之批判》（2009年第1期）、吴赟的《中国编辑出版研究学术史简论》（2008年第5期）、尹玉吉等的《学术期刊分级问题研究综述》（2009年第3期）等一系列有影响的高质量、高水平文章，不但强化了栏目的特色，也在学术圈内产生了很大的反响。

4. 追求连续，突出创新

期刊优于图书的最大特色就是连续出版，有始有终。既持之以恒、连续出版，又追求内容和形式的创新，也是栏目不变的特色。

为了突出特色、强化特色，栏目从1985年创设至今，尽管学报主编换了几任，栏目编辑多次更换，国内编辑学研究的环境和学报编辑出版的条件也忽好忽坏，但栏目将近30年如一日，依然"风吹不动"。每期少则一两篇，多则五六篇，几乎期期都有，年年不断。截至2009年底，该栏目共发表编辑学研究文章418多篇。其内容从最初的学报具体工作探讨、编辑学基本概念论争，到编辑策划、编辑营销、编辑学者化、编辑规范化、编辑学原理以及编辑史研究，再到数字化传媒时代编辑出版学的学科建设、网络编辑、新媒体编辑的出现、发展等，既满足了栏目读者深层次探询编辑学研究历程、发展脉络的欲望，又满足他们了解、掌握编辑学最新发展动态的阅读需求；加上栏目编辑在内容定位、选题组配、文风调控等方面统一风格，统一把握，注意期与期、篇与篇之间的一致与衔接，考虑前呼后应、善始善终，使其风格比较稳定，特色比较突出，最大限度地满足了读者的认同感。

为了体现品牌栏目的个性魅力，栏目从创设到发展始终坚持创新的原则。1985年，《河南大学学报》首创了"编辑学研究"栏目，最早在国内亮出编辑学研究的旗帜，率先在全国乃至全世界的大学学报上刊登编辑学文章。1985年以后，当全国编辑学专业期刊增多、相当一部分学报也开设编辑学栏目的时候，为避免内容同质化影响传播的广度和深度，该栏目曾围绕编辑学某一特色主题，组织一组组文章、一个个笔谈有计划地分期推出；曾根据栏目特色要求，将一篇篇长短不一、内容相关的文章合理地组配成一个个整体适时刊登；曾根据读者的需求，约请名家、名人，有目的地发表名家、名人的新作、代表作；曾依据编辑学的发展进程，不定时地推出某一方面、某一时期的综述，某一理论、某一观点的争论……使栏目特色鲜明，编辑学研究的韵味十足，增加了其在全国学报界打造品牌、争创名栏进程中的影响力和知名度。

（二）"编辑学研究"栏目的影响

1. 栏目文章学术水平较高、社会影响较大

《河南大学学报》的"编辑学研究"栏目在国内外高校的学术期刊中具有首创性的意义，起步早，影响大，所编选的研究论文质量较高、学术性较强，栏目创办至2009年共刊发论文418篇。前三个阶段，由于对二次转载重视不够，没有统计。第四阶段（2006~2009年）共刊发文章数量72篇，据不完全统计，就有50多篇次先后被《新华文摘》、《中国社会科学文摘》、《高等学校文科学术文摘》、中国人民大学复印报刊资料《出版工作》等报刊转载（摘），转载（摘）率超过了90%。尤其是2006年，栏目共发来编辑学研究文章16篇，仅人大复印报刊资料Z1出版工作专题就转载10篇，在全国综合性大学学报中排名第一。《新华文摘》转载4篇（全文两篇），《高等学校文科学术文摘》《中国社会科学文摘》《高等学校文科学术文摘》等对16篇文章转载20多篇次。这不仅相对于《河南大学学报》其他栏目来说是辉煌的，对于同类期刊的同类特色栏目来说，也是优秀的。不仅该栏目发表的论文转载率高，而且荣获各种级别、各种等次的奖励也很多，如王振铎的《文化缔构编辑观》（1998年第3期）、阎现章的《试论中国当代出版理念与出版思想体系的建设和发展》（2001年第3期）分别获首届和第4届全国出版科学研究优秀论文奖；李二梅的《打

造新闻传媒"航空母舰"应重视树立三个理念》（2002 年第 5 期）获 2002 年河南省社会科学优秀成果二等奖，姬建敏的《现代编辑思维论》（2003 年第 2 期）获河南省教育厅社会科学优秀论文一等奖等。

正是由于这些优秀的成果，该栏目在全国编辑出版界尤其是高校学报界，享有较高的声誉，只要一提起《河南大学学报》，人们自然会论及它的"编辑学研究"栏目。1992 年在北京 40 余所高校图书馆联合开展的"中文核心期刊要目总览"课题之一"出版发行工作核心期刊研究报告"中，《河南大学学报》因为该栏目被列为全国十大"出版发行工作核心期刊"之一。目前，它已发展成为《河南大学学报》厚重的学术品牌，并成为全国编辑学研究的明星栏目，是首批获得"全国社科学报优秀栏目"称号的栏目，并入选教育部"名刊名栏"建设工程中的"名栏"。

另外，受该栏目的影响，20 世纪八九十年代全国不少大学学报也开始设置与编辑出版学相关的栏目，使这一领域的研究成果蔚为大观，足见榜样的力量是无穷的。

2. 催生、推动了河南大学编辑学专业的创办和成长

河南大学编辑学专业的创办和成长与《河南大学学报》"编辑学研究"栏目密不可分。河南大学的学报编辑最早都是各个专业的骨干教师。20 世纪 80 年代，编辑学研究在我国兴起之始，他们"半路出家"，不仅从事编辑学研究，而且曾于 1983 年受河南省教委委托开办河南省高校学报编辑业务培训班，培养青年编辑。1985 年，《河南大学学报》不仅率先在社科版上开辟了"编辑学研究"栏目，而且还在总结青年编辑培训班教学经验的基础上，派人对北大、南开、复旦等高校有关编辑学专业的教学情况进行了调查研究。1986 年，为了培养高层次的编辑出版人才，河南大学学报编辑部经上级批准，率先在全国招收编辑学硕士研究生（首批招收了 3 位研究生），又一次在全国教育界、编辑出版界引起轰动。当时全国招收编辑学研究生的大学只有 3 家。河南大学不仅是地方高校招收编辑学硕士研究生的第一家，它也为河南大学以后的编辑学专业的学科建设和发展，制造了舆论，奠定了基础。1987 年，河南大学学报编辑部又招收了首届编辑学研究生课程进修生。1988 年，为适应编辑学教学发展的需要，经学校批准成立了"编辑学研究室"，以研究室成员为主，形成了一个十余人的编辑学研究群体。他们既做学报编辑工作，又开展编辑学研究，同时还把自己的研究成果作为授课内容进行教学。比如，1985 年王振铎正式发表的《关

于文科学术论文的鉴审问题》就是培训班的讲稿，而《编辑学通论》最初则是作为培养研究生的教材而产生的。这样，河南大学学报编辑部集编辑、教学、科研三位于一体，不但编辑"编辑学研究"栏目，出版自己的编辑学研究著作，也培养编辑学专业人才。1987年，在《河南大学学报》"编辑学研究"栏目影响日益扩大和研究群体成果日益突出的背景下，经上级批准，河南大学的编辑学专业教育转移到了河南大学中文系。1987年中文系筹办编辑学本科专业并开始招生。1997年到2002年共招收研究生21名，在职研究生班和进修班12届，学生有300多人。1998年河南大学被国务院学位委员会批准为新闻学硕士点授权单位，2002年为适应我国传媒人才培养的新需要，学校在专业的优化配置过程中把编辑出版专业从中文系分出，与新闻系和广告系联合创办了新闻与传播学院。如今，河南大学新闻与传播学院不但招收编辑学专业的本科生、硕士生，还正在申请编辑学专业的博士点。

3. 带动了河南大学编辑学研究的深入和发展

应该说，《河南大学学报》"编辑学研究"栏目的生成是建立在河南大学丰厚的编辑学研究历史和特色的基础之上的，但栏目开设之后，栏目的繁荣与发展也带动和推进了河南大学的编辑学研究。

第一，研究人员多，研究内容丰富。在栏目生成的第一阶段，河南大学从事编辑学研究的人员全部集中在学报编辑部，他们是王振铎、宋应离、司锡明、胡益祥、张如法、李明山，人数屈指可数，研究的内容也比较单一，主要集中在学报工作和编辑学概念、性质等基本理论上，也有少量的编辑史和古代编辑家研究。到了栏目发展的第二、三、四阶段，河南大学从事编辑学研究的人员除了学报编辑以外，还有出版社、文学院、新闻与传播学院、《中学语文园地》等的人员，研究人员的数量也有原来的几个发展成为"老中青"结合的一个研究群体。在这个群体里，专门以编辑学为主攻方向的就有20多人，他们或致力于普通编辑学理论的建构，或致力于学报史、出版史、编辑史的搜集和整理，或致力于编辑心理学、编辑社会学、编辑美学、编辑语言学以及影视编辑、新媒体编辑的研究，或致力于编辑规范、编辑学专业教育、版权史、著作权法的探讨，展现了河南大学编辑学研究群体的研究水平和研究能力，其部分成果在全国编辑学研究领域处于领先地位，比如，王振铎教授的编辑学基本理论研究，宋应离教授的编辑史料研究，姬建敏编审的编辑心理研究，李建伟教授的编辑学专业教育研究，李明山教授（后来调到广东韶关大学任学报主编）的版权史等。他们中的有些人也因此脱颖而出，在全国编辑学研究界成为举足轻重的领军人物。

第二，研究成果丰硕。从1985年至2009年，河南大学编辑学研究人员发表了大量编辑学研究文章，出版了一系列编辑学研究著作。撇开《河南大学学报》"编辑学研究"栏目发表的文章不说，仅20世纪90年代以后，他们在《编辑学刊》《编辑之友》《编辑学报》《中国出版》《中国编辑》《出版发行研究》《出版科学》《出版参考》《出版广角》等专业报刊上发表的论文就有300多篇。① 比较有影响的有王振铎的《编辑出版与编辑学出版学》（《编辑之友》1995年第6期）《质疑"核心期刊"论》（《出版广角》2000年第12期），宋应离的《编辑学研究生培养的初步探索》（《编辑学刊》1991年第3期）《百年大计育人为本——胡乔木与编辑出版专业教育》（《中国编辑》2004年第4期），张如法的《组构：编辑的文化学意义》（《编辑学刊》1991年第2期）、《完善：编辑的一个本质含义》（《编辑学刊》1992年第4期），王华生的《策划：一种全新的现代编辑观念》（《中国人民大学学报》1998年第4期），阎现章的《加快建立策划编辑成长的新机制》，姬建敏的《论编辑的情商修养》（《出版发行研究》2000年第5期）等。仅河南大学出版社出版的编辑学研究著作就有20多部，比较有影响的有王振铎和司锡明主编的《编辑学通论》、宋应离编的《中国大学学报研究》、张如法的《编辑社会学》、李明山的《中国近代编辑家评传》、张晓菲的《影视编辑学》、阎现章的《中国古代编辑家评传》、张天定和郭奇主编的《编辑出版学》、姬建敏的《编辑心理论》等。尤其是王振铎等的《编辑学通论》《编辑学原理论》，前者开辟了编辑学研究的"中原学派"，后者被认为是探讨编辑学普遍原理的开山著作；姬建敏的《编辑心理论》是我国第一本研究编辑心理的学术专著；宋应离等主编的《中国当代出版史料》曾荣获河南省优秀图书二等奖，张天定等主编的《编辑出版学》、姬建敏的《编辑心理论》分别获2003年、2004年河南省社会科学优秀成果二等奖。

第三，各级各类项目多。进入21世纪以来，河南大学编辑学研究人员

---

① 王建平：《河南大学编辑学研究20年综述》，《河南大学学报》（社会科学版）2007年第1期，第177页。

还成功申报了各级各类项目十多项,像姬建敏的国家社科规划项目"编辑学研究 60 年 (1949～2009)",张天定和王建平的河南省社科规划项目"编辑出版学研究""河南省编辑心理健康的调查研究"等。

总之,正如人民出版社资深编辑工作者、著名编辑学家、韬奋奖获得者戴文葆所说:"河南大学是出编辑人才的高等学校,我国当代著名学者、大编辑家邓拓同志,就是河大的学生。邓拓同志在学术上,在新闻工作中的贡献,毋庸我说,他的人品也是我们这些后生的楷模。新时期以来,河南大学是国内著名的研究编辑学的理论基地之一。河大最早招收了编辑学研究生,学报常常发表编辑学论文。河大的老师们在切实进行研究,河南大学出版社不断出版他们的研究成果,引起各方面注意,在编辑学研究方面真正做出了成绩。"①

三 "编辑学研究"栏目的拓展空间与目标措施

毫无疑问,《河南大学学报》"编辑学研究"栏目创设 30 年来,取得了一定的成绩。但随着"近年来,编辑学研究徘徊不前"②,《河南大学学报》的"编辑学研究"栏目也基本上和全国编辑学研究的命运一样,显得有点疲惫,有点力不从心。稿源的不足(主要是专业期刊增多),稿子质量的低水平重复和缺乏原创性(其他专业期刊也是这样),是如今《河南大学学报》"编辑学研究"栏目遇到的最大难题。面对难题,面对不足,栏目如何发展,编辑学研究如何推进,从薄弱处下手不失为一种较好的进路。

(一)在研究内容上拓展空间

1. 加大编辑史研究的力度

纷繁复杂的历史文化现象,浩如烟海的文献典籍,是编辑学研究取之不尽的宝藏。编辑史的研究是创建和完善编辑学理论体系的基础工程,编辑学研究要想获得充足的后劲,史的研究必须加强。由上文"编辑学研究"栏目每阶段的统计即表 7、表 8、表 9、表 10 可知,第一阶段 26 篇文章中只有 1 篇编辑史研究,第二阶段 184 篇中有 19 篇,第三阶段 136 篇中

---

① 宋应离:《宋应离出版文丛》,河南大学出版社,2013,第 264 页。
② 张海峰:《从"问题研究"模式到"理论研究"模式——试论以编辑工作改革作为编辑学研究的新起点》,《出版发行研究》2005 年第 4 期,第 22 页。

有 11 篇，第四阶段 72 篇中有 10 篇，虽然研究呈上升发展的趋势，但相对于数量众多的编辑理论、编辑实践研究，编辑史的研究最为薄弱。从所发文章看，对编辑家的研究占其中一大部分，对相关文献的梳理以及对编辑史的研究数量不多。整体来看，研究思路较为单一，研究领域也比较狭窄。因此，不管是人物或史料、文献，"点"和"面"的研究都亟须有所开拓。

2. 增加国内外相关学科的研究内容

反观"编辑学研究"栏目将近 30 年的发展历程，中外相关专业研究内容的缺失非常严重。据统计，直接刊发国外学者的文章仅有日本学者吉田公彦的《关于出版学的建构问题》（1994 年第 2 期）、韩国学者金善男的《韩国出版学教育的变迁》（2007 年第 2 期）、日本学者川井良介的《概观日本的出版教育》（2007 年第 2 期）、日本学者下村昭夫的《日本出版业的现状》（2007 年第 5 期）、韩国学者的南奭纯《出版内容的跨媒体创新之路》（2010 年第 6 期）区区几篇，国内学者相关的介绍、比较研究也不是很多，这对于了解国外同行业的研究动态、参与国际交流、竞争以及编辑学自身的健康发展都极为不利。因此，只有在坚持编辑学学科本位的同时，多借鉴和学习国外及其他学科的研究方法、研究思路、成功经验、创新成果等，编辑学才有可能尽早地走向成熟、走向世界。

3. 进一步关注数字化时代编辑实践领域的新情况、新问题

丰富多彩的编辑实践是编辑学研究最鲜活的对象，编辑实践的需要是推动编辑学理论创新的不竭动力。在数字化时代，编辑实践领域出现的一些新情况、新问题，不但使编辑实践的内涵和外延发生了深刻的变革，也为编辑学研究的深化和重构提供了新的契机和资源。回顾"编辑学研究"栏目对编辑实践的研究，虽然数量不少，但传统的纸质媒体编辑实务研究、具体工作研究等占了其中绝大部分。如今，面对社会发展一日千里、媒介形势日新月异、编辑形态层出不穷、编辑工作苟日新、日日新的现状，编辑实践的研究不但不能减少，相反还应该加强。只要轰轰烈烈的编辑实践在继续，编辑学研究就应该跟得上。

4. 进一步深入研究编辑学理论

编辑学作为一门新学科，其有意识、成规模的研究在中国才开始二三十年，对照"编辑学研究"栏目现有的编辑理论研究状况，第一阶段几乎没有像样的理论文章出现。第二、三阶段研究文章不少，但研究内容比较

贫乏，大多是关于编辑学概念、性质、对象、活动规律等的争论和探讨，且彼此谁也不服谁，没有形成各家各派共同认可的研究成果。第四阶段编辑学理论研究文章数量依旧不太突出，内容除了编辑概念、有关问题的论争外，在构建普通编辑学理论体系上基本达成了共识。但要建立适用于所有编辑活动的普通编辑学理论体系，不仅在研究范式、现实路径方面有很大的研究空间，而且在内容层面的挖掘上也有很大的潜力。因此，只有继续深入研究编辑学理论，才能使编辑学学科体系日臻成熟、渐趋完善。

（二）在特色栏目建设上再下功夫

1. 注重稿源质量，重组稿、策划，在强化特色上再下功夫

第一，进一步注重策划，突出创构。比如，根据编辑学理论和实践发展的需要，多组织富有学术价值和现实意义的笔谈、专题等。笔谈选题或重视编辑出版业改革转型的大事，或聚焦一定时期内的热点、重点，或研究学术、探究编辑学学理。在继续发挥本栏目一以贯之的编辑学研究特色——重视理论研究、关注现实热点、理论联系实际的同时，进一步展现风采，引领编辑学研究的方向。第二，加强约稿力度，既照顾专家、学者，也培养新秀、新人，争取以优稿优酬带动栏目新的发展、新的辉煌。第三，注重栏目主持人的选择，以主持人的知名度、影响力扩大稿源，提升质量。第四，围绕栏目的内容尽可能多组织召开国际、国内的编辑学学术研讨会，在了解学术动态、把握最新的研究成果的同时，为栏目提供丰富、优质的稿源，加快学术成果的传播。

2. 注重特色栏目专业人才的培养，依托特色专业，在打造品牌上再下功夫

第一，栏目建设人才是关键，"编辑学研究"栏目要想再创辉煌，一方面要选择优秀的栏目主持人，另一方面要给优秀的栏目编辑适当的政策优惠，比如，多参加国际、国内学术研讨会，给一定的时间和条件多进行编辑学学术研究等，专家与专家的对话很重要。第二，打造特色栏目的特色团队，进一步依托学校及相关的学术团体，发挥河南大学编辑学研究人员多、实力强及其全国"编辑学研究重镇"的优势，突出"中原学派"理论研究的先锋作用，[①] 以"编辑学研究"特色名栏为突破口，实现《河南大学学报》（社会科学版）整体质量的提升。

[①] 王建平：《河南大学编辑学研究20年综述》，《河南大学学报》2007年第1期，第177页。

3. 注重栏目的可续性发展，在引领未来上再下功夫

第一，适应数字化的发展趋势，加强"编辑学研究"栏目的数字化建设，建立编辑学及编辑学研究成果的数据库，扩大相关成果的社会影响，进一步提高栏目在网络上的影响力和知名度，使栏目在大数据时代风采依旧，特色更突出、亮丽。第二，立足国内，面向世界，寻找机会，加强和国外编辑出版学研究者的沟通，进一步吸纳国外优秀学者的优秀成果；以国际化视野引领栏目发展，推动《河南大学学报》（社会科学版）编辑、出版、发行的国际化进程，使栏目在全球化发展中大显身手。

未来总是令人向往的。相信只要轰轰烈烈的编辑实践在继续，中国的编辑学研究就会在继续、在发展，《河南大学学报》"编辑学研究"栏目也就会百尺竿头、更进一步，取得越来越丰硕的成果。

结　语

光阴荏苒，弹指一挥间，编辑学已诞生60余年。从编辑无学到编辑有学共识的建立，从编辑理论研究的兴起到编辑理论流派的形成，从编辑教育的艰难起步到编辑学学科框架的基本形成，编辑学发展的每一步都凝聚着几代中国编辑学人的艰辛努力和辛勤汗水。筚路蓝缕的李次民、余也鲁，深耕拓荒的阙道隆、王振铎，后起之秀的靳青万、周国清，等等，一大批编辑学人以各自学有新见的一部部论著，为编辑学成长为中国学科"百花园"里的一门独立学科书写了浓墨重彩的一笔，做出了杰出的贡献。

总结编辑学研究60年的成绩，编辑学的诞生和发展无疑意义最为突出。首先，编辑学的诞生彻底结束了"编辑无学"的历史，唤醒了中国编辑沉睡几千年的主体意识，整个编辑群体完成了从"自在"到"自为"的嬗变和升华，实现了编辑主体实践理性的自觉，使编辑主体实践的目的性、价值性和合规律性，变得更加清晰、更加明确和更加坚定。其次，编辑学的发展，促成了我国编辑出版学高等教育的开创，特别是其研究内容的深化、研究范围的扩大，学科建设不断完善，学科体系进一步成熟，人才培养成效显著，这标志着编辑学作为一门科学已经获得广泛认同，并发展成长为有中国特色的社会主义学科体系大家族中的重要一员，不可轻视、不可替代。再次，对于其他学科来说，编辑学的成长和发展，也为其他人文社会学科如文学、新闻学等的发展提供了新的学科参照和理论滋养，成为其他学科交叉融合不可或缺的重要资源。应该说，经历了60年的发展，60年的研究，编辑学的学科地位得到了巩固，学术成就得到了显现，学术影响力也越来越大，这是无可辩驳的事实。

但是，和其他学科相比，编辑学还是一个年轻学科，编辑学研究只不过才完成了从原始科学阶段到常规学科阶段的转变，而发展空间更大的集成科学、交叉科学阶段还远远没有到来，还有更长的路要走。从历史的、发展的眼光来看，经过60年发展的编辑学，和哲学、历史学、逻辑学、教育学等拥有几百年、上千年发展历程的传统学科相比，简直微不足道，其历程太过短小，不仅属于"儿子辈""孙子辈儿"，而且其学科建制、学科进程、学术研究也根本不能和它们的相提并论。60年在学科发展的历程中只不过是万里长征才迈开的第一步，仅从目前来看，编辑学研究的任务就很艰巨。

第一，就编辑学理论研究来说，最初靠纸质出版物"起家"的编辑学研究，其对编辑概念、编辑特征、编辑规律等的认知依托的是传统纸质出版物，如今，随着互联网的发展，新媒介的层出不穷，编辑活动的形态、特点、内容、方式等都发生了翻天覆地的变化，以固有的编辑学相关概念、理论来阐释当今的编辑活动已显得力不从心。比如：数字出版时代编辑活动的边界在哪里？日益走俏的微信、微博传播过程中有没有编辑活动？如果有，编辑和作者的界限在哪里？"ipad编辑"是编辑，还是作者？编辑活动的深度介入如何认定？数字出版活动的编辑模式是什么？再就是新旧媒介的融合问题：新旧媒介为什么走向融合？怎样融合？融合后不同编辑形态的共同运行规律是什么？尤其是，新兴社交媒体编辑活动的规律是什么？如此等等，都是摆在当今编辑学研究者面前的现实课题，也是编辑学理论建设的题中应有之义，更是建构和完善普通编辑学理论体系的重要范畴。

第二，就编辑实践研究来说，今天的编辑实践活动已迥异于60年前，且不说时代理念、历史积淀的因素，单就工具主义——互联网的发展、数字化技术的应用所带来的编辑实践环节、流程、手段、方式等的变化而言，如今的编辑实践研究面对的几乎全是新情况、新问题，像新媒介环境下的编、读互动问题，移动互联网时代网络编辑的信息推送问题，新媒体编辑的工作流程问题，"互联网"概念下的编辑技能改造和升级问题，大数据环境下数据信息编辑的工作手段问题，以及在互联网平台上编辑和作者、读者共同策划、协作出版的问题等。这些鲜活的实践问题，如果得不到编辑学研究者的重视，不能尽快找到指导编辑实践的策略，不仅会影响我国编辑实践的发展进程，而且还会影响我国编辑学研究的成熟和进步。"作为起源，实践先于理论；一旦把实践提高到理论的水平，理论就领先于实践。"（费尔巴哈）理论的起点在于实践，落脚点也在于实践。编辑学研究要想继续保持充沛的活力和蓬勃的朝气，不能不重视编辑实践中新情况、新问题的研究。

第三，就编辑史研究来说，虽然编辑学研究60年来编辑史研究不温不火,但它的研究永远都不过时。目前,先不说几千年编辑出版史的悠长,不说历朝历代优秀编辑出版家的贡献,仅从编辑学研究60年的历史看,就有很多史料、"富矿"需要挖掘。比如,1984年胡乔木倡导编辑学,1985年北京大学、南开大学、复旦大学招生的也是编辑学,1998年以后为什么改为编辑出版学?编辑学为什么会越来越式微?编辑出版学专业为什么会各自为政?编辑学研究60年,涌现了哪些著名的编辑学家,他们从优秀的编辑家、出版家、管理者到编辑学家有怎样的心路历程?他们作为编辑学研究的开拓者、奠基者,对编辑学科的建立和编辑学研究的贡献是什么?应该怎样刻画和书写这些编辑学家的集体群像和个人建树,怎样诠释他们与近代编辑出版家的不同,以及他们对未来编辑学研究者的借鉴意义?等等。今天的现实就是明天的历史。编辑史的研究是创建和完善编辑学理论体系的基础工程,编辑学研究要想获得充足的后劲,对编辑史的研究不可或缺。

另外,编辑学尽管是中国人首创的具有本土特色的一门学科,但它与北美、西欧的传播学相比,与日本、韩国的出版学相比,起步较晚,研究还不算深入。"他山之石,可以攻玉。"学科不同,学理相通,况且编辑学与出版学、传播学还有着许多共通之处。从目前来看,借鉴国外传播学、新闻学、出版学等学科研究的经验,学习他们在数字化时代、媒介融合背景下学科研究的最新成果和学科发展的最新进路,比较国内外相关学科的研究状况,以他人之长补自己之短,不失为编辑学走向成熟的捷径。当然,除了国外,港台地区编辑学研究的经验、编辑出版业改革的路径以及传播学、新闻学研究的成就等,都值得年轻的编辑学学习。

"雄关漫道真如铁,而今迈步从头越。"编辑实践永无止境,编辑理论的创新永无止境,编辑学学科的发展也永无止境。在第一个60年研究的基础上,借鉴其他成熟学科的研究经验,吸取以往60年研究的教训,励精图治,开拓进取,争取下一个60年取得更大的成绩才是"王道"。

编辑学研究60年,是波澜壮阔的一段历史:开拓疆土的艰辛,锐意进取的豪放,激动人心的案例,可歌可泣的人物;编辑学理论研究的拓展,编辑实践研究的进步,编辑史研究的深处掘进,编辑出版学专业教育的一日千里。60年的发展,一个甲子的辉煌,让人震撼,令人奋起。展望未来,编辑学前程无量,编辑学研究任重而道远。"长风破浪会有时,直挂云帆济沧海。"在下一个60年,编辑学研究一定会谱写出更新更美的篇章。

附　录

一　我国出版的编辑学著作一览表（1949~2009）

序号	责任者	题名	出版年	出版地
1	李次民著	编辑学	1949	广州：自由出版社
2	〔苏〕葛烈勃涅夫等著，徐滨等译	报纸编辑部的群众工作	1950	北京：生活·读书·新知三联书店
3	〔苏〕葛烈勃涅夫等著，李龙牧译	怎样组织报纸编辑部的工作	1954	北京：生活·读书·新知三联书店
4	陈石安著	新闻编辑学	1954	台北：三民书局
5	〔苏〕洛金诺夫著，李龙牧译	报纸编辑部处理劳动人民来信的工作	1955	北京：生活·读书·新知三联书店
6	〔苏〕倍林斯基著，中国人民大学新闻系译	书刊编辑学教学大纲	1956	北京：中国人民大学出版社
7	中国人民大学新闻系新闻学教研室编	"报纸编辑"学习参考资料	1958	北京：中国人民大学
8	余也鲁著	杂志编辑学	1965	香港：海天书楼
9	陈世琪著	英文书刊编辑学	1968	台北：中国出版公司
10	胡传厚著	新闻编辑	1968	台北：台北市新闻记者公会
11	宋仰高著	主动的编辑室	1971	台北：台湾新亚出版社
12	科学技术文献出版社重庆分社编	编辑出版工作手册	1975	重庆：科学技术文献出版社重庆分社
13	胡传厚主编	编辑理论与实务	1977	台北：台湾学生书局
14	广州日报资料组编	编辑工作手册	1977	广州：广州日报资料组
15	新华日报社资料组编	编辑参考日历	1978	北京：新华日报资料组
16	北京广播学院新闻系，广东人民广播电台编	编辑手册	1978	北京：广州日报编辑部

续表

序号	责任者	题名	出版年	出版地
17	荆溪人著	新闻编辑学	1979	台北：商务印书馆
18	顾行编	灯下拾零：编辑、记者工作手记	1979	乌鲁木齐：新疆日报社
19	张觉明著	现代杂志编辑学	1980	台北：商略出版社
20	北京出版社编	编辑杂谈	1981	北京：北京出版社
21	赵家璧著	编辑生涯忆鲁迅	1981	北京：人民文学出版社
22	郑兴东、沈史明、陈仁风、包慧编著	报纸编辑学	1982	北京：中国人民大学出版社
23	湖南省社会科学院图书资料室编	编辑工作手册	1982	长沙：湖南省社会科学院图书资料室
24	柳闽生著	杂志的编辑设计	1982	台北：天工书局
25	上海人民出版社总编办公室编	编辑工作手册	1982	上海：上海人民出版社
26	北京出版社编	编辑杂谈（第二集）	1983	北京：北京出版社
27	〔英〕M.澳康诺尔著，王耀先译	科技书刊的编辑工作	1983	北京：人民教育出版社
28	李荣生主编	编辑学论丛	1983	齐齐哈尔：齐齐哈尔师范学院学报编辑部
29	赵家璧著	编辑忆旧	1984	北京：生活·读书·新知三联书店
30	蒋元椿等著	编辑与评论	1984	北京：人民日报出版社
31	林慧文选编	编辑应用文选	1984	太原：山西人民出版社
32	柳闽生著	编辑艺术	1984	台北：天工书局
33	罗见龙、王耀先主编	科技编辑工作概论	1984	北京：科学出版社
34	山西人民出版社编	编辑札记	1984	太原：山西人民出版社
35	胡传焯编著	科技期刊编辑指南	1985	长沙：湖南科学技术出版社
36	北京出版社编	编辑杂谈（第三集）	1985	北京：北京出版社
37	〔美〕多萝西·康明斯著，林楚平等译	编者与作者之间——萨克斯·康明斯的编辑艺术	1985	北京：新华出版社
38	封莘著	编辑生涯：在工作中学习	1985	太原：山西人民出版社
39	华然著	编辑散论	1985	太原：山西人民出版社
40	孙犁著	编辑笔记	1985	太原：山西人民出版社

续表

序号	责任者	题名	出版年	出版地
41	王大学编著	编辑的修养	1985	北京：知识出版社
42	韦君宜著	老编辑手记	1985	成都：四川人民出版社
43	叶春华著	报纸编辑	1985	福州：福建人民出版社
44	张召奎著	中国出版史概要	1985	太原：山西人民出版社
45	黑龙江人民出版社编	编辑手册	1986	哈尔滨：黑龙江人民出版社
46	刘文峰编著	编辑散论与编排技巧	1986	长春：吉林教育出版社
47	阙道隆主编	实用编辑学	1986	北京：中国书籍出版社
48	滕明道著	编辑生活絮笔	1986	太原：山西人民出版社
49	阎达寅主编	书海耕耘：编辑札记	1986	北京：中国展望出版社
50	颜景政著	新闻编辑概论	1986	北京：中国新闻出版社
51	俞月亭著	韬奋论编辑工作	1986	太原：山西人民出版社
52	中共中央宣传部出版局编	编辑家列传（一）	1986	北京：中国展望出版社
53	红旗杂志总编辑室编	怎样做好编辑工作	1986	北京：红旗出版社
54	柯灵著	煮字生涯	1986	太原：山西人民出版社
55	谈永生著	校对业务基础	1986	太原：山西人民出版社
56	曾彦修、张惠卿等著	编辑工作二十讲	1986	北京：人民出版社
57	黄伊著	作嫁篇	1986	太原：山西人民出版社
58	〔美〕巴斯克特等著，薛心容译	现代新闻编辑学	1987	台北："中央日报"出版部
59	北京出版社编	编辑杂谈（第四集）	1987	北京：北京出版社
60	胡文龙、郭青春编	报纸编辑与评论参考资料	1987	北京：中央广播电视大学出版社
61	林穗芳编著	列宁和编辑出版工作	1987	北京：中国书籍出版社
62	唐兴汉、张元林编著	编辑出版印刷手册	1987	北京：科学普及出版社
63	俞润生编著	实用编辑学概要	1987	天津：天津人民出版社
64	章道义等主编	科普编辑概论	1987	上海：上海科学技术出版社
65	郑兴东、陈仁风编	中外报纸编辑参考资料	1987	北京：中国人民大学出版社
66	郑兴东、陈仁风、秦奎、胡文龙著	报纸编辑与评论	1987	北京：中央广播电视大学出版社

续表

序号	责任者	题名	出版年	出版地
67	中国出版发行科学研究所科研处编	编辑学论集（第二届全国出版科学学术讨论会论文选集）	1987	北京：中国书籍出版社
68	周昌农编著	科技书刊插图画法与编辑	1987	西安：西安交通大学出版社
69	朱新民编	科技期刊编辑作者手册	1987	北京：光明日报出版社
70	天津市出版工作者协会编	编辑出版系列讲座	1987	天津：天津人民出版社
71	罗树宝、吕品编著	编辑出版知识问答	1988	北京：科学普及出版社
72	阮波主编	编辑与出版基础课程	1988	北京：中国展望出版社
73	陈友政主编	编辑出版辞典	1988	北京：北京科学技术出版社
74	江苏省出版总社图书管理处、江苏省出版工作者协会编辑工作委员会编	编辑纵横谈	1988	南京：江苏人民出版社
75	〔英〕安文著，王纪卿译	出版概论	1988	太原：书海出版社
76	湖南省出版工作者协会研究会编辑工作研究会主编	书刊编辑工作入门	1988	北京：中国书籍出版社
77	〔美〕Jan V. White 著，沈怡译	创意编辑：第一本完整的图片编辑解析	1988	台北：发行者陈永善
78	〔苏〕米尔钦著；李文慧译	编辑工作原理与方法	1988	北京：科学技术文献出版社
79	安塞著	编辑应用文写作	1988	太原：书海出版社
80	梁振儒、李少先等编著	编辑工作基础	1988	大连：东北财经大学出版社
81	刘文峰主编	编辑学	1988	合肥：安徽人民出版社
82	刘叶秋著	编辑的语文修养	1988	太原：书海出版社
83	彭朝丞著	新闻编辑的艺术	1988	北京：中国新闻出版社
84	王业康主编	简明编辑出版词典	1988	北京：中国展望出版社
85	伍杰编著	中国古代编辑家小传	1988	北京：中国展望出版社
86	徐庆凯著	编辑与逻辑	1988	太原：书海出版社
87	叶再生著	编辑出版学概论	1988	武汉：湖北人民出版社 注：同年黑龙江教育出版社也出版了此书
88	张玫、林克勤著	书籍编辑学简论	1988	北京：中国书籍出版社

续表

序号	责任者	题名	出版年	出版地
89	韩促民	中国书籍编纂史稿	1988	北京：中国书籍出版社
90	宋应离	中国大学学报简史	1988	郑州：中州古籍出版社
91	中共中央宣传部出版局编	编辑家列传（二）	1988	北京：中国展望出版社
92	朱文显、邓星盈编著	编辑学概论	1988	成都：四川社会科学院出版社
93	戴文葆等著	编辑工作基础知识	1988	太原：书海出版社
94	李菱霄著	成功的编辑	1988	台北：世界文物出版社
95	高斯、洪帆主编著	图书编辑学概论	1989	南京：江苏教育出版社
96	刘光裕、王华良著	编辑学论稿	1989	济南：山东教育出版社
97	全国高校文科学报研究会编辑委员会编	学报主编的思考：全国高校文科学报主编研讨会论文集	1989	沈阳：辽宁大学出版社
98	孙秉文、符晓波著	现代编辑论	1989	兰州：甘肃人民出版社
99	〔日〕金久保通雄等著，余杰译	编辑企划	1989	台北：人间出版社
100	曾荣汾著	辞典编辑学研究	1989	台北：世界文物出版社
101	任定华主编	新学科与编辑学	1989	成都：成都科技大学出版社
102	山东科学技术期刊编辑学会编	科技书刊编辑文集（一）	1989	济南：山东科学技术出版社
103	汪季贤主编	实用编辑词典	1989	成都：成都科技大学出版社
104	王耀先主编	科技编辑学概论	1989	北京：中国书籍出版社
105	王振铎、司锡明主编	编辑学通论	1989	开封：河南大学出版社
106	萧汉森、戴志松等主编	编辑学概论	1989	武汉：华中师范大学出版社
107	赵航编著	编辑应用写作	1989	哈尔滨：黑龙江教育出版社
108	浙江教育出版社编	教育编辑业务知识	1989	杭州：浙江教育出版社
109	李学昆主编	社会科学期刊编辑学	1990	南昌：江西人民出版社
110	胡传焯编著	科技期刊编辑学	1990	长沙：湖南省科技期刊编辑工作者协会（2001年以《现代科技期刊编辑学》出版）

续表

序号	责任者	题名	出版年	出版地
111	〔苏〕塔·波·伏尤科娃著；屈洪、宁宝双译	八十五次喜与忧——一个编辑的思考	1990	北京：中国书籍出版社
112	包龙巨、杜巨宽著	报坛拾穗：报纸编辑经验集	1990	石家庄：河北人民出版社
113	陈正夫主编	高校学报学	1990	北京：北京工业大学出版社
114	戴文葆主编	编辑工作基础教程	1990	北京：东方出版社
115	丁景唐主编	中国现代著名编辑家编辑生涯	1990	北京：中国展望出版社
116	李玉兴等编著	科技写作与科技编辑	1990	大连：大连理工大学出版社
117	柳志慎主编	学报编辑论丛（第一集）（华东高校自然科学学报编辑论文集）	1990	南京：河海大学出版社
118	汪之成编	简明英汉编辑出版词典	1990	上海：上海外语教育出版社
119	杨效杰主编	写稿·投稿·出版——编辑答著译者问	1990	兰州：兰州大学出版社
120	姚福申著	中国编辑史	1990	上海：复旦大学出版社
121	李盈等编	科技编辑杂谈	1990	北京：原子能出版社
122	中国高等学校自然科学学报研究会、中华人民共和国新闻出版署编	编辑作者常用国家标准	1990	北京：中国标准出版社
123	卜庆华等编	学报编辑学概论	1991	长沙：湖南教育出版社
124	北京高校自然科学学报研究会编选	学报编辑理论与工程	1991	北京：北京工业大学出版社
125	曾协泰编著	书刊编辑出版实务	1991	香港：万里书店
126	黄亚安编著	电视编辑	1991	上海：复旦大学出版社
127	辽宁人民出版社编	探索·实践·追求：编辑出版工作论文集	1991	沈阳：辽宁人民出版社
128	刘代焰、靳思源主编	科技期刊编辑系统工程	1991	成都：电子科技大学出版社
129	罗莉玲著	编辑事典	1991	台北：大村文化出版事业公司

续表

序号	责任者	题名	出版年	出版地
130	钱伯诚著	图书编辑学概论	1991	上海：上海新闻出版局职业大学编印
131	徐柏容著	杂志编辑学	1991	北京：中国书籍出版社
132	徐柏容、杨钟贤著	书籍编辑学	1991	哈尔滨：黑龙江教育出版社
133	于聚义著	电视片编辑理论与技巧	1991	乌鲁木齐：新疆人民出版社
134	张旭等编著	科技编辑实用技能	1991	太原：山西高校联合出版社
135	赵家璧著	文坛故旧录：编辑忆旧续集	1991	北京：生活·读书·新知三联书店
136	郑福寿主编	学报编辑论丛（第2集）（华东高校自然科学学报编辑论文集）	1991	南京：河海大学出版社
137	任定华主编	科技期刊编辑学导论	1991	西安：西安交通大学出版社
138	中国出版科学研究所科研办公室编	论编辑和编辑学	1991	北京：中国书籍出版社
139	孙树松、林人主编	中国现代编辑学辞典	1991	哈尔滨：黑龙江人民出版社
140	徐昶著	新闻编辑学	1992	台北：三民书局
141	赵洪顺著	期刊编辑论	1992	沈阳：辽宁大学出版社
142	王劲松编著	编辑絮谈	1992	长沙：湖南科学技术出版社
143	潘锦华等编著	现代编辑学	1992	南宁：广西民族出版社
144	康本善著	报纸编辑指南	1992	成都：成都出版社
145	徐方强、吴应学著	编辑逻辑艺术	1992	成都：四川大学出版社
146	河北省出版工作者协会、河南省出版工作者协会编	编辑必备	1992	郑州：文心出版社
147	吕叔湘等著	文字编辑纵横谈	1992	北京：中国书籍出版社
148	李盈安主编	科技编辑纵横谈	1992	北京：原子能出版社
149	金炎午主编	编辑出版印刷发行知识大全	1992	沈阳：辽宁人民出版社
150	〔日〕清木寿一郎著，戴璨之、郭来舜译	家庭摄像与编辑	1992	北京：中国电影出版社

续表

序号	责任者	题名	出版年	出版地
151	陈昌荣编著	列宁的编辑理论与实践	1992	成都：成都科技大学出版社
152	陈景春著	文艺编辑学	1992	天津：天津教育出版社
153	方集理主编	编辑学基础	1992	杭州：杭州大学出版社
154	高斯著	编辑规律探论	1992	南京：江苏教育出版社
155	靳青万著	中国古代编辑史论稿	1992	开封：河南大学出版社
156	雷起荃主编	学术编辑学研究	1992	成都：西南财经大学出版社
157	李频著	龙世辉的编辑生涯——从《林海雪原》到《芙蓉镇》的编审历程	1992	开封：河南大学出版社
158	林永仁、杨尚聘、熊庆文编著	小型报纸实用编辑学	1992	北京：新华出版社
159	刘以著	图书期刊编辑工作论说	1992	昆明：云南大学出版社
160	钱文霖主编	科技编辑方法论研究导扬	1992	武汉：华中理工大学出版社
161	邵益文著	编辑学研究在中国	1992	武汉：湖北教育出版社
162	王瑞棠主编	广播编辑学	1992	北京：新华出版社
163	奚尧生、孙秋生、丛林主编	学术期刊编辑学研究	1992	北京：中国中医药出版社
164	郑福寿主编	学报编辑论丛（第3集）（华东高校自然科学学报编辑论文集）	1992	南京：河海大学出版社
165	宗贤钧、郭少波编著	编辑学教程	1992	南宁：广西教育出版社
166	中国农业科学院科技期刊编辑学会编	农业科技期刊编辑写作规范化	1992	北京：中国农业科学出版社
167	常瀛莲著	编辑工作论集	1993	哈尔滨：哈尔滨船舶工程学院出版社
168	段军著	心理效应与编辑行为	1993	天津：南开大学出版社
169	郭有声编著	实用编辑学教程	1993	沈阳：辽宁科学技术出版社
170	黄福添著	编辑拾零	1993	南宁：广西民族出版社
171	黄幼民著	编辑学原理及应用	1993	香港：香港大学出版印务公司

续表

序号	责任者	题名	出版年	出版地
172	姜邵武主编	学术期刊编辑规格标准化	1993	北京：海洋出版社
173	蓝崇钰等编著	科技编辑与作者指南	1993	广州：广州出版社
174	李芳木编著	编辑工作与评论写作	1993	青岛：青岛出版社
175	李海座著	出版编辑散论	1993	济南：山东教育出版社
176	李建臣主编	图书编辑学	1993	北京：北京师范大学出版社
177	李明山著	中国近代编辑家评传	1993	开封：河南大学出版社
178	刘汉报主编	时事编辑学	1993	北京：新华出版社
179	柳志慎主编	学报编辑论丛（第4集）（华东高校自然科学学报编辑论文集）	1993	南京：河海大学出版社
180	全国高教研究期刊研究会编	期刊编辑论丛（第一集）	1993	北京：海洋出版社
181	任天石、卢文一著	现代杰出的编辑出版家——叶圣陶	1993	南京：南京出版社
182	山东科学技术期刊编辑学会编	科技书刊编辑文集（二）	1993	济南：山东科学技术出版社
183	苏镇主编	编辑出版系统论	1993	北京：首都师范大学出版社
184	陶同著	编辑思维学	1993	牡丹江：黑龙江朝鲜民族出版社
185	王维钧主编	现代期刊编辑论丛（1）	1993	西安：西北大学出版社
186	王振亚著	报刊广播电视编辑学	1993	西安：陕西人民教育出版社
187	杨五三等编著	编辑技术概论	1993	大连：大连理工大学出版社
188	张如法著	编辑社会学	1993	开封：河南大学出版社
189	赵从旭编著	图书著译与编辑	1993	北京：中国建材工业出版社
190	郑兴东主编	好新闻后面——编辑耕耘录	1993	北京：新华出版社
191	朱美士主编	编辑学概览——编辑学理论观点选集	1993	昆明：云南人民出版社
192	邱兆章等编著	编辑与轻印刷系统	1993	上海：同济大学出版社
193	申非著	编辑史概要	1994	北京：中国农业出版社

续表

序号	责任者	题名	出版年	出版地
194	甘肃新闻出版局、甘肃省出版工作者协会编	编辑出版初探	1994	兰州：甘肃人民出版社
195	河北教育出版社编	编辑业务参考	1994	石家庄：河北教育出版社
196	边春光主编	编辑实用百科全书	1994	北京：中国书籍出版社
197	林辰著	理想·事业·追求：我的编辑生涯	1994	沈阳：辽宁教育出版社
198	李英编著	科技编辑业务基础	1994	哈尔滨：哈尔滨船舶工程学院出版社
199	人民教育出版社总编辑室编	音乐编辑手册	1994	北京：人民音乐出版社
200	孙五川主编	市场经济与编辑出版：中国编辑学会首届年会论文选	1994	天津：天津教育出版社
201	徐乘著	军队报纸编辑工作	1994	北京：八一出版社
202	王洪友编著	现代编辑排版概论	1994	西安：陕西人民出版社
203	王维钧主编	现代期刊编辑论丛（2）	1994	西安：西北大学出版社
204	王维钧主编	现代期刊编辑论丛（3）	1994	西安：西北大学出版社
205	高斯著	出版审美论	1994	南京：江苏教育出版社
206	李荣生著	编辑学探索与思考	1994	哈尔滨：哈尔滨工业大学出版社
207	张积玉主编	社科期刊撰稿与编辑规范十二讲	1994	西安：陕西师范大学出版社
208	张晓菲著	影视编辑学	1994	开封：河南大学出版社
209	张玉等著	编辑工作散论	1994	哈尔滨：黑龙江教育出版社
210	赵志立著	编辑学基本原理	1994	成都：四川大学出版社
211	徐登明著	编辑出版家叶圣陶	1994	北京：中国书籍出版社
212	中共中央宣传部出版局编	编辑家列传（三）	1994	北京：北京大学出版社
213	许峰、陈鹏先主编	版面编辑设计美术手册	1994	桂林：广西师范大学出版社
214	中国编辑学会编	第六届国际出版学研讨会文集（1993）	1994	北京：高等教育出版社
215	宋世琦著	报纸编辑十二题	1994	北京：人民日报出版社

续表

序号	责任者	题名	出版年	出版地
216	陆锡初著	广播新闻编辑教程	1995	北京：中国广播电视出版社
217	阙道隆、徐柏容、林穗芳著	书籍编辑学概论	1995	沈阳：辽宁教育出版社
218	陈仁风著	现代杂志编辑学	1995	北京：中国人民大学出版社
219	高斯、洪帆主编	图书编辑学概论（第二版，增订本）	1995	南京：江苏教育出版社
220	姜毅编著	编辑工作与新技术应用	1995	北京：中国建材工业出版社
221	姜长喜主编	期刊编辑论文集	1995	沈阳：辽宁人民出版社
222	蒋广学著	编辑通论	1995	南京：南京大学出版社
223	刘光裕、王华良著	编辑学理论研究	1995	济南：山东教育出版社
224	刘统畏著	编辑求索	1995	成都：西南交通大学出版社
225	年维洁主编	铁路高校编辑学论文集	1995	成都：西南交通大学出版社
226	裴裕祥编	技术编辑手册	1995	广州：岭南美术出版社
227	任根珠著	实用版面编辑学	1995	太原：山西高校联合出版社
228	山东教育出版社编	报刊编辑研究——山东教育社业务论文集	1995	济南：山东教育出版社
229	邵益文著	出版学编辑学漫议	1995	郑州：河南教育出版社
230	王立名主编	科学技术期刊编辑教程	1995	北京：人民军医出版社
231	王维钧主编	现代期刊编辑论丛（4）	1995	西安：西北大学出版社
232	王永琴著	浅议编辑素养与技巧	1995	沈阳：辽宁民族出版社
233	吴飞著	新闻编辑学	1995	杭州：杭州大学出版社
234	吴添汉编著	编辑应用写作	1988	上海：学林出版社（1995年沈阳辽宁教育出版社出版）
235	向新阳著	编辑学概论	1995	武汉：武汉大学出版社
236	徐柏容著	期刊编辑学概论	1995	沈阳：辽宁教育出版社
237	薛鸿瀛著	编辑心理学	1995	济南：山东教育出版社
238	尤红斌著	编辑学概论	1995	上海：百家出版社

续表

序号	责任者	题名	出版年	出版地
239	朱世和主编	教育期刊编辑学	1995	北京：中国青年出版社
240	李频著	编辑家茅盾评传	1995	开封：河南大学出版社
241	张伯海著	期刊思考录	1995	天津：天津人民出版社
242	北京铁路年鉴社编	北京铁路局年鉴编辑工作手册	1996	北京：中国铁道出版社
243	蔡凯如编著	广播编辑与节目制作	1996	武汉：武汉大学出版社
244	高斯著	十年鸿爪（1986-1996）——出版、编辑文论选辑	1996	南京：江苏省出版协会编印
245	胡光清著	编辑论编辑	1996	北京：奥林匹克出版社
246	胡武编著	现代新闻编辑学	1996	武汉：武汉大学出版社
247	黄鸿森著	报海拾误录——写给报刊编辑记者的书	1996	北京：奥林匹克出版社
248	黄厚坤等编著	科技报告及其撰写和编辑出版	1996	北京：原子能出版社
249	李海崑主编	现代编辑学	1996	济南：山东教育出版社
250	李明、邢瑞华主编	编辑手记	1996	天津：天津教育出版社
251	林理明著	我的良师益友与编辑生涯	1996	西安：陕西人民出版社
252	庞家驹主编	科技书籍编辑学教程	1996	沈阳：辽宁教育出版社
253	上海科学技术出版社编	科技编辑工作规范	1996	上海：上海科学技术出版社
254	邵益文、苏振才主编	编辑学纵横谈	1996	南宁：广西教育出版社
255	石景星著	爬格子·架梯子——书报刊及其编辑出版工作点滴谈	1996	北京：中国建材工业出版社
256	司有和著	科技编辑学通论	1996	合肥：中国科学技术大学出版社
257	王建辉著	新编辑观的追求	1996	北京：奥林匹克出版社
258	王庭僚著	怎样当好总编辑	1996	深圳：海天出版社
259	王自强著	编辑实用语文	1996	沈阳：辽宁教育出版社
260	徐柏容著	从历史走向未来：编辑出版的改革与探索	1996	天津：天津人民出版社
261	徐万丽编	汉英编辑出版词汇	1996	北京：北京大学出版社
262	阎现章主编	中国古代编辑家评传	1996	开封：河南大学出版社
263	肖东发主编	中国编辑出版史	1996	沈阳：辽宁教育出版社

续表

序号	责任者	题名	出版年	出版地
264	中国出版工作者协会编	优秀中青年编辑小传：选题设计方案　审读报告	1996	北京：中国青年出版社
265	谢荣岱主编	编辑论文集（1982－1996）	1996	济南：山东教育出版社
266	喻建章主编	编辑工作与编辑学研究：中国编辑学会二届年会　全国编辑学理论研究会论文选	1996	南昌：江西教育出版社
267	王铸人著	编辑出版浅论	1996	郑州：河南教育出版社
268	刘志筠、宋昉著	电子新闻媒介栏目编辑学	1997	北京：中国人民大学出版社
269	顾冠华主编	期刊编辑研究	1997	北京：海洋出版社
270	新闻出版总署图书管理司、新闻出版总署科技发展司、中国标准出版社编	作者编辑常用标准及规范	1997	北京：中国标准出版社
271	〔英〕吉尔·戴维思著，宋伟航译	如何成为编辑高手：书的编辑企划与出版流程	1997	台北：月旦出版社
272	《中国编辑研究》编辑委员会编	中国编辑研究（1996）	1997	北京：人民教育出版社
273	柴瑞海编著	编辑学理论纲要	1997	赤峰：内蒙古科学技术出版社
274	陈崇茂编著	编辑与文字的对话：领略电脑编辑奥秘·纵横版面设计新法	1997	台北：博硕文化公司
275	范敬宜著	总编辑手记	1997	北京：人民日报出版社
276	何苏六著	电视画面编辑	1997	北京：中国广播电视出版社
277	侯春翔编著	报纸编辑学	1997	哈尔滨：黑龙江教育出版社
278	黄治正著	图书编辑学	1997	长沙：湖南出版社
279	姜长喜主编	期刊编辑论文集（2）	1997	沈阳：辽宁人民出版社
280	康大荃著	摄影图片编辑学	1997	沈阳：辽宁美术出版社
281	刘爱清、王锋主编	广播电视概论	1997	北京：中国广播电视出版社
282	潘树广编著	编辑学	1997	苏州：苏州大学出版社
283	四川高校学报研究会编	编辑工作论丛	1997	成都：四川大学出版社

续表

序号	责任者	题名	出版年	出版地
284	谭运长等著	作为大众传播媒介的文学期刊编辑论	1997	天津：百花文艺出版社
285	王维钧主编	现代期刊编辑论丛（5）	1997	西安：西北大学出版社
286	王伟力主编	中国西部教育出版社中青年编辑出版论文集（第一辑）	1997	贵阳：贵州教育出版社
287	王振铎、赵运通著	编辑学原理论	1997	北京：中国书籍出版社
288	杨汝戬主编	河北省期刊编辑优秀论文选	1997	石家庄：河北人民出版社
289	杨玉厚、贾双虎主编	报刊编辑论丛	1997	开封：河南大学出版社
290	姚学俊主编	编辑美学	1997	南昌：江西高校出版社
291	姚远著	中国大学科技期刊史	1997	西安：陕西师范大学出版社
292	张瑞安主编	编辑工作的规范与创新：中国编辑学会第三届年会论文选	1997	石家庄：河北教育出版社
293	中国出版工作者协会编	优秀中青年编辑小传：选题设计方案 审读报告（第二集）	1997	北京：中国青年出版社
294	中国高等学校自然科学学报研究会编	科技编辑学论文集	1997	北京：北京师范大学出版社
295	钟立群著	新闻编辑学研究	1997	北京：人民日报出版社
296	周金品著	我的编辑之路	1997	北京：中国农业科技出版社
297	周小燕、马国柱主编	学报编辑与编辑学：全国高校文科学报研究会编辑学文集	1997	北京：北京师范大学出版社
298	北京高教学会社会科学学报研究会编	学报编辑学引论	1998	北京：地震出版社
299	赵航著	选题论	1998	沈阳：辽宁教育出版社
300	〔美〕葛罗斯著，齐若兰译	编辑人的世界	1998	台北：天下远见出版公司
301	《中国编辑研究》编辑委员会编	中国编辑研究（1997）	1998	北京：人民教育出版社
302	广东省版协编辑工作委员会主编	编辑的思考	1998	广州：广东科技出版社

续表

序号	责任者	题名	出版年	出版地
303	郭有声著	科技编辑工作随笔	1998	北京：冶金工业出版社
304	姜长喜主编	期刊编辑论文集（3）	1998	沈阳：辽宁人民出版社
305	李甫运、杨建华主编	当代编辑理论与实践	1998	西安：陕西师范大学出版社
306	李敏康编著	图书编辑出版实务	1998	广州：广东高等教育出版社
307	李普涛、杨东升主编	音像编辑理论与实践	1998	开封：河南大学出版社
308	林穗芳著	中外编辑出版研究	1998	武汉：华中师范大学出版社
309	刘宝俊主编	论编辑的基本素养与成才之路	1998	北京：北京航空航天大学出版社
310	龙协涛主编	润物细无声：社科学报编辑家耕耘录（续集）	1998	开封：河南大学出版社
311	钱文霖主编	科技编辑方法论研究	1998	武汉：华中理工大学出版社
312	邵京起著	当代编辑学思维	1998	海拉尔：内蒙古文化出版社
313	邵益文、祝国华编	编辑学研究文集	1998	西安：陕西人民教育出版社
314	孙琛主编	现代期刊编辑论丛（6）	1998	西安：西北大学出版社
315	杨树增等编著	新闻编辑艺术	1998	开封：河南大学出版社
316	叶至善著	我是编辑	1998	北京：中国少年儿童出版社
317	张如法、杨清莲著	编辑的选择与组构	1998	开封：河南大学出版社
318	中国高等学校自然科学学报研究会编	科技编辑学论文集（2）	1998	北京：北京师范大学出版社
319	周全等编著	编辑出版文献信息集	1998	成都：四川科学技术出版社
320	李俊昌著	报纸时事编辑学	1999	郑州：河南人民出版社
321	广东省版协编辑工作委员会编	图书质量问题探源：广东省编辑出版科研论文选	1999	广州：广东科技出版社
322	佟文秀、宋富盛主编	论稿件的审读和加工：中国编辑学会第四届年会论文选	1999	太原：书海出版社

续表

序号	责任者	题名	出版年	出版地
323	郭宇、吕建华主编	聚珍求索：编辑室主任论文选	1999	北京：中国铁道出版社
324	《中国编辑研究》编辑委员会编	中国编辑研究（1998）	1999	北京：人民教育出版社
325	蔡学俭著	离不开这片热土——我的编辑出版理念	1999	武汉：湖北教育出版社
326	陈思和、虞静主编	艺海双桨：名作家与名编辑	1999	济南：山东画报出版社
327	董延梅著	编辑生涯四十年	1999	天津：天津教育出版社
328	韩隽著	报纸编辑新论	1999	西安：陕西人民出版社
329	韩旺辰著	出版编辑学论集	1999	北京：北京广播学院出版社
330	郝霞山著	编辑文化价值评价论	1999	北京：华夏出版社
331	何学惠主编	中国西部教育出版社中青年编辑出版论文集（第二辑）	1999	昆明：云南教育出版社
332	姜长喜主编	期刊编辑论文集（4）	1999	沈阳：辽宁人民出版社
333	蒋广学著	编学原论	1999	南京：南京大学出版社
334	山东科学技术期刊编辑学会编	科技书刊编辑文集（三）	1999	济南：山东科学技术出版社
335	上海市科技期刊编辑学会编	科技期刊发展与导向（第二辑）	1999	上海：上海科学技术文献出版社
336	邵霭吉著	编辑寻思录	1999	呼和浩特：内蒙古人民出版社
337	王克瑞主编	出版编辑学通论	1999	北京：北京广播学院出版社
338	向新阳主编	编辑学概览（续编）——编辑学理论观点选辑	1999	北京：高等教育出版社
339	新闻出版社教育培训中心编	社长总编辑（主编）论出版（第二辑）	1999	北京：高等教育出版社
340	新闻出版社教育培训中心编	社长总编辑（主编）论出版（第三辑）	1999	北京：人民邮电出版社
341	徐柏容著	编辑创意论	1999	天津：天津古籍出版社
342	严介生主编	编辑出版工作论文集	1999	北京：中国铁道出版社

续表

序号	责任者	题名	出版年	出版地
343	中国出版工作者协会学术工作委员会、叶圣陶思想研究会编	叶圣陶编辑思想研究	1999	北京：开明出版社
344	张声铨主编	科技期刊编辑理论与实践	1999	北京：中国农业科技出版社
345	张子让著	当代新闻编辑	1999	上海：复旦大学出版社
346	中国编辑学会秘书处编	未来编辑谈编辑（全国首届"未来编辑杯"获奖文集）	1999	北京：北京出版社
347	周士元编著	编辑记者用电脑	1999	北京：中国建材工业出版社
348	翁廉主编	科技期刊编辑向导	2000	广州：广东科学技术出版社
349	郑兴东主编	报纸编辑	2000	武汉：武汉大学出版社
350	《走向新世纪》编纂委员会编	走向新世纪——湖南省期刊编辑工作论文集	2000	长沙：湖南教育出版社
351	蔡雯著	新闻编辑漫谈	2000	北京：新华出版社
352	陈燕、赵藏赏、傅爱民编著	科技期刊编辑方法研究	2000	北京：专利文献出版社
353	龚维忠主编	现代编辑学理论与实践	2000	长沙：中南工业大学出版社
354	黄著诚主编	实用电视编辑	2000	北京：中国广播电视出版社
355	姜长喜主编	期刊编辑论文集（5）	2000	沈阳：辽宁人民出版社
356	邝云妙主编	当代新闻编辑学	2000	广州：暨南大学出版社
357	黎强著	编辑与审稿艺术	2000	北京：地震出版社
358	李郁平主编	编辑学要论	2000	成都：四川人民出版社
359	马重奇、林玉山主编	编辑和语言：庆贺张斌先生八十华诞文集	2000	厦门：厦门大学出版社
360	孟爱萍、姜福华编著	科技图书规范化写作与编辑概要	2000	青岛：青岛海洋大学出版社
361	孟建安、段金卯著	编辑语言学论纲	2000	北京：中国文联出版社
362	倪嘉寒主编	责任编辑工作论坛	2000	北京：中国铁道出版社
363	齐峰、畅引婷等编著	报刊编辑与编辑学	2000	北京：中央编译出版社

续表

序号	责任者	题名	出版年	出版地
364	《中国编辑研究》编辑委员会编	中国编辑研究（1999）	2000	北京：人民教育出版社
365	上海市出版工作者协会、上海市编辑学会编	上海出版战略研讨论文集	2000	上海：学林出版社
366	邵益文著	20世纪的中国编辑学研究	2000	郑州：河南教育出版社
367	沈兴耕著	报纸编辑实务	2000	北京：中国广播电视出版社
368	宋应离主编	中国期刊发展史	2000	开封：河南大学出版社
369	苏永能主编	编辑理论与编辑实践	2000	北京：中国人口出版社
370	孙景峰著	学报编辑工程论	2000	北京：中国科学技术出版社
371	孙旭东主编	编海撷英——煤炭科技编辑工作论文集	2000	北京：煤炭工业出版社
372	新闻出版署教育培训中心编	社长总编辑（主编）论出版（第四辑）	2000	北京：商务印书馆
373	张保芬、孙淑丽、李法然、高建军主编	现代编辑创新论	2000	济南：齐鲁书社
374	张才明、杨文华著	现代编辑学概论	2000	北京：中央编译出版社
375	中国人文科学学报研究会编辑委员会、学术委员会编	21世纪社科学报与学报编辑	2000	北京：北京师范大学出版社
376	〔美〕伊丽莎白·威斯纳-格罗斯著，郭瑞等译	最佳编辑要领	2001	北京：新华出版社
377	《中国编辑研究》编辑委员会编	中国编辑研究（2000）	2001	北京：人民教育出版社
378	陈万达著	现代新闻编辑学	2001	台北：扬智文化事业公司
379	陈原著	总编辑断想	2001	沈阳：辽宁教育出版社
380	东方清主编	论责任编辑的工作：中国编辑学会第五届年会论文选	2001	北京：中国建筑工业出版社
381	黄鸿森著	报刊纠错例说：写给编辑记者的书	2001	北京：语文出版社
382	李频著	期刊策划导论	2001	石家庄：河北教育出版社

续表

序号	责任者	题名	出版年	出版地
383	梁友莉著	报纸副刊编辑业务探索	2001	北京：中国环境科学出版社
384	柳泽华编著	当代报纸电子编辑与排版	2001	武汉：武汉大学出版社
385	吕瑞荣著	教辅期刊编辑艺术论	2001	南宁：广西民族出版社
386	闵惠泉主编	出版编辑学通论（2001）	2001	北京：北京广播学院出版社
387	任定华等著	编辑学导论	2001	北京：中国经济出版社
388	任东升著	我也能做小编辑	2001	北京：科学普及出版社
389	张再鸣主编	期刊编辑论文集	2001	天津：天津人民出版社
390	王春林主编	科技编辑大辞典	2001	上海：第二军医大学出版社
391	汪晓军著	学而思行：编辑出版工作的思考和实践	2001	兰州：甘肃教育出版社
392	吴飞著	编辑学理论研究	2001	杭州：浙江大学出版社
393	新闻出版署教育培训中心编	编辑出版新探：编辑室主任论文集	2001	北京：人民教育出版社
394	杨福栋主编	期刊编辑理论研究	2001	哈尔滨：黑龙江教育出版社
395	杨国才等主编	学报编辑学研究	2001	昆明：云南大学出版社
396	姚德全著	编辑创新研究	2001	长沙：湖南人民出版社
397	张晓锋著	电视编辑思维与创作	2001	北京：中国广播电视出版社
398	赵健编	作者编辑实用手册	2001	成都：四川辞书出版社
399	郑兴东等著	报纸编辑学教程	2001	北京：中国人民大学出版社
400	中国编辑学会秘书处编	未来编辑论坛：第二届"未来编辑杯"获奖文集	2001	北京：高等教育出版社
401	中国高等学校自然科学学报研究会编	科技编辑学论文集（3）	2001	北京：北京工业大学出版社
402	邹宏仪著	编辑新论	2001	银川：宁夏人民教育出版社
403	焦国章著	报纸编辑学通论	2001	呼和浩特：内蒙古人民出版社

续表

序号	责任者	题名	出版年	出版地
404	郑贞铭著	新闻采访与编辑	2002	台北：三民书局股份有限公司
405	上海市出版工作者协会、上海市编辑学会编	策划与管理	2002	上海：学林出版社
406	张堂锜编著	编辑学实用教程：以报纸副刊为中心	2002	台北：业强出版社
407	任远著	电视编辑学	2002	北京：北京师范大学出版社
408	陈建国著	编辑哲学：应用哲学研究	2002	天津：天津古籍出版社
409	蒋晓丽编著	现代新闻编辑学	2002	北京：高等教育出版社
410	〔美〕Tim Harrower 著，于凤娟译	报刊编辑手册	2002	台北：美商麦格罗·希尔国际股份有限公司台湾分公司
411	郭有声编著	编辑业务实用笔记	2002	北京：人民卫生出版社
412	姜长喜主编	期刊编辑策划文集	2002	沈阳：辽宁人民出版社
413	雷群明等著	编辑修养十日谈	2002	上海：上海科技教育出版社
414	李立等主编	现代科技编辑工作指南	2002	北京：海潮出版社
415	柳恩敏等主编	科技情报编辑	2002	北京：国防工业出版社
416	《中国编辑研究》编委会编	中国编辑研究（2001）	2002	北京：人民教育出版社
417	上海新闻出版局编	枝叶集：女编辑手记	2002	上海：上海三联书店
418	邵益文、孙鲁燕编	编辑学的研究与教育	2002	北京：机械工业出版社
419	汤鑫华主编	新时期编辑活动特点探讨：中国编辑学会第六届年会论文选	2002	北京：中国水利水电出版社
420	陶丹、白贵著	最新编辑实用写作	2002	北京：科学出版社
421	王华生著	编辑选择的理论与实践	2002	保定：河北大学出版社
422	肖东发主编	中国编辑出版史	2002	沈阳：辽海出版社
423	新闻出版总署教育培训中心编	社长总编辑（主编）论出版（第五辑）	2002	北京：北京师范大学出版社
424	许正林著	新闻编辑	2002	上海：上海大学出版社
425	张虎生等著	互联网新闻编辑实务	2002	北京：新华出版社

续表

序号	责任者	题名	出版年	出版地
426	张新伟主编	《报纸编辑》自学考试指导与题解	2002	北京：知识出版社
427	赵鼎生著	西方报纸编辑学	2002	北京：中国人民大学出版社
428	郑兴东主编	报纸编辑自学辅导	2002	武汉：武汉大学出版社
429	杜家贵主编	社会科学期刊编辑实用手册	2002	北京：中央编译出版社
430	徐前进著	编辑伦理学概论	2003	武汉：湖北人民出版社
431	李频著	大众期刊运作	2003	北京：中国大百科全书出版社
432	白庆详等编著	新闻采访写作编辑案例教程	2003	北京：新华出版社
433	罗卫国主编	责任编辑	2003	北京：经济管理出版社
434	曾璜、任悦编著	图片编辑手册	2003	北京：中国摄影出版社
435	陈合宜著	写作与编辑	2003	广州：暨南大学出版社
436	黄大维著	如何成为编辑高手	2003	台北县：冠学文化出版事业有限公司
437	黄一九、刘堤地主编	科技编辑工作手册	2003	长沙：湖南科学技术出版社
438	黄伊著	编辑的故事	2003	北京：金城出版社
439	黄镇伟编著	中国编辑出版史	2003	苏州：苏州大学出版社
440	姜长喜主编	期刊编辑论文集（6）	2003	沈阳：辽宁人民出版社
441	靳青万著	编辑学基本原理	2003	沈阳：东北师范大学出版社
442	雷群明编著	编辑应用写作	2003	沈阳：辽海出版社
443	李琪著	书籍编辑方法论	2003	长沙：湖南师范大学出版社
444	刘丽编著	报刊版面设计	2003	北京：中国纺织出版社
445	刘涛主编	报刊栏目设置与新闻编辑实用手册	2003	合肥：安徽文化音像出版社
446	潘东波编著	版面构成与美术编辑	2003	台北县：相对论出版社
447	全国古籍整理出版规划领导小组办公室编	古籍编辑工作漫谈	2003	济南：齐鲁书社
448	《中国编辑研究》编辑委员会编	中国编辑研究（2002）	2003	北京：人民教育出版社

续表

序号	责任者	题名	出版年	出版地
449	阙道隆著	编辑研究文集	2003	北京：中国青年出版社
450	任东升著	新闻采写编（下册）：新闻编辑	2003	北京：学苑出版社
451	任火著	编辑独语	2003	北京：中国书籍出版社
452	施亚著	新闻编辑学新论	2003	北京：新华出版社
453	孙培镜著	编校留踪	2003	北京：人民教育出版社
454	夏周青、林尤超编著	网络时代编辑出版学动态评析及相关链接	2003	北京：中国文联出版社
455	肖东发、方厚枢主编	中国编辑出版史（下册）	2003	沈阳：辽海出版社
456	徐柏容著	论编辑规律与编辑出版	2003	沈阳：东北师范大学出版社
457	阳建国主编	编辑校对实用手册	2003	桂林：广西师范大学出版社
458	张积玉等著	编辑学新论	2003	北京：中国社会科学出版社
459	张天定、郭奇主编	编辑出版学	2003	开封：河南大学出版社
460	张延扬、郭德征主编	论编辑职业道德（中国编辑学会第七届年会论文选）	2003	北京：金盾出版社
461	中国编辑学会秘书处编	我所向往的编辑：第三届"未来编辑杯"获奖文集	2003	北京：中国经济出版社
462	中国编辑学会少年儿童读物专业委员会编	迈向新世纪的少儿编辑	2003	重庆：重庆出版社
463	徐柏容著	编辑结构论	2004	长春：东北师范大学出版社
464	丛林主编	中国编辑学研究述评（1983~2003）	2004	济南：齐鲁书社
465	〔英〕吉尔·戴维斯著，宋伟航译	我是编辑高手	2004	石家庄：河北教育出版社
466	蔡鸿程主编	作者编辑实用手册	2004	北京：中国标准出版社
467	樊希安著	总编辑手记	2004	长春：吉林人民出版社
468	范玲著	编辑实践札记	2004	开封：河南大学出版社
469	范泉著，钦鸿编	范泉编辑手记	2004	北京：中国文联出版社
470	郭平安著	编辑批评学概论	2004	西安：西安地图出版社
471	姬建敏著	编辑心理论	2004	开封：河南大学出版社

续表

序号	责任者	题名	出版年	出版地
472	姜长喜主编	期刊编辑论文集（7）	2004	沈阳：辽宁人民出版社
473	蒋晓丽主编	网络新闻编辑学	2004	北京：高等教育出版社
474	李铁钢主编	图书编辑工作实务	2004	北京：地质出版社
475	中国编辑协会图书编辑学专业委员会编	科技图书编辑手册	2004	北京：中国铁道出版社
476	罗小萍编著	新编新闻编辑学	2004	北京：法律出版社
477	孟淑华著	新世纪新闻编辑实务	2004	台北：亚太图书出版社
478	《中国编辑研究》编辑委员会编	中国编辑研究（2003）	2004	北京：人民教育出版社
479	《中国编辑研究》编辑委员会编	中国编辑研究（2004）	2004	北京：人民教育出版社
480	邵益文著	编辑的心力所向——编辑工作和编辑学探索	2004	贵阳：贵州人民出版社
481	宋文京、王一方著	一念如剑：《书刊周评》编辑告白	2004	石家庄：河北教育出版社
482	汪继祥主编	科学出版社作者编辑手册	2004	北京：科学出版社
483	王卫著	编辑出版三思集	2004	开封：河南大学出版社
484	王晓宁著	现代新闻编辑学	2004	郑州：郑州大学出版社
485	吴飞主编	新闻编辑学教程	2004	北京：高等教育出版社
486	吴道弘著	编辑实践与编辑学思考	2004	长春：东北师范大学出版社
487	吴重龙、白来勤主编	编辑工作手册	2004	北京：华艺出版社
488	徐柏容著	编辑优化论	2004	长春：东北师范大学出版社
489	徐柏容著	编辑选择论	2004	天津：天津古籍出版社
490	薛德震著	为他人作嫁衣裳——薛德震编辑出版文集	2004	北京：人民出版社
491	叶至善、叶至美、叶至诚编	叶圣陶集（第十七卷），编辑出版（一）	2004	南京：江苏教育出版社
492	叶至善、叶至美、叶至诚编	叶圣陶集·第十八卷，编辑出版·二	2004	南京：江苏教育出版社
493	岳山编著	当代报纸电脑编辑基础	2004	合肥：合肥工业大学出版社

续表

序号	责任者	题名	出版年	出版地
494	郑一奇著	编辑心语	2004	石家庄：河北教育出版社
495	朱栋梁、张人石著	编辑发展论	2004	长沙：湖南人民出版社
496	许昌泰、富明主编	医学编辑与医学写作概论	2004	西安：第四军医大学出版社
497	〔美〕凯利·莱特尔、〔美〕朱利安·哈里斯、〔美〕斯坦利·约翰逊著，宋铁军译	全能记者必备：新闻采集、写作和编辑的基本技能	2005	北京：中国人民大学出版社
498	陈红梅著	新闻编辑	2005	武汉：武汉大学出版社
499	戴定国著	新闻编辑与标题写作	2005	台北：五南图书出版股份有限公司
500	邓炘炘著	网络新闻编辑	2005	北京：中国广播电视出版社
501	姜长喜主编	期刊编辑论文集·8	2005	沈阳：辽宁人民出版社
502	李继峰著	编辑出版效益	2005	呼和浩特：内蒙古人民出版社
503	李芩、黄小玲主编	编辑出版实务与技能	2005	成都：四川大学出版社
504	林君雄著	我的编辑生涯	2005	石家庄：河北人民出版社
505	刘伯根著	编辑出版论谭	2005	北京：中国大百科全书出版社
506	刘洪潮主编	怎样做国际新闻编辑	2005	北京：中国传媒大学出版社
507	罗维扬编著	编辑大手笔	2005	武汉：崇文书局
508	吕瑞荣著	编辑定位艺术论	2005	南宁：广西人民出版社
509	《中国编辑研究》编辑委员会编	中国编辑研究（2005）	2005	北京：人民教育出版社
510	田胜立主编	出版转制与编辑工作——中国编辑学会第九届年会论文集	2005	北京：中国大百科全书出版社
511	吴平编著	编辑本论	2005	武汉：武汉大学出版社
512	张孔辉编著	科技期刊编辑学	2005	哈尔滨：哈尔滨地图出版社

续表

序号	责任者	题名	出版年	出版地
513	张玉崑主编	科技编辑实务	2005	北京：北京工业大学出版社
514	中国编辑学会教育专业委员会、河北大学新闻传播学院编	前沿地带：把脉转型中的中国编辑出版业	2005	北京：中国大百科全书出版社
515	中国编辑学会秘书处编	出版业调查报告：第四届"未来编辑杯"获奖文集	2005	北京：人民文学出版社
516	若文、周秦玉、张念贻主编	实用报纸编辑	2005	西安：陕西人民教育出版社
517	周宇、肖琼主编	西方编辑理论与实践	2005	郑州：河南人民出版社
518	蔡雯著	新闻编辑学	2006	北京：中国人民大学出版社
519	陈晓军编著	图书编辑业务	2006	哈尔滨：哈尔滨地图出版社
520	陈雪奇主编	现代媒体编辑	2006	成都：四川大学出版社
521	韩松、黄燕著	当代报刊编辑艺术	2006	上海：复旦大学出版社
522	贺圣遂主编	新形势 新思考：中国编辑学会第十届年会论文集	2006	上海：复旦大学出版社
523	姜长喜主编	期刊编辑论文集（9）	2006	沈阳：辽宁人民出版社
524	李桂福主编	编辑出版发行实战研究	2006	石家庄：河北少年儿童出版社
525	刘行芳著	实用新闻编辑学教程	2006	重庆：西南师范大学出版社
526	刘丽娜主编	视觉盛宴：京华时报版式设计（2001－2006）	2006	北京：京华出版社
527	刘世英、刘国云、贾娟娟编著	网络时代的宠儿：网络编辑人员必读	2006	北京：中国时代经济出版社
528	路振光编著	数字编辑技术	2006	开封：河南大学出版社
529	罗小萍著	媒体融合时代新闻编辑研究	2006	成都：四川大学出版社
530	穆励生、王大庆主编	科技编辑工作百问百答	2006	北京：科学技术文献出版社
531	若文编著	新闻编辑能力训练教程	2006	上海：复旦大学出版社
532	翁奕波著	编余拾论（下）：编辑学潮学摭论及其他	2006	汕头：汕头大学出版社

续表

序号	责任者	题名	出版年	出版地
533	吴飞、顾杨丽、王淑华编著	新闻编辑	2006	长沙：中南大学出版社
534	吴晓明编著	数字化传播与编辑	2006	呼和浩特：内蒙古大学出版社
535	肖伟编著	报刊电子编辑教程	2006	广州：暨南大学出版社
536	许正林、王际超、訾艳娜编著	平面媒体电子编辑	2006	长沙：中南大学出版社
537	雪岗主编	少年儿童读物编辑学初探	2006	北京：中国少年儿童出版社
538	杨汉云、陈春晖、罗兵编著	网络视频新闻编辑与制作	2006	长沙：中南大学出版社
539	杨牧之著	编辑艺术	2006	北京：中华书局 注：1990年辽宁人民出版社已出版
540	于开金主编	报刊编辑校对实用手册	2006	南宁：广西民族出版社
541	浙江省期刊协会编	浙江省社科期刊主编编辑论文选（第三辑）	2006	杭州：浙江人民出版社
542	郑振卿主编	春华秋实：河北省2005年期刊编辑优秀论文集	2006	石家庄：河北人民出版社
543	中国版协科技出版工作委员会编	第一期全国科技出版策划编辑培训班学员论文集	2006	北京：金盾出版社
544	中国版协科技出版工作委员会、青岛出版社编	第16届全国科技出版社社长总编辑年会文献	2006	青岛：青岛出版社
545	中国编辑学会少年儿童读物专业委员会，全国少儿知识读物研究会编	编辑的交响：全国少儿读物编辑论文集	2006	广州：新世纪出版社
546	中国标准出版社	编辑常用法规及标准选编	2006	北京：中国标准出版社
547	周昉著	一识得金：编辑手记	2006	北京：台海出版社
548	周浩正原著，管仁健整编	编辑道：畅销书或畅销产品的秘诀在哪里？	2006	台北：文经出版社有限公司
549	胡人瑞、朱杰军主编	大型综合性百科全书编纂的理论与运作	2007	北京：中国大百科全书出版社
550	昌光水主编	第二期全国科技出版社策划编辑培训班学员论文集	2007	北京：金盾出版社

续表

序号	责任者	题名	出版年	出版地
551	陈东园、郑贞铭编著	新闻编辑与采访	2007	台北县："国立"空中大学
552	陈丽菲、王月琴、王秋林编著	现代图书编辑实务教程	2007	苏州：苏州大学出版社
553	陈颖青著	老猫学出版：编辑的技艺＆二十年出版经验完全汇整 注：2009年浙江大学出版社再版	2007	台北：时报文化出版企业股份有限公司
554	郭步陶编	编辑与评论	2007	北京：全国图书馆文献缩微中心 注：本书为1938年影印缩微胶片（1996年上海书店出过影印本）
555	韩隽、吴晓辉编等著	网络编辑	2007	大连：东北财经大学出版社
556	姜长喜主编	期刊编辑论文集（10）	2007	沈阳：辽宁人民出版社
557	梁媛著	新闻编辑	2007	长沙：湖南大学出版社
558	毛德宝主编	版面编辑设计	2007	南京：东南大学出版社
559	彭兰著	网络新闻编辑教程	2007	武汉：武汉大学出版社
560	秦州主编	网络新闻编辑学	2007	上海：复旦大学出版社
561	《中国编辑研究》编辑委员会编	中国编辑研究（2006）	2007	北京：人民教育出版社
562	《中国编辑研究》编辑委员会编	中国编辑研究（2007）	2007	北京：人民教育出版社
563	王慧著	编辑絮语	2007	开封：河南大学出版社
564	王文科主编	现代传播·编辑出版	2007	杭州：浙江大学出版社
565	王仰晨等著	王仰晨编辑人生	2007	北京：人民文学出版社
566	翁廉主编	科技编辑基础知识：组稿与审稿	2007	广州：中山大学出版社
567	翁廉主编	科技编辑基础知识：校对指南	2007	广州：中山大学出版社
568	翁廉主编	科技编辑基础知识：文章修改	2007	广州：中山大学出版社
569	翁廉主编	科技编辑基础知识：科技期刊编辑工程初阶	2007	广州：中山大学出版社

续表

序号	责任者	题名	出版年	出版地
570	翁廉主编	科技编辑基础知识：量与单位 表格与插图 数字使用方法	2007	广州：中山大学出版社
571	翁廉主编	科技编辑基础知识：统计方法的应用与常见错误辨析	2007	广州：中山大学出版社
572	严励著	网络新闻编辑学	2007	开封：河南大学出版社
573	尹志诚编著	学报编辑理论与实践	2007	长沙：中南大学出版社
574	袁登学著	编辑活动研究	2007	昆明：云南民族出版社
575	张西山著	编辑的文化视界	2007	北京：人民出版社
576	中国编辑学会主编	编辑人才论：中国编辑学会第十一届学术年会论文集	2007	南昌：江西教育出版社
577	中国科学技术期刊编辑学会编	科学技术期刊编辑教程2版	2007	北京：人民军医出版社
578	周国清著	编辑创新与现代传播	2007	长沙：湖南大学出版社
579	〔美〕塞西莉亚·弗兰德、〔美〕唐纳德·查林杰、〔美〕凯瑟琳·C.麦克亚当斯著，展江、霍黎敏主译	美国当代媒体编辑操作教程	2008	广州：南方日报出版社
580	蔡东彩著	教育编辑研究与实务	2008	郑州：河南人民出版社
581	陈万达著	新闻采访与编辑	2008	台北县：威士曼文化事业股份有限公司
582	方毅华、孙倩著	新闻编辑学教程	2008	北京：中国传媒大学出版社
583	甘险锋著	当代报纸编辑学	2008	广州：中山大学出版社
584	管国忠、顾潜编著	新闻编辑实务教程	2008	上海：文汇出版社
585	和家胜著	报纸编辑艺术	2008	昆明：云南大学出版社
586	黄奇杰编著	报刊编辑案例评析	2008	杭州：浙江大学出版社
587	姜长喜主编	期刊编辑策划文集（第2集）	2008	沈阳：辽宁人民出版社
588	刘少华编著	学报编辑理论与实务	2008	北京：中国大地出版社
589	罗紫初著	编辑出版学导论	2008	长沙：湖南大学出版社
590	骆玉安著	编辑文化建设论	2008	开封：河南大学出版社

续表

序号	责任者	题名	出版年	出版地
591	王灿发主编	报刊编辑与策划	2008	北京：中国广播电视出版社
592	王岷编著	科技期刊编辑方法	2008	长春：吉林人民出版社
593	肖伟、罗映纯、邬心云编著	当代新闻编辑学教程	2008	广州：暨南大学出版社
594	肖占鹏、李广欣著	唐代编辑出版史	2008	天津：南开大学出版社
595	谢庆立著	中国早期报纸副刊编辑形态的演变	2008	北京：学苑出版社
596	新闻出版总署科技发展司、新闻出版总署图书出版管理司、中国标准出版社编	作者编辑常用标准及规范（第二版）	2008	北京：中国标准出版社
597	徐行主编	学报编辑学研究	2008	西安：陕西人民教育出版社
598	阎瑜、胡航、章妮编著	当代新闻编辑实务	2008	北京：线装书局
599	赵家璧著	书比人长寿：编辑忆旧集外集	2008	北京：中华书局
600	赵家璧著	文坛故旧录：编辑忆旧续集	2008	北京：中华书局
601	赵伟编著	中国编辑成就史论	2008	沈阳：辽宁大学出版社
602	中国编辑学会主编	图书编辑规程论——中国编辑学会第十二届学术年会论文集	2008	北京：中国标准出版社
603	周浩正著	优秀编辑的四门必修课：一位资深总编辑的来信	2008	北京：金城出版社
604	朱金平著	新闻编辑论	2008	北京：长征出版社
605	谭云明编著	新闻编辑	2008	北京：中国传媒大学出版社
606	朱玉著	编辑文论	2008	西安：陕西人民出版社
607	许正林著	新闻编辑	2009	上海：上海大学出版社
608	〔加〕赵鼎生著	比较报纸编辑学	2009	北京：人民日报出版社
609	〔美〕布雷恩·S.布鲁克斯、〔美〕詹姆斯·L.平森、〔美〕杰克·Z.西索斯著，李静滢、刘英凯译	编辑的艺术	2009	北京：中国人民大学出版社

续表

序号	责任者	题名	出版年	出版地
610	〔美〕多萝西·A.鲍尔斯、〔美〕戴安娜·L.博登著,傅玉辉改编	创造性的编辑（第五版）	2009	北京：中国人民大学出版社 注：2008年人大出版 田野、宋珉等译版本
611	蔡鸿程主编	编辑作者使用手册	2009	北京：中国标准出版社
612	蔡雯、赵劲、许向东主编	新闻编辑案例教程	2009	北京：中国人民大学出版社
613	董树荣编著	期刊编辑十谈	2009	石家庄：河北教育出版社
614	冯志杰，范继忠，章宏伟主编	中国编辑出版史研究（第一卷）	2009	北京：九州出版社
615	郝振省著	编辑的故事	2009	北京：中国书籍出版社
616	胡丹主编	报纸电子编辑实验教程	2009	北京：中国人民大学出版社
617	李锦雯编著	编辑的意识	2009	昆明：云南大学出版社
618	廉钢生、李廷芝著	编辑修炼	2009	北京：中国时代经济出版社
619	林君雄著	编辑生涯感悟	2009	北京：首都师范大学出版社
620	罗昕、彭柳、刘敏编著	报刊新闻电子编辑	2009	北京：北京大学出版社
621	《中国编辑研究》编辑委员会编	中国编辑研究（2008）	2009	北京：人民教育出版社
622	汪月波著	音乐编辑与音乐传播	2009	北京：中国广播电视出版社
623	吴波著	编看编说——一个青年编辑眼中的出版和世象	2009	汕头：汕头大学出版社
624	谢雨玫著	图片编辑与版面设计（第二版）	2009	北京：中国摄影出版社 注：2005年出版第一版
625	杨阶著	编辑人生	2009	武汉：长江文艺出版社
626	杨牧之著	论编辑的素养	2009	郑州：大象出版社
627	杨秦予著	图书编辑美学初论	2009	开封：河南大学出版社
628	郑一奇著	编辑的悟性	2009	北京：首都师范大学出版社
629	周殿富、郭俊峰主编	青年编辑实用读本	2009	长春：吉林出版集团有限责任公司

续表

序号	责任者	题名	出版年	出版地
630	周国清著	编辑主体论	2009	长沙：岳麓书社
631	周奇著	编辑阅读与校对阅读之比较研究	2009	北京：首都师范大学出版社

资料来源：中国国家图书馆、"学术独秀"网等；同时参考了丛林主编《中国编辑学研究述评（1983～2003）·附录二国内出版的编辑学专著和论文集一览表（263种）》，齐鲁书社，2004年。在此表示感谢。

二 中国编辑学会活动纪事（1992～2009）[①]

1992年

3月 中国编辑学会筹委会会议在高等教育出版社召开，会议一致拥护刘杲为会长候选人。

6月 中国新闻出版署发出《关于建立中国编辑学会筹备工作组的通知》。

10月 中国编辑学会第一次全国代表大会在北京召开，选举产生了学会的领导机构，宣布全国性群众性学术团体——中国编辑学会正式成立。

11～12月 编辑《中国编辑学会成立大会纪念册》。

1993年

4月 本会与重庆市新闻出版局联合召开重庆市青年编辑座谈会。

4月 本会与湖北省新闻出版局联合召开武汉青年编辑座谈会。

4月 邵益文、阙道隆、蔡学俭和徐柏容等到武汉大学中文系看望编辑学专业学生，并举行座谈。

8月 本会筹办的"第六届国际出版学研讨会"在北京举行。会议主题是：出版业的现状和发展前景的探讨，90年代的出版开拓及其发展趋势研究。来自中国、日本、韩国、菲律宾、马来西亚、新加坡等国家和香港、台湾地区的八十余位专家与学者出席了会议。中英文对照的论文集由高等教育出版社出版。

---

① 资料来源：邵益文先生及中国编辑学会提供的《中国编辑学会活动纪事》电子文档（有删节，偏重学术活动）；同时参考了丛林主编《中国编辑学研究述评（1983～2003）》附录一"中国编辑学会十年活动纪事"（齐鲁书社，2004）。在此对邵益文先生及相关老师一并致谢。

9月　本会百科全书专业委员会举行百科全书编辑经验交流会，京津地区20多个百科全书编纂单位参加会议。

10月　本会编辑史专业委员会和湖北省编辑学会联合举办的首届"编辑出版史研究座谈会"在武汉举行。会议着重讨论了研究编辑出版史的意义、方针和途径等问题。吴道弘、蔡学俭同志主持会议，宋原放、戴文葆、谭克等10余位专家和教研工作者出席了会议。

11月　中国编辑学会首届年会在浙江富阳举行，刘杲会长主持会议。来自19个省、自治区、直辖市的70余位老、中、青编辑和科研、教学工作者参加了会议，有30余位同志做了大会发言。这次会议的主题是：以邓小平建设有中国特色社会主义理论为指导，研究社会主义市场经济条件下的编辑出版工作，探讨编辑学学科建设的基本理论，为繁荣出版事业服务。

1994年

5月　本会少年儿童读物专业委员会组织少年儿童读物编辑撰写的文集《编辑启示录》由河北少年儿童出版社出版。

7月　"1994年全国编辑学理论研讨会"在郑州举行，邵益文主持会议。这次研讨会以重视中国社会主义出版编辑活动的研究为主题。中国编辑学会会长刘杲、新闻出版署党组成员杨牧之出席会议并做了讲话。来自全国的50余名专家、学者出席了会议。会议确定：以重视中国社会主义出版编辑活动为研究重点，以图书编辑学为主攻方向。

9月　本会首届年会论文选集《市场经济与编辑出版》一书，由天津教育出版社出版（孙五川主编），全书共收入文章50篇，31万余字。

10月　《第六届国际出版学研讨会论文集（1993）》出版。

11月　本会与中国出版科学研究所联合召开"第九届全国出版科学学术讨论会"。主题是研究在社会主义市场经济条件下深化出版改革，建立相应的出版机制，促进出版繁荣。

12月　本会与中国出版工作者协会联合主办的首届全国中青年优秀图书编辑评选活动揭晓，105位同志获奖。《中青年优秀图书编辑小传》由中国青年出版社结集出版。

12月　本会青年编辑专业委员会成立大会在北京举行

1995年

9月　本会领导率团赴马尼拉参加"第七届国际出版学研究会"。会议主题是：市场经济中图书出版和销售、教科书出版问题和电子出版物的发展趋势。

9月　"1995年全国编辑学理论研讨会"在成都举行。参加会议的有来自出版界和高校的研究工作者共30余人。这次会议的主题是研究编辑学的学科定位问题。

10月　本会第二届年会在贵阳举行。来自20多个省、自治区、直辖市70多位编辑工作者参加了会议，交流了72篇论文。这次会议的中心议题是讨论社会主义市场经济条件下编辑工作的特点和规律。论文集由江西教育出版社出版。

11月　本会少年儿童读物专业委员会在沈阳召开研讨会。

11月　本会和青年编辑专业委员会在北京联合召开"首次跨世纪出版发展战略研讨会"。会议强调，跨世纪的出版发展重在培养高层次的复合型出版人才。

12月　本会和中国印刷协会、湖北省编辑学会联合召开"英山毕昇墓碑研讨会"。会议初步认定英山毕昇墓为活字发明者毕昇之墓。

1996年

2月　《中国编辑研究》（年刊）编委会召开第一次会议，商讨1996年年刊的编辑指导思想和编辑工作方案。

4月　本会向有关方面发出《图书编辑工作基本规程》征求意见稿。

5月　应日本东西哲学书院邀请，本会青年编辑专业委员会领导率团访日，考察日本出版企业的运作，安排编辑人员赴日接受培训。

8月　本会派代表参加中国出版社代表团访问尼泊尔。

8月　本会第三届年会在大连举行。刘杲、邵益文、李宣春、金常政、庞家驹、阙道隆、蔡学俭等同志出席了会议。本届年会共收到论文210余篇，经过评选，入选120篇。与会者78人。这次会议的主题是：研究新时期编辑工作面临的新情况和担负的重要任务。与会者认为，面对新时期新的情况和问题，需要强调编辑工作的规范和创新。论文集由河北教育出版社出版。

8月　本会策划的论文集《编辑学纵横谈》由广西教育出版社出版。

9月　第二届全国中青年优秀图书编辑评委会在京举行。共评出73位中青年优秀图书编辑。

10月　本会和本会青年编辑专业委员会联合举办的首届中青年编辑优

秀选题设计和审读报告评委会在京举行。

11月　本会和中国出版科学研究所在济南联合召开编辑史、出版史研究会。会议就编写中国出版通史的组织、分工和列人"九五"重点图书规划等问题进行了酝酿和协调。

11月　本会和中国出版社工作者协会联合主办的第二届全国中青年优秀图书编辑评选活动揭晓，73人获奖。《中青年优秀图书编辑小传》（续）由中国青年出版社出版。

11月　本会组织、筹划的《中青年编辑论丛》（个人论文集）九种，由奥林匹克出版社出版。

12月　本会第二次全国代表大会在京举行。会议总结了本会工作，同时对编辑理论和、实践的研究活动进行了总结。会议选举产生了本会第二届领导机构。

12月本会和本会青年编辑专业委员会、云南省新华书店联合举办的"第二届跨世纪出版发展战略研讨会"在昆明召开。来自30余家出版单位的年轻领导和编辑骨干参加了会议。会议强调，跨世纪出版发展战略要以建立出版强国为目标。

1997年

2月　本会和《新闻出版报》联合举办"合格的跨世纪的编辑应具有什么样的素质"的专题讨论，从各个方面、各个角度，特别从未来出版发展的需要，讨论了全面提高编辑素质的要求和举措。

3月　在本会领导的倡议下，出版界部分政协委员联名在全国政协八届五次会议上提出《关于建立编辑学硕士点的建议》提案。

5月　本会少年儿童读物专业委员会在南昌召开二届二次专业委员会学术研讨会。会议主题是：学习光荣革命传统，为少年儿童提供更多更好的精神食粮。

7月　《中国编辑研究》问世，由人民教育出版社出版。

8月　应日本东西哲学书院邀请，本会和本会青年编辑专业委员会组成的考察研究团赴日参观访问，交流出版经验。

9月　"1997年全国编辑学理论研讨会"在银川举行。会议着重讨论了编辑学理论框架。来自出版界和教育界的30余位专家、学者出席会议。

10月　本会派代表赴日参加"第八届国际出版学研讨会"。主题是：当今出版的变化——探讨面向21世纪的东亚出版问题。本会代表就我国出版研究和出版教育问题发言。

11月　本会与中国版协、中国出版科学研究所联合召开的"97全国出版理论研讨会"在厦门举行。这次研讨会的主题是：在新形势下出版工作与社会主义精神文明建设。来自中央一级出版社和24个省市的60余位论文作者、特邀代表出席了会议。

1998年

3月　本会致函国家教委高教司，建议在高校本科目录中保留编辑学专业，或把"编辑出版"改为"编辑出版学"。

4月　本会和北京印刷学院联合召开关于合办"中国编辑研究资料中心"的专家论证会。刘杲主持会议，戴文葆等近10位资深编辑、专家出席了会议。

5月　全国首届"未来编辑杯"征文竞赛正式揭晓，39篇作品荣获优秀论文奖。这次征文竞赛的主题是：在建设有中国特色社会主义出版事业中，准备怎样当一个合格编辑，认真为读者服务。

7月　本会第四届年会在西宁举行。来自26个省、区、直辖市和中央部委一级出版社代表，以及高等学校的编辑学教研工作者共70余人参加了会议。中心议题是讨论编辑审稿、加工工作的理论和实践。论文集由书海出版社出版。

8月　召开电子出版物编辑出版座谈会，出席者20余人。

9月　应台北市出版商业同业公会理事长邀请，本会领导率团赴台，进行编辑实务和学术交流。内容主要涉及编辑工作的性质、地位和作用，编辑学研究的现状。

9月　本会和中国出版工作者协会联合主办的第三届全国中青年优秀图书编辑评选活动揭晓，76人获奖。

11月　本会和上海市编辑学会联合举办的编辑、出版类专业刊物编辑人员座谈会。会议的中心议题是：交流办刊思想，座谈办刊经验，提高办刊认识。

12月　本会召开北京地区个人会员座谈会。与会者认为，在做好本职工作的前提下，加强编辑理论和实践的研究，是提高编辑队伍素质的重要条件。

1999年

3月　本会与中国出版科学研究所在南京联合召开编辑史、出版史学术研讨会。会议的主要内容是：1. 交流近两三年来编辑史、出版史研究成果；2. 讨论当前编辑史、出版史研究的经验和问题，提出改进意见。

4月　本会领导会见韩国出版学会会长尹炯斗，商谈了出版研究的国际合作和交流问题。

5月　本会与江西省新闻出版局联合召开全国农村读物编辑工作座谈会。新闻出版管理部门和出版社近40位编辑出版工作者参加了会议。

6月　本会在北京召开部分高校编辑学专业负责人座谈会，呼吁教育行政部门把编辑出版学列入培养研究生目录。会后，会同中国出版工作者协会联合向教育部呈送了专题报告。

9月　本会在昆明召开出版社编辑室主任和编辑室工作研讨会。

9月　本会和北京印刷学院合办的"中国编辑研究资料中心"揭牌仪式在北京举行，新闻出版署领导出席。

10月　1999年全国出版理论研讨会在兰州举行。五十余位编辑出版工作者参加了会议。

11月　本会领导会见日本出版教育研究所所长、日本出版学会前会长吉田公彦，会见韩国出版学会会长尹炯斗，交流有关出版研究的情况。

12月　本会与民进中央叶圣陶研究会、中国出版工作者协会联合召开叶圣陶编辑思想和实践研讨会。

2000年

3月　本会在北京召开多种媒体编辑活动共性座谈会。主要研究：一、关于多种媒体编辑活动有没有共性的问题；二、关于涵盖多种媒介的普通编辑学能不能建立的问题。

4月　"2000年全国编辑学理论研讨会"在北京举行，主要讨论编辑学理论框架的构建。

5月　应奥地利出版协会和期刊协会的邀请，本会领导率团访问奥地利，进行出版学术交流和业务考察。

6月　本会第三次编辑史、出版史座谈会在温州举行。会议探讨了古代出版和现代出版的异同、出版史的分期标准，强调了研究中国现代编辑出版史的重要意义和收集、抢救、整理史料的迫切性。

7月　第二届"未来编辑杯"征文竞赛评选揭晓，32篇论文获奖。论文集由高等教育出版社出版。

8月　本会第五届年会在呼和浩特举行。这次会议的中心议题是新形势下的责任编辑工作问题。中央和20个省、区、市出版界的80多位编辑出版工作者参加了会议。论文集由中国建筑工业出版社出版。

2001年

4月　本会第三次全国代表大会在京举行。会议总结了本会第二届理事会的工作，讨论了近四年来编辑理论和实践的研究状况，分析了编辑学学科建设的新进展，选举产生了本会第三届理事会。

5月　本会邀请部分在京编辑学研究者座谈《编辑学理论纲要》。与会者认为，这是几年来探索编辑学理论框架的一个重要成果。会后，《纲要》全文在《出版科学》杂志发表。

8月　本会第六届年会在哈尔滨举行，这次年会的主题是：探讨新形势下编辑工作的性质、特点、任务和要求，总结经验，交流思想，提高认识，促进我国社会主义出版事业的新发展。中央和20多个省、自治区、直辖市出版界的80多位编辑出版工作者参加了会议。论文集由中国水利水电出版社出版。

10月　应韩国出版学会邀请，本会领导率团赴韩，参加"第十届国际出版学研讨会"。会议的主题是：21世纪出版环境的变化及其对策。中国代表发言，分析了新的出版环境，强调重视出版理论研究，加强出版教育，尤其是培养高素质出版人才的重要性和迫切性以及在经济全球化的形势下弘扬民族文化的重要意义。

11月　"2001年全国编辑学理论研讨会"在北京举行，重点是讨论编辑规律问题。会议分析了十多年来研究编辑规律的情况，强调要重视基本规律的研究。

2002年

2月　第四届中青年优秀图书编辑奖颁奖仪式在京举行。

3月　本会与河北教育出版社领导协商《中国编辑》杂志的办刊方案。

3月　本会科技编辑专业委员会在清华大学召开会议，商议健全组织机构，调整组织成员，讨论、确定今后工作任务和2002年工作计划。

4月　本会委托上海市编辑学会主办的各省、市编辑学会负责人座谈会在沪举行。本会领导出席会议并讲话，强调学会要以研究为中心，定位于研究编辑理论和实践，坚持有益有用原则，为大局服务，为学科建设服务。

5月　本会召开出版社总编辑工作座谈会，着重探讨了新形势下总编辑工作新的特点和要求，强调总编辑工作只能加强，不能削弱。

6月　第三届"未来编辑杯"征文竞赛评选揭晓，45篇论文获奖。

6月　《中国编辑》杂志编委会第一次会议在北京召开，汇报了办刊的筹备工作，讨论了办刊宗旨、办刊理念、定位和特色，通过了主编、执行主编的任命。

8月　本会策划的论文集《编辑学的研究与教育》由机械工业出版社出版。

9月　本会第七届年会在昆明召开。这次会议的主题是：高举邓小平理论伟大旗帜，贯彻"三个代表"重要思想，探讨社会主义编辑职业道德建设问题。共70余人出席了会议。

9月　科技出版社总编辑工作研讨会在长沙召开。会议的主题是：讨论新形势下科技出版社总编辑工作的特点和要求。

9月　《中国编辑》试刊号与读者见面。刘杲会长撰写了代发刊词《我们是中国编辑》。

9月　本会少年儿童读物专业委员会在西安召开全国少年儿童读物编辑工作研讨会。这次会议的主题是：明确在新形势下，如何进一步做好少儿读物编辑工作，提高少儿读物的质量，为提高我国少年儿童的整体素质做出贡献。来自全国各地的40多位少儿读物编辑参加了会议。

2003年

4月　本会与天津市编辑学会在天津联合召开2003年全国编辑学理论研讨会。会议的主题是：结合新形势下编辑出版工作的发展，探讨以编辑活动的基本规律为中心的编辑学基本理论问题。

4月　中国编辑学会网站开通，网址是：http://crs.bigc.edu.cn。

9月　中国编辑学会第八届年会在太原召开。会议的主题是：贯彻党的十六大精神，围绕"多出精品、多出人才"的要求，进一步探讨编辑理论与编辑实践的创新问题。推动编辑工作机制创新，提高出版物质量，促进出版事业的繁荣。来自全国出版界、教育界的专家、学者100余人出席了会议。

9月　本会召开全国科技出版社总编辑工作研讨会。会议的主题是：如何健全并完善新形势下科技出版物的质量保障体系。

9月　本会青年读物编辑专业委员会在北京召开部分优秀中青年编辑

座谈会。主题是：改革发展中的中国出版业。历届"优秀中青年图书编辑"获奖者20余人出席会议。

9月　本会在武汉大学召开编辑出版学专业课程体系与课程标准研讨会。来自全国部分高校编辑出版学专业的专家、教授和学者40余人出席了会议。

10月　本会与中国出版工作者协会、华中科技大学共同主办的首届电子与网络出版发展暨学术研讨会，在武汉华中科技大学学术交流中心召开。会议以产业探讨与学术交流相结合为主题。

10月　"第八届全国中青年优秀图书编辑评奖"揭晓，在153位候选者中评出66名获奖者。

10月　本会少年儿童读物编辑专业委员会学术研讨会暨工作会议在昆明召开。这次会议的主题是：提高编辑的整体素质，以适应市场经济条件下少年儿童读物编辑工作的新要求。会议由晨光出版社承办，来自全国各地的40多位少年儿童读物的编辑工作者参加了会议。

10月　全国部分省市编辑学会负责人工作座谈会在长沙召开。内容是：讨论交流出版改革、编辑工作情况和编辑学会的工作经验以及今后工作设想。

11月　韬奋新闻出版思想研讨会在上海举行。这次会议由韬奋纪念馆发起，并与本会、中国韬奋基金会、上海市编辑学会等单位联合召开。主要是探讨韬奋的新闻出版思想，商讨如何进一步推进韬奋思想的研究工作。来自各地的专家、学者、研究积极分子约30人参加了会议。

12月　中国编辑学会第三届第五次常务理事会在北京举行。会议的中心议题是：回顾与总结中国编辑学会2003年工作，讨论中国编辑学会2004年工作计划要点。

2004年

3月　本会在保定河北大学召开编辑出版学专业发展问题研讨会。来自出版界、高校编辑出版学专业的负责人出席了会议。与会者围绕编辑出版前沿课题的研究和现状，出版产业人力资源开发和编辑人员素质培养，编辑出版学专业骨干课程等问题进行讨论，同时研讨了产教研结合的经验与途径，国外出版产业的发展和人才战略的关系等议题。

4月　本会召开会长办公会议，学习贯彻中宣部、新闻出版总署等联合发出的《关于在全出版行业深入开展"三个代表"重要思想、马克思主义新闻出版观、职业精神职业道德学习教育活动的通知》精神。

5月　本会图书编辑学专业委员会在北京召开学术研讨会，北京地区个人会员40余人参加了会议。

5月　本会第六次编辑史、出版史座谈会在京召开。陶信成主持会议，邵益文作开幕发言，吴道弘介绍有关情况，刘杲到会讲话。缪咏禾、刘光裕、徐学林、汪家熔等20余位专家、学者和积极分子出席会议并交流了论文。

5月　本会和中国版协校对工作委员会联合召开座谈会，听取各社做好校对工作的经验和意见，进一步为全国图书编校工作座谈会作准备。

6月　本会与中国版协校对工作委员会联合召开的"加强与改进图书编校工作座谈会"在重庆召开。自各省、市出版局（社）主管图书编校质量工作的领导，中央各部委出版社负责人、校对部门负责人和校对研究人员共50余人参加了会议。

7月　本会第九届学术年会在兰州召开。这次年会的主题是：在出版单位转制过程中，编辑如何发挥应有的重要作用；结合实际，进一步探讨编辑理论实践中的重大问题，推进体制创新，提高出版物质量，促进出版事业的繁荣，更好地为建设中国特色社会主义服务。来自全国出版界、教育界的专家、教授、学者70余人出席会议。

7月　本会第八届年会论文选《多出精品、多出人才》（李家强、蔡鸿程编）由清华大学出版社出版。

8月　应台北市出版商业同业公会理事长彭诚晃先生的邀请，本会秘书长程绍沛率中国编辑学会代表团赴台进行编辑出版学术和业务交流，并与台方共同举办"第二届两岸编辑出版研讨会"，就打造出版品牌、培养出版人才，以及网络出版、版权贸易等问题进行研讨交流。

8月　新闻出版总署和教育部联合召开的，由本会和北京印刷学院协办的纪念我国高等院校编辑出版学专业创办20周年座谈会在京举行。来自教育界、出版界的代表60余人参加了会议。座谈会由中国编辑学会会长刘杲主持。

9月　本会在银川举行了科技编辑工作机制创新研讨会。会议的主要议题是：在社会主义市场经济条件下，出版单位由事业单位转制为企业单位的过程中，科技编辑工作机制有哪些特点？应如何改革创新，增强出版社的核心竞争力，推动科技出版业的繁荣？来自32个出版单位的社长、总编辑、副总编辑等41位出版社负责人参加了会议。

10月 由本会轮值举办的第11届国际出版学研讨会在武汉举行。这次会议的主题是：面向现实，面向未来，探讨国际化出版的发展前景。来自中、日、韩等国的70余位专家学者出席会议，开幕式由邵益文主持。

10月 本会与中国学术期刊（光盘版）电子杂志社商定，在《中国知识资源总库》的《中国重要会议论文全文数据库（CPCD）》内，建立《中国编辑学会会议论文数据库》，以保存学会会议论文并为内部文件检索服务。

2005年

4月 《中国编辑研究》编委会在京召开，讨论2005年刊工作和选目，编委会主任邵益文主持会议，阙道隆谈汇总选目情况。

7月 编辑出版学教育和学科建设研究会在京举行。来自全国编辑出版教研单位、出版单位和媒体的80余位专家、教授参加了会议。这次会议由本会教育专业委员会（筹）与北京大学新闻与传播学院联合举办，本会常务副会长田胜立同志主持会议。

7月 本会与高等教育出版社共同主办《中国编辑》杂志协议书签字仪式。刘杲、张增顺分别代表双方签字。总署报刊司处长李建臣，本会常务副会长邵益文、程绍沛，《中国编辑》杂志编辑部马俊华等同志参加。

7月 为纪念韬奋诞生110周年，本会与韬奋纪念馆、北京印刷学院、江西省新闻出版局在韬奋故乡江西联合主办韬奋出版思想研讨会。

8月 本会第10届学术年会在苏州举行。这次年会的主题是：在深化出版改革的条件下，编辑工作人员如何适应新的形势，坚持正确导向，保证出版物质量，坚持发展社会主义先进文化。来自全国出版界、教育界的专家、教授、学者90余人出席了会议。

11月 本会发出"关于举办第五届'未来编辑杯'征文竞赛的通知"，此次征文的要求是：撰写一份图书策划报告。

11月 本会召开第三届第七次常务理事会、刘杲会长主持会议，会议讨论并原则通过了《第三届常务理事会的工作报告》（草案），《中国编辑学会章程（修改草案）和修改说明》（初稿）、《本会第三届常务理事会财务收支情况报告》，新一届学会会长、副会长、秘书长、常务理事、理事、顾问和名誉会长名单。

2006 年

2 月　中国编辑学会第四次全国代表大会在北京召开。来自全国各省、自治区、直辖市新闻出版局、出版集团、出版社、高校编辑学专业和出版科研单位的代表共 200 余人出席了会议。大会选举出新一届学会领导班子。选举桂晓风为第四届会长，选举王德有为秘书长。

5 月　《中国编辑研究》编委会在人民教育出版社召开，讨论 2006 年年刊编辑工作问题，邵益文同志主持。会议原则通过 2006 年年刊的选目。

7 月　本会召开第五届"未来编辑杯"评委会，评出北京大学林霞虹等 44 篇图书选题报告为获奖文章。

7 月　在河北承德召开全国少儿读物编辑工作研讨会。会议的主题是：选题创新意，严把质量关。全国 29 家少儿出版单位 50 余位代表出席了会议。

8 月　在南昌召开第 11 届学术年会，探讨科学的编辑人才评价体系。来自全国出版界、教育界的专家、教授、学者暨出席四届二次常务理事会的常务理事共 100 余人出席了会议。桂晓风会长做了题为"让更多的编辑人才涌现和成长"的讲话。

10 月　本会科技读物编辑专业委员会（筹）在武汉召开新形势下编辑工作特点与创新研讨会。来自全国科技出版单位的 60 余为代表出席了会议。桂晓风会长参加了会议，并做了题为"更加自觉地为建设创新型国家、构建和谐社会提供出版支持"的讲话。

10 月　以本会常务副会长兼秘书长王德有为团长的中国编辑学会代表团，出席了在日本东京召开的第 12 届国际出版学研讨会。这次会议的主题是：变化中的东亚出版与文化。中国代表团提交了五篇论文并在大会上进行交流。

11 月　本会科技读物编辑专业委员会（筹）在高等学教育出版社召开，在京科技出版单位三百余人参加的会议。

11 月　本会与河南大学共同主办了"数字化传媒时代编辑出版学学科建设国际研讨会"。本次会议的主要议题是探讨数字化传媒时代编辑出版学的学科建设、编辑出版学专业教育以及出版产业转制等问题，70 余位编辑出版学专家、学者出席了会议。

11 月　本会美术编辑专业委员会筹委会成立。

12 月　中国新闻出版代表团出访印度和尼泊尔。

12月　本会在北京召开了2006年编辑学理论研讨会。来自全国出版界、教育界的专家、教授、学者30余人出席了会议。会议的主题是编辑创新与编辑学理论研究。桂晓风会长出席会议并讲话。

2007年

3月　本会向新闻出版总署人教司呈送《关于中国编辑学会科技读物专业委员会（筹）举办编辑继续教育培训班的请示》。

3月　在人民教育出版社召开《中国编辑研究》年刊编委会，成立了新的编委会。会议讨论了《中国编辑研究》2007年年刊入选目录和进一步办好刊物的问题。

4月　本会编辑规范专业筹备委员会在高等教育出版社召开编辑规范学术讨论会。编辑规范专业筹委会成员以及北京语言大学出版社等单位的专家学者20余人出席，交流研究情况，探讨编辑规范的理论与实践问题，并对《出版单位责任编辑注册管理暂行办法（征求意见稿）》提出了修改意见。

4月　本会科技读物编辑专业筹备委员会在人民邮电出版社召开科技编辑继续教育培训教学准备会，十多位特聘教授及有关专家到会。

5月　本会科技读物编辑专业筹备委员会在京举办科技编辑继续教育培训班。

5月　本会编辑史专业委员会在北京韬奋中心"出版之家"召开了中国编辑出版史研究交流座谈会。桂晓风、程绍沛出席并讲话。与会专家学者就当前编辑出版史研究的现状、趋势、存在的问题、未来研究内容以及研究队伍的建设和人才培养等问题进行了讨论。

6月　本会图书编辑学专业委员会在太原召开主题为"图书质量与和谐文化建设"研讨会。来自全国20余家出版社和新闻媒体的30余位代表参加了会议。会上为11位优秀论文作者颁发了证书。

7月　本会在京召开了《普通编辑学》提纲讨论会。桂晓风等学会领导和邵益文、巢峰、阙道隆、蔡鸿程、林穗芳、庞家驹等专家学者参加研讨。与会人员就《普通编辑学》章目（修改稿）进行了讨论，并对普通编辑学研究对象、概念、范畴、学科体系、学科性质及具体章节设置和书名等发表了意见。

7月　学会教育专业筹备委员会与陕西师范大学等单位在西安联合举办数字传媒与出版产业发展暨人才培养学术研讨会。与会专家学者就目前我国数字出版的现状和数字人才的需求进行了研讨。

9月　学会召开中国编辑学会科研课题成果评选委员会。刘杲、桂晓风及全体评委出席。

9月　在贵阳举行第十二届年会。年会的主题为"适应新形势，探究编辑新规程"。来自全国出版界、教育界九十余位专家学者与会，交流研究情况，探讨编辑规程，吸取学术成果，创新编辑工作。桂晓风会长出席并讲话。

9月　在贵阳举行的中国编辑学会第十二届年会上，桂晓风会长主持"中国编辑学会网站（新版）"（www.crs1992.org）正式开通。

9月　本会科技读物编辑专业筹备委员会在桂林召开新形势下如何保证和提高出版物质量研讨会。桂晓风会长出席并讲话。

9月　本会教育专业筹备委员会在高等教育出版社召开会议。会上讨论了教育专业筹备委员会组织人员名单，修定了工作条例草案。

9月　本会召开第二次《普通编辑学》提纲讨论会。

10月本会召开中国编辑学会科研课题成果评选委员会，共评出一等奖1名，二等奖3名。

11月　桂晓风会长一行访问埃及、塞浦路斯。双方探讨了两国在新闻出版及编辑领域加强交往与合作等事宜。

11月　本会编辑史专业委员会在京召开全国编辑出版史与中华文化研讨会。邵益文、王振铎、吴道弘等专家学者出席会议。来自全国编辑界30余位专家学者交流研究情况，探讨编辑出版史与中华文化的关系。

12月　本会电子与网络编辑专业筹备委员会在京举办首期电子网络编辑培训班。

2008年

1月　学会在京召开主题为"编辑实践、编辑规程及编辑理论"的研讨会。来自全国30多位工作在编辑一线的资深编辑和学者就当代编辑实践的规律、编辑规程在编辑理论体系中的地位和作用，以及编辑理论和编辑规程如何概括、如何反映这些规律等进行了深入的讨论，对《图书编辑规程》（征求意见稿）提出了修改意见。

1月　学会在全国人大会议中心举行庆祝中国编辑学会成立十五周年暨在京新闻出版界全国政协委员联谊会。会议的主题是：更加自觉、更加主动地为推进中华文化大发展大繁荣提供当代传播服务。

3月　本会科技读物编辑专业筹备委员会在人民军医出版社举办科技编辑人员继续教育培训班。75名科技编辑人员，获得由新闻出版总署印制的培训合格证书。

3月　本会在铁建宾馆举办第一期出版社编辑人员业务培训班。参加本期培训的126名学员获得总署印制的培训结业证书。

4月　本会在铁道部党校举办汉语语言、文字知识专题培训班。来自全国105名编辑参加培训并获得结业证书。

4月　由中国编辑学会主办，高等教育出版社、中原出版传媒集团公司和《中国编辑》杂志社承办的以"大文化、大媒体、大编辑"为主题的首届中国编辑高层论坛在河南郑州国际会展中心举行。来自文化界、经济界、出版界、教育界的专家和新闻出版界的总编辑近四百人参加会议。

5月　中国编辑学会代表团赴韩国首尔参加第13届国际出版学术会。本次会议的主题是：数字媒体时代的出版与阅读。中国代表团有6篇论文在大会上进行了交流。

5月　本会在铁道部党校举办图书选题策划提高班，来自全国出版社的134名编辑参加培训。桂晓风出席开班仪式并作学习动员。

5月　本会在铁道部党校举办图书整体设计培训班，来自全国48名学员参加培训。桂晓风等出席开班仪式。

6月　本会电子与网络编辑专业筹备委员会与华中科技大学电子与网络出版研究所在武汉市举办数字网络时代学术期刊出版座谈会，来自全国各地的40余家学术期刊杂志的近50位代表参加了会议。本会副会长兼电子与网络编辑专业筹备委员会主任田胜立出席会议。

6月本会在国统宾馆举办图书与市场运作培训班，38名学员参加培训。

6月　本会在国统宾馆举办互联网时代出版转型战略选择培训班，41名学员参加培训。

7月　本会召开《普通编辑学》编撰工作会议。

7月　在科学出版社的大力支持下，第五届"未来编辑杯"获奖文集《图书选题策划报告》出版发行。

8月　由本会主办、本会美术编辑专业筹备委员会、上海市徐汇区图书馆和上海万联文化传播有限公司共同承办的"首届全国美术图书装帧艺术展"在上海市徐汇区图书馆满庭芳展厅举办。

9月　在中国标准出版社的大力支持下，《图书编辑规程论》——中国编辑学会第十二届学术年会论文集出版发行。

9月　本会美术编辑专业筹备委员会在浙江省杭州市举办第十七届"金牛杯"优秀美术图书评奖会议。

9月　学会在铁道部党校举办中级编辑人员职业资格考前辅导班，122名编辑人员参加了培训。

10月　中国编辑学会第13届年会在山西太原召开。年会的主题为"优秀出版物价值探讨"。来自全国出版界、教育界近百位专家学者与会，进行学术交流。

10月　由本会科技读物编辑专业筹备委员会主办，科学出版社和人民邮电出版社共同承办的"编辑出版工作如何贯彻科学发展观研讨会"在北京召开。桂晓风做了题为"高层次、宽领域、多角度思考文化、媒体和编辑关系"的讲话。本次研讨会收到论文100余篇，经专家评审入选会议交流80余篇，在《中国编辑》增刊编辑出版发行。

11月　由本会副会长兼常务副秘书长袁良喜为团长的中国编辑学会代表团，赴台参加了第三届海峡两岸编辑出版研讨会暨纪念海峡两岸编辑出版交流十周年活动。

12月　本会在京召开了"纪念改革开放30周年暨编辑实践、编辑理论研讨会"。来自全国出版界、教育界的30余位专家学者出席会议。程绍沛副会长主持会议，桂晓风做了题为"在历史的新起点上深化编辑理论研究"的讲话，学会顾问邵益文做了题为"编辑学研究30年回眸"的主旨发言。

12月　由本会主办，本会电子与网络编辑专业筹备委员会、中国新闻社河南分社、中共洛阳市委宣传部、洛阳师范学院组织承办的第四届电子与网络编辑年会暨数字出版与网络传媒发展研讨会在洛阳召开。

12月　中宣部、新闻出版总署、国家版权局在京联合召开"出版界纪念改革开放30周年座谈会"，桂晓风出席会议，名誉会长刘杲作为老同志代表在会上作了题为"始终坚持解放思想实事求是"的发言。

12月　本会组织了35名专家对210家社科类、文学艺术类经营性图书出版单位进行了等级评估。

2009年

1月　中国编辑学会在京召开会长（扩大）会议暨新春联谊会。桂晓风会长主持会议。

2月　桂晓风会长参加《中国出版通史》出版座谈会。

2月　由中国编辑学会举办、中国编辑学会教育专业筹备委员会承办的第六届"未来编辑杯"征文竞赛评选揭晓。5篇文章获一等奖，15篇文章获二等奖，30篇文章获三等奖，4篇文章获优秀论文奖。

3月　本会召开"中国编辑学会第十三届年会优秀文章"评委会，95篇文章按所涉出版物的类别进行评审。经认真阅读，对比研讨，选出55篇优秀文章。在中国人口出版社的大力支持下，出版了《优秀出版物价值论——中国编辑学会第十三届年会优秀文集》。

4月　本会在京举办汉语语言文字知识提高班，来自全国出版社的86名编辑人员参加培训。

4月　桂晓风会长在北京清华科技园阳光厅参加"在线全民阅读"网开通仪式。

4月　本会与中文在线在济南国际展览中心举办全媒体出版整合营销沙龙活动。

7月　本会举办图书成本核算与市场运作研讨班。桂晓风会长作开办动员，来自全国出版社的188名学员参加了研讨。

8月　本会图书编辑学专业委员会在沈阳召开"新形势下的图书编辑工作"研讨会。桂晓风会长出席并讲话，50余位代表参加了会议。

8月　本会工具书和百科全书专业委员会在青海省西宁市召开年会暨学术研讨会，年会主题是：工具书、百科全书编纂理论与实务。中国大百科全书出版社等单位60余位代表参加了会议，桂晓风会长出席会议并讲话。

9月　本会翻译编辑专业筹备委员会、中国译协翻译服务委员会在武汉共同主办"2009中国翻译服务产业论坛暨全国第七届翻译经营管理工作讨论会"。国内翻译界、翻译编辑界的150多名代表参加会议。桂晓风会长出席会议并讲话。

9月　本会在永安宾馆举办图书选题策划培训班。来自全国30个出版社的94名学员参加了学习。

9月　本会科技读物编辑专业筹备委员会在山东烟台举办了出版社转企改制后的总编辑工作专题研讨会。桂晓风会长出席并讲话，40家出版单位的负责人参加了研讨会。

9月　本会美术编辑专业筹备委员会在厦门召开年会暨"2009金牛

杯"全国优秀美术图书评奖会。桂晓风会长作了《美术出版社转企改制后要更好地履行对国家和民族的文化责任》的重要讲话。评出金奖16种、银奖37种、铜奖62种。

10月　中国编辑学会第14届年会在安徽省黄山市召开。本次会议的主题是"编辑与文化"。来自全国出版界、教育界近百位专家学者出席进行学术交流与探讨。桂晓风会长讲话。

11月　由本会主办、本会电子与网络编辑专业筹备委员会组织，江西师范大学传播学院、江西省出版集团数字出版中心联合承办，江西省编辑学会等单位协办的第五届全国电子与网络编辑年会暨数字出版、内容管理与新媒体发展研讨会在江西省南昌市召开，业界、学界和管理界的150多位专家和代表参加了本次年会。

11月　本会少儿读物专业委员会在福建省武夷山市召开2009年度编辑学术研讨会，共同探讨繁荣和发展少儿读物的理论和实践。来自全国28家出版社的46名少儿读物编辑代表参加了会议。

11月　本会编辑规范专业筹备委员会在北京召开"编辑文件个案分析研讨会"。出席会议的40多位代表是来自全国百佳图书出版单位中成立时间较早的社长、总编辑或资深编辑。

11月　由本会编辑史专业委员会主办的中国编辑出版史与社会变迁学术研讨会在京召开。会议主题是：以科学发展观为指导，深入探讨我国悠久的编辑出版传统及其对社会变迁的历史作用，交流新的研究成果，为当今编辑出版实践提供参考和借鉴。来自全国编辑出版史界的专家、学者50余人出席了会议。

12月　本会在北京举办"出版社转企改制后的总编辑工作"高峰论坛，本会科技读物编辑专业筹备委员会、《中国编辑》杂志社、《中国新闻出版报》等给予了大力支持。140余人出席论坛。

12月　桂晓风会长代表新闻出版总署主管社团在中国出版工作者协会成立30周年大会上发表致词，向中国版协致以热烈的祝贺，向辛勤劳动、甘于奉献的全国出版工作者致以崇高的敬意。

主要参考文献

著作类：

1. 邵益文：《20世纪中国的编辑学研究》，河北教育出版社，2000。
2. 丛林主编《中国编辑学研究述评（1983~2003）》，齐鲁书社，2004。
3. 刘杲：《出版笔记》，河北教育出版社，2006。
4. 刘杲：《刘杲出版论集》，湖北人民出版社，1998。
5. 刘杲：《我们是中国编辑》，海豚出版社，2011。
6. 邵益文：《编辑的心力所向——编辑工作和编辑学探索》，贵州人民出版社，2004。
7. 邵益文、周蔚华主编《普通编辑学》，中国人民大学出版社，2011。
8. 王振铎：《编辑学理与媒体创新》，河南大学出版社，2010。
9. 王振铎、赵运通：《编辑学原理论》，中国书籍出版社，1997。
10. 宋应离、袁喜生、刘小敏主编《中国当代出版史料》，大象出版社，1999。
11. 宋应离编著《中国大学学报简史》，中州古籍出版社，1988。
12. 方厚枢、魏玉山：《中国出版通史》（9）（中华人民共和国卷），中国书籍出版社，2008。
13. 当代中国研究所：《中华人民共和国史稿》，人民出版社、当代中国出版社，2012。
14. 李频主编《共和国期刊60年（1949-2009）》，中国大百科全书出版社，2010。
15. 《胡乔木传》编写组编《胡乔木谈新闻出版》，人民出版社，1999。
16. 林穗芳：《中外编辑出版研究》，华中师范大学出版社，1998。
17. 胡光清：《编辑论编辑》，奥林匹克出版社，1996。
18. 李次民：《编辑学》，自由出版社，1949。
19. К. И. 倍林斯基：《书刊编辑学教学大纲》，中国人民大学新闻系译，中国人民大学出版社，1956。

20. 余也鲁：《杂志编辑学》，海天书楼，1980。
21. 陈石安：《新闻编辑学》，三民书局，1981。
22. 荆溪人：《新闻编辑学》，台湾商务印书馆，1979。
23. 胡传厚主编《编辑理论与实务》，台湾学生书局，1977。
24. 张觉明：《现代杂志编辑学》，中国书籍出版社，1987。
25. 阙道隆、徐柏容、林穗芳：《书籍编辑学概论》，辽海出版社，1995。
26. 伍杰、许力以、边春光等：《编辑理论与实践》，黑龙江教育出版社，1988。
27. 姚福申：《中国编辑史》，复旦大学出版社，1990。
28. 肖东发主编《中国编辑出版史》，辽宁教育出版社，1996。
29. 任定华、胡爱玲、郭西山：《编辑学导论》，中国经济出版社，2001。
30. 刘光裕、王华良：《编辑学理论研究》，山东教育出版社，1995。
31. 吴飞：《编辑学理论研究》，浙江大学出版社，2001。
32. 靳青万：《编辑学基本原理》，东北师范大学出版社，2003。
33. 靳青万：《中国古代编辑史论稿》，河南大学出版社，1992。
34. 周国清：《编辑主体论》，岳麓书社，2009。
35. 姬建敏：《编辑心理论》，河南大学出版社，2004。
36. 徐柏容：《编辑选择论》，天津古籍出版社，2004。
37. 徐柏容：《期刊编辑学概论》，辽宁教育出版社，1995。
38. 阎现章主编《中国古代编辑家评传》，河南大学出版社，1996。
39. 张如法：《编辑社会学》，河南大学出版社，1993。
40. 龚维忠编著《现代期刊编辑学》，北京大学出版社，2007。
41. 张积玉：《编辑学论稿》，中国社会科学出版社，2004。
42. 蒋广学：《编辑原论》，南京大学出版社，1999。
43. 柴瑞海：《编辑学理论纲要》，内蒙古科学技术出版社，1997。
44. 杨牧之：《编辑艺术》，中华书局，2006。
45. 程绍沛：《编辑笔述》，中国青年出版社，2013。
46. 宋木文：《宋木文出版文集》，中国书籍出版社，1996。
47. 王益：《王益出版发行文集》，中国书籍出版社，1993。
48. 黄镇伟编著《中国编辑出版史》，苏州大学出版社，2008。
49. 童兵主编《中国高校哲学社会科学发展报告（1978—2008）新闻学与

传播学》，广西师范大学出版社，2008。

50. 〔英〕吉尔·戴维斯：《我是编辑高手》，宋伟航译，河北教育出版社，2004。

51. 〔日〕鹫尾贤也：《编辑力》，陈宝莲译，中国人民大学出版社，2007。

52. 〔美〕罗杰·菲德勒：《媒介形态变化：认识新媒介》，明安香译，华夏出版社，2000。

53. 〔美〕罗杰·D. 维曼、约瑟夫·R. 多米尼克：《大众媒介研究导论》，金兼斌等译，清华大学出版社，2005。

54. 王菲：《媒介大融合》，南方日报出版社，2007。

55. 《中国编辑学会》编辑委员会编《中国编辑研究》（1996～2009各年），人民教育出版社。

期刊：

56. 《中国编辑》、《编辑之友》、《编辑学刊》、《中国出版》、《出版发行研究》、《出版科学》、《现代出版》、《编辑学报》、《河南大学学报》（社会科学版）等。

论文：

57. 阙道隆：《编辑学理论纲要》，《出版科学》2001年3期、第4期。

58. 阙道隆：《编辑学学科建设中的三个问题》，《中国编辑》2006年第5期。

59. 阙道隆：《编辑活动的起源和本质特征》，《出版科学》1996年第3期。

60. 桂晓风：《大文化·大媒体·大编辑》，《中国编辑》2008年第3期。

61. 桂晓风：《推进人才培养工程 造就跨世纪出版人才》，《出版广角》1998年第1期。

62. 郝振省：《转制与编辑》，《河南大学学报》2007年第1期。

63. 林穗芳：《编辑学和编辑史中的"编辑"概念应当保持一致——兼论开展编辑模式历史比较研究的必要性》，《编辑学刊》1997年第6期。

64. 王华良：《我国编辑学研究的现状与前瞻》，《编辑学刊》1998年第1期。

65. 刘光裕：《当前的编辑学研究》，《编辑学刊》1988年第2期。

66. 胡光清：《编辑学研究10年概观》，《编辑学刊》1991年第2期。

67. 张聚元：《立"编辑学"以学——80年代以来我国编辑学研究之回

顾》，《河南大学学报》（社会科学版）1997 年第 2 期。

68. 杨焕章：《编辑学研究评析》，《中国人民大学学报》1998 年第 6 期。

69. 孙琇：《编辑学研究二十年之回顾》，《编辑之友》2001 年第 1 期。

70. 王振铎：《编辑学研究 60 年的 6 大发现——编辑学的理论创新与学科发展》，《中国出版》2010 年第 13 期。

71. 吴飞：《新闻编辑学研究的困境与出路——我国新闻编辑学研究二十年》，《编辑学刊》1999 年第 4 期。

72. 张安塞：《编辑理论研究与编辑学的建立》，《编辑学刊》1986 年第 1 期。

73. 蔡克难：《编辑概念、编辑活动基本规律和编辑学研究的意义》，《中国编辑》2003 年第 5 期。

74. 蔡克难：《编辑学必须加强基础理论研究》，《编辑学刊》1995 年第 5 期。

75. 李景和：《构建普通编辑学理论体系的逻辑起点——关于普通编辑学研究对象的哲学思考》，《中国编辑》2007 年第 4 期。

76. 黄娴等：《可怕的断裂——论新一代编辑人的文化失守》，《编辑之友》2008 年第 5 期。

77. 喻国明：《传媒发展：从"内容为王"到"产品为王"》，《北京印刷学院学报》2008 年第 3 期。

78. 钱荣贵：《甲骨时代的编辑审美观及其他》，《南通大学学报》（社会科学版）2009 年第 2 期。

79. 练小川：《美国的出版教育　紧扣行业注重实际》，《出版参考》2009 年第 6 期。

80. 卢玉忆：《重视编辑出版专业人才的培养》，《求是》1992 年第 17 期。

81. 张志强：《关于将编辑出版学列入研究生专业目录的几点思考》，《河南大学学报》（社会科学版）2006 年第 3 期。

82. 肖东发、许欢：《关于我国编辑出版专业教育的论争与调查分析》，《河北大学学报》（哲学社会科学版）2004 年第 5 期。

83. 肖东发：《中国出版专业教育 10 年概况》，《中国出版年鉴 1990—1991》，年。

84. 宋木文：《我国高校编辑出版学专业发展历程和加强建设的意见》，《出版发行研究》2005 年第 11 期。

85. 戴文葆：《编辑学二三问题管窥》，《出版与发行》1987年第1期。
86. 戴文葆《编辑与编辑学——为〈中国大百科全书·出版卷〉而作》，《出版工作》1994年第6期。
87. 杨牧之：《出版业改革的根本是多出好书》，《编辑之友》2007年第2期。
88. 蔡学俭：《做出版工作的一点体会》，《编辑学刊》2007年第6期。
89. 杨焕章：《论编辑学的学科建设》，《北京师范大学学报》（社会科学版）1997年第4期。
90. 杨焕章：《论编辑的定义和编辑学的理论框架》，《河北师范大学学报》（哲学社会科学版）2001年第3期。
91. 聂震宁：《编辑起码》，《中国编辑》2005年第6期。
92. 李立范：《流派与编辑学研究》，《编辑学报》1995年第3期。
93. 庞家驹：《关于编辑活动的优化问题》，《出版科学》2002年第2期。
94. 何晓林：《编辑学的基本原理是文化变现还是缔构媒介文化——驳孙宸的文化现论并解读王振铎先生的文化缔构观》，《编辑之友》2005年第6期。
95. 吴赟：《中国编辑出版研究学术史简论》，《河南大学学报》（社会科学版）2008年第5期。
96. 程绍沛：《增强编辑的文化影响力——中国编辑学会第十四届年会述要》，《中国编辑》2009年第6期。
97. 刘拥军、李宏葵：《编辑出版学专业20年发展追溯》，《出版发行研究》2005年第2期。
98. 王刘纯：《中国编辑出版学专业教育检视与分析》，《编辑之友》2002年第2期。
99. 范军：《中国出版史研究综述》，《出版科学》2010年第5期。
100. 尹玉吉：《编辑学学科性质讨论述评》《河南大学学报》（社会科学版）2004年第4期。
101. 李敉力、孙文科：《我国编辑出版学专业的建设与发展》，《河南大学学报》（社会科学版）1999年第6期。
102. 吴平、向敏：《近五年来的编辑学研究述评》，《出版科学》2006年第6期。
103. 贺圣遂：《关于编辑职能演变的思考》，《中国编辑》2007年第1期。

104. 贺圣遂：《编辑创造力三题》，《编辑学刊》2010 年第 1 期。
105. 田胜立：《数字传媒时代对编辑出版人才培养的要求》，《中国编辑》2007 年第 5 期。
106. 王建平：《近五年来编辑学研究热点述要》，《山西大学学报》（哲学社会科学版）2008 年第 5 期。
107. 王建平：《河南大学编辑学研究 20 年综述》，《河南大学学报》（社会科学版）2007 年第 1 期。
108. 李建伟：《多媒体时代编辑学高等教育的盘点及发展对策》，《中国出版》2010 年第 1 期。
109. 〔日〕下村昭夫：《日本出版业的现状》，《河南大学学报》（社会科学版）2007 年第 5 期。
110. 〔韩〕金善男：《韩国出版学教育的变迁》，《河南大学学报》（社会科学版）2007 年第 2 期。

后　记

　　2009年，我第一次申报国家社会科学项目而获通过，申报的题目是"我国编辑学研究60年（1949～2009）"。从那时至今，7个年头已经过去。7年光阴，7年努力，虽然当初填报的预期成果是32万字，结项成果却有68万字，且专家鉴定意见为良好，但研究专著却一直没有出版。为什么？一个很重要的原因就是字数太多、费用太高。于是，一遍遍地修改，一遍遍地删削，要压缩几十万字谈何容易！多亏了宋应离先生指点迷津。结项成果"正文纲目"是"第一章编辑学研究60年之发展历程、第二章编辑学研究60年之领军人物、第三章编辑学研究60年之重要流派重要论著、第四章编辑学研究60年之专业期刊、第五章编辑学研究60年之重点案例"，先把"编辑学研究60年之领军人物"砍掉（拟以"当代编辑学家研究"为题单独出版），再把"重要论著、重要期刊研究"大幅度删减，最后把其他内容重新整合、修缮、加工、打磨。说起来容易做起来难，这一打磨又是一年多。"正文大纲"先是"上编原始科学阶段（1949～1978）的编辑学研究、下编常规科学阶段（1979～2009）的编辑学研究"，因上编和下编内容悬殊太大，后改为"第一章原始科学阶段（1949～1978）的编辑学研究、第二章常规科学阶段（1979～2009年）的编辑学研究、第三章我国编辑学研究的学术理路探究、第四章我国编辑学研究的重点案例剖析"。越斟酌越纠结，虽六易其稿，但总感觉"言不称物，文不逮意"。宋应离先生和我说，该脱手就脱手吧。我也寻思"丑媳妇总得见公婆"……

　　时光如风，匆匆滑过天际。充实而美好的7年，有太多的感激、感动包围着我。首先，感谢扶持我、关心我的宋应离先生、邵益文先生、王振铎先生、刘杲先生等，他们作为我国编辑学研究的元老、大家，不仅把亲笔签名的最新编辑学研究成果送给我，而且当我在研究中遇到困难、遇到疑惑的时候，他们还鼓励、鞭策，"传道、授业、解惑"。邵益文先生、宋应离先生还在百忙之中赐序，显示了老一辈编辑学家对年轻后学的关爱、扶持之意。其次，感谢支持我、帮助我的周国清先生、靳青万先生、李频先生等师长、同人，还有河南大学科研处、新闻与传播学院的相关领导和社会科学文献出版社的编辑张建中先生、于跃先生，以及我的研究生王宁、刘捷等，他们或为项目结项，或为本书出版，挥洒过汗水，付出过劳动。最后，特别感谢项目组的张国辉老师、段乐川老师、惠萍老师、王建平老师，面对编辑学研究60年内容多、史料乱、时间紧、任务重的状况，他们不仅帮我搜集资料、整理文献，而且帮我谋划、决策，撰写部分结项成果的初稿。要知道本书是在结项成果的基础上修改、提高而成的，因此，本书的部分章节里面蕴含有张国辉老师、段乐川老师、惠萍老师、王建平老师的辛勤劳动。可以说，是他们无私的帮助温暖着我，成就了本书……虽说过去的都会成为美好的回忆，但过往终是回不去的曾经。编辑学研究60年，工程大、意义深，而我学识浅、水平低，对于本书的谫陋粗疏之处，敬请各位专家、读者批评指正。

编辑学是新学科，编辑学研究的下一个60年才刚刚拉开帷幕，明天的风景，不管是花香旖旎，还是细雨蒙蒙，我都会继续，继续努力。

姬建敏

2015年8月8日

图书在版编目（CIP）数据

中国编辑学研究60年：1949~2009/姬建敏著.—北京：社会科学文献出版社，2015.12

（明伦出版学研究书系）

ISBN 978-7-5097-8473-0

Ⅰ.①中… Ⅱ.①姬… Ⅲ.①编辑学-研究-中国-1949~2009 Ⅳ.①G232

中国版本图书馆CIP数据核字（2015）第284693号

·明伦出版学研究书系·

中国编辑学研究60年（1949~2009）

著　者/姬建敏

出 版 人/谢寿光
项目统筹/王　绯
责任编辑/张建中　于　跃

出　版/社会科学文献出版社·社会政法分社(010)59367156
　　　　地址：北京市北三环中路甲29号院华龙大厦　邮编：100029
　　　　网址：www.ssap.com.cn
发　行/市场营销中心(010)59367081　59367090
　　　　读者服务中心(010)59367028
印　装/北京季蜂印刷有限公司
规　格/开本：787mm×1092mm　1/16
　　　　印张：26.75　字数：435千字
版　次/2015年12月第1版　2015年12月第1次印刷
书　号/ISBN 978-7-5097-8473-0
定　价/118.00元

本书如有破损、缺页、装订错误，请与本社读者服务中心联系更换

▲ 版权所有 翻印必究